Mückl/Pötters/Krause

# Das Mindestlohngesetz in der betrieblichen Praxis

RWS-Skript 382

# Das Mindestlohngesetz in der betrieblichen Praxis

Grundstrukturen, Praxisprobleme und Lösungsansätze

2015

von

Rechtsanwalt, Fachanwalt für Arbeitsrecht Dr. Patrick Mückl

Akad. Rat Dr. Stephan Pötters, LL.M. (Cambridge)

Wiss. Mit. RRef Daniel Krause

RWS Verlag Kommunikationsforum GmbH · Köln

Die Deutsche Nationalbibliothek verzeichnet diese Publikation in der Deutschen Nationalbibliografie; detaillierte bibliografische Daten sind im Internet über http://dnb.d-nb.de abrufbar.


Postfach 27 01 25, 50508 Köln
E-Mail: info@rws-verlag.de, Internet: http://www.rws-verlag.de



Satz und Datenverarbeitung: SEUME Publishing Services GmbH, Erfurt
Druck und Verarbeitung: rewi druckhaus, Reiner Winters GmbH, Wissen

# Vorwort

Das seit dem 1.1.2015 geltende Mindestlohngesetz (MiLoG) hat für Unternehmen, ihre Berater und die gerichtliche Praxis weitreichende Folgen. Die Einführung eines allgemeinen gesetzlichen Mindestlohns stellt einen Paradigmenwechsel dar. Denn das MiLoG betrifft nicht nur den Niedriglohnsektor, sondern – mit wenigen (teilweise vorübergehenden) Ausnahmen – alle Branchen und Arbeitnehmer. Auch ausländische Unternehmen, die Arbeitnehmer im Inland einsetzen, sind (grundsätzlich) erfasst.

Vor Herausforderungen stellt die betriebliche Praxis nicht nur wirtschaftlich der unabdingbare Mindestlohn an sich. Insbesondere der mit dem Nachweis seiner rechtzeitigen Zahlung verbundene Aufwand, aber auch die neu eingeführte Auftraggeberhaftung wird vielfach als unklar, jedenfalls aber als sehr belastend empfunden. Hintergrund hierfür ist das durch das MiLoG flächendeckend eingeführte Sanktionssystem, das Unternehmen, Arbeitnehmervertreter und die jeweiligen Berater zu einer Neugestaltung zahlreicher Vereinbarungen und Prozesse zwingt. Eine teilweise verwirrende Gesetzessystematik führt hierbei zu zahlreichen Auslegungsschwierigkeiten. Rechtstreitigkeiten sind nicht nur hinsichtlich einer genauen Bestimmung des Anwendungsbereichs vorprogrammiert, sondern auch mit Blick auf die umfangreichen Melde- und Dokumentationspflichten, durch die der materiellrechtliche Mindestlohnanspruch abgesichert wird. Gleiches gilt für die weitreichende Auftraggeberhaftung.

Das vorliegende Werk befindet sich auf dem Stand März 2015. Rechtsprechung zum MiLoG fehlt bis dato weitestgehend. Das erste (bislang lediglich als Pressemitteilung veröffentlichte) Urteil des ArbG Berlin schränkt Gestaltungsmöglichkeiten indes deutlich ein, ohne dass insoweit das letzte Wort bereits gesprochen sein dürfte. Der vorliegende Band trägt konsequent den damit sowie mit den vorgenannten Herausforderungen verbundenen praktischen Bedürfnissen Rechnung. Er stellt das neue Recht nicht nur – unter Einbezug der zum MiLoG bislang ergangenen Verordnungen – verständlich dar, sondern bietet mit zahlreichen Praxistipps und Umsetzungsstrategien klare Handlungshilfen für die betriebliche, tarifliche und gerichtliche Praxis.

Für Kritik, Anregungen und Verbesserungsvorschläge, die wir gerne unter
patrick.mueckl@noerr.com, poetters121@gmail.com und
daniel.krause@noerr.com entgegennehmen, sind die Autoren dankbar.

Düsseldorf und Bonn, im März 2015

*Dr. Patrick Mückl*
*Dr. Stephan Pötters*
*Daniel Krause*

# Inhaltsverzeichnis

# Literaturverzeichnis

## Kommentare, Handbücher, Monographien


*Baeck/Deutsch*
Arbeitszeitgesetz, Kommentar, 3. Aufl., 2014
(zit.: *Baeck/Deutsch*, ArbZG)

*Bepler*
Verhandlungen des 70. Deutschen Juristentages – Hannover 2014, Band I: Gutachten/Teil B: Stärkung der Tarifautonomie. Welche Änderungen des Tarifvertragsrechts empfehlen sich?, München 2014
(zit.: *Bepler*, Gutachten zum 70. DJT)

*Bietmann*
Gesetzliche Wege zu einem systemkonformen Mindestlohn, 2010

*Brand*
SGB III – Sozialgesetzbuch – Arbeitsförderung, Kommentar, 6. Aufl., 2012 (zit.: Brand/*Bearbeiter*, SGB III)

*Dreher/Motzke*
Beck'scher Vergaberechtskommentar, GWB 4. Teil, VgV, SektVO, VOB Teil A, 2. Aufl., 2013
(zit.: Dreher/Motzke-*Bearbeiter*, Beck'scher Vergaberechtskommentar)

*Erbs/Kohlhaas*
Strafrechtliche Nebengesetze mit Straf- und Bußgeldvorschriften des Wirtschafts- und Verwaltungsrechts, 200. EL, 2014
(zit.: Erbs/Kohlhaas-*Bearbeiter*)

*Fitting u. a.*
Betriebsverfassungsgesetz mit Wahlordnung, Handkommentar, 27. Aufl., 2014 (zit.: *Fitting*, BetrVG)

*Fuhlrott/Mückl*
Praxishandbuch Low-Performance, Krankheit, Schwerbehinderung – Personen- und leistungsbedingte Herausforderungen für Unternehmer, 2014 (zit.: Fuhlrott/Mückl-*Bearbeiter*, Low-Performance)

*Fütterer/Pötters/Stiebert/Traut*
Arbeitsrecht – für wen und wofür? Dokumentation der 4. Assistententagung im Arbeitsrecht, 2015

*Germelmann/Matthes/Prütting*
Arbeitsgerichtsgesetz, Kommentar, 8. Aufl., 2013
(zit.: Germelmann/Matthes/Prütting-*Bearbeiter*, ArbGG)

*Haberzettl*
Varianten der Kodifizierung eines Mindestlohns und ihre Vereinbarkeit mit höherrangigem Recht, 2011

*Hannich*
Karlsruher Kommentar zur Strafprozessordnung mit GVG, EGGVG und EMRK, 7. Aufl., 2013 (zit.: KK-StPO/*Bearbeiter*)

*Hauck/Noftz*
SGB III – Sozialgesetzbuch – Arbeitsförderung Kommentar, 2009 (zit.: Hauck/Noftz-*Bearbeiter*, SGB III)

*Henkel* u. a.
Mindestlohn – Neue gesetzliche Rahmenbedingungen und Hinweise für die Praxis, 2014 (zit.: *Henkel* u. a.)

*Henssler/Moll/Bepler*
Der Tarifvertrag, Handbuch für das gesamte Tarifrecht, 2012 (zit.: Henssler/Moll/Bepler-*Bearbeiter*)

*Henssler/Willemsen/Kalb*
Arbeitsrecht Kommentar, 6. Aufl., 2014 (zit.: HWK/*Bearbeiter*)

*Hilgenstock*
Mindestlohngesetz – Eine systematische Darstellung, 2014 (zit.: *Hilgenstock*, MiLoG)

*Koberski/Asshoff/Eustrup/Winkler*
Arbeitnehmer-Entsendegesetz: AEntG MiArbG, Mindestarbeitsbedingungsgesetz, Kommentar, 3. Aufl., 2011 (zit.: *KAEW/Bearbeiter*, AEntG)

*Küttner* (Begr.)/*Roller* (Hrsg.)
Personalbuch 2014, Arbeitsrecht, Lohnsteuerrecht, Sozialversicherungsrecht, 21. Aufl., 2014 (zit.: Küttner/*Bearbeiter*, Personalbuch 2014, *Stichwort*)

*Lackner/Kühl*
Strafgesetzbuch, Kommentar, 28. Aufl., 2014 (zit.: *Lackner/Kühl*, StGB)

*Lakies*
Mindestlohngesetz Basiskommentar zum MiLoG, 2014 (zit.: *Lakies*, MiLoG)

*Löwisch/Rieble*
Tarifvertragsgesetz, Kommentar, 3. Aufl., 2012 (zit.: *Löwisch/Rieble*, TVG)

*Maunz/Dürig*
Grundgesetz, Kommentar, 72. EL, 2014 (zit.: Maunz/Dürig/*Bearbeiter*, GG)

*Meyer-Goßner/Schmitt*
Strafprozessordnung: StPO, Gerichtsverfassungsgesetz (GVG) und Nebengesetze, 57. Aufl., 2014 (zit.: *Meyer-Goßner*, StPO)

*Mückl*
Arbeitsrecht in Krise und Insolvenz, 1. Aufl., 2014
(zit.: *Mückl*, Arbeitsrecht in Krise und Insolvenz)

*Mückl*
Arbeitsrecht in Krise und Insolvenz – Aktuelle Entwicklungen, 2. Aufl., 2015 (im Erscheinen)
(zit.: *Mückl*, Arbeitsrecht in Krise und Insolvenz, 2. Aufl.)

*Mückl*
Praxishandbuch – Das Arbeitsrecht der Energiewirtschaft, 2014

*Müller-Glöge/Preis/Schmidt*
Erfurter Kommentar zum Arbeitsrecht, 15. Aufl., 2015
(zit.: ErfK/*Bearbeiter*)

*Pieroth/Barcazk*
Mindestlohnausnahme für Zeitungszusteller?, 2014

*Preis/Ulber*
Ausschlussfristen und Mindestlohngesetz – Der Mindestlohn als unabdingbarer Sockelanspruch –, 2014

*Preis/Ulber*
Die Verfassungsmäßigkeit des allgemeinen gesetzlichen Mindestlohns, 2014

*Rauscher/Krüger*
Münchener Kommentar zur Zivilprozessordnung mit Gerichtsverfassungsgesetz und Nebengesetzen, 4. Aufl., 2013
(zit.: MüKo-ZPO/*Bearbeiter*)

*Rolfs/Giesen/Kreikebohm/Udsching*
Beck'scher Online-Kommentar, Arbeitsrecht, 34. Edition, 2014
(zit.: BeckOK ArbR/*Bearbeiter*)

*Rolfs/Giesen/Kreikebohm/Udsching*
Beck'scher Online-Kommentar, Sozialrecht, 36. Edition, 2014
(zit.: BeckOK SozR/*Bearbeiter*)

*Säcker/Rixecker*
Münchener Kommentar zum Bürgerlichen Gesetzbuch, 6. Aufl., 2012
(zit.: MüKo-BGB/*Bearbeiter*)

*Schubert*
Anforderungen an ein modernes kollektives Arbeitsrecht – Festschrift für Otto Ernst Kempen, 2013
(zit.: *Bearbeiter*, in: Festschrift Kempen (2013))

*Schubert/Jerchel/Düwell*
Das neue Mindestlohngesetz – Grundlagen und Auswirkungen, 2014
(zit.: *Schubert/Jerchel/Düwell*)

*Schüren/Hamann*
Arbeitnehmerüberlassungsgesetz: AÜG, Kommentar, 4. Aufl., 2010
(zit.: Schüren/Hamann/*Bearbeiter*, AÜG)

*Tettinger/Wank/Ennuschat*
Gewerbeordnung Kommentar, 8. Aufl., 2011
(zit.: Tettinger/Wank/Ennuschat/*Bearbeiter*, GewO)

*Thüsing/Creuzfeldt/Hanau u. a.*
Arbeitsgerichtsbarkeit und Wissenschaft – Festschrift für Klaus Bepler zum 65. Geburtstag, 2012
(zit.: *Bearbeiter*, in: Festschrift Bepler [2012])

*Waltermann*
Verhandlungen des 68. Deutschen Juristentages – Berlin 2010, Band I: Gutachten/Teil B: Abschied vom Normalarbeitsverhältnis? Welche arbeits- und sozialrechtlichen Regelungen empfehlen sich im Hinblick auf die Zunahme neuer Beschäftigungsformen und die wachsende Diskontinuität von Erwerbsbiografien, 2010
(zit.: *Waltermann*, Gutachten für den 68. DJT)

## Aufsätze und Stellungnahmen

*Barczak*
Mindestlohngesetz und Verfassung, RdA 2014, 290

*Bayreuther*
Der gesetzliche Mindestlohn, NZA 2014, 865

*Bepler*
Stärkung der Tarifautonomie – Welche Maßnahmen empfehlen sich?, NZA 2014, 891

*Berndt*
Arbeits- und sozialversicherungsrechtliche Auswirkungen des Mindestlohngesetzes (MiLoG) – Was gehört zum Mindestlohn?, DStR 2014, 1878

*Bissels/Falter*
Gesetzlicher Mindestlohn – Fallstricke bei der Haftung für Subunternehmer nach dem MiLoG, DB 2015, 65

*Bissels/Falter*
Ordnungswidrigkeiten bei der Beauftragung von Subunternehmern nach § 21 Abs. 2 MiLoG, BB 2015, 373

*Bissels/Falter/Evers*
Geltung des MiLoG bei Transitfahrten durch das Inland, ArbR 2015, 4

*Bonanni/Hahne*
Mindestlohn und Arbeitszeit, ArbRB 2014, 343

*Bonanni/Otto*
Die Auftraggeberhaftung des MiLoG, ArbRB 2014, 349

*Bosch/Weinkopf*
Mindestlöhne in Großbritannien – Ein geglücktes Realexperiment, WSI-Mitteilungen 2006, 125

*Brors*
Europäische Rahmenbedingungen für den neuen Mindestlohn und seine Ausnahmen, NZA 2014, 938

*Burkard-Pötter/Sura*
Das Praktikum im neuen Gewand – Praxiseinblicke zwischen Mindestlohn und prekärem Beschäftigungsverhältnis, NJW 2015, 517

*Canaris*
Nachträgliche Gesetzeswidrigkeit von Verträgen, geltungserhaltende Reduktion und salvatorische Klauseln im deutschen und europäischen Kartellrecht – Eine Untersuchung anlässlich der Aufhebung von § 103 a. F. GWB –, DB 2002, 930

*Däubler*
Der gesetzliche Mindestlohn – doch eine unendliche Geschichte?, NJW 2014, 1924

*Däubler*
Der vergaberechtliche Mindestlohn im Fadenkreuz des EuGH – Auf dem Weg zu Rüffert II?, NZA 2014, 694

*Düwell*
Große Koalition: Mindestlohn und Autonomie der Tarifvertragsparteien, DB 2014, 121

*Düwell*
Neue Regeln für Praktikanten: Qualitätsrahmen der EU, Mindestlohngesetz und Änderung des Nachweisgesetzes, DB 2014, 2047

*Fischer*
Gesetzlicher Mindestlohn – Verstoß gegen die Koalitionsfreiheit?, ZRP 2007, 20

*Forkel*
Allgemeiner gesetzlicher Mindestlohn bleibt verfassungswidrig, NJW-aktuell 2011, Nr. 51, 14

*Forkel*
Ein allgemeiner gesetzlicher Mindestlohn ist als Sonderabgabe der Arbeitgeber mit dem Grundgesetz nicht vereinbar, BB 2011, 1209

*Forkel*
Ein gesetzlicher Mindestlohn ist mit dem Grundgesetz nicht vereinbar, ZRP 2010, 115

*Forst*
Steht der vergaberechtliche Mindestlohn vor dem Aus?, NJW 2014, 3755

*Gaul*
Gesetzlicher Mindestlohn – Handlungsvorgaben für betriebliche Entgelt- und Arbeitszeitregelungen, Aktuelles Arbeitsrecht 2/2014, 273

*Gaul/Krause*
Sorgfalt wird (endlich) belohnt: Zur ordnungsgemäßen Unterrichtung über den Betriebsübergang nach § 613a Abs. 5 BGB – Zugleich Besprechung des Urteils des BAG v. 10.11.2011 – 8 AZR 430/10, RdA 2013, 39

*Gaul/Mückl*
5 Jahre AGB-Kontrolle von Altarbeitsverträgen – Abschied vom Vertrauensschutz?, NZA 2009, 1233

*Grau/Sittard*
Ordnungswidrigkeiten und vergaberechtliche Folgen von MiLoG-Verstößen, ArbRB 2014, 375

*Grau/Sittard*
Zivilrechtliche Rechtsfolgen von MiLoG-Verstößen, ArbRB 2014, 336

*Greiner*
Das VG Berlin und der Post-Mindestlohn, BB 2008, 840

*Greiner*
Mindestlohn und Ehrenamt, NZA 2015, 285

*Grimm/Linden*
Die Wirksamkeit von Ausschlussfristen nach Inkrafttreten des MiLoG, ArbRB 2014, 339

*Hanau/Bepler*
Information für den Ausschuss Arbeit und Soziales 18. Wahlperiode, Ausschussdrucksache 18(11)148, S. 142

*Henssler*,
Mindestlohn und Tarifrecht, RdA 2015, 43

*Heins/Leder*
Die arbeitsrechtliche Behandlung von Wegezeiten bei Dienstreisen, NZA 2007, 249

*Holm*
Mindestlohn für Bereitschaftsdienst in der Pflegebranche und Übertragbarkeit auf den gesetzlichen Mindestlohn?, DB 2015, 441

*Insam/Hinrichs/Tacou*
Der Mindestlohn für Arbeitnehmer von Werk- bzw. Dienstleistungsunternehmen – Haftung des Auftraggebers um jeden Preis?!, NZA-RR 2014, 569

*Jöris/v. Steinau-Steinrück*
Der gesetzliche Mindestlohn, BB 2014, 2101

*Kleinebrink*
Kontrolle der Zahlung des gesetzlichen Mindestlohns durch den Betriebsrat?, DB 2015, 375

*Korte*
Aus der Rechtsprechung zum Gesetz über Ordnungswidrigkeiten – 2009 –, NStZ 2011, 23

*Kühn/Reich*
Haftung für die Zahlung des Mindestlohns an fremde Arbeitnehmer/ -innen, BB 2014, 2938

*Lakies*
Allgemeiner gesetzlicher Mindestlohn mit Ausnahmen ab 2015, ArbR 2014, 343

*Lakies*
Das „Tarifautonomiestärkungsgesetz“: Der Mindestlohn ist auf dem Weg, ArbR 2014, 189

*Lakies*
Gesetzlicher Mindestlohn: zur Legitimation der Staatsintervention gegen Niedriglöhne, AuR 2013, 69

*Lambrich/Mitius*
Behandlung von monatlichem Pauschallohn nach dem Mindestlohngesetz, DB 2015, 126

*Lembke*
Das Mindestlohngesetz und seine Auswirkungen auf die arbeitsrechtliche Praxis, NZA 2015, 70

*Lembke*
Neuigkeiten beim Zahlungsverzug des Arbeitgebers, FA 2014, 357

*Lobinger*
Stärkung oder Verstaatlichung der Tarifautonomie?, JZ 2014, 810

*Loritz*
Die Dienstreise des Arbeitnehmers – Mitbestimmung, Vergütung, Haftungsfragen, NZA 1997, 1188

*Löwisch*
Die neue Mindestlohngesetzgebung, RdA 2009, 215

*Löwisch*
Gesetzlicher Mindestlohn?, ZRP 2011, 95

*Löwisch*
Rechtsschutz gegen das Mindestlohngesetz, NZA 2014, 948

*Maschmann*
Die staatliche Durchsetzung des allgemeinen Mindestlohns nach den §§ 14 ff. MiLoG, NZA 2014, 929

*Maties*
Generation Praktikum – Praktika, Einfühlungsverhältnisse und ähnliche als umgangene Arbeitsverhältnisse?, RdA 2007, 135

*Moll/Katerndahl*
Mindestlohn auf der „Durchreise"? – Zur Geltung des gesetzlichen Mindestlohns bei Transitfahrten, DB 2015, 555

*Mückl/Krings*
Effektive Beendigung der Tarifbindung in der Insolvenz, BB 2012, 769

*Natzel*
Der Praktikant als Mindestlöhner, BB 2014, 2490

*Nebel/Kloster*
Zur Entstehung, Fälligkeit und Unabdingbarkeit des Mindestlohnanspruchs, BB 2014, 2933

*Olbertz*
Der neue gesetzliche Mindestlohn – was gilt und was Unternehmen künftig beachten müssen, GWR 2014, 521

*Oltmanns/Fuhlrott*
Die Auftraggeberhaftung bei Verstößen gegen das MiLoG, NZA 2015 (erscheint demnächst)

*Orlowski*
Praktikantenverträge – transparente Regelung notwendig!, RdA 2009, 38

*Picker*
Niedriglohn und Mindestlohn, RdA 2014, 25

*Picker/Sausmikat*
Ausnahmsweise Mindestlohn? – Das MiLoG und die Praktikanten, NZA 2014, 942

*Pötters/Stiebert*
Spielräume der Exekutive bei Mindestlöhnen durch Rechtsverordnung, RdA 2013, 101

*Ramming*
Gesetzlicher Mindestlohn – Kontrolle durch die Finanzkontrolle Schwarzarbeit (FKS), NZA Beilage 4/2014, 149

*Reichold*
Stärkung in Tiefe und Breite – wie viel Staat verkraftet die Tarifautonomie?, NJW 2014, 2534

*Rieble/Klebeck*
Gesetzlicher Mindestlohn?, ZIP 2006, 829

*Rudkowski*
Mindestlohn bei der Verwaltung von Wohnungseigentum, ZWE 2015, 11

*Schade*
Der Student im Pflichtpraktikum – ein rechtloses Wesen?, NJW 2013, 1039

*Sagan/Witschen*
Mindestlohn für alle? – Zum Anwendungsbereich des Mindestlohngesetzes und dessen Kollision mit vertraglichen Entgeltabreden, JM 2014, 372

*Schöb/Stein/Fischer*
Einführung eines allgemeinen Mindestlohns in Deutschland: Mögliche arbeitsmarktökonomische Wirkungen und Handlungsbedarf für den Mittelstand, DB 2014, 1937

*Schubert*
Das Normalarbeitsverhältnis in der arbeits- und sozialrechtlichen Wirklichkeit, NJW 2010, 2613

*Schweibert/Leßmann*
Mindestlohngesetz – der große Wurf?, DB 2014, 1866

*Simon*
Verstößt das Tariftreue- und Vergabegesetz Nordrhein-Westfalen gegen EU-Recht? – Zur Inkohärenz von Tariftreuepflichten und Mindestlohnklauseln im Vergaberecht, RdA 2014, 165

*Sittard*
Das MiLoG – Ein Ausblick auf die Folgen und anstehende Weichenstellungen, NZA 2014, 951

*Sittard*
Gilt das Mindestlohngesetz auch beim Kurzeinsatz in Deutschland? – Ein praktisches Problem nicht nur in der Logistikbranche, NZA 2015, 78

*Sittard*
Vermögenswirksame Leistungen und Pauschalzahlungen als Mindestlohnbestandteil, EuZW 2014, 104.

*Sittard/Sassen*
Mindestlohn & Co., ArbRB 2014, 142

*Spielberger/Schilling*
Das Gesetz zur Regelung eines allgemeinen Mindestlohns, NJW 2014, 2897

*Spielberger/Schilling*
Der Regierungsentwurf zum Gesetz über die Regelung eines allgemeinen Mindestlohns (MiLoG) – Eine Darstellung der wesentlichen Regelungen mit ersten kritischen Anmerkungen, NZA 2014, 414

*Thüsing*
Schriftliche Stellungnahme zur öffentlichen Anhörung am 30.6.2014 in Berlin, Ausschussdrucksache 18(11)148, S. 57

*Ulber*
Die Erfüllung von Mindestlohnansprüchen, RdA 2014, 176

*Ulber*
Personelle Ausnahmen und Einschränkungen im MiLoG, AuR 2014, 404

*Viethen*
Mindestlohn für Alle: materiell-rechtliche Probleme der Neuregelung, NZA Beilage 4/2014, 143

*von Steinau-Steinrück/Burkard-Pötter*
Das MiLoG kommt – Was müssen die Unternehmen tun?, NJW-Spezial 2014, 754

*Waltermann*
Mindestlohn oder Mindesteinkommen?, NJW 2010, 801

*Waltermann*
Mindestlohn oder Mindesteinkommen?, ZRP 2011, 95

*Waltermann*
Stärkung der Tarifautonomie – Welche Wege könnte man gehen?, NZA 2014, 874

*Willemsen/Sagan*
Mindestlohn und Grundgesetz – Staatliche Lohnfestsetzung versus Tarifautonomie, NZA 2008, 1216

*Zeising/Weigert*
Verfassungsmäßigkeit des Mindestlohngesetzes, NZA 2015, 15

# A. Ein bundeseinheitlicher Mindestlohn für Deutschland: Das MiLoG als Schlusspunkt eines langen rechtspolitischen Kampfes

## I. Gesetzgebungsgeschichte des Tarifautonomiestärkungsgesetzes

Die Einführung eines allgemeinen gesetzlichen Mindestlohns durch das MiLoG als Teil des sog. Tarifautonomiestärkungsgesetzes vom 11.8.2015 (BGBl. I S. 1348) stellt einen Paradigmenwechsel dar. 1

Vgl. *Viethen*, NZA-Beilage 2014, 143.

Erstmalig in der Geschichte der Bundesrepublik gibt es eine bundeseinheitliche Lohnuntergrenze, von der die Arbeitsparteien und Sozialpartner grundsätzlich nicht nach unten hin abweichen dürfen. Ab dem 1.1.2015 gilt: Grundsätzlich erhält jede Arbeitnehmerin und jeder Arbeitnehmer, mindestens 8,50 € (brutto) pro Stunde. 2

Allein aus Gründen der besseren Lesbarkeit wird nachfolgend zur sprachlichen Vereinfachung lediglich die maskuline Form von Arbeitnehmer verwendet.

Der Weg zu diesem Gesetz war lang. Über Jahrzehnte wurde in Politik und Wissenschaft über die Vor- und Nachteile eines allgemeinen gesetzlichen Mindestlohns gestritten. 3

Am Anfang dieses Werks steht daher ein kurzer Überblick zu den rechtspolitischen Beweggründen für die Schaffung des MiLoG und die flankierenden Gesetzesänderungen im Rahmen des Tarifautonomiestärkungsgesetzes. 4

Dabei sollen nicht nur die wesentlichen Standpunkte in der politischen Diskussion und die Gesetzgebungsgeschichte dargestellt, sondern auch verfassungsrechtliche Bedenken thematisiert werden (Rn. 19 ff.). Ferner zeigt ein internationaler Vergleich, wie die Höhe des nationalen Mindestlohnsatzes in Konkurrenz zu anderen Staaten einzuordnen ist (Rn. 75 ff.). 5

### 1. Vom Koalitionsvertrag bis zur heutigen Fassung des MiLoG

Schon zur Zeit der schwarz-gelben Bundesregierung wurde die Debatte um einen gesetzlichen Mindestlohn zunehmend intensiv geführt. Nachdem sich die SPD klar für ein entsprechendes Gesetz ausgesprochen hatte, votierte die CDU/CSU-Fraktion – aufbauend auf einen Beschluss des Leipziger CDU-Parteitags vom 14.11.2011 – in einem Eckpunktepapier für ein branchenspezifisches Mindestlohnmodell. 6

Siehe etwa die Forderung nach Mindestlöhnen im aktuellen Grundsatzprogramm der SPD („Hamburger Programm"), 2007, S. 46, 54, abrufbar unter http://www.spd.de/partei/grundsatzprogramm/ (Stand: Januar 2015); zur Position der Union siehe „Eckpunkte der AG der CDU/CSU Bundestagsfraktion zur Regelung einer allgemein verbindlichen Lohnuntergrenze", abrufbar unter: http://www.sozialpolitik-aktuell.de/tl_files/sozialpolitik-aktuell/_Kontrovers/Mindestlohn/CDU%202012_04_25_Eckpunkte-Mindestlohn.pdf (Stand: Januar 2015).

7 In der Wissenschaft stießen die unterschiedlichen Reformvorschläge jeweils auf große Resonanz, wie sich an zahlreichen begleitenden Stellungnahmen ablesen lässt.

Siehe etwa *Waltermann*, NJW 2010, 801; ausführlich *ders.*, Gutachten für den 68. DJT; vgl. jüngst *ders.*, NJW-aktuell 2011, Nr. 43, 3; *ders.*, ZRP 2011, 95; dagegen *Löwisch*, ZRP 2011, 95; *Forkel*, BB 2011, 1209, *ders.*, NJW-aktuell 2011, Nr. 51, 14; vgl. ferner *Schubert*, NJW 2010, 2613.

8 Im Wahlkampf zur Bundestagswahl 2013 gehörte der Mindestlohn dann zu den zentralen Themen. Die SPD und die Grünen forderten eine Untergrenze von 8,50 €, die Linke sogar von 10,00 €. Die Union plädierte hingegen für die Einführung „tariflicher Mindestlöhne", lehnte also einen allgemeinen gesetzlichen Mindestlohn ab.

CDU/CSU-Regierungsprogramm, Gemeinsam erfolgreich für Deutschland, S. 5, abrufbar unter http://www.cdu.de/regierungsprogramm (Stand: Januar 2015).

9 In den Koalitionsverhandlungen konnte sich im Wesentlichen die SPD durchsetzen. Im Koalitionsvertrag wurde folgende Vereinbarung getroffen:

> „Sinkende Tarifbindung hat [...] zunehmend zu weißen Flecken in der Tariflandschaft geführt. Durch die Einführung eines allgemein verbindlichen Mindestlohns soll ein angemessener Mindestschutz für Arbeitnehmerinnen und Arbeitnehmer sichergestellt werden. Zum 1. Januar 2015 wird ein flächendeckender gesetzlicher Mindestlohn von 8,50 € (brutto) je Zeitstunde für das ganze Bundesgebiet gesetzlich eingeführt. Von dieser Regelung unberührt bleiben nur Mindestlöhne nach dem AEntG."

Deutschlands Zukunft gestalten – Koalitionsvertrag zwischen CDU, CSU und SPD, insb. S. 48 ff., abrufbar unter http://www.cdu.de/koalitionsvertrag (Stand: Januar 2015).

10 Unter Federführung des BMAS machte sich die Regierung zügig an die Umsetzung dieses Vorhabens.

Ausführlich zur Gesetzgebungsgeschichte und den unterschiedlichen Fassungen *Schubert/Jerchel/Düwell*, Rn. 71 ff.

11 Bereits am 2.4.2014 legte das Bundeskabinett einen Kabinettsbeschluss über den Erlass des Tarifautonomiestärkungsgesetzes vor. Kurzfristige und durchaus umfangreiche Änderungen erfuhr der Entwurf noch im Bundestagsaus-

schuss für Arbeit und Soziales, bevor schließlich das endgültige Gesetz in der Ausschussfassung am 3.7.2014 vom Bundestag und am 11.7.2014 vom Bundesrat verabschiedet wurde.

BT-Ausschussdrucks. 18/2010 (neu).

Anlass für die Gesetzesinitiative war, wie bereits aus der zitierten Passage des Koalitionsvertrags ersichtlich, die sinkende Tarifbindung. In der Gesetzesbegründung zum Tarifautonomiestärkungsgesetz werden hierzu die wesentlichen Zahlen noch einmal zusammengefasst: 12

> „Die Beschäftigung zu niedrigen Löhnen hat in Deutschland in den vergangenen Jahren stark zugenommen. Im Jahr 2001 arbeiteten nach Angaben des Statistischen Bundesamtes noch 17,4 Prozent der Vollzeit und Teilzeitbeschäftigten für einen Lohn, der weniger als zwei Drittel des Medianbruttolohns betrug. Im Jahr 2010 erhielten bereits 21,7 Prozent der Vollzeit- und Teilzeitbeschäftigten einen solch niedrigen Lohn. Je nach Datenquelle und Zeitpunkt verdienten zwischen 11,4 Prozent (Verdienststrukturerhebung 2010 des Statistischen Bundesamtes) und ca. 15 Prozent (DIW-Wochenbericht Nr. 5, 2014) aller Arbeitnehmerinnen und Arbeitnehmer weniger als den Mindestlohn.
>
> Die Tarifvertragsparteien sind aus eigener Kraft nicht mehr durchgehend in der Lage, einer zunehmenden Verbreitung von unangemessen niedrigen Löhnen entgegenzuwirken. Insbesondere im Bereich einfacher Tätigkeiten hat die Fragmentierung der Arbeitsbeziehungen – etwa durch die Auflösung traditioneller Branchengrenzen und die zunehmende internationale Mobilität von Arbeitskräften – die Durchsetzungsfähigkeit der kollektiven Interessenvertretungen beeinträchtigt. In Branchen mit niedrigem Organisationsgrad führt dies dazu, dass Tarifverträge Löhne vorsehen, die für einen Alleinstehenden bei Vollzeittätigkeit nicht ausreichen, um seine Existenz ohne staatliche Hilfe zu bestreiten. Nach Auswertungen des Statistischen Bundesamtes (Verdienststrukturerhebung 2010) verdienten im Jahr 2010 selbst 7 Prozent aller tarifgebundenen Arbeitnehmerinnen und Arbeitnehmer noch weniger als 8,50 € pro Stunde."

Vor diesem Hintergrund liegen die Ziele, die der Gesetzgeber mit der Einführung des Mindestlohns verfolgt hat, auf der Hand: An erster Stelle steht der Arbeitnehmerschutz. 13

BT-Drucks. 18/1558, S. 28.

Durch die Einführung eines allgemeinen Mindestlohns werden Arbeitnehmer vor Niedriglöhnen geschützt, die branchenübergreifend als generell unangemessen anzusehen sind. Sodann geht es darum, einen Lohnunterbietungswettbewerb zu verhindern. Dies dient zum einen der finanziellen Stabilität der sozialen Sicherungssysteme, zum anderen – auch wenn dies nicht offen gesagt wird – dem Schutz deutscher Unternehmen vor ausländischer Konkurrenz, die durch niedrige Löhne Marktvorteile hat. 14

## 2. Flankierende Gesetzesänderungen und Verordnungen

### a) Das Reformpaket des Tarifautonomiestärkungsgesetzes

15 Die Erstverkündung des MiLoG wurde durch eine Reihe flankierender Änderungen begleitet, die im sog. Tarifautonomiestärkungsgesetz zusammengefasst sind. Dieser Titel dürfte einen wenig subtilen Versuch des Gesetzgebers darstellen, den verfassungsrechtlichen Bedenken hinsichtlich einer Beschränkung der Tarifautonomie (siehe hierzu sogleich Rn. 21 ff.) zu begegnen.

16 Das „Tarifpaket“, beinhaltet neben der Einführung des gesetzlichen Mindestlohns (Art. 1 Tarifautonomiestärkungsgesetz) insbesondere die Öffnung des AEntG für alle Branchen, eine Absenkung der Hürden für die Allgemeinverbindlicherklärung eines Tarifvertrags nach § 5 TVG sowie begleitende Anpassungen im ArbGG.

> Vgl. *Schubert/Jerchel/Düwell*, Rn. 18 ff.; Viethen, NZA-Beilage 2014, 143.

17 Im Einzelnen umfasst das Reformpaket folgende Punkte:

- Erstverkündung des Mindestlohngesetzes (Art. 1)
- **Änderung des Arbeitsgerichtsgesetzes** (Art. 2): Nach bisherigem Recht konnten Mindestlohn-Erstreckungsverordnungen i. S. v. § 7 AEntG als staatliche Hoheitsakte vor den Verwaltungsgerichten angegriffen werden. Diese Rechtswegzuständigkeit ist durch das Tarifautonomiestärkungsgesetz geändert worden. Dazu wurde § 2a Abs. 1 Nr. 5 neu in das ArbGG eingefügt. Hiernach sind die Gerichte für Arbeitssachen ausschließlich zuständig für „die Entscheidung über die Wirksamkeit einer Allgemeinverbindlicherklärung nach § 5 des Tarifvertragsgesetzes, einer Rechtsverordnung nach § 7 oder § 7a des Arbeitnehmer-Entsendegesetzes und einer Rechtsverordnung nach § 3a des Arbeitnehmerüberlassungsgesetzes.“ Nach § 98 Abs. 2 ArbGG n. F. ist für Verfahren nach § 2a Abs. 1 Nr. 5 ArbGG das Landesarbeitsgericht zuständig, in dessen Bezirk die Behörde ihren Sitz hat, die den Tarifvertrag für allgemeinverbindlich erklärt oder die Rechtsverordnung erlassen hat.
- Änderung des Schwarzarbeitsbekämpfungsgesetzes (Art. 3)
- Änderung des Nachweisgesetzes (Art. 3a): Durch den neu geschaffenen § 2 Abs. 1a NachwG wird eine ausdrückliche Pflicht für Arbeitgeber von Praktikanten normiert, die wesentlichen Vertragsbestandteile niederzuschreiben.
- Änderung des Verdienststatistikgesetzes (Art. 4)
- **Änderung des Tarifvertragsgesetzes** (Art. 5): Die Voraussetzungen für eine Allgemeinverbindlicherklärung werden durch eine Neufassung des § 5 TVG erleichtert. Einzige Voraussetzung ist nun gemäß § 5 Abs. 1 TVG, dass die Allgemeinverbindlicherklärung „im öffentlichen Interesse geboten erscheint“. Das soll in der Regel der Fall sein, wenn „der Tarif-

vertrag in seinem Geltungsbereich für die Gestaltung der Arbeitsbedingungen überwiegende Bedeutung erlangt hat" oder „die Absicherung der Wirksamkeit der tarifvertraglichen Normsetzung gegen die Folgen wirtschaftlicher Fehlentwicklung eine Allgemeinverbindlicherklärung verlangt". Damit wird insbesondere das bislang geltende 50 %-Quorum aufgehoben.

- **Änderung des Arbeitnehmer-Entsendegesetzes** (Art. 6): Das AEntG wird über die bereits dort genannten Branchen hinaus für alle Branchen geöffnet. Neben dem bisherigen Branchenkatalog und der dazugehörigen Verordnungsermächtigung des § 7 AEntG gibt es nun für alle übrigen Branchen mit § 7a AEntG ein separates Rechtsverordnungsverfahren. Daneben bleibt eine Ergänzung des bisherigen Branchenkatalogs um weitere konkret definierte Branchen möglich. Im Bereich der neuen Verordnungsermächtigung des § 7a AEntG können Tarifverträge erstreckt werden, wenn dies im öffentlichen Interesse geboten erscheint, um die in § 1 AEntG genannten Gesetzesziele zu erreichen und dabei insbesondere einem Verdrängungswettbewerb über die Lohnkosten entgegenzuwirken.
- Änderung des Arbeitnehmerüberlassungsgesetzes (Art. 7)
- Änderung des Dritten Buches Sozialgesetzbuch (Art. 8)
- Änderung des Vierten Buches Sozialgesetzbuch (Art. 9)
- Änderung des Zehnten Buches Sozialgesetzbuch (Art. 10)
- Änderung der Gewerbeordnung (Art. 11)
- Änderung der Vergabeverordnung Verteidigung und Sicherheit (Art. 12)
- Änderung der Beitragsverfahrensverordnung (Art. 13)
- Aufhebung des Gesetzes über die Festsetzung von Mindestarbeitsbedingungen (Art. 14): Das in der Praxis bedeutungslose MiArbG wird ersatzlos gestrichen.

### b) Verordnungen zum MiLoG

Neben diesem Paket an Gesetzesänderungen wurden zeitnah Verordnungen **18** erlassen, die auf unterschiedlichen Ermächtigungsgrundlagen im MiLoG beruhen. Sie sind allesamt zeitgleich mit dem MiLoG bereits zum 1.1.2015 in Kraft getreten.

- **Mindestlohngesetz-Meldestellenverordnung:** Diese Verordnung bestimmt, dass die Bundesfinanzdirektion West die zuständige Behörde der Zollverwaltung i. S. v. § 16 Abs. 1 Satz 1, Abs. 3 Satz 1 MiLoG ist.

  Verordnung zur Bestimmung der zuständigen Behörde nach § 16 Abs. 6 des Mindestlohngesetzes, BGBl. I S. 1823.

- **Mindestlohnaufzeichnungsverordnung:** Diese Verordnung sieht eine Vereinfachung der Aufzeichnungspflicht gemäß §§ 17 Abs. 1 MiLoG, 19

Abs. 1 AEntG bei Arbeitnehmern mit ausschließlich mobilen Tätigkeiten vor (z. B. Zustellung von Briefen, Paketen und Druckerzeugnissen, Abfallsammlung, Straßenreinigung, Winterdienst, Gütertransport, Personenbeförderung). Unter bestimmten Voraussetzungen genügt der Arbeitgeber hier seiner Aufzeichnungspflicht, wenn er lediglich die Dauer der tatsächlichen täglichen Arbeitszeit aufzeichnet.

> Verordnung zur Abwandlung der Pflicht zur Arbeitszeitaufzeichnung nach dem Mindestlohngesetz und dem Arbeitnehmer-Entsendegesetz, BGBl. I S. 1824.

- **Mindestlohnmeldeverordnung:** Diese Verordnung modifiziert die Meldepflichten nach §§ 16 MiLoG, 18 AEntG. So müssen Arbeitgeber mit Sitz im Ausland, die Arbeitnehmer in Deutschland beschäftigen, lediglich eine Einsatzplanung dieser Mitarbeiter statt Einzelmeldungen zu den Arbeitszeiten vorlegen. Die Erleichterungen gelten jedoch nur für bestimmte Tätigkeiten, bei denen zum Beispiel in Schichten oder am selben Tag an mehreren Orten sowie ausschließlich mobil in Deutschland gearbeitet wird (§ 2 Abs. 1 MiLoMeldV). Zuständige Meldestelle ist die Bundesfinanzdirektion West.

> Verordnung über Meldepflichten nach dem Mindestlohngesetz, dem Arbeitnehmer-Entsendegesetz und dem Arbeitnehmerüberlassungsgesetz, BGBl. I S. 1825.

- **Mindestlohndokumentationspflichten-Verordnung:** Diese Verordnung modifiziert bestimmte Dokumentationspflichten für „besserverdienende" Arbeitnehmer. So werden die Pflicht zur Abgabe einer schriftlichen Anmeldung nach § 16 Abs. 1 oder Abs. 3 MiLoG, die Pflicht zur Abgabe einer Versicherung nach § 16 Abs. 2 oder Abs. 4 MiLoG sowie die Pflicht zum Erstellen und Bereithalten von Dokumenten nach § 17 Abs. 1, 2 des MiLoG dahingehend eingeschränkt, dass sie nicht gelten für Arbeitnehmer, deren verstetigtes regelmäßiges Monatsentgelt 2.958 € (brutto) überschreitet und für die der Arbeitgeber seine nach § 16 Abs. 2 des ArbZG bestehenden Verpflichtungen zur Aufzeichnung der Arbeitszeit und zur Aufbewahrung dieser Aufzeichnungen erfüllt.

> Verordnung zu den Dokumentationspflichten nach den §§ 16 und 17 des Mindestlohngesetzes in Bezug auf bestimmte Arbeitnehmergruppen, BAnz AT 29.12.2014 V1.

## II. Verfassungsrechtlicher Hintergrund

19 Die Einführung eines allgemeinen Mindestlohns war bereits vor und während des gesetzgeberischen Prozesses zum MiLoG Gegenstand intensiver verfassungsrechtlicher Debatten.

> Für die Verfassungsmäßigkeit etwa *Preis/Ulber*, Die Verfassungsmäßigkeit des allgemeinen gesetzlichen Mindestlohns; ferner *Ch. Picker*, RdA 2014, 25, 29 f.; *Lakies*, MiLoG, 2014, Einl. Rn. 24 ff.; *ders.*, AuR 2013, 69; *Barczak*, RdA 2014, 290, 294 ff.;

wohl auch *Lembke*, NZA 2015, 70, 71; für die Verfassungswidrigkeit hingegen M. G. Fischer, ZRP 2007, 20; *Zeising/Weigert*, NZA 2015, 15; *Henssler*, RdA 2015, 43; siehe auch *Forkel*, ZRP 2010, 115, 116 f. mit verfehlten Argumenten zur Finanzverfassung des Grundgesetzes; vgl. ferner *Willemsen/Sagan*, NZA 2008, 1216; *Löwisch*, RdA 2009, 215, 220; *ders.*, NZA 2014, 948; *Pieroth/Barczak*, Mindestlohnausnahme für Zeitungszusteller, 2014; *Reichold*, NJW 2014, 2534; *Lobinger*, JZ 2014, 810.

Im Ergebnis sind die Einwände gegen die Verfassungskonformität des MiLoG ganz überwiegend unbegründet. Schon intuitiv verwundert dies kaum, haben doch zahlreiche andere Rechtstaaten bereits seit vielen Jahren gesetzliche Regelungen zu einem allgemeinen Mindestlohn (vgl. hierzu Rn. 72 ff.). Lediglich Teile des Reformpakets sind durchgreifenden verfassungsrechtlichen Bedenken ausgesetzt, namentlich die erleichterte Allgemeinverbindlichkeitserklärung nach § 5 TVG. Für die Praxis dürfte in naher Zukunft mehr Rechtssicherheit durch ein Urteil des Bundesverfassungsgerichts geschaffen werden, denn 14 Spediteure aus Österreich, Polen und Ungarn haben bereits Verfassungsbeschwerde gegen das MiLoG erhoben. 20

Das Verfahren ist anhängig unter dem Aktenzeichen 1 BvR 555/15.

### 1. Vereinbarkeit eines allgemeinen gesetzlichen Mindestlohns mit der Tarifautonomie

Zunächst zur Verfassungskonformität der Einführung eines allgemeinen gesetzlichen Mindestlohns durch das MiLoG: Im Zentrum steht hierbei sicherlich die Frage der Vereinbarkeit mit der durch Art. 9 Abs. 3 GG garantierten Tarifautonomie. Alle Konzeptionen zu Mindestlöhnen sehen sich dem Einwand ausgesetzt, dass mit gesetzlichen Mindestlöhnen der Staat eine Aufgabe übernimmt, für die in Deutschland jahrzehntelang die Tarifautonomie zuständig war. 21

Treffend *Waltermann*, NJW 2010, 801, 802.

#### a) Eingriff in den Schutzbereich des Art. 9 Abs. 3 GG

Ein Eingriff in den Schutzbereich des Art. 9 Abs. 3 GG dürfte nicht zu leugnen sein: Das Aushandeln von Tarifverträgen ist ein wesentlicher Aspekt der Koalitionsfreiheit. 22

Darin sollen die Vereinigungen nach dem Willen des Grundgesetzes frei sein. Der Staat enthält sich in diesem Betätigungsfeld grundsätzlich einer Einflussnahme. 23

BVerfGE 84, 212, 224 = NJW 1991, 2549; vgl. auch BVerfGE 44, 322, 341; BVerfGE 50, 290, 367; BVerfGE 116, 202, 219.

Zu den der Regelungsbefugnis der Koalitionen überlassenen Materien gehört dabei insbesondere das Arbeitsentgelt. 24

BVerfGE 116, 202, 219; BVerfGE 94, 268, 283.

25 Die offizielle Lesart des Gesetzgebers ist freilich, dass durch das Tarifautonomiestärkungsgesetz – wer hätte es gedacht – überhaupt nicht in den Schutzbereich des Art. 9 Abs. 3 GG eingegriffen wird, sondern der Tarifautonomie in Wirklichkeit zu neuer Entfaltung verholfen wird. *Nomen est omen*, wird man sich wohl gedacht haben.

> „Ziel ist es, die Tarifautonomie zu stärken und angemessene Arbeitsbedingungen für Arbeitnehmerinnen und Arbeitnehmer sicherzustellen."

BT-Drucks. 18/1558, S. 1, 26.

26 Argumentativer Ansatzpunkt des Gesetzgebers ist eine zentrale Aussage des Bundesverfassungsgerichts zur Funktion der Tarifautonomie:

> „Die Tarifautonomie ist darauf angelegt, die strukturelle Unterlegenheit der einzelnen Arbeitnehmer beim Abschluss von Arbeitsverträgen durch kollektives Handeln auszugleichen und damit ein annähernd gleichgewichtiges Aushandeln der Löhne und Arbeitsbedingungen zu ermöglichen."

BVerfGE 84, 212, 229 = NJW 1991, 2549; zitiert beim zuständigen Abteilungsleiter des BMAS *Viethen*, NZA-Beilage 2014, 143 sowie nahezu wortgleich auch in der Gesetzesbegründung, BT-Drucks. 18/1558, S. 26.

27 Dieser zentralen Aufgabe konnten die Sozialpartner in Deutschland vor allem im Dienstleistungssektor angesichts einer stetig zurückgehenden Tarifbindung teilweise nicht mehr gerecht werden. Es bestand und besteht ein strukturelles „Funktionsdefizit" der Tarifautonomie.

Erhellend hierzu *Waltermann*, NJW 2010, 801, 802; vgl. ferner *Düwell*, DB 2014, 121.

28 Diese Prämisse des Gesetzgebers ist sicherlich zunächst richtig. Eine steile These ist hingegen, dass ein Einspringen des Gesetzgebers helfen soll, das ausgemachte Funktionsdefizit zu beseitigen.

Vgl. die deutliche Kritik bei *Reichold*, NJW 2014, 2534; ferner *Lobinger*, JZ 2014, 810, 812 ff.; *Waltermann*, NZA 2014, 874, 877; vgl. auch *Bepler*, NZA 2014, 891.

29 Das Bundesverfassungsgericht betrachtet die Tarifautonomie als Übertragung eines Normsetzungsrechts und damit gerade als einen von staatlicher Regulierung freigestellten Raum.

BVerfGE 4, 96, 108 = NJW 1954, 1881; BVerfGE 18, 18, 28 = NJW 1974, 1267; BVerfGE 34, 308, 317.

30 Indem der Gesetzgeber selbst regulierend tätig wird, beansprucht er dieses Normsetzungsrecht für sich und ersetzt (potentielle) tarifvertragliche Lösungen.

Vgl. *Barczak*, RdA 2014, 290, 296; *Henssler*, RdA 2015, 43, 45.

31 Die Einbindung der Sozialpartner bei der Anpassung des Mindestlohns durch die Mindestlohnkommission vermag die Schwächung der Tarifautonomie

nicht zu kompensieren. Hierbei geht es um eine Aufgabenzuweisung „von oben“, Tarifautonomie bedeutet indes eine mitgliedschaftliche Legitimation „von unten“.

Ausführlich *Bepler*, Gutachten zum 70. DJT, passim.; *ders.*, NZA 2014, 891; *Lobinger*, JZ 2014, 810.

Durch das MiLoG wird also in die Tarifautonomie eingegriffen; sie wird nicht gestärkt, sondern geschwächt. Vor allem im Niedriglohnbereich besteht für Arbeitnehmer künftig ein Anreiz, auf staatliche Anpassungen des Mindestlohnsatzes zu hoffen, statt sich zu organisieren. 32

Eine andere Sichtweise wäre allenfalls vertretbar, wenn das MiLoG eine allgemeine Tariföffnungsklausel vorsehen würde. Das Gesetz lässt aber gerade keinen Raum für abweichende Regelungen im Niedriglohnbereich. Bestehende Tarifverträge mit Vergütungsgruppen unter dem Mindestlohn werden ganz oder teilweise verdrängt. Nach § 1 Abs. 3 MiLoG gehen lediglich allgemeinverbindliche Tarifverträge sowie Mindestlohnregelungen nach dem AEntG oder AÜG dem MiLoG vor und auch dies nur, wenn sie die Höhe des gesetzlichen Mindestlohns nicht unterschreiten. Die Übergangsregelung des § 24 Abs. 1 MiLoG sieht zwar hiervon zunächst Ausnahmen vor, spätestens ab dem 1.1.2017 müssen abweichende Regelungen aber mindestens ein Entgelt von 8,50 € (brutto) je Zeitstunde vorsehen. 33

### b) Rechtfertigung

Der mit dem MiLoG verbundene Eingriff in Art. 9 Abs. 3 GG ist jedoch gerechtfertigt. Das Grundrecht der Koalitionsfreiheit ist zwar vorbehaltlos gewährleistet. 34

*Barczak*, RdA 2014, 290, 296.

Damit ist aber nicht jede Einschränkung von vornherein ausgeschlossen. Ein Eingriff kann durch Grundrechte Dritter und andere mit Verfassungsrang ausgestattete Rechte gerechtfertigt sein. 35

St. Rspr., siehe etwa BVerfGE 28, 243, 260 ff.; BVerfGE 30, 173, 193; BVerfGE 57, 70, 98 f.; BVerfGE 84, 212, 224.

Um zunächst noch einmal auf den Gedanken einer vermeintlichen Stärkung der Tarifautonomie zurückzukommen: Selbst wenn man – was auch bei größtmöglicher Offenheit für neue Sichtweisen nicht mehr vertretbar sein dürfte – der Argumentation des Gesetzgebers folgt und eine partielle Verdrängung der Normsetzungsmacht der Tarifparteien durch staatliche Lohnuntergrenzen als ein geeignetes Mittel zur Beseitigung des Funktionsdefizits der Tarifautonomie anerkennt, dann ist doch zumindest der gewählte Weg nicht mehr erforderlich. Ein solches Funktionsdefizit besteht sicherlich nicht in Branchen, in denen der Organisationsgrad und die Tarifbindung auf stabil hohem Niveau liegen. Die Regelungen des Tarifautonomiestärkungsgesetzes gelten 36 aber nahezu für alle Arbeitnehmer und – sieht man von der Übergangsregelung des § 24 MiLoG einmal ab – für alle Branchen.

37 Eine Rechtfertigung ist jedoch im Hinblick auf unterschiedliche sozialstaatliche Anliegen des Gesetzgebers möglich. Zu den weiteren Zielen heißt es in der Gesetzesbegründung:

> „Durch die Einführung eines flächendeckenden gesetzlichen Mindestlohns werden Arbeitnehmerinnen und Arbeitnehmer vor unangemessen niedrigen Löhnen geschützt. Zugleich trägt der Mindestlohn dazu bei, dass der Wettbewerb zwischen den Unternehmen nicht zu Lasten der Arbeitnehmerinnen und Arbeitnehmer durch die Vereinbarung immer niedrigerer Löhne, sondern um die besseren Produkte und Dienstleistungen stattfindet. Das Fehlen eines Mindestlohns kann ein Anreiz sein, einen Lohnunterbietungswettbewerb zwischen den Unternehmen auch zu Lasten der sozialen Sicherungssysteme zu führen, weil nicht existenzsichernde Arbeitsentgelte durch staatliche Leistungen der Grundsicherung für Arbeitsuchende „aufgestockt" werden können. Der Mindestlohn schützt damit die finanzielle Stabilität der sozialen Sicherungssysteme."

BT-Drucks. 18/1558, S. 2.

38 Zunächst also sollen Arbeitnehmer vor unangemessen niedrigen Löhnen geschützt werden. Dies ist ein Ziel von Verfassungsrang: Insbesondere das Sozialstaatsprinzip (Art. 20 Abs. 1 GG) sowie ergänzend die Menschenwürdegarantie (Art. 1 Abs. 1 GG),

vgl. etwa BVerfGE 125, 175; ferner BVerfG, NJW 2002, 2023, 2024; a. A. *Lobinger*, JZ 2014, 810, 817,

und die Berufsfreiheit des Arbeitnehmers (Art. 12 Abs. 1 GG), streiten für angemessene Löhne.

*Lembke*, NZA 2015, 70, 71.

39 Weiterhin kann zur Rechtfertigung die Sicherung der finanziellen Stabilität des Systems der sozialen Sicherung angeführt werden – ebenfalls ein sozialstaatliches Anliegen.

*Barczak*, RdA 2014, 290, 296.

40 Das Bundesverfassungsgericht hat die Stabilität der Sozialversicherung wiederholt als einen „Gemeinwohlbelang von hoher Bedeutung" eingestuft.

BVerfGE 70, 1, 25 f., 30; BVerfGE 77, 84, 107; BVerfGE 82, 209, 230; BVerfGE 103, 293, 307; BVerfGE 116, 202, 223.

41 Das MiLoG soll dieses Ziel verwirklichen, indem es zum einen staatliche Transferleistungen zur Aufstockung nicht existenzsichernder Löhne reduziert und zum anderen das Beitragsaufkommen zur Sozialversicherung gesteigert wird. Schließlich weist das MiLoG eine marktregulierende Funktion auf, es soll namentlich ein Lohnunterbietungswettbewerb verhindert werden.

Hierzu *Ch. Picker*, RdA 2014, 25, 29 f.

Dies stützt nicht nur die Sozialversicherungssysteme, sondern durch die zwingende Geltung des MiLoG für ausländische Arbeitgeber (§ 20 MiLoG, hierzu ausführlich Rn. 219 ff.) werden auch nationale Unternehmen vor Konkurrenz aus dem Ausland geschützt. Insofern streitet die Berufsfreiheit der Arbeitgeber (Art. 12 Abs. 1 GG) als ein weiterer Verfassungswert für die Zulässigkeit des MiLoG. Außerdem kann sich der Schutz vor ausländischer Niedriglohnkonkurrenz positiv auf den Arbeitsmarkt auswirken, sodass auch insofern das Sozialstaatsprinzip sowie die Berufsfreiheit der Arbeitnehmer fruchtbar gemacht werden können. 42

BVerfGE 116, 202, 223.

Hinsichtlich der Geeignetheit und Erforderlichkeit eines allgemeinen gesetzlichen Mindestlohns zur Erreichung der genannten Ziele wird man dem Gesetzgeber eine sehr weite Einschätzungsprärogative einräumen müssen. 43

„Auf dem Gebiet der Arbeitsmarkt-, Sozial- und Wirtschaftsordnung gebührt dem Gesetzgeber ein besonders weitgehender Einschätzungs- und Prognosevorrang. Es ist vornehmlich Sache des Gesetzgebers, auf der Grundlage seiner wirtschafts-, arbeitsmarkt- und sozialpolitischen Vorstellungen und Ziele und unter Beachtung der Sachgesetzlichkeiten des betreffenden Sachgebiets zu entscheiden, welche Maßnahmen er im Interesse des Gemeinwohls ergreifen will.“

BVerfGE 103, 293, 307; ferner BVerfGE 25, 1, 17, 19 f.; BVerfGE 37, 1, 20; BVerfGE 50, 290, 338; BVerfGE 51, 193, 208; BVerfGE 77, 84, 106 f.; vgl. auch BVerfGE 123, 186 zu Reformen im Sozialversicherungsrecht; ausführlich *Preis/Ulber*, Die Verfassungsmäßigkeit des allgemeinen gesetzlichen Mindestlohns, S. 54 ff.

Einwände mit Blick auf etwaige negative Beschäftigungseffekte, die positive Beitragseffekte einer Anhebung der Niedriglöhne für die Sozialversicherung konterkarieren könnten, waren dem Gesetzgeber bekannt. Über die tatsächlichen Auswirkungen der Einführung eines Mindestlohns auf den Arbeitsmarkt streiten sich die Volkswirte ebenso wie die Juristen. 44

Hierzu im Überblick *Schöb/Stein/Fischer*, DB 2014, 1937.

Es genügt somit, wenn das MiLoG nicht evident untauglich zur Steigerung des Beitragsaufkommens der Sozialversicherungssysteme ist. Auch die Angemessenheit wird man bejahen können. Zwar wiegt der Eingriff in die Tarifautonomie schwer, dem stehen jedoch nicht minder gewichtige Anliegen von Verfassungsrang gegenüber. 45

*Preis/Ulber*, Die Verfassungsmäßigkeit des allgemeinen gesetzlichen Mindestlohns, S. 56 ff.

### 2. Vereinbarkeit eines allgemeinen gesetzlichen Mindestlohns mit der Berufsfreiheit

Das MiLoG bringt neben einer Beschränkung der Tarifautonomie auch einen erheblichen Eingriff in die Berufsfreiheit der Arbeitgeber mit sich. Art. 12 46

Abs. 1 GG gewährleistet den Arbeitgebern das Recht, die Arbeitsbedingungen mit ihren Arbeitnehmern im Rahmen der Gesetze frei auszuhandeln.

BVerfGE 116, 202, 221; vgl. BVerfGE 77, 84, 114; 77, 308, 332.

47 Gesetzliche Vorschriften, die eine Gestaltung der Arbeitsbeziehungen betreffen und die sich deshalb für den Arbeitgeber als Berufsausübungsregelungen darstellen, sind grundsätzlich an Art. 12 Abs. 1 GG (und nicht an Art. 2 Abs. 1 GG) zu messen.

BVerfGE 116, 202, 221.

48 Der Eingriff ist jedoch gerechtfertigt. Insofern gelten die obigen Ausführungen zu Art. 9 Abs. 3 GG entsprechend.

### 3. Mindestlohnkommission: Verfassungskonformität der Anpassung des Mindestlohns nach §§ 4 ff. MiLoG

49 Auch der vom Gesetzgeber geschaffene Anpassungsmechanismus nach §§ 4 ff. MiLoG ist verfassungskonform.

#### a) „Staatsferne Lösung" als Verstoß gegen die Wesentlichkeitstheorie?

50 Die §§ 4 ff. MiLoG sind zunächst im Hinblick auf die Wesentlichkeitstheorie verfassungsrechtlichen Bedenken ausgesetzt. Diese vom Bundesverfassungsgericht entwickelte Lehre besagt, dass der parlamentarische Gesetzgeber in grundlegenden normativen Bereichen alle wesentlichen Entscheidungen selbst treffen muss. Das VG Berlin,

VG Berlin, NZA 2008, 482, 486,

hat sie bereits einmal im Hinblick auf § 1 Abs. 3a AEntG a. F. fruchtbar gemacht. Die auf diese Vorschrift gestützte Verordnung für einen Postmindestlohn sei verfassungswidrig. Dabei übersieht das Verwaltungsgericht, dass die Wesentlichkeitstheorie aus dem allgemeinen Gesetzesvorbehalt abgeleitet wird.

Instruktiv BVerfGE 49, 89, 126; ferner BVerfGE 34, 165, 192 f.; BVerfGE 47, 46, 78 ff.

51 Spezielle Ausprägungen finden sich zudem in Art. 80 Abs. 1 und 59 Abs. 2 Satz 1 GG sowie den besonderen Gesetzesvorbehalten unterschiedlicher Grundrechte.

BVerfGE 49, 89, 126.

52 Diese dogmatische Verankerung macht deutlich, dass die zum vertikalen Verhältnis zwischen Staat und Bürger entwickelte Wesentlichkeitstheorie nicht 1:1 auf arbeitsrechtliche Konstellationen übertragen werden kann.

Zur Koalitionsfreiheit BVerfG, NZA 1991, 809, 810; vgl. kritisch zur Argumentation des VG Berlin *Greiner*, BB 2008, 840, 841; ausführlich *Haberzettl*, Varianten der Kodifizierung eines Mindestlohns und ihre Vereinbarkeit mit höherrangigem Recht, 2011, S. 130 ff.

Im Verhältnis gleichgeordneter Grundrechtsträger wird man – wenn über- 53
haupt – vom Gesetzgeber verlangen können, allgemeine Rahmenbedingungen zu setzen. Im Übrigen ist es seine Prärogative, zu entscheiden, ob und wie engmaschig er bestimmte sozioökonomische Sachverhalte regulieren will.

Im Bereich der Arbeitsmarkt- und Sozialpolitik kommt dem Gesetzgeber 54
zudem ein besonders weiter Einschätzungsspielraum zu.

BVerfGE 103, 293, 307; BVerfGE 116, 202, 224.

Die erforderlichen Rahmenbedingungen hat der Gesetzgeber im Falle des 55
MiLoG gesetzt: Die grundlegende Entscheidung für einen allgemeinen gesetzlichen Mindestlohn sowie über Ausnahmen hiervon hat er selbst gefällt, auch die Starthöhe von 8,50 € hat er festgelegt. Die endgültige Entscheidung über eine Anpassung der Mindestlohnhöhe hat er gemäß § 11 MiLoG der – im Gegensatz zur Kommission ebenfalls demokratisch legitimierten – Bundesregierung übertragen.

### b) Bestimmtheitsgebot (Art. 80 Abs. 1 Satz 2 GG)

Die Anforderungen des Bestimmtheitsgebots des Art. 80 Abs. 1 Satz 2 GG 56
sind ebenfalls gewahrt.

Vgl. zum AEntG a. F. BVerfG, NZA 2000, 948.

Danach müssen im Falle exekutiver Rechtsetzung durch Verordnung „Inhalt, 57
Zweck und Ausmaß der erteilten Ermächtigung im Gesetze“ bestimmt werden. Der Bürger muss also bereits aus dem ermächtigenden Gesetz ersehen können, in welchen Fällen und mit welcher Tendenz von der Ermächtigung Gebrauch gemacht wird und welchen Inhalt die auf der Grundlage der Ermächtigung ergehende Rechtsverordnung haben wird.

BVerfGE 58, 257, 277; BVerfGE 78, 249, 272.

Dies ist bei § 11 MiLoG der Fall: Die Befugnis zu exekutiver Rechtsetzung 58
beschränkt sich allein auf eine Bestätigung des Kommissionsvorschlags durch Verordnung. Die Bundesregierung wird also nur dazu ermächtigt, alle zwei Jahre eine Anpassung des Mindestlohns entsprechend dem Vorschlag vorzunehmen oder es bei der geltenden Höhe zu belassen (vgl. hierzu Rn. 756). Durch die Vorgabe von 8,50 € als Ausgangswert und die Kriterien des § 9 Abs. 2 MiLoG, die im Vorschlag der Kommission berücksichtigt werden müssen, ist zudem eine gewisse Vorhersehbarkeit auch hinsichtlich der Höhe der künftigen Anpassungen gewährleistet. Größere Sprünge in die eine oder andere Richtung dürften ausgeschlossen sein.

### c) Erfordernis demokratischer Legitimation (Art. 20 Abs. 2 GG)

59 Gerade diese engen Vorgaben werden von manchen Stimmen wiederum zum Anlass genommen, um unter dem Gesichtspunkt fehlender demokratischer Legitimation (Art. 20 Abs. 2, 28 Abs. 1 Satz 2 GG) die Verfassungskonformität der §§ 4 ff. MiLoG anzuzweifeln.

*Lakies*, ArbR 2014, 189, 191; zu Recht dagegen *Barczak*, RdA 2014, 290, 292 f.

60 Auch diese Bedenken sind aber unbegründet. Zunächst ist zweifelhaft, ob man der Mindestlohnkommission jedwede demokratische Legitimation absprechen kann, wird diese doch von der Bundesregierung berufen (§§ 4–7 MiLoG). Zudem ist grundsätzlich von Verfassung wegen nichts gegen beratende Gremien ohne demokratische Legitimation einzuwenden. Eine hinreichende demokratische Legitimation muss erst gegeben sein, wenn sie selbst staatliche Gewalt ausüben („alles amtliche Handeln mit Entscheidungscharakter").

Maunz/Dürig/*Kirchhof*, GG, Art. 83 Rn. 25; BVerfG, NVwZ 1996, 574; BVerfGE 83, 60, 73; BVerfGE 107, 59, 87.

61 Die bloße Ausübung von Vorschlagsrechten fällt hierunter erst dann, wenn ein anderer Verwaltungsträger bei der Ausübung seiner Entscheidungsbefugnisse von ihnen rechtlich abhängig ist.

BVerfGE 83, 60, 73; BVerfGE 26, 186, 196 f.

62 Nach diesen Maßstäben ist die Tätigkeit der Mindestlohnkommission nicht als Ausübung staatlicher Gewalt zu qualifizieren. Erst durch die Verordnung erlangt der Vorschlag Rechtsverbindlichkeit, sodass erst in diesem Moment staatliche Gewalt ausgeübt wird. Die Bundesregierung ist zwar nicht befugt, inhaltlich vom Vorschlag der Mindestlohnkommission abzuweichen, sie hat aber ein Entschließungsermessen dahingehend, ob sie überhaupt eine Verordnung erlässt oder nicht (§ 11 Abs. 1 Satz 1 MiLoG: „kann"). Lehnt sie die Übernahme des Vorschlags ab, ist sie zwar nicht befugt, selbst eine Verordnung abweichenden Inhalts zu erlassen, es kommt dann aber eben auch nicht zur Ausübung von Staatsgewalt.

## 4. Verfassungskonformität branchenspezifischer Mindestlöhne nach dem AEntG

63 Anders als im Falle des MiLoG bauen die branchenspezifischen Mindestlohnverordnungen nach dem AEntG und dem AÜG auf Tarifverträgen auf.

Lediglich bei der Vorschrift des § 11 AEntG für die Pflegebranche wird nicht ein Tarifvertrag für allgemeinverbindlich erklärt, sondern vielmehr dient ein Kommissionsvorschlag als Grundlage für den Mindestlohn.

Man wird daher bei diesen Mindestlohninstrumenten noch eher von einer Stärkung der Tarifautonomie sprechen können. Hierfür finden sich durchaus Anhaltspunkte in der Rechtsprechung des Bundesverfassungsgerichts: 64

> „Schließlich darf der Gesetzgeber die Ordnungsfunktion der Tarifverträge unterstützen, indem er Regelungen schafft, die bewirken, dass die von den Tarifparteien ausgehandelten Löhne und Gehälter auch für Nichtverbandsmitglieder mittelbar zur Anwendung kommen. Dadurch wird die von Art. 9 Abs. 3 GG intendierte, im öffentlichen Interesse liegende autonome Ordnung des Arbeitslebens durch Koalitionen abgestützt, indem den Tarifentgelten zu größerer Durchsetzungskraft verholfen wird."

BVerfGE 116, 202, 224; ferner BVerfGE 44, 322, 342; BVerfGE 92, 365, 397.

Jedoch dürfen zwei Dinge nicht verwechselt werden: Eine Stärkung allein der Tarifbindung durch Erstreckung einzelner Tarifverträge bedeutet nicht notwendig eine Stärkung der Tarifautonomie. Durch die Mindestlohnverordnungen wird die Möglichkeit zum Abschluss (nachteilig) abweichender Tarifverträge genommen. 65

Zudem ist jedenfalls ein Eingriff in die Berufsfreiheit der Außenseiter-Arbeitgeber gegeben. 66

Erneut ist aber von einer verfassungsrechtlichen Rechtfertigung auszugehen. Die Ziele sind dieselben wie bei der Einführung des allgemeinen Mindestlohns, jedoch verschiebt sich die Akzentuierung: Da ein angemessener Lohn im Wesentlichen bereits durch das MiLoG gewährleistet wird, rückt bei der Rechtfertigung der Mindestlohninstrumente des AEntG und des AÜG vor allem das Ziel einer Vermeidung eines Lohnunterbietungswettbewerbs in den Mittelpunkt. 67

Vgl. BT-Drucks. 18/1558, S. 27.

Im Sinne der verfassungsrechtlichen Erforderlichkeit wird es jedoch meist unzulässig sein, eine Branche per Rechtsverordnung mit einem ganzen „Lohngitter" zu überziehen, ohne im Einzelfall zu prüfen, ob ein Schutzbedürfnis auch bei den höheren Lohngruppen besteht. Eine entsprechende verfassungskonforme Auslegung der Verordnungsermächtigungen ist möglich und geboten. Insofern verengt sich daher schon aus verfassungsrechtlichen Gründen, die zudem auch einfachgesetzlich im AEntG und AÜG konkretisiert sind, der Spielraum des Verordnungsgebers. 68

Ausführlich *Pötters/Stiebert*, RdA 2013, 101.

Dieser muss die Erstreckung eines Tarifvertrags somit regelmäßig auf die unteren Lohngruppen beschränken. 69

### 5. Verfassungswidrigkeit der erleichterten Allgemeinverbindlichkeitserklärung gemäß § 5 TVG n. F.

Erhebliche verfassungsrechtliche Bedenken bestehen jedoch hinsichtlich der letzten zentralen Neuerung des Tarifautonomiestärkungsgesetzes: der erleichterten Allgemeinverbindlichkeitserklärung nach § 5 TVG n. F. 70

Kritisch auch *Bepler*, Gutachten zum 70. DJT, S. B 109 ff.; *Lobinger*, JZ 2014, 810, 817 f.; BeckOK ArbR/*Giesen*, § 5 TVG Rn. 6.

71 Einzige Voraussetzung ist nun gemäß § 5 Abs. 1 TVG, dass die Allgemeinverbindlicherklärung „im öffentlichen Interesse geboten erscheint". Das soll in der Regel der Fall sein, wenn „der Tarifvertrag in seinem Geltungsbereich für die Gestaltung der Arbeitsbedingungen überwiegende Bedeutung erlangt hat" oder „die Absicherung der Wirksamkeit der tarifvertraglichen Normsetzung gegen die Folgen wirtschaftlicher Fehlentwicklung eine Allgemeinverbindlicherklärung verlangt". Damit wird ganz bewusst das bislang geltende 50 %-Quorum aufgehoben:

„Der Nutzung dieses Instruments steht in Zeiten sinkender Tarifbindung das Erfordernis des starren 50-Prozent-Quorums zunehmend entgegen."

BT-Drucks. 18/1558, S. 1.

72 Noch weiter geht § 5 Abs. 1a TVG (Tarifvertrag über eine gemeinsame Einrichtung), für den keine materiellen Erforderlichkeiten formuliert werden.

73 Somit können u. U. auch Tarifverträge erstreckt werden, die eine deutlich niedrigere Tarifbindung aufweisen. Anders als bisher ist für solche Fälle auch nicht mehr die Behebung eines sozialen Notstands erforderlich. Ihre Grenze soll die Allgemeinverbindlicherklärung ausweislich der Gesetzesbegründung erst dann finden, wenn der Tarifvertrag von im konkreten Bereich „völlig unbedeutenden Koalitionen" abgeschlossen worden ist.

BT-Drucks. 18/1558, S. 49.

74 Die Begründung beruft sich auf das Bundesverfassungsgericht, übersieht dabei aber, dass im Gegensatz zu Mindestlohnverordnungen nach dem AEntG, die Gegenstand der zitierten Entscheidung waren, eine stärkere demokratische Legitimation die Beschränkung der Grundrechte der Außenseiter rechtfertigt.

Entscheidung des BVerfG v. 18.7.2000 – 1 BvR 948/00, NJW 2000, 3704 (Nichtannahmebeschluss).

### III. Der deutsche Mindestlohn im internationalen Vergleich

75 Ausgehend von einem Acht-Stunden-Tag und einem Monat mit 23 Arbeitstagen ergibt sich in Deutschland ein monatlicher Brutto-Mindestlohn von 1.564,– €.

*Schubert/Jerchel/Düwell*, Rn. 10.

76 Damit bewegt man sich in Europa auf einem vergleichsweise hohen Niveau, erst recht liegt man deutlich über den USA, in denen ein Stundensatz von 7,25 Dollar als Mindestlohn gilt. Setzt man jedoch ausschließlich die Mindestlöhne in europäischen Staaten mit in etwa vergleichbarer Wirtschaftskraft in Relation, dann liegt Deutschland ungefähr auf einem Level mit Staaten wie Irland, Frankreich, den Niederlanden oder dem Vereinigten Königreich.

Nach dem statistischen Bundesamt und der europäischen Statistikbehörde *eurostat* galt zum Stand Juli 2014 in 21 der 28 EU-Staaten ein branchenübergreifender gesetzlicher Mindestlohn. 77

Vgl. https://www.destatis.de/Europa/DE/Thema/BevoelkerungSoziales/Arbeitsmarkt/Mindestloehne.html; ferner http://www.boeckler.de/wsi-tarifarchiv_43610.htm.

Von der Höhe her variieren die Sätze innerhalb Europas sehr stark, es besteht eine Bandbreite zwischen 174,– € (brutto) im Monat in Bulgarien und 1.921,– € in Luxemburg. Im Einzelnen werden folgende Mindestlöhne (monatlich brutto) – in Europa garantiert: 78

Anmerkung: Es ist nicht möglich, anhand der genannten Werte auf einen Stundenlohn zu schließen. So liegt der monatliche Brutto-Mindestlohn in Frankreich mit 1.445,38 € niedriger als in Deutschland (1.564,– €). Da in Frankreich jedoch eine 35-Stunden-Woche zugrunde gelegt wird, liegt der Mindestlohn pro Stunde mit 9,53 € (brutto) mehr als 10 % über dem deutschen Vergleichswert.

| **Land** | **Mindestlohn** |
|---|---|
| Belgien | 1.501,82 |
| Bulgarien | 173,84 |
| Estland | 355,00 |
| Irland | 1.461,85 |
| Griechenland | 683,76 |
| Spanien | 752,85 |
| Frankreich | 1.445,38 |
| Kroatien | 398,31 |
| Lettland | 320,00 |
| Litauen | 289,62 |
| Luxemburg | 1.921,03 |
| Ungarn | 328,16 |
| Malta | 717,95 |
| Niederlande | 1.495,20 |
| Polen | 404,16 |
| Portugal | 565,83 |
| Rumänien | 205,34 |
| Slowenien | 789,15 |
| Slowakei | 352,00 |
| Tschechische Republik | 309,62 |
| Vereinigtes Königreich | 1.301,31 |

# B. Einführung: Wahre Bedeutung für die betriebliche Praxis

## I. Erfasste Arbeitsverhältnisse

### 1. Grundsätzliche Geltung für jeden Arbeitnehmer: Der Mindestlohn als Sockelanspruch

In der gesamten Diskussion um den gesetzlichen Mindestlohn standen vor allem die Beschäftigungsverhältnisse im Niedriglohnsektor im Fokus. Nach Schätzungen der Bundesregierung werden vom 1.1.2015 an zunächst 3,7 Millionen Arbeitnehmer eine Lohnerhöhung auf 8,50 € erhalten. 79

> *Creutzburg*, Ein Milliardengeschenk für 8,50 €, FAZ v. 3.7.2014, abrufbar unter http://www.faz.net/aktuell/wirtschaft/wirtschaftspolitik/mindestlohn-ein-milliardengeschenk-fuer-8-50-euro-13023579.html (Stand: Januar 2015).

Zum Vergleich: Im Jahr 2014 gab es insgesamt ca. 43 Mio. Erwerbstätige und etwas über 30 Mio. sozialversicherungspflichtig Beschäftigte. 80

> Der Arbeits- und Ausbildungsmarkt in Deutschland – Monatsbericht Dezember und Jahr 2014 der Bundesagentur für Arbeit, S. 79, abrufbar unter http://statistik.arbeitsagentur.de/Statischer-Content/Arbeitsmarktberichte/Monatsbericht-Arbeits-Ausbildungsmarkt-Deutschland/Monatsberichte/Generische-Publikationen/Monatsbericht-201412.pdf (Stand: Januar 2015).

Die Anzahl der Beschäftigten im Niedriglohnsektor war 2014 dabei im Osten deutlich höher, denn hier wurden etwa 30 Prozent der abhängig Beschäftigten mit einem Stundenlohn von weniger als 8,50 € vergütet. Für diese Arbeitsverhältnisse ist die Bedeutung des Mindestlohns evident. 81

Bei wirtschaftspolitischen Fragen, wie insbesondere etwaigen negativen Effekten für den Arbeitsmarkt, kommt es in der Tat maßgebend auf den Niedriglohnsektor an. Dies darf jedoch nicht den Blick darauf verstellen, dass die rechtliche Bedeutung des MiLoG weit über diese Beschäftigungsverhältnisse hinausreicht. Denn gemäß §§ 1 Abs. 1, 22 Abs. 1 Satz 1 MiLoG hat grundsätzlich *jeder* Arbeitnehmer Anspruch auf Zahlung eines Arbeitsentgelts *mindestens* in Höhe des Mindestlohns durch den Arbeitgeber. Diese Formulierung weist bereits darauf hin, dass der Mindestlohn eine Art Sockelanspruch darstellt. 82

> So auch *Sagan/Witschen*, jM 2014, 372, 374; *Bayreuther*, NZA 2014, 865, 866; *Preis/Ulber*, Ausschlussfristen und Mindestlohngesetz, S. 21 ff.; vgl. ebenfalls die „offizielle Lesart" seitens des BMAS bei *Viethen*, NZA-Beilage 2014, 143, 145; a. A. *Spielberger/Schilling*, NZA 2014, 414, 416.

Mit anderen Worten: Der Mindestlohn steckt in jedem Lohn. Gestützt wird dieses Auslegungsergebnis durch den Wortlaut des § 3 Satz 1 MiLoG: Danach sind nicht nur Vereinbarungen, die den Anspruch auf Mindestlohn unterschreiten, sondern auch Regelungen, die seine Geltendmachung beschränken 83 oder ausschließen „insoweit“ unwirksam. Aus teleologischer Sicht ließe sich zwar durchaus anzweifeln, ob „Besserverdiener“ wirklich des Schutzes durch das MiLoG bedürfen, jedoch lässt sich eine rechtssichere Grenze nicht ziehen.

84 Die Konsequenz der Einstufung des Mindestlohns als Sockelanspruch ist, dass sämtliche Regelungen des Gesetzes, die absichern sollen, dass der Mindestlohn zum Fälligkeitszeitpunkt gezahlt wird (§§ 2, 3, 20 MiLoG), auch für höhere Löhne gelten. Somit sind auch die Melde- und Dokumentationspflichten (§§ 16, 17 MiLoG) für jedes Arbeitsverhältnis, das vom Anwendungsbereich des MiLoG (§§ 1, 20, 22, 24 MiLoG) erfasst ist, zu beachten. Dies folgt zudem aus einem Umkehrschluss zur Mindestlohndokumentationspflichten-Verordnung: Diese Verordnung sieht lediglich einige Erleichterungen für bestimmte Dokumentationspflichten vor, wenn ein Arbeitnehmer ein verstetigtes regelmäßiges Monatsentgelt von mehr als 2.958 € (brutto) bezieht. Folglich gelten die Dokumentationspflichten des MiLoG vollumfänglich für alle Monatsentgelte zwischen ca. 1.564,– € – was aktuell bei einem Acht-Stunden-Tag und einem Monat mit 23 Arbeitstagen dem Mindestlohn entspricht – und 2.958,– € (brutto).

**Praxistipp:**

Will man an abweichenden Vereinbarungen zum MiLoG festhalten, so empfiehlt es sich, die entsprechenden arbeitsvertraglichen Klauseln dahingehend zu ändern, dass getrennte Regelungen für den Sockelanspruch von 8,50 € (brutto) pro Stunde einerseits und die darüber hinausgehenden Entgeltansprüche andererseits getroffen werden.

### 2. Die Ausnahmen im Überblick

85 Von dieser grundsätzlich allumfassenden Geltung des MiLoG für alle Arbeitnehmer sehen § 22 Abs. 1 Satz 2 bis Abs. 4 MiLoG zunächst Ausnahmen in persönlicher Hinsicht vor (hierzu ausführlich Rn. 172 ff.). Danach sind folgende Personengruppen ganz oder teilweise vom Anwendungsbereich des MiLoG ausgenommen:

- Besonders praxisrelevant dürfte die Ausnahme für Praktikanten gemäß § 22 Abs. 1 Satz 2, 3 MiLoG sein. Danach unterfallen unter bestimmten Voraussetzungen Pflichtpraktika (Nr. 1), Orientierungspraktika (Nr. 2), studienbegleitende Praktika (Nr. 3) und Praktika zur Einstiegsqualifizierung (Nr. 4) nicht dem Mindestlohn.
- Wichtig ist auch die Ausnahme für Personen unter 18 Jahren ohne Berufsausbildung (Abs. 2).
- Eher nur klarstellende Funktion hat die Regelung für Beschäftigte in Berufsausbildung (Abs. 3 Alt. 1).
- Außerdem werden ehrenamtlich Tätige von den Vergütungsregeln des MiLoG ausgenommen (Abs. 3 Alt. 2).

- Für Langzeitarbeitslose (§ 18 Abs. 1 SGB III) gilt der Mindestlohn lediglich in den ersten sechs Monaten der Beschäftigung nicht (Abs. 4).

Daneben gibt es nach § 24 MiLoG für eine Übergangsphase bis Ende 2017 86
zwei Ausnahmen in zeitlicher Hinsicht (hierzu ausführlich Rn. 278 ff.). Grundsätzlich gilt der gesetzliche Mindestlohn gemäß § 1 Abs. 2 MiLoG ab dem 1.1.2015. Erfasst sind alle oben beschriebenen Arbeitsverhältnisse unabhängig vom Zeitpunkt ihres Abschlusses und einer eventuellen Befristung. § 24 MiLoG sieht von diesem simplen Prinzip zwei Ausnahmen vor: Nach Abs. 1 dieser Norm gehen abweichende Regelungen eines auf alle Arbeitgeber erstreckten Tarifvertrages dem Mindestlohn vor und nach Abs. 2 ist eine schrittweise Annäherung an den Mindestlohn für Zeitungszusteller vorgesehen. Durch beide Ausnahmen wird die Geltung des Mindestlohns i. H. v. 8,50 € je Zeitstunde bis spätestens Ende 2017 hinausgezögert. § 24 MiLoG tritt insgesamt gemäß Art. 15 Abs. 2 des Tarifautonomiestärkungsgesetzes mit Ablauf des 31.12.2017 außer Kraft.

## II. Erfasste Lohnbestandteile und Arbeitszeiten

Das MiLoG erfasst nicht nur mehr Arbeitsverhältnisse als sich intuitiv ver- 87
muten ließe, sondern es erlangt auch für die meisten Lohnbestandteile sowie Arbeitszeiten Bedeutung.

Der Mindestlohn erfasst beispielsweise Bereitschaftszeiten, Reisezeiten und 88
Wartezeiten.

> Vgl. BAG v. 19.11.2014 – 5 AZR 1101/12, BeckRS 2014, 74316. *Bayreuther*, NZA 2014, 865, 866; *Viethen*, NZA-Beilage 2014, 143, 146.

Auch für ausgefallene Arbeitsstunden kann der Mindestlohn von Bedeutung 89
sein. So ist der Mindestlohnsatz des § 1 Abs. 2 MiLoG zugrunde zu legen, soweit der Arbeitgeber zur Fortzahlung des Arbeitsentgelts (z. B. nach §§ 615, 616 BGB oder § 3 EFZG) oder zur Zahlung von Urlaubsentgelt (§ 11 BUrlG) verpflichtet ist.

> *Viethen*, NZA-Beilage 2014, 143, 145.

Schwierig zu bestimmen ist, welche Lohnbestandteile neben einer regelmäßi- 90
gen Grundvergütung mindestlohnrelevant sind. Im Einzelnen dürfte zur Anrechenbarkeit Folgendes zu beachten sein (ausführlich hierzu Rn. 349 ff.):

- Anrechenbare, d. h. mindestlohnrelevante Zulagen sind etwa:
  - Auslösungen in Form von Nahauslösungen,
  - Erschwerniszulagen,
  - Feiertagszuschläge,
  - Nachtarbeitszuschläge,

  - Gefahren- und Leistungszulagen,
  - Inkassoprämien,
  - Mankogelder,
  - Mehrarbeits- und Überstundenvergütung,
  - Prämien (z. B. im Berufssport),
  - verstetigte Schmutzzulagen,
  - ggf. Sozialzulagen.
- Nicht anrechenbare Zulagen sind:
  - Feiertagszuschläge,
  - Bereitschaftspauschale,
  - Telefonkostenpauschale,
  - ggf. Provisionen, Erfolgszulagen,
  - reine Retention Boni,
  - Weihnachtsgeld,
  - Urlaubsgeld,
  - vermögenswirksame Leistungen,
  - Personalrabatte,
  - Werkmiet- oder Werkdienstwohnung.

## III. Konsequenzen bei Missachtung des MiLoG im Überblick

### 1. Unwirksamkeit der Lohnabrede gemäß § 3 Satz 1 MiLoG

#### a) Folgen der Nichtigkeit

91 Die unmittelbare Rechtsfolge einer Missachtung des allgemeinen gesetzlichen Mindestlohns ist zunächst unmissverständlich in § 3 Satz 1 MiLoG geregelt:

> „Vereinbarungen, die den Anspruch auf Mindestlohn unterschreiten oder seine Geltendmachung beschränken oder ausschließen, sind insoweit unwirksam."

92 Das Gesetz schweigt jedoch, wenn es um die weiteren Folgen der Nichtigkeit der Lohnabrede geht. Diese sind somit anhand allgemeiner zivil- und arbeitsrechtlicher Grundsätze zu entwickeln.

93 Der Arbeitsvertrag bleibt im Übrigen wirksam. Dies kann zum einen auf § 139 BGB gestützt werden, lässt sich aber zudem bereits aus dem Wortlaut des § 3 Satz 1 MiLoG („insoweit") ableiten.

Keine eindeutige Lösung hält das Gesetz zu der Frage bereit, welcher Lohn anstatt der unwirksamen Vereinbarung eingreift. Nach einer Ansicht kann die nichtige Abrede geltungserhaltend reduziert werden, es soll also nur ein Anspruch auf die Differenz zum Mindestlohn bestehen. 94

*Sittard*, NZA 2014, 951; *Lembke*, NZA 2015, 70, 77.

Der gesetzliche Schutzzweck sei auf die Mindestlohnsicherung beschränkt. Auch der Wortlaut des § 3 Satz 1 MiLoG spreche mit der Wendung „insoweit" hierfür, denn in Bezug auf den ähnlich formulierten § 74a Abs. 1 Satz 1, 2 HGB sei die Möglichkeit einer geltungserhaltenden Reduktion allgemein anerkannt. 95

*Lembke*, NZA 2015, 70, 73.

Dies sind in der Tat gewichtige Argumente. Gleichwohl ist es überzeugender, auf § 612 Abs. 2 BGB zu rekurrieren. 96

*Bayreuther*, NZA 2014, 865, 866, *Däubler*, NJW 2014, 1924, 1927; *Viethen*, NZA-Beilage 2014, 143, 146; *Rudkowski*, ZWE 2015, 11, 13; wohl auch *Schubert/Jerchel/Düwell*, Rn. 91.

Das Wortlautargument ist keineswegs zwingend. Die Wendung „insoweit" kann ebenso gut als eine Begrenzung der Rechtsfolgen allein auf die unwirksame Lohnabrede oder Beschränkung des Mindestlohnanspruchs verstanden werden (s. o.). Für die Lösung über § 612 BGB spricht außerdem, dass hierdurch meist eine schärfere Sanktion erreicht wird. Vor allem aber wäre so eine einheitliche dogmatische Linie mit der Lohnwucher-Rechtsprechung des BAG (§ 138 BGB) gewährleistet. 97

Vgl. hierzu BAG v. 18.4.2012 – 5 AZR 630/10, NZA 2012, 978; BAG v. 22.4.2009 – 5 AZR 436/08, NZA 2009, 837; BAG v. 26.4.2006 – 5 AZR 549/05, NZA 2006, 1354.

Nach § 612 Abs. 2 BGB ist somit mangels wirksamer Lohnabrede die „übliche Vergütung" zu zahlen. Dies ist regelmäßig der Tariflohn. Eine Üblichkeit der Tarifvergütung kann angenommen werden, wenn mehr als 50 % der Arbeitgeber eines Wirtschaftsgebiets tarifgebunden sind oder wenn die organisierten Arbeitgeber mehr als 50 % der Arbeitnehmer eines Wirtschaftsgebiets beschäftigen. 98

So bei Lohnwucher: BAG v. 22.4.2009 – 5 AZR 436/08, NZA 2009, 837.

Eine Anwendung von § 612 Abs. 2 BGB ist aber dann nach Treu und Glauben ausgeschlossen und nur ein Anspruch auf den Mindestlohn gegeben, wenn der Arbeitnehmer zuvor eine Vertragsanpassung abgelehnt hat. 99

### b) Reaktionsmöglichkeiten

Um die unwirksame Lohnabrede zu beseitigen ist natürlich zunächst eine einvernehmliche Vertragsänderung mit allen betroffenen Arbeitnehmern mög- 100 lich. Wird lediglich die Vergütungshöhe angepasst, besteht kein Mitbestimmungsrecht des Betriebsrats. Will jedoch der Arbeitgeber zugleich auch die Verteilungsgrundsätze hinsichtlich bestimmter Lohnbestandteile oder die Auszahlungsmodalitäten ändern, wird regelmäßig eine Mitbestimmungspflicht nach § 87 Abs. 1 Nr. 4, Nr. 10 oder Nr. 11 BetrVG ausgelöst.

101 Sollte keine einvernehmliche Lösung erzielt werden, kann der Arbeitgeber eine Änderungskündigung gemäß § 2 KSchG in Betracht ziehen. Eine Vertragsanpassung nach § 313 BGB wegen Wegfalls der Geschäftsgrundlage ist hingegen nicht möglich, weil vorrangig das speziellere Kündigungsrecht beachtet werden muss.

BAG v. 12.1.2006 – 2 AZR 126/05, AP KSchG 1969 § 2 Nr. 82 (m. Anm. *Boemke*); *Schweibert/Leßmann*, DB 2014, 1866, 1870.

**Praxistipp:**

Die Voraussetzungen einer betriebsbedingten Änderungskündigung dürften hier regelmäßig erfüllt sein. Der Kündigungsgrund liegt in dem außerbetrieblichen Umstand der Gesetzesänderung; die Änderungskündigung stellt eine verhältnismäßige Reaktion dar, zumal dem Arbeitgeber durchaus gravierende Nachteile drohen. Die strengen Vorgaben der Rechtsprechung für eine Änderungskündigung zur Entgeltreduzierung greifen gerade nicht ein (vgl. *Schweibert/Leßmann*, DB 2014, 1866, 1870).

### 2. Unzulässige Beschränkung der Geltendmachung des Mindestlohns (§ 3 Satz 1–3 MiLoG)

102 Nach § 3 Satz 1 MiLoG ist nicht nur eine den Mindestlohn unterschreitende Lohnabrede nichtig, sondern auch eine Beschränkung der Geltendmachung des Mindestlohnanspruchs ist unzulässig. Diese Regelung wird sich in der Praxis insbesondere im Hinblick auf weit verbreitete Ausschlussfristen auswirken.

103 In diesem Zusammenhang ist erneut darauf hinzuweisen, dass der Mindestlohnanspruch einen Sockelanspruch darstellt. Somit stellt sich die Frage der Wirksamkeit von Ausschlussfristen auch bei einem Entgelt, das deutlich über dem gesetzlichen Mindestlohn liegt.

Hierzu überzeugend *Preis/Ulber*, Ausschlussfristen und Mindestlohngesetz, S. 21 ff.

104 § 3 Satz 1 MiLoG führt hier im Ergebnis dazu, dass im Umfang des Anspruchs auf den Mindestlohn Ausschlussfristen die Entgeltansprüche des Arbeitnehmers nicht mehr zum Erlöschen bringen können. Eine Gesamtnichtigkeit der entsprechenden Klauseln tritt jedoch nach richtiger Ansicht nicht ein.

*Preis/Ulber*, Ausschlussfristen und Mindestlohngesetz, S. 45, 57; in diese Richtung auch *Nebel/Kloster*, BB 2014, 2933, 2936.

**Praxistipp:**

Gesicherte Rechtsprechung gibt es hierzu noch nicht. Erneut kann daher nur empfohlen werden, die entsprechenden arbeitsvertraglichen Klauseln dahingehend zu ändern, dass getrennte Regelungen für den Mindestlohn einerseits und die darüber hinausgehenden Entgeltansprüche andererseits getroffen werden.

Eine prozessuale Absicherung von § 3 Satz 1 MiLoG ist dadurch gegeben, 105
dass ein Verzicht auf den Mindestlohnanspruch oder seine Geltendmachung nach § 3 Satz 2 MiLoG grundsätzlich ausgeschlossen ist. Auf einen bereits entstandenen Mindestlohnanspruch kann der Arbeitnehmer nur durch gerichtlichen Vergleich verzichten. Ein gerichtlicher Vergleich kann gemäß § 278 Abs. 6 Satz 1 ZPO auch dadurch geschlossen werden, dass die Parteien dem Gericht einen schriftlichen Vergleichsvorschlag unterbreiten (Alt. 1) oder einen schriftlichen Vergleichsvorschlag des Gerichts durch Schriftsatz gegenüber dem Gericht annehmen (Alt. 2). Zu § 14 Abs. 1 Satz 2 Nr. 8 TzBfG hat das BAG jedoch entschieden, dass ein gerichtlicher Vergleich im Sinne dieser Norm nicht für die Variante nach § 278 Abs. 6 Satz 1 Alt. 1 ZPO (schriftlicher Vergleichsschluss der Parteien) gegeben sei. Insoweit fehle es an der erforderlichen Mitwirkung des Gerichts. Ob diese Fallpraxis auf § 3 Satz 2 MiLoG zu übertragen ist, wurde noch nicht entschieden (gegen eine Parallele siehe Rn. 447 ff.).

Für eine Parallele *Hilgenstock*, MiLoG, 2015, Rn. 159.

**Praxistipp:**

Wegen § 3 Satz 2 MiLoG sind insbesondere die sonst üblichen außergerichtlichen Vergleiche im Kündigungsschutzprozess, in einem Auflösungsvertrag, in einer Ausgleichsklausel oder im Rahmen einer Ausgleichsquittung nicht möglich (*Viethen*, NZA-Beilage 2014, 143, 146).

Die Verwirkung des Mindestlohnanspruchs ist gemäß § 3 Satz 3 MiLoG eben- 106
falls ausgeschlossen. Der Arbeitgeber muss also stets bis zum Ablauf der dreijährigen gesetzlichen Verjährungsfrist (§ 195 BGB) mit einer gerichtlichen Geltendmachung des Mindestlohnanspruchs rechnen. Für über den Mindestlohn hinausgehende Ansprüche ist jedoch eine Verwirkung möglich.

Vgl. *Lembke*, NZA 2015, 70, 77.

### 3. Sozialversicherungsrechtliche Folgen

Mittelbare Folgen aus der Unwirksamkeit einer gegen das MiLoG versto- 107
ßenden Lohnabrede und der Anhebung der Vergütung auf den üblichen Lohn ergeben sich aus dem Sozialversicherungsrecht. Wurde ein zu niedriger Lohn gezahlt, müssen die entsprechend für die Differenz anfallenden Sozialversicherungsbeiträge nachgezahlt werden. Irrelevant ist, ob Verjährungsfristen greifen oder ob der Arbeitnehmer die Differenz des Entgeltes nicht gerichtlich geltend macht. Denn im Beitragsrecht der Sozialversicherung gilt seit dem Inkrafttreten des SGB IV zum 1.7.1977 bei der Erhebung der Einnahmen

das sog. Entstehungsprinzip. Die Beitragsansprüche der Versicherungsträger entstehen, sobald ihre im Gesetz oder aufgrund eines Gesetzes bestimmten Voraussetzungen vorliegen (§ 22 Abs. 1 SGB IV). Das BSG hat das Entstehungsprinzip bekräftigt.

BSG v. 25.9.1981 – 12 RK 58/80, BSGE 52, 152; BSG v. 26.10.1982 – 12 RK 8/81, BSGE 54, 136; BSG v. 26.11.1985 – 12 RK 51/83, BSGE 59, 183; BSG v. 30.8.1994 – 12 RK 59/92, BSGE 75, 61; BSG v. 21.5.1996 – 12 RK 64/94, BSGE 78, 224.

108 Beiträge fallen also auch für geschuldetes, bei Fälligkeit aber noch nicht gezahltes Arbeitsentgelt an.

BSG v. 22.6.1994 – 10 RAr 3/93, NZS 1994, 571; BSG v. 30.8.1994 – 12 RK 59/92, BSGE 75, 61; BSG v. 21.5.1996 – 12 RK 64/94, BSGE 78, 224; BGH v. 16.5.2000 – VI ZR 90/99, NJW 2000, 2993; BFH v. 29.5.2008 – VI R 57/05, n. v. (juris).

109 Zudem können nach § 24 Abs. 1 SGB IV nicht unerhebliche Säumniszuschläge erhoben werden. Für Beiträge und Beitragsvorschüsse, die der Zahlungspflichtige nicht bis zum Ablauf des Fälligkeitstages gezahlt hat, ist grundsätzlich für jeden angefangenen Monat der Säumnis ein Zuschlag von eins vom Hundert des rückständigen, auf 50,– € nach unten abgerundeten Betrages zu zahlen. Dies gilt auch, wenn eine Beitragsforderung durch Bescheid mit Wirkung für die Vergangenheit festgestellt wird, es sei denn der Beitragsschuldner kann glaubhaft machen, dass er unverschuldet keine Kenntnis von der Zahlungspflicht hatte (§ 24 Abs. 2 SGB IV). Für Schwarzarbeit ist aber anerkannt, dass aufgrund grob fahrlässiger Unkenntnis Säumniszuschläge anfallen.

BeckOK SozR/*Mette*, § 24 SGB IV Rn. 12.

110 Entsprechend wird man auch bei einem Verstoß gegen das MiLoG regelmäßig nicht von Säumniszuschlägen absehen können.

111 Ansprüche auf Beiträge verjähren gemäß § 25 Abs. 1 Satz 1 SGB IV in vier Jahren nach Ablauf des Kalenderjahrs, in dem sie fällig geworden sind. Vorsätzlich vorenthaltene Beiträge verjähren sogar erst in dreißig Jahren nach Ablauf des Kalenderjahrs, in dem sie fällig geworden sind (§ 25 Abs. 1 Satz 2 SGB IV). Entsprechend fallen auch Säumniszuschläge an.

BSG v. 17.4.2008 – B 13 R 123/07 R, NZS 2009, 329.

### 4. Straf- und ordnungswidrigkeitenrechtliche Konsequenzen

112 Neben den in erster Linie finanziellen Belastungen durch die Unwirksamkeit einer zu niedrigen Lohnabrede und den mittelbaren sozialversicherungsrechtlichen Folgen besteht ein beträchtliches Risiko, dass Verstöße gegen das MiLoG als Ordnungswidrigkeit verfolgt und mit Bußgeldern geahndet werden. Selbst strafrechtliche Konsequenzen drohen im Regelfall (ausführlich hierzu

Rn. 847 ff.). So kommen namentlich folgende Straf- und Ordnungswidrigkeitentatbestände in Betracht:

- Zunächst können nach § 21 Abs. 1 MiLoG Bußgelder verhängt werden. Diese Vorschrift beinhaltet eine ganze Reihe von Ordnungswidrigkeitentatbeständen. So sind Verstöße gegen einzelne Pflichten nach §§ 15–17 MiLoG bußgeldbewehrt. Von zentraler Bedeutung ist sicherlich § 21 Abs. 1 Nr. 9 MiLoG, wonach ordnungswidrig handelt, wer vorsätzlich oder fahrlässig entgegen § 20 MiLoG das dort genannte Arbeitsentgelt nicht oder nicht rechtzeitig zahlt. In diesem Fall kann eine Geldbuße bis 500.000,– € verhängt werden (§ 20 Abs. 3 MiLoG). Gemäß § 17 Abs. 2 OWiG reduziert sich der Bußgeldrahmen bei fahrlässigem Handeln um die Hälfte. Bei einer tatmehrheitlichen Begehung gilt im Ordnungswidrigkeitenrecht – anders als im Strafrecht bei der Gesamtstrafenbildung (§ 54 StGB) – gemäß § 20 OWiG das Kumulationsprinzip. Dies bedeutet, dass bei der Verwirkung mehrerer Geldbußen grundsätzlich jede gesondert festgesetzt wird. Es kann also zu einer Summierung der Geldbußen kommen, auch wenn nur eine Tat im prozessualen Sinne vorliegt.

  Vgl. *Korte*, NStZ 2011, 23.

- Nach § 30 OWiG (Verbandsgeldbuße) kann neben die Haftung einzelner Personen nach § 21 MiLoG auch ein Bußgeld für juristische Personen treten. Ergänzend ist auch eine Haftung von Leitungsorganen nach § 130 Abs. 1 OWiG wegen mangelnder Aufsicht denkbar. Diese Vorschrift stellt – anders als die Haftungsüberleitung des § 30 OWiG – einen eigenen Ordnungswidrigkeitentatbestand dar.

- Blickt man auf das Strafrecht, so stellt neben Betrug (§ 263 StGB), Lohnsteuerhinterziehung (§ 370 AO i. V. m. § 38 EStG) und Wucher (291 Abs. 1 Nr. 3 StGB) insbesondere das Vorenthalten von Sozialversicherungsbeiträgen (§ 266a StGB) ein hohes Risiko dar (hierzu ausführlich Rn. 892 ff.).

- Taten nach § 266a StGB und die Nichtzahlung des die Beiträge bestimmenden Mindestlohns bilden weder eine einheitliche Handlung im materiellen Sinne noch liegt eine prozessuale Tat vor, sodass eine Straftat nach § 266a StGB unabhängig von einer Ordnungswidrigkeit nach § 21 MiLoG verfolgt werden kann.

  Vgl. BGH v. 15.3.2012 – 5 StR 288/11, NStZ 2012, 461.

- Ferner kommen auch die Straftatbestände der §§ 9 bis 11 SchwarzArbG in Betracht.

### 5. Ausschluss von der Vergabe öffentlicher Aufträge (§ 19 Abs. 1 MiLoG)

Eine für manche Unternehmen sicherlich härtere Sanktion als die vorgesehenen Bußgelder stellt schließlich die Möglichkeit zum Ausschluss von der Ver- 113 gabe öffentlicher Aufträge dar. Unternehmen, die wegen einer Ordnungswidrigkeit gemäß § 21 MiLoG mit einer Geldbuße von wenigstens 2.500,– € belegt worden sind, sollen gemäß § 19 Abs. 1 MiLoG von der Teilnahme an einem Wettbewerb um einen Liefer-, Bau- oder Dienstleistungsauftrag eines öffentlichen Auftraggebers für eine angemessene Zeit bis zur nachgewiesenen Wiederherstellung ihrer Zuverlässigkeit ausgeschlossen werden. Wer öffentlicher Auftraggeber ist, ergibt sich aus § 98 GWB. Die Begriffe Liefer-, Bau- oder Dienstleistungsauftrag sind in § 99 Abs. 2–4 GWB legaldefiniert.

**114** Für Branchenmindestlöhne nach dem AEntG kennt dessen § 21 bereits eine entsprechende Regelung. Diese Vorschrift wird in § 19 MiLoG weitestgehend übernommen. Es fehlt jedoch eine dem § 21 Abs. 1 Satz 2 entsprechende Regelung.

ErfK/*Franzen*, § 19 MiLoG Rn. 1.

**115** Danach ist ein Ausschluss von der öffentlichen Auftragsvergabe zusätzlich auch dann schon möglich, wenn noch kein Bußgeldverfahren durchgeführt wird, an der Verfehlung des Unternehmens aber kein vernünftiger Zweifel besteht.

**116** Keine Hinweise enthält § 19 Abs. 1 MiLoG hinsichtlich der möglichen Dauer eines Ausschlusses von Vergabeverfahren. Es muss lediglich ein Ausschluss der Unternehmen „für eine angemessene Zeit bis zur nachgewiesenen Wiederherstellung ihrer Zuverlässigkeit" erfolgen. In Bezug auf § 21 AEntG wird vorgeschlagen, in analoger Anwendung von § 21 SchwarzArbG auf einen Zeitrahmen von bis zu drei Jahren als angemessenen Zeitraum abzustellen – dies wird man auf § 19 MiLoG übertragen können (ausführlich hierzu Rn. 904 ff.).

Vgl. *Hilgenstock*, MiLoG, Rn. 285.

## IV. Offene praktische Fragen im Überblick

**117** Das MiLoG ist sprachlich und gesetzesästhetisch – nicht zuletzt vor dem Hintergrund der intensiv geführten politischen Diskussion – ein noch relativ gut gelungenes Regelwerk. Die meisten Vorschriften sind kurz gefasst und kommen ohne Schachtelkonstruktionen aus.

**118** Gleichwohl wird es kaum überraschen, dass es nicht geglückt ist, ein vollständig widerspruchfreies Gesetz zu schaffen, das sämtliche Fragen der Praxis eindeutig beantwortet. Die nachfolgenden Ausführungen werden zahlreiche Auslegungsschwierigkeiten und systematische Unstimmigkeiten aufdecken. Zu manchen Problemkreisen sind bereits jetzt diverse Rechtstreitigkeiten vorprogrammiert. Hier ist es an der Rechtsprechung, möglichst schnell eine einheitliche und wohlbegründete Fallpraxis herauszuarbeiten.

**119** Besonders dringend dürfte in der Praxis eine zeitnahe Antwort auf folgende Fragen erwartet werden:

- Wie weit reicht der Vorrang anderer Mindestlohnregelungen nach § 1 Abs. 3 MiLoG? Bezieht er sich lediglich auf die Höhe der Vergütung oder wird das MiLoG insgesamt verdrängt (hierzu ausführlich Rn. 122 ff.)?
- Wie sind die Ausnahmen zum persönlichen Anwendungsbereich (§ 22 MiLoG) auszulegen? Insbesondere: Welche Praktikumsverhältnisse sind künftig noch zulässig (hierzu ausführlich Rn. 172 ff.)?
- Für welche Fälle gilt die internationale Anwendbarkeit bzw. der räumliche Anwendungsbereich des MiLoG? Erfasst § 20 MiLoG etwa auch Tätigkeiten auf deutschem Hoheitsgebiet, wenn Deutschland nur als Transitland durchquert wird (hierzu ausführlich Rn. 229 ff.)?
- Welche Ausnahmen sind in der Übergangsphase bis Ende 2018 nach § 24 MiLoG zulässig (hierzu ausführlich Rn. 278 ff.)?
- Welche Auswirkungen hat das MiLoG bei Akkord- und Stücklöhnen? Ist eine Durchschnittsbetrachtung zulässig (hierzu ausführlich Rn. 340 ff.)?

  Und wie kann der Arbeitgeber hier seinen Dokumentationspflichten gerecht werden (hierzu ausführlich Rn. 619 ff.)?
- Für welche Lohnbestandteile gilt der Mindestlohn (hierzu ausführlich Rn. 349 ff.)?
- Kann der Anspruch auf den Mindestlohn durch Ausschlussklauseln, Verzicht oder Verwirkung beschränkt werden (hierzu ausführlich Rn. 427 ff.)?
- Wie wirkt sich das MiLoG auf Regelungen zu Arbeitszeitkonten aus, vgl. § 2 Abs. 2 MiLoG (hierzu ausführlich Rn. 402 ff.)?
- Welche neuen Aufgaben kommen auf die Lohnabrechnung zu (hierzu ausführlich Rn. 462 ff.)?
- Welche Vorgaben sind bei dem Abschluss neuer Arbeitsverträge, Betriebsvereinbarungen und Tarifverträge zu beachten (hierzu ausführlich Rn. 468 ff.)?
- Welche Änderungen müssen an bestehenden Arbeitsverträgen, Betriebsvereinbarungen und Tarifverträgen vorgenommen werden? Welche Gestaltungsmöglichkeiten bestehen, um die erforderlichen Änderungen umzusetzen (hierzu ausführlich Rn. 557 ff.)?
- Wo bestehen Mitbestimmungsrechte des Betriebsrats (hierzu ausführlich Rn. 531 ff., 610 ff.)?
- Welche praktischen Anforderungen sind hinsichtlich der Melde- und Dokumentationspflichten (§§ 16, 17 MiLoG) zu beachten? Inwiefern werden diese Vorgaben durch die begleitenden Verordnungen (Mindestlohnaufzeichnungsverordnung, Mindestlohnmeldeverordnung, Mindestlohndokumentationspflichten-Verordnung) modifiziert (hierzu ausführlich Rn. 619 ff.)?

- Wie wird sich der Mindestlohn künftig entwickeln und wird die Mindestlohnkommission die ihr zugedachte zentrale Rolle mit Leben erfüllen können? Wie wirkt sich eine Erhöhung des Mindestlohns auf Arbeitsverhältnisse aus, bei denen lediglich eine Vergütung nach dem bisherigen Mindestlohn vereinbart war (hierzu ausführlich Rn. 743 ff.)?
- Welche Vorkehrungen sind zu treffen, um eine Haftung als Auftraggeber (§ 13 MiLoG i. V. m. § 14 AEntG) auszuschließen (hierzu ausführlich Rn. 707 ff.)?
- Welche Behörden überprüfen die Einhaltung des MiLoG und welche Kompetenzen kommen ihnen bei den Überprüfungen zu (hierzu ausführlich Rn. 774 ff.)?
- Welche Verstöße gegen das MiLoG sind mit welchen Sanktionen bedroht (hierzu ausführlich Rn. 847 ff.)? Können sich Unternehmen, die die Vorgaben des MiLoG nicht beachten auch strafbar machen (hierzu ausführlich Rn. 891 ff.)?
- Unter welchen Voraussetzungen und mit welchen Folgen können Unternehmen von der Vergabe öffentlicher Aufträge ausgeschlossen werden (hierzu ausführlich Rn. 899 ff.)?
- Welche Bedeutung und Risiken bringt das Sanktionsregime des MiLoG für Kündigungssachverhalte, Betriebsübergange und Arbeitnehmerüberlassung (hierzu ausführlich Rn. 924 ff.)?
- Mit welchen Rechtsstreitigkeiten ist im Zusammenhang mit dem Inkrafttreten des MiLoG zu rechnen? Was gibt es hierbei zu beachten (hierzu ausführlich Rn. 949 ff.)?
- Ist gerichtlicher Rechtsschutz unmittelbar gegen das MiLoG denkbar (hierzu ausführlich Rn. 973 ff.)?

# C. Das MiLoG in der Anwendungspraxis

## I. Gesetzessystematik

### 1. Binnensystematik des MiLoG

Das MiLoG ist angesichts der langen rechtspolitischen Diskussion und der zahlreichen Kompromissregelungen in sprachlicher Hinsicht eine überraschend gut gelungene Regelung. Dieser positive Eindruck wird bei der Systematik des Gesetzes leider nicht bestätigt. So setzt sich der Mindestlohnanspruch aus § 1 Abs. 1 und 2 i. V. m. §§ 2, 20 MiLoG zusammen. Der Anwendungsbereich ergibt sich aus §§ 1, 20, 22, 24 MiLoG. Warum diese unübersichtliche Verteilung präferiert wurde, ist nicht nachvollziehbar. Dass die Regelung des § 24 MiLoG zum zeitlichen Anwendungsbereich in den hinteren Teil verbannt wurde, mag der Tatsache geschuldet sein, dass sie ohnehin mit Ablauf des Jahres 2017 außer Kraft tritt und man so eine Lücke im Gesetz vermeiden wollte. Warum aber die Regelung zum persönlichen Anwendungsbereich in § 22 MiLoG ebenfalls im Abschnitt „Schlussvorschriften" versteckt wurde und dann noch zwischen §§ 22 und 24 MiLoG der eher unbedeutende § 23 MiLoG (Evaluation) gequetscht wurde, bleibt das Geheimnis des Gesetzgebers. 120

Die Struktur des MiLoG sieht im Überblick wie folgt aus: 121

- Abschnitt 1, Festsetzung des allgemeinen Mindestlohns:
  - Unterabschnitt 1, Inhalt des Mindestlohns: Dieser Unterabschnitt ist das Herzstück des Gesetzes. Er betrifft zentrale Fragen wie die (Start-) Höhe des Mindestlohns, das Verhältnis zu AEntG, AÜG und § 5 TVG sowie Regelungen zur Fälligkeit und Unabdingbarkeit des Mindestlohns.
  - Unterabschnitt 2, Mindestlohnkommission: Die §§ 4–12 MiLoG regeln das gesamte Verfahren der künftigen Anpassung des Mindestlohns.
- Abschnitt 2, Zivilrechtliche Durchsetzung: § 13 MiLoG erklärt § 14 AEntG für entsprechend anwendbar (Haftung des Auftraggebers).
- Abschnitt 3, Kontrolle und Durchsetzung durch staatliche Behörden: Neben umfangreichen Vorschriften zu den Kontrollbefugnissen der zuständigen Behörden der Zollverwaltung enthält dieser Abschnitt noch Bußgeldvorschriften (§ 21 MiLoG) und einen Ausschluss von der Vergabe öffentlicher Aufträge bei einem Verstoß hiergegen (§ 19 MiLoG) sowie mit § 20 MiLoG eine sehr wichtige Norm („Pflichten des Arbeitgebers zur Zahlung des Mindestlohns"), die mit ihren Regelungen zum Mindestlohnanspruch und zum räumlichen Anwendungsbereich des MiLoG wohl im ersten Unterabschnitt besser platziert gewesen wäre.

- Abschnitt 4, Schlussvorschriften: In diesem Abschnitt finden sich u. a. wichtige Regelungen zum personalen Anwendungsbereich. Vom Grundsatz her sind alle Arbeitnehmer erfasst (§§ 1 Abs. 1, 22 Abs. 1 Satz 1 MiLoG). Ausnahmen hiervon sind in § 22 Abs. 1 Satz 2 bis Abs. 4 MiLoG vorgesehen. § 24 MiLoG enthält eine zeitliche Übergangsregelung, wonach bis zum 31. Dezember 2017 abweichende Regelungen in allgemeinverbindlichen Tarifverträgen (Abs. 1) sowie für Zeitungszusteller (Abs. 2) vorgesehen werden können.

## 2. Verhältnis zu anderen Regelungen: Subsidiarität gemäß § 1 Abs. 3 MiLoG

122 Die Mindestlohnverordnungen auf Grundlage des AEntG und des AÜG gehen gemäß § 1 Abs. 3 Satz 1 MiLoG den Regelungen des MiLoG vor, soweit die Höhe der Branchenmindestlöhne die Höhe des Mindestlohns nicht unterschreitet. Dieser Vorrang speziellerer Mindestlöhne gilt gemäß § 1 Abs. 3 Satz 2 MiLoG entsprechend für einen auf der Grundlage von § 5 TVG für allgemeinverbindlich erklärten Tarifvertrag i. S. v. § 4 Abs. 1 Nr. 1 sowie §§ 5, 6 Abs. 2 AEntG. Damit ist der Vorrang für allgemeinverbindlich erklärte Tarifverträge allein auf die Branchen des Baugewerbes begrenzt.

*Hilgenstock*, MiLoG, Rn. 86.

123 Der allgemeine gesetzliche Mindestlohn bildet somit – spätestens ab dem 1.1.2018 (§ 24 MiLoG) – eine unterste Grenze, die auch von Branchenmindestlöhnen nicht unterschritten werden darf. Im Übrigen gehen die für die Branchenmindestlöhne geltenden Regelungen den Vorschriften des allgemeinen Mindestlohns vor. Dies gilt ausweislich der Gesetzesbegründung nicht allein für die Höhe des jeweiligen Mindestlohnsatzes, sondern auch für die branchenspezifischen Regelungen zu Fälligkeit und Arbeitszeitkonten.

BT-Drucks. 18/1558, S. 34.

124 Ferner soll der Vorrang des AEntG bzw. des AÜG auch im Hinblick auf die Kontrolle der Einhaltung des Branchenmindestlohns gelten.

125 Im Umkehrschluss zu § 1 Abs. 3 MiLoG ergibt sich, dass alle sonstigen Tarifabreden, die zuungunsten der Arbeitnehmer vom allgemeinen gesetzlichen Mindestlohn abweichen, gemäß § 3 Satz 1 MiLoG unwirksam sind. Geht eine Tarifabrede über den allgemeinen Mindestlohn hinaus, dann bleibt das MiLoG anwendbar, es gelten also insbesondere die Regeln zur Fälligkeit (§§ 2, 20 MiLoG) sowie zu den Dokumentations- und Meldepflichten (§§ 16, 17 MiLoG).

126 Neben dem allgemeinen gesetzlichen Mindestlohn bleibt die Rechtsprechung des BAG zur Sittenwidrigkeit nach § 138 BGB anwendbar, weil diese Rechtsprechung auf Störungen des Äquivalenzverhältnisses von Leistung und Gegenleistung reagiert und somit über die Zielsetzungen des MiLoG hinausgeht.

ErfK/*Franzen*, § 1 MiLoG Rn. 1; *Däubler*, NJW 2014, 1924, 1927.

## II. Anwendungsbereich

### 1. Persönlicher Anwendungsbereich – Keine Beschränkung auf den Niedriglohnsektor

#### a) Anknüpfungspunkt: Arbeitnehmereigenschaft (§ 22 Abs. 1 Satz 1 MiLoG)

Gemäß § 22 Abs. 1 Satz 1 MiLoG gilt das Gesetz für alle Arbeitnehmerinnen und Arbeitnehmer. Damit knüpft das MiLoG an den allgemeinen Arbeitnehmerbegriff des deutschen Arbeitsrechts an. 127

Statt vieler *Schubert/Jerchel/Düwell*, Rn. 84; *Hilgenstock*, MiLoG Rn. 12.

Materiellrechtlich ist Arbeitnehmer, wer aufgrund eines privatrechtlichen Vertrags im Dienste eines anderen zur Leistung weisungsgebundener, fremdbestimmter Arbeit in persönlicher Abhängigkeit verpflichtet ist. 128

BAG v. 31.7.2014 – 2 AZR 422/13, ZIP 2014, 2525, dazu EWiR 2015, 127 *(Klasen)*; BAG v. 15.2.2012 – 10 AZR 301/10, NZA 2012, 731; BAG v. 14.3.2007 – 5 AZR 499/06, NZA-RR 2007, 424.

Das Weisungsrecht kann Inhalt, Durchführung, Zeit, Dauer und Ort der Tätigkeit betreffen. Arbeitnehmer ist nach § 84 Abs. 1 Satz 2, Abs. 2 HGB derjenige Mitarbeiter, der nicht im Wesentlichen frei seine Tätigkeit gestalten und seine Arbeitszeit bestimmen kann. 129

BAG v. 31.7.2014 – 2 AZR 422/13, ZIP 2014, 2525; BAG v. 25.5.2005 – 5 AZR 347/04, BAGE 115, 1.

Der Grad der persönlichen Abhängigkeit hängt auch von der Eigenart der jeweiligen Tätigkeit ab. Letztlich kommt es für die Beantwortung der Frage, welches Rechtsverhalten im konkreten Fall vorliegt, auf eine Gesamtwürdigung aller maßgeblichen Umstände des betreffenden Falls an. Der jeweilige Vertragstyp ergibt sich dabei aus dem wirklichen Geschäftsinhalt, nicht aus der Bezeichnung ihres Vertragsverhältnisses durch die Parteien. 130

BAG v. 31.7.2014 – 2 AZR 422/13, ZIP 2014, 2525;
BAG v. 20.5.2009 – 5 AZR 31/08, NZA-RR 2010, 172.

**Praxistipp:**

Nicht gemeint ist der Arbeitnehmerbegriff der EU, der auch Beamte erfassen kann (*Schubert/Jerchel/Düwell*, Rn. 84).

#### aa) Nicht vom allgemeinen Arbeitnehmerbegriff erfasste Vertragsverhältnisse

131 Wer Arbeitnehmer i. d. S. ist, bestimmt sich nach den vorstehend zusammengefassten, vom BAG entwickelten Grundsätzen. Demnach sind mangels „Arbeitnehmer"-Eigenschaft nicht vom MiLoG erfasst:

- Beamte und Soldaten,
- arbeitnehmerähnliche Personen,
- Freiberufler, Selbstständige,
- Auszubildende,
- ehrenamtlich Tätige,
- nach Familienrecht mitarbeitende Ehegatten und
- in der Regel DRK-Schwestern.

132 Ebenfalls nicht erfasst sind nach Teilen der Literatur auch Heimarbeiter, für die aber ein vergleichbares Schutzbedürfnis besteht (vgl. § 1 Abs. 1 EFZG), dem §§ 4, 18f HAG nur teilweise Rechnung tragen.

Vgl. *Schubert/Jerchel/Düwell*, Rn. 84.

**Praxistipp:**

Maßgeblich für die Qualifikation des Vertragsverhältnisses ist dessen gelebte Ausgestaltung. Wie auch im übrigen Arbeitsrecht gilt der Grundsatz, dass es auf das gelebte Vertragsverhältnis ankommt. Nicht der gelebten Vertragspraxis entsprechende Vereinbarungen sind insoweit unerheblich (BAG v. 31.7.2014 – 2 AZR 422/13, ZIP 2014, 2525; BAG v. 20.5.2009 – 5 AZR 31/08, NZA-RR 2010, 172).

133 Als Arbeitnehmer i. S. d. MiLoG gelten demgegenüber Praktikanten nach § 26 BBiG (§ 22 Abs. 1 Satz 2 MiLoG); vgl. dazu näher Rn. 172 ff.

#### bb) Befristet, geringfügig und in Teilzeit Beschäftigte

134 Gleiches gilt für befristet, geringfügig oder in Teilzeit Beschäftigte. Ob das gesetzliche Renteneintrittsalter in der gesetzlichen Rentenversicherung erreicht ist, spielt solange keine Rolle, wie der betreffende Arbeitnehmer auf dem Arbeitsmarkt tätig ist.

*Hilgenstock*, MiLoG, Rn. 57; *Schubert/Jerchel/Düwell*, Rn. 85.

##### (1) Probearbeitsverhältnis

135 Sofern – wie in der Praxis nicht selten – ein Bedürfnis besteht, sich vor Begründung eines dauerhaften Arbeitsverhältnisses näher kennenzulernen – wofür ein Einsatz als Leiharbeitnehmer nicht unbedingt ausreicht –

vgl. zur Nichtberücksichtigung im Rahmen der Wartezeit nach § 1 KSchG BAG v. 20.2.2014 – 2 AZR 859/11, ZIP 2014, 2468 (LS) = DB 2014, 2173, wird bisweilen ein sog. „Probearbeitsverhältnis“ vereinbart. In der betrieblichen Praxis wird dieser Begriff teilweise für ein nach § 14 Abs. 1 Nr. 5 (bzw. Abs. 2) TzBfG befristetes Arbeitsverhältnis verwendet, das nach Ablauf der Probezeit endet, ohne dass es einer Kündigung bedarf.

Bisweilen meint die betriebliche Praxis damit aber auch lediglich die Probezeit von maximal sechs Monaten (§ 622 Abs. 3 BGB), die vor allem wegen des erst nach dem Ablauf von sechs Monaten eingreifenden Kündigungsschutzes (§ 1 Abs. 1 KSchG) im Rahmen eines unbefristeten Arbeitsvertrages relevant ist. **136**

> **Praxistipp:**
>
> Wesentlicher Vorteil einer entsprechenden Probezeit ist aus Unternehmenssicht – neben dem Nichteingreifen des gesetzlichen Kündigungsschutzes – die während dieser Probezeit geltende Kündigungsfrist von zwei Wochen (§ 622 Abs. 3 BGB).

Losgelöst davon, ob das Probearbeitsverhältnis in der einen oder anderen Variante ausgestaltet ist, muss in seinem Rahmen der Mindestlohn gezahlt werden. Eine geringere Vergütung aufgrund des Probecharakters ist nach § 3 MiLoG ausgeschlossen. **137**

### (2) Einfühlungsarbeitsverhältnis

Nicht geschuldet wird der Mindestlohn hingegen in einem sog. „Einfühlungsverhältnis“. **138**

Zum Begriff: LAG Bremen v. 25.7.2002 – 3 Sa 83/02, LAG Report 2002, 357; LAG Hamm v. 24.5.1989 – 15 Sa 18/89, BB 1989, 1759; vgl. auch *Bertzbach*, FA 2002, 341; *Barth*, BB 2009, 2646, 2467; ErfK/*Preis*, BGB § 611 Rn. 159; *Berndt*, DStR 2014, 1878 f.

Dabei handelt es sich um ein Rechtsverhältnis eigener Art. **139**

Vgl. BAG v. 21.12.1957 – 2 AZR 61/55, BAGE 5, 260; BAG v. 5.4.1984 – 2 AZB 5/84, juris; *Schubert/Jerchel/Düwell*, Rn. 161.

Dem Arbeitsverhältnis wird dabei eine „unverbindliche Kennlernphase“, ein „Probearbeiten“ vorgeschaltet. **140**

*Berndt*, DStR 2014, 1878.

Kennzeichnend ist, dass der Beschäftigte nicht – einem Arbeitnehmer entsprechend – dem Direktionsrecht des „Arbeitgebers“ unterliegt. Dies bedeutet, dass der Beschäftigte keine bestimmte Arbeitszeit einhalten muss und nicht zur Arbeitsleistung verpflichtet ist. **141**

LAG Schleswig-Holstein v. 17.3.2005 – 4 Sa 11/05, juris.

Der Betriebsinhaber ist dementsprechend nicht zur Zahlung einer Vergütung verpflichtet. **142**

LAG Schleswig-Holstein v. 17.3.2005 – 4 Sa 11/05, juris.

143 Da weder gearbeitet noch vergütet werden muss, ist die Vereinbarung derartiger Erprobungen in der Praxis indes eher selten.

**Praxistipp:**

Die Bezeichnung des Beschäftigungsverhältnisses ist auch in derartigen Fällen nicht entscheidend. Es muss daher stets geprüft werden, ob es sich im Einzelfall tatsächlich um eine unverbindliche Kennenlernphase handelt oder um ein (verdecktes) Arbeitsverhältnis (ebenso *Berndt*, DStR 2014, 1878, 1879).

Je länger die Einfühlung dauert, desto mehr spricht für das Bestehen eines Arbeitsverhältnisses (vgl. *Schubert/Jerchel/Düwell*, Rn. 161). Um die Gefahr von Sanktionen wegen eines Verstoßes gegen das MiLoG (vgl. dazu Rn. 847 ff.) zu vermeiden, sollte die Einfühlung nicht länger als eine Woche praktiziert werden (*Bertzbach*, FA 2002, 341; *Barth*, BB 2009, 2646, 2467; ErfK/*Preis*, BGB § 611 Rn. 159). Zudem sollte das Rechtsverhältnis klarstellend stets schriftlich fixiert werden (*Berndt*, DStR 2014, 1878, 1879).

### (3) Geringfügig Beschäftigte – § 8 Abs. 1 SGB IV

144 Auch Arbeitnehmer, die in Form der Entgeltgeringfügigkeit (sog. Mini-Jobber) oder Zeitgeringfügigkeit beschäftigt sind (§ 8 Abs. 1 Nr. 1 und 2 SGB IV), haben Anspruch auf den Mindestlohn.

*Berndt*, DStR 2014, 1878, 1879; *Schubert/Jerchel/Düwell*, Rn. 85, 299.

145 Denn entgegen einem in der betrieblichen Praxis verbreiteten Missverständnis ist die Geringfügigkeit der Beschäftigung nur sozialversicherungsrechtlich relevant. Auch geringfügig beschäftigte Arbeitnehmer sind materiellrechtlich Arbeitnehmer, für die – neben den Vorgaben des MiLoG – z. B. auch die Vorgaben des KSchG, TzBfG usw. gelten.

**Praxistipp:**

Als sozialversicherungsrechtlichen „Ausgleich" für eine ggf. erfolgende Entgelterhöhung, welche die Versicherungsfreiheit gefährdet, hat der Gesetzgeber die Möglichkeit der kurzfristigen, versicherungsfreien Beschäftigung in § 115 SGB IV befristet bis zum 31.12.2018 von zwei auf drei Monate ausgedehnt (vgl. BT-Drucks. 18/2010 (neu), S. 28). Relevant ist dies für Saisonarbeiter, z. B. für Erntehelfer.

Die kurzfristige Beschäftigung ist allerdings nur versicherungs- und nicht beitragsfrei:

Für kurzfristig Beschäftigte fällt die Insolvenzgeldumlage von 0,15 % an. Zudem gibt es Umlagen zum Ausgleich der Arbeitgeberaufwendungen U1 (Ausgleich der Entgeltfortzahlung bei Arbeitsunfähigkeit) und U2 (Ausgleich für Mutterschaftsleistung) von 0,7 % bzw. 0,14 %, wobei Beschäftigungsverhältnisse, die nicht länger als vier Wochen dauern, nicht der Umlagepflicht zur U1 unterliegen (vgl. *Berndt*, DStR 2014, 1878, 1879).

146 Auch Haushaltshilfen nach § 8a SGB IV haben Anspruch auf den Mindestlohn. Dies folgt im Umkehrschluss bereits daraus, dass Arbeitgeber von Haus-

haltshilfen in § 17 Abs. 1 Satz 4 MiLoG lediglich von den besonderen Dokumentationspflichten des § 17 Abs. 1 Satz 1 MiLoG ausgenommen werden.

*Schubert/Jerchel/Düwell*, Rn. 299.

Ebenfalls als Arbeitnehmer zu qualifizieren sind Werkstudenten. 147

Vgl. *Schubert/Jerchel/Düwell*, Rn. 85.

**Praxistipp:**

Ob der betroffene Arbeitnehmer bereits aus anderen Quellen einen hinreichenden Verdienst zur Deckung seines Lebensbedarfs bezieht, spielt keine Rolle (*Schubert/Jerchel/Düwell*, Rn. 85).

### b) Der Arbeitgeber als Anspruchsgegner

Anspruchsgegner ist der Arbeitgeber, wobei grundsätzlich irrelevant ist, ob 148
er im In- oder Ausland sitzt, solange er im Inland Arbeitnehmer beschäftigt, § 20 MiLoG. Zu Ausnahmen für Arbeitnehmer, die Transitfahrten über das Staatsgebiet der Bundesrepublik Deutschland vornehmen, vgl. Rn. 254 ff.

**Praxistipp:**

Arbeitgeber können natürliche oder juristische Personen sein. Gleiches gilt für teilrechtsfähige Gesellschaften wie die GbR oder die OHG. Niemals als Arbeitgeber in Frage kommen hingegen Konzerne, da sie nicht über eine Rechtspersönlichkeit verfügen (zutreffend *Schubert/Jerchel/Düwell*, Rn. 88).

### c) Keine Beschränkung auf den Niedriglohnsektor

Angesichts der nachfolgend im Einzelnen vorgestellten, im MiLoG aus- 149
drücklich geregelten Ausnahmen (vgl. dazu Rn. 172) stellt sich für die betriebliche Praxis vor allem die Frage, ob Arbeitnehmer mit einer über dem Mindestlohn liegenden Vergütung vom Anwendungsbereich des MiLoG ausgenommen sind. Ansonsten wäre – unter Berücksichtigung der wenigen vorgenannten Ausnahmen – jeder Arbeitnehmer anspruchsberechtigt, unabhängig davon, ob er bereits kraft Arbeitsvertrags, Betriebsvereinbarung oder Tarifvertrags eine höhere Vergütung bezieht.

Richtigerweise wird man von einer Kumulation etwaiger Ansprüche aus Ar- 150
beitsvertrag, Betriebsvereinbarung oder Tarifvertrag und dem MiLoG ausgehen müssen.

Ebenso *Sagan/Witschen*, jM 2014, 372, 373; *Bayreuther*, NZA 2014, 865 f.; *Preis/Ulber*, Ausschlussfristen und Mindestlohngesetz, S. 21 ff.; *Sittard*, NZA 2014, 951, 952 f.; wohl auch *Däubler*, NJW 2014, 1924, 1928.

Das MiLoG gilt dementsprechend, entgegen einer vereinzelt in der Literatur 151
vertretenen Ansicht, grundsätzlich für alle nicht in § 22 MiLoG ausgenommenen Arbeitsverhältnisse.

*Lakies*, MiLoG, § 1 Rn. 129 ff.; *Lakies*, ArbR 2014, 343, 345. *Mückl*, Arbeitsrecht in Krise und Insolvenz, 2. Aufl., A. I. 2. a); *Grimm/Linden*, ArbRB 2014, 339, 340 f.; *Lembke*, NZA 2015, 70, 73 sowie die nachfolgend angegebenen weiteren Nachweise.

152 Dieser Ansicht neigt offenbar auch das BMAS zu, wie seine Verordnung zu den Dokumentationspflichten nach den §§ 16 und 17 MiLoG in Bezug auf bestimmte Arbeitnehmergruppen (Mindestlohndokumentationspflichten-Verordnung – MiLoDokV) deutlich macht, deren § 1 Satz 2 lautet:

> „Für die Ermittlung des verstetigten Monatsentgelts sind **ungeachtet ihrer Anrechenbarkeit auf den gesetzlichen Mindestlohnanspruch** nach den §§ 1 und 20 MiLoG sämtliche verstetigten monatlichen Zahlungen des Arbeitgebers zu berücksichtigen, die regelmäßiges monatliches Arbeitsentgelt sind“. (Hervorhebung hinzugefügt.)

153 Auch ohne diese ergänzende Klarstellung sprechen aber die besseren Gründe dafür, dass der Mindestlohn bildlich gesprochen in jeder Vergütung „drinsteckt“.

### aa) Wortlaut

154 Dies folgt zunächst aus dem Wortlaut von §§ 1 Abs. 1, 22 Abs. 1 Satz 1 MiLoG, der alle Arbeitsverhältnisse erfasst.

155 Hinzu kommt, dass § 3 Abs. 1 MiLoG seinem Wortlaut nach die Unwirksamkeit von Regelungen lediglich „insoweit“ anordnet, wie sie gegen die Vorgaben des MiLoG verstoßen. Diese ausdrückliche, dem Wortlaut klar zu entnehmende Einschränkung der Unwirksamkeitsfolge (zu deren Bedeutung für die betriebliche Praxis vgl. Rn. 423 ff.) lässt darauf schließen, dass weitere – ungeschriebene – Einschränkungen der Geltung des MiLoG nicht vorgesehen sind.

*Preis/Ulber*, Ausschlussfristen und Mindestlohngesetz, S. 22; vgl. auch *Grimm/Linden*, ArbRB 2014, 339, 340.

156 In die gleiche Richtung weist im Übrigen § 1 Abs. 3 MiLoG. Dies ergibt sich wiederum aus dem Gesetzeswortlaut („soweit“) in § 1 Abs. 3 Satz 1 MiLoG. Der dort ausnahmsweise geregelte Vorrang lässt den Umkehrschluss zu, dass der Gesetzgeber grundsätzlich von einer Kumulation ausgeht.

### bb) Systematik

157 Bestätigt wird dies systematisch nicht nur durch § 2 Abs. 2 Satz 1 letzter Hs MiLoG, wonach der Anspruch auf den Mindestlohn durch „Zahlung des verstetigten Arbeitsentgelts“ erfüllt werden kann. Denn dies legt nahe, dass der Mindestlohn neben ein (höheres) Vertragsentgelt tritt.

*Sagan/Witschen*, jM 2014, 372, 373; *Grimm/Linden*, ArbRB 2014, 339, 340.

158 Für dieses Ergebnis spricht systematisch vor allem auch ein Umkehrschluss aus den in § 22 Abs. 2 bis 4 und § 24 MiLoG geregelten Ausnahmen. Wenn der Gesetzgeber dort Ausnahmen anordnet, dies aber in §§ 1 Abs. 1, 22 Abs. 1

Satz 1 MiLoG und § 3 Satz 1 MiLoG nicht tut, spricht viel für eine bewusste Entscheidung.

Hinzu kommt systematisch-teleologisch, dass der Mindestlohnanspruch nach § 3 Satz 1 MiLoG nicht abbedungen werden kann. Wieso „Besserverdiener" in Bezug auf einen unabdingbaren Mindestanspruch schlechter gestellt werden sollten als Mitarbeiter, die „lediglich" den Mindestlohn verdienen, erschließt sich nicht. 159

Darüber hinaus folgt § 3 Satz 1 MiLoG unmittelbar auf § 2 Abs. 2 Satz 1 MiLoG. Der Umstand, dass in § 2 Abs. 2 Satz 1 MiLoG im letzten Halbsatz ausdrücklich eine Einschränkung bei Erfüllung des Mindestlohnanspruchs durch das – auf anderen Rechtsquellen als dem MiLoG basierende – verstetigte Arbeitsentgelt vorgesehen ist (näher zu dieser Norm siehe Rn. 402 ff.), während in § 3 Satz 1 MiLoG eine derartige Einschränkung fehlt, spricht gegen ein Redaktionsversehen und für eine bewusste Begründung einer Anspruchskumulation durch den Gesetzgeber. 160

*Preis/Ulber*, Ausschlussfristen und Mindestlohngesetz, S. 24.

### cc) Historisch-teleologische Überlegungen

Lediglich eine teleologische Korrektur könnte zu einer anderen Bewertung führen. Sie dürfte aber durch den im Wortlaut des MiLoG zum Ausdruck gekommenen Willen des Gesetzgebers – jedenfalls als flächendeckende Korrektur – gesperrt sein: 161

Ebenso *Sagan/Witschen*, jM 2014, 372, 374.

#### (1) Ziele des Gesetzgebers

In die Richtung einer derartigen Korrektur weist zwar, dass das MiLoG nach dem in den Materialien zum Ausdruck gekommenen Willen des Gesetzgebers insbesondere Arbeitnehmer vor generell unangemessenen Niedrigstlöhnen schützen, einen Lohnunterbietungswettbewerb verhindern und existenzsichernde Arbeitsentgelte garantieren soll (vgl. dazu die Nachweise unter Rn. 38, 264 f.). 162

Ausgehend von diesen Zielen scheint eine Anwendung des MiLoG auf Arbeitnehmer, denen ein den Mindestlohn übersteigendes Entgelt zusteht, nicht geboten. Denn keiner der vorgenannten Zwecke ist einschlägig. 163

*Sagan/Witschen*, jM 2014, 372, 374.

Bereits die weitere Zielsetzung des Gesetzgebers, eine Stabilisierung des Sozialversicherungssystems, spricht aber für einen unabdingbaren Mindestanspruch. 164

Vgl. BT-Drucks. 18/1558, S. 32.
*Preis/Ulber*, Ausschlussfristen und Mindestlohngesetz, S. 35.

### (2) Gesetzgebungsverfahren

**165** Entscheidend hinzu kommt, dass während des Gesetzgebungsverfahrens Einigkeit darüber bestanden haben dürfte, dass das MiLoG für alle Arbeitnehmer gelten soll. Denn führt man sich vor Augen, dass der Gesetzgeber trotz mehrfacher ausdrücklicher Kritik dieses Gesichtspunkts im Gesetzgebungsverfahren keinen Anlass gesehen hat, dies klarzustellen, spricht einiges dafür, dass es sich um eine bewusste Entscheidung handelt.

> Vgl. die diversen Stellungnahmen hierzu in Ausschussdrucksache 18(11)148, auch abgedruckt bei *Preis/Ulber*, Ausschlussfristen und Mindestlohngesetz, S. 28 ff.

### (3) Gesetzesbegründung

**166** Hinzu kommt, dass die Gesetzesbegründung zu § 2 Abs. 2 Satz 1 letzter Hs MiLoG dieses Verständnis ausdrücklich bestätigt. Aus ihr folgt nämlich, dass der Gesetzgeber mit der in § 2 Abs. 2 Satz 1 letzter Hs MiLoG isoliert vorgesehenen Ausnahmeregelung ein praktisches Problem im Zusammenhang mit Arbeitszeitkonten lösen wollte – und nicht allgemein die Geltung des MiLoG einschränken.

> *Preis/Ulber*, Ausschlussfristen und Mindestlohngesetz, S. 24 f., 32 f.

### (4) Kontrollüberlegung und Fazit

**167** Eine „flächendeckende" Reduktion des Gesetzes auf Arbeitnehmer, deren Lohn unterhalb von 8,50 € pro Stunde liegt, dürfte angesichts Wortlaut, Systematik und Gesetzgebungsgeschichte *„jenseits der Grenze methodisch noch vertretbarer Gesetzesauslegung liegen"*.

> *Sagan/Witschen*, jM 2014, 372, 374.

**168** Konsequenz daraus ist, dass in jedem Entgelt jedenfalls auch der Mindestlohn enthalten ist.

**169** Dies wird teleologisch durch folgende Kontrollüberlegung bestätigt: Ansonsten könnte das MiLoG durch das Versprechen, einen Lohn in Höhe von 8,51 € (brutto) pro Zeitstunde zu zahlen, ausgehebelt werden.

> *Bayreuther*, NZA 2014, 865, 866; *Preis/Ulber*, Ausschlussfristen und Mindestlohngesetz, S. 35 f.

**170** Dies will der Gesetzgeber aber gerade nicht, wie § 2 Abs. 2 letzter Hs MiLoG deutlich macht, der als Ausnahmeregelung für die Gestaltung von Arbeitszeitkonten vorsieht, dass sie unter den dort geregelten Voraussetzungen unabhängig von den Mindestlohnvorgaben gestaltet werden können. Daran wird nämlich deutlich, dass der Gesetzgeber das „Problem" der den Gesetzeszweck überschießenden Einführung eines Mindestlohns gesehen hat.

Nach alledem kommen teleologische Korrekturen nicht flächendeckend, sondern lediglich im Einzelfall in Betracht (vgl. zu Fällen der teleologischen Korrektur Rn. 420 ff., 683 ff.). 171

*Sagan/Witschen*, jM 2014, 372, 374; im selben Sinn *Gaul*, Aktuelles Arbeitsrecht 2/2014, S. 289 f.

### d) Ausdrückliche Ausnahmen (§ 22 MiLoG)

#### aa) Ausnahme für Praktikanten (§ 22 Abs. 1 Satz 2, 3 MiLoG)

Von diesem grundsätzlich umfassenden persönlichen Anwendungsbereich für alle Arbeitnehmer sieht § 22 Abs. 1 Satz 2, 3 MiLoG zunächst eine auf den ersten Blick nicht unbedingt verständliche Ausnahme für Praktikanten vor. Diese Ausnahme greift bei Weitem nicht für jedes Praktikumsverhältnis, wie die Systematik des § 22 Abs. 1 Satz 2 MiLoG deutlich macht. Danach „gelten" (Fiktion) Praktikanten i. S. d. § 26 BBiG, die eigentlich gerade nicht als Arbeitnehmer zu qualifizieren sind, als Arbeitnehmer i. S. d. MiLoG. Sogenannte Scheinpraktikanten, bei denen in Wirklichkeit ein Arbeitsverhältnis vorliegt (hierzu oben Rn. 124 ff.), unterfallen ohnehin bereits nach § 22 Abs. 1 Satz 1 MiLoG dem Anwendungsbereich des MiLoG. Nach § 22 Abs. 1 Satz 2 MiLoG haben grundsätzlich auch alle „echten" Praktikanten einen Anspruch auf Mindestlohn – eine Regelung, die nach der Vorstellung des Gesetzgebers den Missbrauch des sinnvollen Instruments des Praktikums einschränken soll. 172

BT-Drucks. 18/1558, S. 42; zu Recht kritisch hierzu *Picker/Sausmikat*, NZA 2014, 942; *L. Schmitt*, Die Rechtsstellung des Praktikanten *de lege lata* und *de lege ferenda*, in: Fütterer/Pötters/Stiebert/Traut, Arbeitsrecht – für wen und wofür?, S. 37 ff.; *Ulber*, Arbeitsmarktpolitische Steuerung durch Ausnahmen vom Mindestlohn?, in: Fütterer/Pötters/Stiebert/Traut, Arbeitsrecht – für wen und wofür?, 2015, S. 159 ff.; *Natzel*, BB 2014, 2490, 2492 f.

Mit § 22 Abs. 1 MiLoG ergänzt der Gesetzgeber die bisherige Regelung zur Vergütung nach § 17 BBiG, wonach eine „angemessene" Entlohnung geschuldet war. 173

A. A. *Picker/Sausmikat*, NZA 2014, 942, 945: Das MiLoG verdrängt § 17 BBiG im Wege der Spezialität.

Regelmäßig wird der Mindestlohn aber über der angemessenen Vergütung nach § 17 BBiG liegen. 174

**Praxistipp:**

Unternehmen sollten daher die Regelung in § 22 Abs. 1 Satz 2, 3 MiLoG zum Anlass nehmen, bestehende Vertragsmuster zu überprüfen und eventuell neue Leitfäden für die Einstellung von Praktikanten zu erstellen (ebenso *von Steinau-Steinrück/Burkard-Pötter*, NJW-Spezial 2014, 754, 755).

175 Nur wenn einer der in § 22 Abs. 1 Satz 2 MiLoG aufgezählten vier Ausnahmetatbestände greift („es sei denn“), muss kein Mindestlohn gezahlt werden. Diese Aufzählung ist abschließend: *enumeratio ergo limitatio*.

176 Das in § 22 Abs. 1 Satz 2 MiLoG verwendete Regel-Ausnahme-Schema hat in erster Linie eine beweisrechtliche Funktion: Die Darlegungs- und Beweislast trifft den Arbeitgeber.

BT-Drucks. 18/2010 (neu), S. 24.

177 Der Praktikant muss im Grunde nur darlegen, dass er als „echter“ Arbeitnehmer oder als Praktikant i. S. d. § 26 BBiG tätig geworden ist. Möchte sich ein Arbeitgeber hingegen auf eine der Ausnahmen berufen, hat er deren tatsächliche Voraussetzungen darzulegen und notfalls zu beweisen.

*Lembke*, NZA 2015, 70, 73; *Ulber*, AuR 2014, 404.

**Praxistipp:**

In diesem Zusammenhang ist auch die neue Regelung in § 2 Abs. 1a NachwG zu beachten, wonach der Arbeitgeber bei der Einstellung von Praktikanten verpflichtet ist, spätestens vor der Aufnahme der Praktikantentätigkeit die wesentlichen Vertragsbedingungen schriftlich niederzulegen (ausführlich *Düwell*, DB 2014, 2047, 2049). Ein Nachweis lediglich in elektronischer Form ist ausgeschlossen, § 2 Abs. 1 Satz 3, Abs. 1a Satz 3 NachwG. Entsprechend anwendbar ist § 2 Abs. 4 NachwG, es genügt also, wenn ein schriftlicher Praktikumsvertrag mit den geforderten Inhalten ausgefertigt wird.

Eine strikte Befolgung der Nachweispflichten ist dem Arbeitgeber schon im Hinblick auf die Beweislastverteilung anzuraten (vgl. *Ulber*, AuR 2014, 404). Die Nachweispflicht umfasst Aspekte, die zugleich Voraussetzungen der unterschiedlichen Ausnahmetatbestände für Praktikanten sind. Werden etwa die Lern- und Ausbildungsziele nicht festgelegt, spricht vieles für ein bloßes Scheinpraktikum.

Außerdem stellt die Nachweispflicht aus § 2 NachwG eine selbstständig einklagbare Nebenpflicht (§ 241 Abs. 2 BGB) des Arbeitgebers dar. Eine Verletzung kann prinzipiell Schadensersatzansprüche aus § 280 Abs. 1 BGB begründen (ErfK/*Preis*, Einf. zum NachwG Rn. 13).

#### (1) Begriff des Praktikanten

178 Der Begriff des Praktikanten wird in § 22 Abs. 1 Satz 3 MiLoG legaldefiniert. Die Definition orientiert sich an Erwägungsgrund 27 der Empfehlung des Rates der Europäischen Union vom 10.3.2014 zu einem Qualitätsrahmen für Praktika.

BT-Drucks. 18/2010 (neu), S. 24.

„Praktikantin oder Praktikant ist unabhängig von der Bezeichnung des Rechtsverhältnisses, wer sich nach der tatsächlichen Ausgestaltung und Durchführung des Vertragsverhältnisses für eine begrenzte Dauer zum Erwerb praktischer Kenntnisse und Erfahrungen einer bestimmten betrieblichen Tätigkeit zur Vorbereitung auf eine berufliche Tätigkeit unterzieht, ohne dass es sich dabei um eine Berufsausbildung im Sinne des Berufsbildungsgesetzes oder um eine damit vergleichbare praktische Ausbildung handelt.“

179 Für die Abgrenzung eines Arbeitsverhältnisses vom Praktikumsverhältnis kommt es – wie auch sonst bei der Bestimmung der Arbeitnehmereigenschaft – gemäß § 22 Abs. 1 Satz 3 MiLoG nicht auf die von den Vertragspartnern gewählte Bezeichnung des Rechtsverhältnisses an, sondern entscheidend ist die tatsächliche Ausgestaltung und Durchführung des Vertragsverhältnisses.

BAG v. 20.7.1994 – 5 AZR 627/93, NZA 1995, 161; vgl. aktuell zur Problematik der Scheinwerkverträge BAG v. 18.1.2012 – 7 AZR 723/10, NZA-RR 2012, 455.

180 Die Definition in § 22 Abs. 1 Satz 3 MiLoG grenzt den Kreis der Praktikanten weiter ein. Sie beinhaltet somit zusätzliche Voraussetzungen, die jeweils neben den einzelnen Ausnahmetatbeständen der Nummern 1–4 zu beachten sind. Es muss also künftig innerhalb der „anderen Vertragsverhältnisse" nach § 26 BBiG differenziert werden.

*Picker/Sausmikat*, NZA 2014, 942, 945.

181 Keine Praktikanten sind danach all diejenigen,

- die Berufsauszubildende i. S. d. BBiG sind,
- ferner Personen, die eine vergleichbare praktische Ausbildung absolvieren sowie
- alle „echten" Arbeitnehmer (*arg. e* § 22 Abs. 1 Satz 1 MiLoG).

182 Im Gegensatz zum Auszubildenden liegt beim Praktikanten keine systematische und zeitlich regelmäßig kürzere Ausbildung vor (vgl. § 1 BBiG). Hinsichtlich der Geltung des MiLoG ist bei den Auszubildenden ohnehin § 22 Abs. 3 MiLoG einschlägig. Als Beispiel für ein Rechtsverhältnis i. S. d. § 26 BBiG, das auf eine praktische Ausbildung abzielt, welche mit der Berufsausbildung vergleichbar ist, nennt die Gesetzesbegründung Volontariate, was auch immer hierunter zu verstehen ist.

BT-Drucks. 18/2010 (neu), S. 24.
Eine erste begriffliche Eingrenzung unternehmen *Picker/Sausmikat*, NZA 2014, 942, 946.

183 Ein Volontariatsverhältnis als anderes Vertragsverhältnis nach § 26 BBiG liegt vor, wenn auf Grund Ausbildungsvertrag und einschlägigen tariflichen Vorschriften ein geordneter Ausbildungsgang vorgeschrieben ist und die Dauer der Ausbildung der gesetzlichen Mindestanforderung für staatlich anerkannte Ausbildungsberufe von mindestens zwei Jahren nach § 5 Abs. 1 Nr. 2 BBiG entspricht.

BAG v. 1.12.2004 – 7 AZR 129/04, NZA 2005, 779.

184 Neben den Volontären sind noch sog. Anlernlinge als eine weitere Personengruppe, die einem anderen Vertragsverhältnis i. S. d. § 26 BBiG stehen, zu

nennen. Anlernlinge erhalten in einem engeren Fachgebiet eine planmäßige Spezialausbildung.

185 Bei Arbeitnehmern steht im Gegensatz zum Praktikum die Arbeitsleistung im Vordergrund und nicht die Ausbildung. Die Anwendbarkeit des MiLoG ergibt sich bei ihnen bereits aus § 22 Abs. 1 Satz 1 MiLoG. Auch vor Einführung des MiLoG war es nicht möglich, ein solches Arbeitsverhältnis als anderes Rechtsverhältnis i. S. v. § 26 BBiG auszugestalten. Der unter dem Schlagwort „Generation Praktikum" in der Politik beklagte Missbrauch von Studenten durch Scheinpraktika war also schon immer eine unzulässige Umgehung des Arbeitsrechts.

ErfK/*Schlachter*, § 26 BBiG Rn. 4; *Burkard-Pötter/Sura*, NJW 2015, 517.

186 Neben diese negativen Voraussetzungen treten die positiven Anforderungen des § 22 Abs. 1 Satz 3 MiLoG, wonach Praktikant ist, wer sich „für eine begrenzte Dauer zum Erwerb praktischer Kenntnisse und Erfahrungen einer bestimmten betrieblichen Tätigkeit zur Vorbereitung auf eine berufliche Tätigkeit unterzieht". Ist auch diese Hürde genommen, müssen in einem weiteren Schritt die Voraussetzungen der nachfolgenden Ausnahmetatbestände geprüft werden.

#### (2) Pflichtpraktika (§ 22 Abs. 1 Satz 2 Nr. 1 MiLoG)

187 Nach Nr. 1 werden zunächst Pflichtpraktika aufgrund einer schulrechtlichen Bestimmung, einer Ausbildungsordnung, einer hochschulrechtlichen Bestimmung oder im Rahmen einer Ausbildung an einer gesetzlich geregelten Berufsakademie ausgenommen. Diese Ausnahme ist wohl rein deklaratorischer Natur, denn Pflichtpraktika sind gemäß § 3 Abs. 2 Nr. 1 BBiG keine Praktika i. S. d. § 26 BBiG.

*Natzel*, BB 2014, 2490, 2491.

**Praxistipp:**

Aus diesem Grund greift hier nicht einmal der Anspruch auf eine angemessene Vergütung nach § 17 BBiG (so zumindest die h. M., vgl. *Orlowski*, RdA 2009, 38, 39; *Maties*, RdA 2007, 135, 139; a. A. *Schade*, NJW 2013, 1039).

188 Erfasst sind nicht nur Praktika *während* der Ausbildung, sondern auch solche, die aufgrund einer schulrechtlichen oder hochschulrechtlichen Bestimmung als Eintrittsvoraussetzung für den Bildungsweg verlangt werden (sog. Vorpraktika). Dies hat der Gesetzgeber dadurch klargestellt, dass er den ursprünglichen Gesetzentwurf geändert hat. Ursprünglich sollten nur Praktika ausgenommen sein, die „im Rahmen" einer Schul-, Ausbildungs- oder Studienordnung geleistet werden.

*Ulber*, Arbeitsmarktpolitische Steuerung durch Ausnahmen vom Mindestlohn?, in: Fütterer/Pötters/Stiebert/Traut, Arbeitsrecht – für wen und wofür?, S. 159 ff., 162.

Eine zeitliche Begrenzung besteht im Umkehrschluss zu § 22 Abs. 1 Satz 2 Nr. 2 und Nr. 3 MiLoG nicht. Auch umfangreiche Praktika, etwa im Rahmen von dualen Studiengängen, sind somit ausgenommen. 189

Vgl. BT-Drucks. 18/2010 (neu), S. 25.

> **Praxistipp:**
>
> Bei Pflichtpraktika sollten sich Unternehmen stets die Studienordnung vorlegen lassen, die das Pflichtpraktikum und auch dessen Dauer regelt (ebenso *von Steinau-Steinrück/Burkard-Pötter*, NJW-Spezial 2014, 754, 755).

### (3) Orientierungspraktika (§ 22 Abs. 1 Satz 2 Nr. 2 MiLoG)

Eine weitere Ausnahme sieht Nr. 2 für Orientierungspraktika (auch „Schnup- 190
perpraktika" genannt) vor. Dies sind Praktika von bis zu drei Monaten zur Orientierung für eine Berufsausbildung oder für die Aufnahme eines Studiums. Mit der Berufsausbildung ist die Berufsbildung gemeint, es geht also nicht um eine berufliche Orientierung für einen Einstieg in den Arbeitsmarkt, sondern um das Kennenlernen eines Berufsbildes für die Entscheidung für ein bestimmtes Studium oder eine Ausbildung. Der Begriff der Berufs- und Hochschulausbildung ist dabei weit zu verstehen.

BT-Drucks. 18/1558, S. 42.

> **Praxistipp:**
>
> Das Orientierungsziel sollte klar vereinbart werden, zumal der Arbeitgeber hierzu ohnehin gem. § 2 Abs. 1a NachwG verpflichtet ist.

Ein Überschreiten der Drei-Monats-Grenze führt nach richtiger Ansicht 191
nicht dazu, dass rückwirkend das Praktikum mindestlohnpflichtig wird.

So *Ulber*, Arbeitsmarktpolitische Steuerung durch Ausnahmen vom Mindestlohn?, in: Fütterer/Pötters/Stiebert/Traut, Arbeitsrecht – für wen und wofür?, S. 159 ff., 163.

Nicht erfasst sind Praktika *nach* dem Studium. So fallen beispielsweise die 192
häufig nach Beendigung des Bachelor- und vor Aufnahme des Masterstudiums abgeleisteten Praktika nicht unter die Ausnahme des § 22 Abs. 1 Satz 2 Nr. 2 MiLoG, können aber von Nr. 3 erfasst sein.

Ebenso *von Steinau-Steinrück/Burkard-Pötter*, NJW-Spezial 2014, 754, 755.

> **Praxistipp:**
>
> Anders als die Pflichtpraktika nach Nr. 1 sind die Schnupperpraktika vom BBiG erfasst, sodass zumindest eine angemessene Vergütung nach § 17 BBiG zu zahlen ist.

#### (4) Begleitendes Praktikum zur Berufs- oder Hochschulausbildung (§ 22 Abs. 1 Satz 2 Nr. 3 MiLoG)

193 Mit der Regelung für Schnupperpraktika vergleichbar ist die Ausnahme für freiwillige Praktika nach § 22 Abs. 1 Satz 2 Nr. 3 MiLoG, die eine Berufs- oder Hochschulausbildung begleiten. Diese ist ebenfalls auf drei Monate begrenzt. Auch hier gilt das MiLoG bei Überschreiten der Drei-Monats-Grenze lediglich *ex nunc*, es sei denn es lag von vornherein nur ein Scheinpraktikum vor.

194 Zudem darf nicht zuvor „ein solches Praktikumsverhältnis mit demselben Ausbildenden" bestanden haben. Dieses Vorbeschäftigungsverbot ist eng zu verstehen. So wäre etwa eine vorherige Ferienbeschäftigung als Schüler bei demselben Unternehmen unschädlich.

*Natzel*, BB 2014, 2490, 2491.

195 Auch ein vorheriges Orientierungs- oder ein Pflichtpraktikum stellen nicht „ein solches Praktikumsverhältnis" dar.

196 Nach dem eindeutigen Wortlaut („begleitend") sind Praktika nach Abschluss des Studiums nicht erfasst. Für sie ist somit in jedem Fall das MiLoG anwendbar.

Ebenso *Picker/Sausmikat*, NZA 2014, 942, 947; *Ulber*, Arbeitsmarktpolitische Steuerung durch Ausnahmen vom Mindestlohn?, in: *Fütterer/Pötters/Stiebert/Traut*, Arbeitsrecht – für wen und wofür?, 2015, S. 159 ff., 164.

**Praxistipp:**

Wie bei den ebenfalls freiwilligen Schnupperpraktika (Nr. 2) gilt bei den begleitenden Praktika die Pflicht zur angemessenen Vergütung nach § 17 BBiG.

#### (5) Einstiegsqualifizierung oder Berufsausbildungsvorbereitung (§ 22 Abs. 1 Satz 2 Nr. 4 MiLoG)

197 Nicht unter den Anwendungsbereich des MiLoG fallen zudem nach Nr. 4 Praktikanten, die an einer Einstiegsqualifizierung nach § 54a SGB III oder an einer Berufsausbildungsvorbereitung nach §§ 68–70 BBiG teilnehmen. Dieser Tatbestand dürfte ebenso wie die Nr. 1 rein deklaratorischer Natur sein, da die betroffene Personengruppe ohnehin nicht von § 22 Abs. 2 Satz 3 MiLoG erfasst wird.

Ebenso *Natzel*, BB 2014, 2490, 2492.

198 Arbeitgeber, die eine betriebliche Einstiegsqualifizierung durchführen, können gemäß § 54a Abs. 1 Satz 1 SGB III durch Zuschüsse zur Vergütung bis zu einer Höhe von 216,00 € monatlich zuzüglich eines pauschalierten Anteils am durchschnittlichen Gesamtsozialversicherungsbeitrag des Auszubildenden gefördert werden. Diese Förderung hängt u. a. davon ab, dass sie gemäß § 54a Abs. 2 Nr. 1 SGB III auf der Grundlage eines Vertrags i. S. d. § 26

BBiG mit dem Auszubildenden durchgeführt wird. Die Einstiegsqualifizierung stellt somit ein „anderes Vertragsverhältnis" i. S. d. § 26 BBiG dar.

Brand/*Brandts*, SGB III, § 54a Rn. 17.

Im laufenden Gesetzgebungsverfahren ist – ebenfalls rein deklaratorisch – klar- 199
gestellt worden, dass auch Personen, die eine Berufsausbildungsvorbereitung nach §§ 68–70 BBiG absolvieren, keinen Mindestlohn erhalten. Dies leuchtet ein: Wenn schon Berufsausbildungsverhältnisse nicht vom Mindestlohn erfasst werden (§ 22 Abs. 3 MiLoG), muss dies erst recht für Rechtsverhältnisse gelten, welche eine solche Berufsausbildung lediglich vorbereiten sollen.

ErfK/*Franzen*, § 22 MiLoG Rn. 13.

Die Berufsausbildungsvorbereitung dient dem Ziel, durch die Vermittlung 200
von Grundlagen für den Erwerb beruflicher Handlungsfähigkeit an eine Berufsausbildung in einem anerkannten Ausbildungsberuf heranzuführen (§ 1 Abs. 2 BBiG). Es geht darum, behebbare Defizite für die Ausbildungsfähigkeit zu beseitigen.

*Ulber*, Arbeitsmarktpolitische Steuerung durch Ausnahmen vom Mindestlohn?, in: Fütterer/Pötters/Stiebert/Traut, Arbeitsrecht – für wen und wofür?, S. 159 ff., 165.

### (6) Checkliste: Vergütung von Praktikanten im Überblick

Aus den vorstehenden Ausführungen ergeben sich die nachfolgenden Prüf- 201
schritte, die bei der Einstellung von Praktikanten durchgegangen werden sollten:

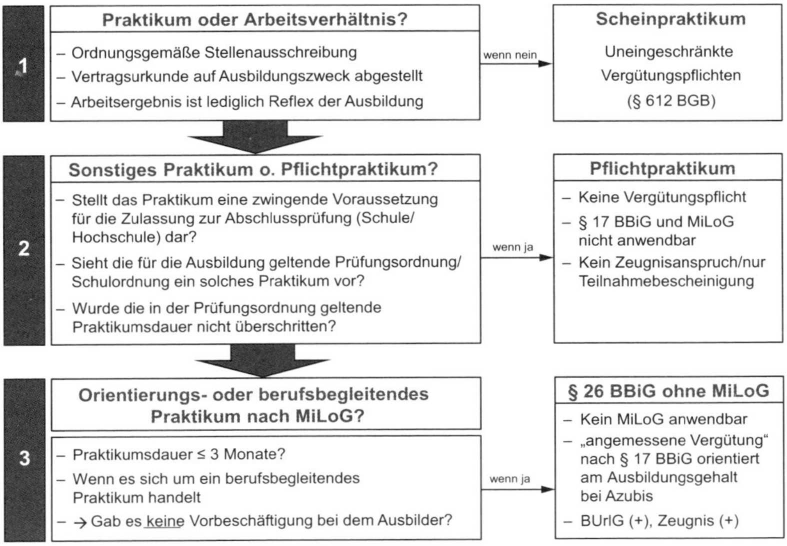

### bb) Ausnahme für Jugendliche ohne abgeschlossene Berufsausbildung (§ 22 Abs. 2 MiLoG)

202 Vollständig von der Anwendung des MiLoG ausgenommen sind Kinder und Jugendliche bis zum Alter von 18 Jahren (§ 2 Abs. 1, 2 JArbSchG) ohne abgeschlossene Berufsausbildung. Nach § 22 Abs. 2 MiLoG gelten sie „nicht als Arbeitnehmerinnen und Arbeitnehmer im Sinne dieses Gesetzes." Die Regelung ist auf eine nachhaltige Integration junger Menschen in den Arbeitsmarkt gerichtet. Durch die Ausnahme soll sichergestellt werden, dass der Mindestlohn keinen Anreiz setzt, zugunsten einer mit dem Mindestlohn vergüteten Beschäftigung auf eine Berufsausbildung zu verzichten.

BT-Drucks. 18/1558, S. 42.

203 In der Literatur wird verbreitet die Verfassungs- und Unionsrechtskonformität dieser Regelung bezweifelt.

Siehe etwa *Brors*, NZA 2014, 938, 941; *Schubert/Jerchel/Düwell*, Rn. 174 ff.; *Ulber*, AuR 2014, 404; zweifelnd auch ErfK/*Franzen*, § 22 MiLoG Rn. 5.

204 In der Tat stellt die Regelung eine unmittelbare Diskriminierung aufgrund des Alters dar. Eine solche benachteiligende Regelung muss ein legitimes Ziel verfolgen und es angemessen und in erforderlicher Weise umsetzen. Vorliegend steht ein sozialpolitisches Anliegen aus dem Bereich der beruflichen Bildung (vgl. Art. 6 Abs. 1 Richtlinie 2000/78/EG) – namentlich der beabsichtigte Anreiz zur Aufnahme einer Berufsausbildung – im Vordergrund. Ob dies zur Rechtfertigung ausreicht, bleibt abzuwarten. Zweifel sind jedenfalls angebracht.

**Praxistipp:**

Im Falle der Unionsrechtswidrigkeit droht die Unanwendbarkeit (vgl. EuGH v. 19.1.2010 – C-555/07 („*Kücükdeveci*"), NZA 2010, 85), im Falle der Verfassungswidrigkeit die Nichtigkeit von § 22 Abs. 2 MiLoG. Dies könnte zu einer rückwirkenden Geltung des MiLoG führen. Es kann daher nur empfohlen werden, in der Praxis nur zurückhaltend von der Ausnahmeregelung § 22 Abs. 2 MiLoG Gebrauch zu machen und die weitere Entwicklung genau zu beobachten.

205 Keine Auswirkungen hat § 22 Abs. 2 MiLoG auf andere Lohnuntergrenzen. Jugendliche unter 18 Jahren haben also, sofern sie als Arbeitnehmer beschäftigt sind, ggf. einen Anspruch auf branchenspezifische Mindestlöhne nach dem AEntG oder AÜG (vgl. § 1 Abs. 3 MiLoG). Ebenfalls ist die Lohnwucher-Rechtsprechung des BAG, zu beachten: Liegt die Vergütung unterhalb von zwei Dritteln eines in der betreffenden Branche und Wirtschaftsregion üblicherweise gezahlten Tariflohns, ist die entsprechende Lohnabrede regelmäßig gemäß § 138 BGB nichtig.

BAG v. 18.4.2012 – 5 AZR 630/10, NZA 2012, 978;
BAG v. 22.4.2009 – 5 AZR 436/08, NZA 2009, 837;
BAG v. 26.4.2006 – 5 AZR 549/05, NZA 2006, 1354.

### cc) Ausnahme für Auszubildende (§ 22 Abs. 3 Alt. 1 MiLoG)

206 Nach § 22 Abs. 3 MiLoG sind zu ihrer Berufsausbildung Beschäftigte vom Mindestlohn ausgenommen. Diese Ausnahme ist – wie bereits dargelegt wurde – rein deklaratorischer Natur, da Auszubildende ohnehin nicht Arbeitnehmer sind.

> **Praxistipp:**
>
> Erneut gilt es zu beachten, dass Auszubildende eine angemessene Vergütung nach § 17 BBiG verlangen können.

### dd) Ausnahme für ehrenamtlich Tätige (§ 22 Abs. 3 Alt. 2 MiLoG)

207 Ebenfalls nur klarstellende Funktion hat die Ausnahme für ehrenamtlich Tätige, denn diese werden statusrechtlich nicht in einem Arbeitsverhältnis beschäftigt.

BAG v. 29.8.2012 – 10 AZR 499/11, NZA 2012, 1433 (Leitsatz): „Durch die Ausübung unentgeltlicher ehrenamtlicher Tätigkeit wird kein Arbeitsverhältnis begründet."

208 Das gilt allerdings nur, wenn tatsächlich ein echtes Ehrenamt vorliegt.

*Jöris/von Steinau-Steinrück*, BB 2014, 2101.

209 Die Abgrenzung ist im Einzelfall sehr schwierig und es wird zahlreiche Fälle geben, bei denen die Anwendung grundlegender arbeitsrechtlicher Schutzvorschriften durchaus Sinn ergibt, nicht aber die Geltung des MiLoG.

210 Wer ehrenamtlich Beschäftigter i. S. v. § 22 Abs. 3 MiLoG ist, wird im Gesetz nicht definiert. Aus unterschiedlichen sozialrechtlichen Vorschriften (§ 73 SGB VIII, § 2 Abs. 1 Nr. 9, 10 SGB VII und § 6 Satz 1 Nr. 3 SGB VII) kann abgeleitet werden, dass beim Ehrenamt das bürgerschaftliche Engagement im Mittelpunkt steht und dieses regelmäßig in gemeinnütziger Struktur ausgeübt wird.

So treffend *Bayreuther*, NZA 2014, 865, 872; ebenso *Schubert/Jerchel/Düwell*, Rn. 184; *Greiner*, NZA 2015, 285, 286.

211 Ein „echtes Ehrenamt" ist jedenfalls dann gegeben, wenn die Tätigkeit unentgeltlich und ohne Vergütungserwartung als karitative Arbeit geleistet wird.

BAG v. 29.8.2012 – 10 AZR 499/11, NZA 2012, 1433, 1435.

212 Problematisch ist etwa die Einordnung von bezahlten Sportlern, Trainern, Betreuern und sonstigen Helfern im nicht professionellen Sport. Im Amateurfußball werden regelmäßig nicht unerhebliche Vergütungen gezahlt. Würde man zentral auf die Entgeltlichkeit einer Tätigkeit abstellen, wäre das MiLoG anwendbar. Eine solche Abgrenzung wäre indes zu schematisch und würde der typologischen Bestimmung des Arbeitnehmerbegriffs nicht gerecht. Es muss daher im Rahmen einer Gesamtbetrachtung aller Umstände des Einzelfalls geprüft werden, ob weiterhin der Freizeitcharakter, der sportliche Wett-

kampf oder der Einsatz für das Gemeinwohl im Vordergrund steht. In der Beschlussempfehlung des Bundestagsausschusses für Arbeit und Soziales vom 2.7.2014 heißt es entsprechend:

> „Die Koalitionsfraktionen sind mit dem Bundesministerium für Arbeit und Soziales darin einig, dass ehrenamtliche Übungsleiter und andere ehrenamtlich tätige Mitarbeiter in Sportvereinen nicht unter dieses Gesetz fallen. Von einer „ehrenamtlichen Tätigkeit" i. S. d. § 22 Abs. 3 MiLoG ist immer dann auszugehen, wenn sie nicht von der Erwartung einer adäquaten finanziellen Gegenleistung, sondern vom Willen geprägt ist, sich für das Gemeinwohl einzusetzen. Liege diese Voraussetzung vor, seien auch Aufwandsentschädigungen für mehrere ehrenamtliche Tätigkeiten, unabhängig von ihrer Höhe, unschädlich. Auch Amateur- und Vertragssportler fallen nicht unter den Arbeitnehmerbegriff, wenn ihre ehrenamtliche sportliche Betätigung und nicht die finanzielle Gegenleistung für ihre Tätigkeit im Vordergrund stehen."

BT-Drucks. 18/2010 (neu), S. 15.

**213** Dies ist auch das Verständnis des BMAS. Nach einem Treffen mit Funktionären des DFB und DOSB ließ die Bundesministerin Nahles verlauten, man habe sich darauf verständigt, dass der Mindestlohn im Amateursport regelmäßig nicht gelte. Die Zukunft der sog. Vertragsamateure im Sport, die vor allem im Fußball häufig eine durchaus beträchtliche Vergütung erhalten, sei somit gesichert.

Pressemitteilung v. 23.2.2015, abrufbar unter http://www.der-mindestlohn-gilt.de/ml/DE/Service/Meldungen/2015/zukunft-vertragsamateure-gesichert.html (Stand: März 2015).

**214** Dass im Rechtsstaat Minister nicht dazu befugt sind, per Pressemitteilung Rechtssicherheit zu schaffen, bedarf keiner weiteren Erläuterung.

Vgl. etwa die deutliche Kritik bei Greiner, NZA 2015, 285, 286.

**215** Gleichwohl wird die unverbindliche Einschätzung der Ministerin im Ergebnis regelmäßig zutreffen. Auch Vertragsamateure sind regelmäßig keine Arbeitnehmer, der Mindestlohn gilt also ohnehin nicht.

BAG v. 10.5.1990 – 2 AZR 607/89, AP BGB § 611 Abhängigkeit Nr. 51.

**216** Abzuwarten bleibt aber, ob bei Vorliegen eines Arbeitsverhältnisses – so etwa bei einer Einstellung eines Vereinsmitglieds als geringfügig Beschäftigter – die Gerichte ebenfalls die Anwendbarkeit des MiLoG mit Blick auf die Ausnahme des § 22 Abs. 3 MiLoG ablehnen werden.

**217** Die gesamte Problematik kann auf andere Bereiche bürgerschaftlichen Engagements außerhalb des Sports übertragen werden, etwa bei ehrenamtlicher Mitarbeit in Kirchengemeinden oder Sozialeinrichtungen.

ErfK/*Franzen*, § 22 MiLoG Rn. 4.

Zu den ehrenamtlich Tätigen zählen ausweislich der Gesetzesbegründung auch Personen, die ein freiwilliges soziales oder ökologisches Jahr oder den Bundesfreiwilligendienst ableisten (vgl. § 32 Abs. 4 Satz 1 Nr. 2 lit. d) EStG). 218

BT-Drucks. 18/1558, S. 43.

Hier greifen ohnehin meist spezielle Regelungen. Freiwillige nach den Bundesfreiwilligendienstgesetz erhalten etwa ein Taschengeld und keinen Mindestlohn (§ 2 BFDG). 219

*Schubert/Jerchel/Düwell*, Rn. 185.

### ee) Befristete Bereichsausnahme für Langzeitarbeitslose (§ 22 Abs. 4 Satz 1 MiLoG)

§ 22 Abs. 4 Satz 1 MiLoG sieht eine Bereichsausnahme für Langzeitarbeitslose i. S. v. § 18 Abs. 1 SGB III vor. Rein zahlenmäßig ist dies ein durchaus bedeutsamer Ausnahmetatbestand: Nach Angaben des Statistischen Bundesamts waren im Januar 2015 von insgesamt knapp über drei Millionen Arbeitslosen in Deutschland ungefähr eine Million langzeitarbeitslos. 220

Arbeitsmarktstatistik, abrufbar unter https://www.destatis.de/DE/ZahlenFakten/Indikatoren/Konjunkturindikatoren/Arbeitsmarkt/arb110.html (Stand: Januar 2015).

Ausweislich der Gesetzesbegründung soll durch die Ausnahmeregelung der Wiedereinstieg von Langzeitarbeitslosen ins Berufsleben erleichtert und deren Beschäftigungschancen verbessert werden. 221

BT-Drucks. 18/1558, S. 43.

Ob dieses Ziel erreicht wird, soll nach § 22 Abs. 4 Satz 2 MiLoG durch die Bundesregierung evaluiert werden. Sie muss dem Gesetzgeber zum 1.6.2016 berichten, ob die Regelung tatsächlich die Integration Langzeitarbeitsloser in den Arbeitsmarkt verbessert hat und ob sie fortbestehen soll. 222

Langzeitarbeitslose sind gemäß § 18 Abs. 1 Satz 1 SGB III Arbeitslose, die ein Jahr und länger arbeitslos sind. Der Langzeitarbeitslose muss neben der lang andauernden Arbeitslosigkeit auch die übrigen im § 16 SGB III näher bestimmten Voraussetzungen, die an den Begriff des Arbeitslosen geknüpft werden (vorübergehende Beschäftigungslosigkeit, Suche einer versicherungspflichtigen Beschäftigung bei gleichzeitiger Verfügbarkeit und Arbeitslosmeldung bei der Arbeitsagentur), erfüllen. 223

Hauck/Noftz-*Timme*, SGB III K § 18 Rn. 6.

Mit dem Verweis auf § 18 Abs. 1 SGB III soll klargestellt werden, dass die Regelung des § 18 Abs. 2 SGB III zu Unterbrechungstatbeständen bei der Berechnung der einjährigen Arbeitslosigkeit für das MiLoG keine Anwendung findet, da § 18 Abs. 2 SGB III sich nur auf Leistungen des SGB III oder des SGB II bezieht, die Langzeitarbeitslosigkeit voraussetzen. 224

BT-Drucks. 18/2010 (neu), S. 25.

**225** Die Teilnahme an einer Maßnahme zur Aktivierung und beruflichen Eingliederung nach § 45 SGB III sowie Zeiten einer Erkrankung oder sonstigen Nicht-Erwerbstätigkeit bis zu sechs Wochen unterbrechen hingegen die Dauer der Arbeitslosigkeit gemäß § 18 Abs. 1 Satz 2 SGB III nicht. Diese Vorschrift ist eigens mit Einführung des MiLoG aufgenommen worden.

**226** Die Arbeitslosigkeit muss gemäß § 22 Abs. 4 Satz 1 MiLoG bis „unmittelbar vor Beginn der Beschäftigung“ bestanden haben, mit anderen Worten: Der Ausnahmetatbestand greift nur für dasjenige Arbeitsverhältnis, durch das die Arbeitslosigkeit beendet wird.

**227** Zur Feststellung der Voraussetzungen für die Befreiung nach §§ 22 Abs. 4 MiLoG, 18 Abs. 1 SGB III steht dem Arbeitgeber ein Fragerecht zu.

ErfK/*Franzen*, § 22 MiLoG Rn. 15.

**Praxistipp:**

Die Bundesagentur für Arbeit hat außerdem zugesagt, dass auf Antrag des Arbeitnehmers durch die Arbeitsagenturen eine Bescheinigung über die Voraussetzungen für eine Langzeitarbeitslosigkeit erteilt wird. Details sind hierzu jedoch aktuell (Stand: März 2015) noch nicht bekannt.

**228** Nach Ablauf von sechs Monaten muss der Arbeitgeber den Mindestlohn nach §§ 1, 20 MiLoG bezahlen. Die Frist beginnt mit der nach dem Arbeitsvertrag vorgesehenen Arbeitsaufnahme nach Inkrafttreten des MiLoG.

ErfK/*Franzen*, § 22 MiLoG Rn. 15.

### 2. Räumlicher Anwendungsbereich (§ 20 MiLoG)

**229** Gemäß § 20 MiLoG sind Arbeitgeber mit Sitz im In- oder Ausland verpflichtet, ihren im Inland beschäftigten Arbeitnehmern rechtzeitig zum Fälligkeitszeitpunkt (§ 2 Abs. 1 MiLoG) den gesetzlichen Mindestlohn zu zahlen. Die Vorschrift enthält damit zunächst im Zusammenspiel mit § 1 MiLoG die zentrale Anspruchsgrundlage des Gesetzes, und zwar für ausländische wie inländische Arbeitgeber gleichermaßen.

Treffend *Sittard*, NZA 2015, 78; unklar hingegen *Viethen*, NZA Beilage 4/2014, 143, 146.

**230** Die systematische Stellung der Norm ist zwar insofern verwirrend und ihr Verhältnis zu § 1 MiLoG im Detail unklar, der Wortlaut spricht aber eine eindeutige Sprache. Die Verwehrung des Mindestlohns oder die nicht rechtzeitige Zahlung stellt außerdem gemäß § 21 Abs. 1 Nr. 9 i. V. m. § 20 MiLoG eine Ordnungswidrigkeit dar.

**231** Zugleich trifft § 20 MiLoG eine Regelung zum räumlichen Anwendungsbereich. Der Vorschrift liegt ein Arbeitsortprinzip zugrunde: Die Anwendbarkeit des MiLoG wird an eine Beschäftigung auf dem Staatsgebiet der Bundesrepublik Deutschland geknüpft.

Vgl. *Lakies*, MiLoG, § 20 Rn. 2; *Insam/Hinrichs/Tacou*, NZA-RR 2014, 569, 570.

Dies entspricht auch der Intention des Gesetzgebers. 232

BT-Drucks. 18/1558, S. 42; vgl. auch *Viethen*, NZA Beilage 4/2014, 143, 146.

Nicht ankommen soll es demgegenüber auf die Staatsangehörigkeit des Arbeitnehmers. 233

Vgl. *Henkel* u. a., MiLoG, S. 38; *Hilgenstock*, MiLoG, Rn. 78 f.

Es wird auch nicht danach unterschieden, ob der Arbeitgeber seinen Sitz im inner- oder außereuropäischen Ausland hat. 234

Vgl. *Lakies*, MiLoG, § 20 Rn. 3.

### a) Hintergrund: Internationale Anwendbarkeit deutschen Arbeitsrechts

Die Regelung des § 20 MiLoG ist vor dem Hintergrund des internationalen Arbeitsvertragsrechts zu sehen. Ob ein Arbeitsvertrag dem deutschen Recht unterliegt, bestimmt sich insbesondere nach Art. 8 der Verordnung (EG) Nr. 593/2008 („Rom-I-VO“). 235

Vgl. instruktiv zur Bestimmung des auf den Arbeitsvertrag anwendbaren Rechts ErfK/*Schlachter*, E 2009/26/EG Art. 3 Rn. 5 ff.

Haben die Parteien des Arbeitsvertrages keine Rechtswahl i. S. d. Art. 8 Abs. 1 Satz 1 Alt. 1 Rom-I-VO getroffen – was in der Praxis jedoch regelmäßig geschieht – bestimmt sich das auf den Arbeitsvertrag anzuwendende Recht zunächst nach dem Recht des Staates, in dem der Arbeitnehmer in Erfüllung des Vertrags gewöhnlich seine Arbeit verrichtet. Dafür kommt es nicht auf den relativen Schwerpunkt, sondern den absoluten Mittelpunkt der Arbeit an. Dieser wird der in der Regel in dem Staat liegen, in dem ein Arbeitnehmer mehr als die Hälfte seiner Arbeitszeit tätig ist. 236

Vgl. ErfK/*Schlachter*, E 2009/26/EG Art. 3 Rn. 9.

**Praxistipp:**

Ob innerhalb dieses Staates ein oder mehrere Einsatzorte vorhanden sind, ist unerheblich (vgl. BAG v. 9.7.2003 – 10 AZR 593/02, RdA 2004, 175, 177; BAG v. 20.6.2007 – 10 AZR 302/06, NZA-RR 2008, 24, 26). Auch auf die Eingliederung in einen bestimmten Betrieb soll es nach Teilen der Instanzenrechtsprechung zwar nicht entscheidend ankommen (vgl. LAG Hamburg v. 17.4.1996 – 2 (3) Sa 328/94, NZA-RR 1997, 107, 108 f.), allerdings ist davon auszugehen, dass in diesen Fällen der Betriebssitz zugleich der gewöhnliche Arbeitsort sein wird (vgl. BAG v. 29.10.1992 – 2 AZR 267/92, NZA 1993, 743, 746; BAG v. 15.2.2005 – 9 AZR 116/04, NZA 2005, 1117, 1119).

Nach Art. 8 Rom-I-VO würde also bei einer nur kurzfristigen Beschäftigung von Arbeitnehmern in Deutschland durch einen ausländischen Arbeitgeber 237 regelmäßig das jeweilige ausländische Arbeitsrecht zur Anwendung kommen. Etwas anderes gilt jedoch hinsichtlich sog. Eingriffsnormen i. S. d. Art. 9 Rom-I-VO. Sie setzen sich auch gegen entgegenstehendes ausländisches Recht durch.

Vgl. nur ErfK/*Schlachter*, § 1 AEntG Rn. 5; BAG v. 21.11.2007 – 10 AZR 782/06, NZA-RR 2008, 253, 255.

238 Eine Eingriffsnorm ist nach Art. 9 Abs. 1 Rom-I-VO eine zwingende Vorschrift, deren Einhaltung von einem Staat als so entscheidend für die Wahrung seines öffentlichen Interesses, insbesondere seiner politischen, sozialen oder wirtschaftlichen Organisation, angesehen wird, dass sie ungeachtet des nach Maßgabe des internationalen Arbeitsvertragsrechts für den Vertrag geltenden Rechts auf alle Sachverhalte anzuwenden ist, die in ihren Anwendungsbereich fallen.

239 Die Pflicht zur Zahlung des Mindestlohns gemäß §§ 1, 20 MiLoG stellt unproblematisch eine solche Eingriffsnorm dar. Die Verpflichtung gilt infolgedessen grundsätzlich unabhängig von der auf den einzelnen Arbeitsvertrag anwendbaren Rechtsordnung für jede Beschäftigung von Arbeitnehmern im Inland, sofern diese auch in den persönlichen Anwendungsbereich des MiLoG fällt.

Vgl. ErfK/*Franzen*, § 20 MiLoG Rn. 1; *Lakies*, MiLoG, § 20 Rn. 1, 10; *Schubert/Jerchel/Düwell*, MiLoG, Rn. 135; *Sittard*, NZA 2015, 78, 79.

240 Es kann somit im Ergebnis zu einer Art „Mischrecht“ kommen.

*Sittard*, NZA 2015, 78, 79.

241 Gleichzeitig dient § 20 MiLoG der Umsetzung der Richtlinie 96/71/EG (sog. „Entsende-Richtlinie“). Denn gemäß Art. 3 Abs. 1 Unterabsatz 1 lit. c) Richtlinie 96/71/EG haben die Mitgliedsstaaten der EU, „unabhängig von dem auf das jeweilige Arbeitsverhältnis anwendbaren Recht“, dafür zu sorgen, dass von Unternehmen mit Sitz in der EU in ihr Hoheitsgebiet entsandten Arbeitnehmern dieselben Mindestentgeltsätze zukommen, die in dem Mitgliedstaat, in dessen Hoheitsgebiet die Arbeitsleistung erbracht wird, verbindlich sind.

Vgl. EuGH v. 21.1.2002 – C-164/99 („*Portugaia Construções Lda*“), NZA 2002, 207 ff.; EuGH v. 14.4.2005 – C-341/02 („*Kommission/Deutschland*“), NZA 2005, 573, 574 m. w. N.

242 Dies wird in Deutschland durch § 2 Nr. 1 AEntG umgesetzt. Danach finden die „in Rechts- oder Verwaltungsvorschriften enthaltenen Regelungen über Mindestentgeltsätze einschließlich der Überstundensätze [...] auch auf Arbeitsverhältnisse zwischen einem im Ausland ansässigen Arbeitgeber und seinen im Inland beschäftigten Arbeitnehmern und Arbeitnehmerinnen zwingend Anwendung.“ Ausweislich der Regierungsbegründung handelt es sich bei dem gesetzlichen Mindestlohn um einen eben solchen Mindestlohnsatz.

BT-Drucks. 18/1558, S. 42; vgl. ErfK/*Franzen*, § 20 MiLoG Rn. 1; *Lakies*, MiLoG, § 20 Rn. 1, 10; *Viethen*, NZA Beilage 4/2014, 143, 146.

### b) Mindestlohnanspruch auch bei Entsendung deutscher Arbeitnehmer ins Ausland?

§ 20 MiLoG trifft hingegen keine Regelung für den Fall einer Beschäftigung im Ausland. Hier greifen also die dargelegten allgemeinen Regelungen des internationalen Arbeitsvertragsrechts. Liegt der Mittelpunkt der Tätigkeit in Deutschland, ändert eine nur vorrübergehende Arbeit in einem anderen Staat nichts an der Anwendbarkeit deutschen Rechts (vgl. Art. 8 Abs. 2 Satz 2 Rom-I-VO). 243

Vgl. *Sittard*, NZA 2015, 78, 79.

Somit kann auch bei einer Entsendung ins Ausland das MiLoG als Teil des nationalen Arbeitsrechts Anwendung finden. Es muss aber freilich geprüft werden, ob nicht im dem anderen Staat eine dem § 20 MiLoG vergleichbare Eingriffsnorm die Anwendbarkeit eines höheren Mindestlohns anordnet. 244

Bis zu welcher Dauer ein Tätigwerden im Ausland noch „vorrübergehend“ in diesem Sinne ist, kann nicht abstrakt, sondern nur konkret für den Einzelfall bestimmt werden. Eine bloß vorübergehende Entsendung – und damit grundsätzlich die Geltung des MiLoG – wird man annehmen können, wenn sich ergibt, dass eine „endgültige“ Verlagerung des Arbeitsorts nicht gewollt ist. Nach der Rechtsprechung des BAG kann insofern einer vertraglich vereinbarten Rückrufmöglichkeit „erhebliche Indizwirkung“, zukommen. 245

BAG v. 7.12.1989 – 2 AZR 228/89, NZA 1990, 658, 660.

Diese kann jedoch im Einzelfall entkräftet werden, z. B. wenn der Rückruf an hohe Voraussetzungen genknüpft ist oder „jahrzehntelang“ kein Gebrauch von ihm gemacht worden ist. Jedenfalls dürfte sich dann aus der bloßen Vereinbarung nicht (mehr) ohne Weiteres ergeben, dass diese noch dem aktuellen Willen der Parteien entspricht. 246

Vgl. BAG v. 7.12.1989 – 2 AZR 228/89, NZA 1990, 658, 660.

Versuche in der Literatur, eine zeitliche Höchstdauer für einen „vorrübergehenden“ Auslandsaufenthalt zu bestimmen, gelangen zu Vorschlägen von bis zu drei Jahren. 247

Vgl. ErfK/*Schlachter*, E 2009/26/EG Art. 3 Rn. 14 m. w. N.

Liegen weder eine Rückkehrvereinbarung noch sonstige Hinweise für den Parteiwillen wie z. B. eine Zweck- oder Zeitbefristung vor, liegt der Schluss nahe, dass die Arbeitsvertragsparteien von einem nicht nur vorrübergehenden Auslandseinsatz ausgehen. Dies führt gemäß Art. 8 Abs. 2 Satz 1 Alt. 1 Rom-I-VO zur Anwendbarkeit des Rechts des Einsatzstaates. Der dort tätig werdende deutsche Staatsbürger hat dann keinen Anspruch auf den (deutschen) gesetzlichen Mindestlohn. 248

> **Praxistipp:**
>
> Rechtssicherheit dürfte – mit Ausnahme von eindeutigen Fällen – bei der Entsendung von Arbeitnehmern ins Ausland nur eine ausdrückliche Rechtswahl der Arbeitsvertragsparteien gewährleisten (vgl. ErfK/*Schlachter*, E 2009/26/EG Art. 3 Rn. 14).

**249** Ist bzw. bleibt das deutsche Recht während der Dauer einer Entsendung anwendbar, führt dies zu der paradoxen Situation, dass sich § 1 Abs. 1, 2 MiLoG und § 20 MiLoG widersprechen: Einerseits dürfte sich aus § 20 MiLoG keine Verpflichtung des Arbeitgebers zur Zahlung des gesetzlichen Mindestlohns ableiten lassen, denn es liegt ja keine Beschäftigung im Inland vor. Andererseits liegt § 1 Abs. 1 und 2 MiLoG ein solches Arbeitsortprinzip aber nicht zugrunde. Diese vermitteln – ohne örtliche Eingrenzung – einen „Anspruch auf Zahlung eines Arbeitsentgelts mindestens in Höhe des Mindestlohns durch den Arbeitgeber."

**250** Somit stellt sich die Frage, auf welche der beiden Normen „es ankommt". Deren Wortlaut allein hilft dabei nicht weiter, denn beide Normen führen dazu, dass die Zahlung des Mindestlohns von dem Arbeitgeber verlangt werden kann. Die Gesetzessystematik liefert hingegen zumindest Anhaltspunkte: § 20 MiLoG befindet sich im Abschnitt 3, der Regeln zur „Kontrolle und Durchsetzung durch staatliche Behörden" enthält. § 1 MiLoG hingegen befindet sich im Abschnitt 1, der die Vorschriften zur „Festsetzung des allgemeinen Mindestlohns" umfasst. Dies spricht dafür, § 1 Abs. 1, 2 MiLoG als zivilrechtliche Anspruchsgrundlage und § 20 MiLoG als öffentlich-rechtliche Verpflichtung zur Zahlung des Mindestlohns zu verstehen. Dem entgegenstehende Gründe sind nicht ersichtlich.

**251** Hieraus ergibt sich, dass in Fällen, in denen ein deutscher Arbeitnehmer seine Arbeit lediglich vorübergehend in einem anderen Staat verrichtet, dennoch das deutsche Recht auf den Arbeitsvertrag anwendbar bleibt: Der Staat, in dem die Arbeit gewöhnlich verrichtet wird, wechselt nicht (vgl. Art. 8 Abs. 2 Satz 2 Rom-I-VO). In diesen Fällen vermitteln §§ 1 Abs. 1 und 2 MiLoG demnach – ungeachtet der gesetzgeberischen Intention – auch diesen Arbeitnehmern einen Anspruch auf Zahlung des gesetzlichen Mindestlohns, obgleich die Arbeitsleistung – jedenfalls in Teilen – nicht in Deutschland erbracht wird. Ob die Leistung im inner- oder außereuropäischen Ausland erbracht wird, ist dabei ohne Bedeutung.

**252** Demgegenüber nehmen Stimmen in der Literatur jedenfalls implizit an, dass § 20 MiLoG hier entscheidende Bedeutung zukomme. Dieser gelte für die Beschäftigung von deutschen Arbeitnehmern im Ausland auch dann nicht, wenn ihre Arbeitsverhältnisse deutschem Recht unterlägen. In diesem Fall sei der Arbeitgeber allerdings aufgrund seiner Fürsorgepflicht gehalten, für einen gleichwertigen Schutz zu sorgen. Angesichts der vorstehend aufgezeigten Argumente kann diese Ansicht nicht überzeugen. Näher begründet wird die Auffassung nicht.

Vgl. ErfK/*Franzen*, § 20 MiLoG Rn. 1; wohl auch *Bissels/ Falter/Evers*, ArbR 2015, 4, 5.

Ob all dies in der Praxis über Einzelfälle hinaus Bedeutung für die Lohnhöhe erlangen wird, ist indes fraglich. In aller Regel wird sich die Vergütung von in das Ausland entsandten Arbeitnehmern über dem gesetzlichen Mindestlohn bewegen. Allerdings wären auch in diesen Arbeitsverhältnissen die übrigen Anforderungen des MiLoG zu beachten (vgl. Rn. 79 ff., 149 ff.). 253

### c) Sonderproblem: „Transitsachverhalte"

Für die Frage des räumlichen Anwendungsbereiches ergeben sich im Zusammenhang mit sog. „reinen Transitsachverhalten" schwierige Sonderfragen. Welche – auch wirtschliche – Bedeutung diesen zukommt, zeigt sich derzeit an dem Ende Januar 2015 eingeleiteten „EU-Pilot"-Verfahren. 254

Vgl. hierzu http://ec.europa.eu/internal_market/scoreboard/ performance_by_governance_ tool/eu_pilot/index_de.htm (zuletzt aufgerufen: 30.1.2015).

Im Zuge dessen wird durch die Europäische Kommission geprüft, ob die Anwendbarkeit des MiLoG auf reine Transitsachverhalte mit dem Unionsrecht in Einklang zu bringen ist. Bis dahin, so kündigte Bundesministerin *Andrea Nahles* an, werde das MiLoG (Anspruch auf Mindestlohn, Dokumentationspflichten und möglich Sanktion) als „Zeichen guter Nachbarschaft" ausgesetzt. Behördliche Verfahren würden für den Fall der Nichtbefolgung nicht eingeleitet, eventuell bereits eingeleitete Verfahren würden eingestellt. Dies gelte jedoch ausdrücklich nicht für den grenzüberschreitenden Straßenverkehr mit Be- und Entladevorgängen in Deutschland sowie die Kabotage, also das Erbringen von Transportdienstleistungen im Inland durch ein ausländisches Verkehrsunternehmen. 255

Vgl. die Presseerklärung von BM' in Nahles v. 30.1.2015, als Video verfügbar unter http://www.bmas.de/SharedDocs/ Videos/DE/Artikel/Arbeitsrecht/statement-andrea-nahles-zur-transit-interimsloesung.html (zuletzt aufgerufen am 30.1.2015); diesbezüglich zu Recht kritisch: *Greiner*, NZA 2015, 285.

Für reine Transitsachverhalte stellt sich nämlich die Frage, ob der Arbeitnehmer während der Zeit, in der er sich in Deutschland aufhält, einen Anspruch auf den gesetzlichen Mindestlohn hat. 256

*Beispiel:*

*Ein polnischer Spediteur liefert Orangen von Spanien nach Polen. Dabei fährt der LKW-Fahrer u. a. durch Deutschland.*

Der nicht weiter differenzierende Wortlaut des § 20 MiLoG spricht eher dafür, dass auch in diesem Fall für die Zeit auf deutschen Straßen von einer „Beschäftigung im Inland" auszugehen ist. 257

Verfehlt hingegen *Bissels/Falter/Evers*, ArbR 2015, 4, die aus dem sozialrechtlichen Beschäftigtenbegriff Restriktionen ableiten wollen.

258 Eindeutig ist die Vorschrift hingegen auch nicht. In der Entsende-Richtlinie findet sich in Art. 3 Abs. 1 Richtlinie 96/71/EG eine sprachlich ähnliche Wendung; hier ist die Rede vom „Mitgliedstaat, in dessen Hoheitsgebiet die Arbeitsleistung erbracht wird". Gleichwohl handelt es sich bei bloßen Transitsachverhalten nicht um eine Entsendung. Nach Art. 1 Abs. 3 lit. a) Richtlinie 96/71/EG ist die Richtlinie nur anwendbar, soweit Unternehmen einen Arbeitnehmer „in ihrem Namen und unter ihrer Leitung in das Hoheitsgebiet eines Mitgliedstaats im Rahmen eines Vertrags entsenden, der zwischen dem entsendenden Unternehmen und dem in diesem Mitgliedstaat tätigen Dienstleistungsempfänger geschlossen wurde, sofern für die Dauer der Entsendung ein Arbeitsverhältnis zwischen dem entsendenden Unternehmen und dem Arbeitnehmer besteht." Es fehlt bei einem bloßen Durchqueren eines Mitgliedstaates an einer solchen vertraglichen Verbindung mit einem Unternehmen in dem anderen Staat. Somit liegt bereits keine länderübergreifende Maßnahme i. S. d. Entsende-Richtlinie vor. Dies könnte den Schluss nahelegen, dass der Mindestlohn für Transitsachverhalte nicht gelten soll, zumal nach der Gesetzesbegründung zu § 20 MiLoG der Mindestlohn als ein Mindestentgeltsatz i. S. d. § 2 Nr. 1 AEntG und damit gerade für Entsendesachverhalte gedacht sein soll.

BT-Drucks. 18/1558, S. 42.

259 Dieser Schluss ist jedoch nicht zwingend. Es ist denkbar, dass der nationale Mindestlohn auch über Entsendekonstellationen hinaus eine Eingriffsnorm i. S. v. Art. 9 Rom-I-VO darstellt. Auch bei Transitsachverhalten ist schließlich eine – wenn auch vergleichsweise schwache – Auslandsberührung gegeben.

260 Eine restriktive Auslegung von § 20 MiLoG für Transitsachverhalte ist jedoch im Lichte des Primärrechts geboten, denn eine Erstreckung des Mindestlohns auch auf diese Fälle würde gegen die Warenverkehrs- bzw. Dienstleistungsfreiheit (Art. 28 ff. und 56 ff. AEUV) verstoßen. Insofern kann, auch wenn die Entsende-Richtlinie gerade nicht anwendbar ist, eine Parallele zu der hierzu ergangenen Rechtsprechung des EuGH gezogen werden, denn die Entsende-Richtlinie konkretisiert die Dienstleistungsfreiheit.

EuGH v. 18.12.2007 – C-341/05 („*Laval*"), Slg. 2007, I-11767; vgl. auch EuGH v. 11.12.2007 – C-438/05 („*Viking*"), Slg. 2007, I-10779.

261 Sie regelt in ihrem Anwendungsbereich abschließend, welche sozialen Mindeststandards von den entsendenden Unternehmen seitens des Zielmitgliedsstaats gefordert werden können.

EuGH v. 18.12.2007 – C-341/05 („*Laval*"), Slg. 2007, I-11767, Rn. 81 ff., 111; EuGH v. 3.4.2008 – C-346/06 („*Rüffert*"), Slg. 2008, I-1989, Rn. 33 ff.

262 Der ständigen Rechtsprechung des EuGH ist insoweit zu entnehmen, dass die Verpflichtung zur Zahlung eines Mindestentgelts, die durch nationale Rechtsvorschriften auf Unternehmen aus einem anderen Mitgliedstaat, in dem

die Mindestlohnsätze niedriger sind, erstreckt wird, eine zusätzliche wirtschaftliche Belastung darstellt, die geeignet ist, die Erbringung von Dienstleistungen im Aufnahmemitgliedstaat zu unterbinden, zu behindern oder weniger attraktiv zu machen.

EuGH v. 3.4.2008 – C-346/06 („*Rüffert*"), Slg. 2008, I-1989, Rn. 37; vgl. auch EuGH v. 18.12.2007 – C-341/05 („*Laval*"), Slg. 2007, I-11767; vgl. auch EuGH v. 11.12.2007 – C-438/05 („*Viking*"), Slg. 2007, I-10779; aktuell: EuGH v. 18.9.2014 – C-549/13 („*Bundesdruckerei*"), EuZW 2014, 942, Rn. 30.

Ein freier Binnenmarkt bedeutet also auch, „aus den zwischen den jeweiligen Lohnniveaus bestehenden Unterschieden einen Wettbewerbsvorteil zu ziehen." **263**

So der EuGH in einer aktuellen Entscheidung, bei der keine Entsendung vorlag, sondern der ausländische Anbieter seine Arbeitnehmer allein im heimischen Mitgliedstaat beschäftigte, vgl. EuGH v. 18.9.2014 – C-549/13 („*Bundesdruckerei*"), EuZW 2014, 942, Rn. 34; vgl. auch *Moll/Katerndahl*, DB 2015, 555, 558.

Diesen Ansatz mag man nicht teilen, er ist aber ständige Rechtsprechung und daher bei der Auslegung des nationalen Rechts zu beachten. **264**

Die Beschränkung der Grundfreiheiten ist bei einer Erstreckung des Mindestlohns im Transitfall ungleich höher als bei einem Entsendesachverhalt. Bei Letzterem muss sich das betroffene Unternehmen nur einem ausländischen Arbeitsrechtsregime unterwerfen, bei einer Lieferung von Waren quer durch Europa, etwa von Lissabon nach Warschau oder von Rom nach Edinburgh, kämen für einzelne Streckenabschnitte jeweils unterschiedliche Mindestlöhne in Betracht. **265**

Gleichzeitig bestehen hier in weitaus geringerem Maße soziale Schutzbedürfnisse als dies bei typischen Entsendesachverhalten der Fall ist, sodass keine hinreichende Rechtfertigung für die Beschränkung der Grundfreiheiten ersichtlich ist. Im Vordergrund einer jeden Mindestlohnregelung steht zunächst der Gedanke des Arbeitnehmerschutzes. Dieses Anliegen wird man zwar grundsätzlich auch bei einer bloßen Durchreise anführen können, das Schutzbedürfnis ist bei einem nur sehr kurzen Verweilen in Deutschland aber deutlich geringer als bei einer längeren Entsendung. Die Lebenshaltungskosten eines Arbeitnehmers, der in Deutschland nur auf der Durchreise tätig wird, richten sich in erster Linie weiterhin nach dem Preisniveau in seinem Heimatland. **266**

Vgl. EuGH v. 18.9.2014 – C-549/13 („*Bundesdruckerei*"), EuZW 2014, 942, Rn. 34; *Moll/Katerndahl*, DB 2015, 555, 558 f.

Ferner dient ein Mindestlohn der Vermeidung von Sozial- und Lohndumping und damit auch dem Schutz konkurrierender Unternehmen. **267**

EuGH v. 18.9.2014 – C-549/13 („*Bundesdruckerei*"), EuZW 2014, 942, Rn. 31.

268 Faire Wettbewerbsbedingungen hat gerade auch das MiLoG im Blick (vgl. § 9 Abs. 2, 4 MiLoG).

BT-Drucks. 18/1558, S. 2, 28.

269 Bei bloßen Transitsachverhalten erfolgt jedoch überhaupt kein Eintritt des ausländischen Anbieters in den deutschen Markt. Liefert ein polnischer Speditionsdienstleister spanische Orangen nach Polen, dann tritt er mit spanischen Anbietern in Konkurrenz, nicht aber mit deutschen, zumindest nicht mehr als bei jedem anderen Angebot innerhalb des gesamten EU-Binnenmarkts. Konkurrierende deutsche Unternehmen sind also in diesem Fall nicht über den „normalen" innereuropäischen Wettbewerb hinaus durch Lohngefälle benachteiligt.

270 Ein weiteres legitimes Ziel zur Rechtfertigung einer Beschränkung von Grundfreiheiten stellt schließlich die Stabilität der Systeme der sozialen Sicherheit dar.

Hierzu EuGH v. 3.4.2008 – C-346/06 („*Rüffert*"), Slg. 2008, I-1989, Rn. 42; EuGH v. 18.9.2014 – C-549/13 („*Bundesdruckerei*"), EuZW 2014, 942, Rn. 35.

271 Auch diese ist bei einem Transitsachverhalt nicht tangiert, denn es kommt zu keinerlei Belastungen für das deutsche Sozialversicherungssystem, weder durch Leistungen an die ausländischen Arbeitnehmer noch durch Beitragseinbußen.

Vgl. *Sittard*, NZA 2015, 78, 80.

272 Im Ergebnis wird man daher § 20 MiLoG dahingehend auslegen müssen, dass reine Transitsachverhalte nicht vom räumlichen Anwendungsbereich erfasst sind.

Ebenso die überwiegende Meinung in der Literatur:
*Moll/Katerndahl*, DB 2015, 555; Sittard, NZA 2015, 78;
*Greiner*, NZA 2015, 285; *Bissels/Falter/Evers*, ArbR 2015, 4.

**Praxistipp:**

Bis zum Abschluss des „EU-Pilot"-Verfahrens wird das MiLoG – nach derzeitigem Stand – losgelöst von der dahingehend bestehenden Rechtsunsicherheit, auf reine Transitsachverhalte keine Anwendung finden. Die Verpflichtung zur Zahlung des gesetzlichen Mindestlohnes besteht insofern – jedenfalls temporär – genauso wenig wie Dokumentationspflichten oder die Gefahr behördlicher Sanktionen. Ob und wenn ja, in welchem Umfang sich diesbezüglich Änderungen ergeben, wird zu beobachten sein. Bundesministerin *Nahles* hat in ihrer Presseerklärung vom 30.1.2015 losgelöst davon weitere Gespräche mit Polen auf Regierungsebene über Vereinfachungsmöglichkeiten von Dokumentationspflichten angekündigt (vgl. die Presseerklärung von Bundesministerin *Nahles* v. 30.1.2015, als Video verfügbar unter http://www.bmas.de/SharedDocs/Videos/DE/Artikel/Arbeitsrecht/statement-andrea-nahles-zur-transit-interimsloesung.html (zuletzt aufgerufen am 30.1.2015).

## d) Sonderproblem: Kurzfristige Tätigkeiten

Problematisch sind schließlich Konstellationen, die mit Blick auf ihren zeitlichen Umfang meist zwischen bloßen Transitsachverhalten und einer längeren Entsendung angesiedelt sind. Wird eine Tätigkeit ganz überwiegend im Ausland ausgeübt und kommt es nur gelegentlich zu kurzfristigen Beschäftigungen im deutschen Markt, könnte ebenfalls eine einschränkende Auslegung von § 20 MiLoG geboten sein. 273

***Beispiel:***

*Eine polnische Pizzeria aus Słubice bietet einen Taxiservice an. Weit über 90 % der Bestellungen werden an polnische Kunden ausgeliefert, es kommt jedoch immer wieder vor, dass Studenten aus Frankfurt (Oder) eine Pizza ordern. Der Taxifahrer hält sich für eine solche Lieferung meist nur wenige Minuten auf deutschem Gebiet auf.*

Nach *Bissels/Falter/Evers*, ArbR 2015, 4, 5.

Im Ergebnis wird man in diesen Fällen jedoch – anders als bei Transitsachverhalten – die Anwendbarkeit des MiLoG bejahen müssen. 274

A. A. *Sittard*, NZA 2015, 78; *Bissels/Falter/Evers*, ArbR 2015, 4.

Entscheidend ist, dass der ausländische Arbeitgeber mithilfe seiner Arbeitnehmer auf dem hiesigen Markt als Anbieter in Konkurrenz zu den nationalen Unternehmen tritt und damit das Ziel der Vermeidung eines Lohnunterbietungswettbewerbs zur Rechtfertigung der Grundfreiheitenbeschränkung angeführt werden kann. Ob nun bei einem Import oder Export von Deutschland nach Polen das Be- oder Entladen direkt hinter der Grenze stattfindet oder ob zunächst die ganze Republik durchquert werden muss – in beiden Fällen tritt der ausländische Spediteur in Konkurrenz zu nationalen Anbietern. Ist dies der Fall, dann greift die marktregulierende Funktion des MiLoG. 275

Natürlich kann man mit guten Gründen bezweifeln, dass bei einer nur unwesentlichen Tätigkeit auf dem deutschen Markt die Gefahr sozialer Verwerfungen durch Lohndumping besteht. Eine Bagatellgrenze wird man angesichts seines eindeutigen Wortlautes jedoch kaum in § 20 MiLoG hineinlesen können. Wo sollte sie auch liegen? Anhaltspunkte liefert das Gesetz jedenfalls nicht, weder in quantitativer (anknüpfend am Leistungsumfang – im obigen Beispiel: eine Pizza oder 100?) noch in zeitlicher Hinsicht (anknüpfend an der Beschäftigungsdauer) lassen sich sinnvolle Grenzen ziehen. *Sittard* schlägt zur Bestimmung des „Zeitmoments“ eine Analogie zu § 6 Abs. 1 AEntG vor. 276

*Sittard*, NZA 2015, 78, 82.

Diese Norm sieht eine Ausnahme für Erstmontage- oder Einbauarbeiten vor, die Bestandteil eines Liefervertrages sind und bei denen die Dauer der Entsendung acht Tage nicht übersteigt. Eine analoge Anwendung des § 6 Abs. 1 AEntG ist jedoch abzulehnen. So nachvollziehbar das praktische Bedürfnis nach klaren zeitlichen Grenzen auch ist, die Voraussetzungen für eine Ana- 277 logie sind hier nicht gegeben. Generell ist bei der Analogiefähigkeit von Ausnahmevorschriften Vorsicht geboten. Unterstellt man einmal – was bereits problematisch ist – das Vorliegen einer planwidrigen Regelungslücke, so fehlt es jedenfalls an der Vergleichbarkeit der Sachverhalte. Bei Montagearbeiten steht die Lieferung im Vordergrund. Die Montage stellt eine – in aller Regel eingepreiste – Nebenleistung dar, sodass ein niedriger Lohn für die Montage meist keinen entscheidenden Wettbewerbsvorteil begründet. Wird hingegen eine Dienstleistung nicht nur als Nebenleistung erbracht (z. B. Speditionsleistungen), dann steht eben diese Dienstleistung selbst im Zentrum. Darüber hinaus stellt Art. 3 Abs. 2 Richtlinie 96/71/EG, auf dem § 6 AEntG beruht, im zweiten Unterabsatz klar, dass die Ausnahme bereits für bestimmte Bauarbeiten nicht mehr gilt. Dies spricht ebenfalls gegen eine Übertragbarkeit auf andere Fälle.

**Praxistipp:**

Auch in Fällen bloß kurzfristiger Tätigkeit in Deutschland sprechen überzeugende Gründe dafür, dass Arbeitnehmer einen Anspruch auf den gesetzlichen Mindestlohn haben. Angesichts dessen ist Unternehmen auch diesbezüglich bis auf Weiteres zu raten, die Vorgaben des MiLoG zu beachten.

### 3. Zeitlicher Anwendungsbereich/Übergangsregelung

278 Vom Grundsatz, dass ab dem 1.1.2015 „jede Arbeitnehmerin und jeder Arbeitnehmer" Anspruch auf Zahlung des gesetzlichen Mindestlohns hat (§ 1 Abs. 1 und 2 MiLoG), sieht § 24 MiLoG in zeitlicher Hinsicht Ausnahmen vor. Diese Übergangsvorschrift wird mit Ablauf des 31.12.2017 außer Kraft treten, sodass das MiLoG ab dem 1.1.2018 ausnahmslos in Kraft treten wird.

Vgl. Art. 15 Abs. 2 Tarifautonomiestärkungsgesetz v. 11.8.2014, BGBl. I 2014, 1348, 1360.

#### a) Zeitungszustellerinnen und Zeitungszusteller

279 Zeitungszustellerinnen und Zeitungszusteller (im Folgenden allein aus Gründen der sprachlichen Vereinfachung nur „Zeitungszusteller") haben nicht bereits seit Inkrafttreten des MiLoG Anspruch auf den vollen gesetzlichen Mindestlohn, sondern erst zeitlich abgestuft nach Maßgabe des § 24 Abs. 2 MiLoG. Dieser sieht folgende Staffelung vor:

| Zeitraum | Mindestlohn (relativ) | Mindestlohn (absolut) |
|---|---|---|
| 1.1.2015–31.12.2015 | 75 % des Mindestlohns 2015/2016 | 6,38 € |
| 1.1.2016–31.12.2016 | 85 % des Mindestlohns 2015/2016 | 7,23 € |
| 1.1.2017–31.12.2017 | 100 % des Mindestlohns 2015/2016 | 8,50 € |
| ab 1.1.2018 | 100 % des gesetzlichen Mindestlohns | |

> **Praxistipp:**
>
> Selbst wenn ab dem 1.1.2017 ggf. bereits kraft Rechtsverordnung (§§ 9, 11 MiLoG) ein höherer Mindestlohn festgesetzt worden sein sollte, haben Zeitungszusteller i. S. d. § 24 Abs. MiLoG im (gesamten) Jahr 2017 nur einen Anspruch auf einen Stundenlohn von 8,50 € (brutto) pro Stunde, also dem gesetzliche Mindestlohn der Jahre 2015 und 2016.

Entsprechend der Legaldefinition des § 24 Abs. 2 Satz 3 MiLoG sind Zeitungszusteller im Sinne des Gesetzes Personen, die in einem Arbeitsverhältnis ausschließlich periodische Zeitungen oder Zeitschriften an Endkunden zustellen. Somit unterliegen zwar auch Zusteller von Anzeigenblättern mit redaktionellem Inhalt der Übergangsvorschrift, nicht jedoch Arbeitnehmer, die neben diesen Periodika – und sei es auch in nur geringem Umfang – auch andere Sendungen zustellen. Ebenso wenig unterliegen andere Arbeitnehmer, die ggf. in der Lieferkette tätig werden, der Übergangsvorschrift. In Ansehung des Wortlautes und zur Erreichung des Gesetzeszweckes wird man auch diese Ausnahme eng auszulegen haben. 280

Vgl. *Bayreuther*, NZA 2014, 865, 872; *Schubert/Jerchel/Düwell*, Rn. 206; *Ulber*, AuR 2014, 404, 407 f.

> **Praxistipp:**
>
> Sobald ein Zusteller nicht nur periodische Zeitungen oder Zeitschriften (einschließlich Anzeigenblätter mit redaktionellem Inhalt) ausliefert, kann er ab dem 1.1.2015 den vollen gesetzlichen Mindestlohn beanspruchen. Dies gilt z. B. für Zusteller von Briefen, Postwurfsendungen, Päckchen und Paketen aller Art (vgl. ErfK/*Franzen*, § 24 MiLoG Rn. 3).

Ihre Berechtigung soll die Ausnahmevorschrift darin finden, dass durch sie die Versorgung ländlicher und strukturschwächerer Regionen sichergestellt werden soll. Dies sei vor allem vor dem Hintergrund der Gewährleistung der Pressefreiheit (Art. 5 Abs. 1 Satz 2 Alt. 1 GG) gerechtfertigt und gefordert. Schließlich sei für den Bereich der Zustellung von Presseerzeugnissen der Weg, über bundesweite, nach dem AEntG erstreckte Tarifverträge vorübergehend vom Mindestlohn abzuweichen, wegen der besonderen Beschäftigten- und Entgeltstrukturen nicht gangbar, jedenfalls nicht sachgerecht. 281

Vgl. BT-Drucks. 18/2010 (neu), S. 25.

Die Branchenausnahme für Zeitungszusteller in § 24 Abs. 2 MiLoG und ihre vorstehende Begründung haben scharfe Kritik erfahren. 282

Vgl. ausführlich *Schubert/Jerchel/Düwell*, Rn. 208 ff.; *Bayreuther*, NZA 2014, 865, 872; *Düwell*, juris-PR-ArbR 14/2014 Anm. 1.
Vgl. zu den möglichen Auswirkungen auf den Zustellungsmarkt: *Mückl*, Arbeitsrecht in Krise und Insolvenz, 2. Aufl., A. I. 3. b).

### b) Tarifverträge

§ 24 Abs. 1 MiLoG enthält eine weitere Übergangsregelung: Bis zum 31.12.2017 gehen „abweichende Regelungen eines Tarifvertrages repräsentativer Tarif- 283 vertragsparteien" dem gesetzlichen Mindestlohn vor, wenn sie für alle unter den Geltungsbereich des Tarifvertrages fallenden Arbeitgeber mit Sitz im In- oder Ausland sowie deren Beschäftigten verbindlich gemacht worden sind. Ab dem 1.1.2017 müssen solche abweichenden Regelungen eines Tarifvertrages jedoch mindestens ein Entgelt von 8,50 € (brutto) je Zeitstunde vorsehen. Dieser Aufschub gilt ausdrücklich auch für Rechtsverordnungen auf der Grundlage von § 11 AEntG (für die Pflegebranche) oder § 3a AÜG (für die Leiharbeit); zu Rechtsverordnungen auf der Grundlage von § 11 AEntG vgl. Rn. 294 f. bzw. für solche auf der Grundlage von § 3a AÜG siehe Rn. 296 f.

**Praxistipp:**

Selbst wenn ab dem 1.1.2017 ggf. bereits kraft Rechtsverordnung (§§ 9, 11 MiLoG) ein höherer Mindestlohn festgesetzt worden sein sollte, dürfen abweichende Tarifvertragsregelung i. S. d. § 24 Abs. 1 MiLoG bis zum 31.12.2017 einen Stundenlohn von 8,50 € (brutto) pro Stunde, also dem gesetzlichen Mindestlohn der Jahre 2015 und 2016 vorsehen. Sie könnten damit unter dem dann geltenden gesetzlichen Mindestlohn liegen.

**284** Auf der Grundlage von § 5 TVG für allgemeinverbindlich erklärte Tarifverträge fallen nicht in den Anwendungsbereich des § 24 Abs. 1 Satz 1 MiLoG.

Vgl. *Lakies*, MiLoG, § 24 Rn. 6; ErfK/*Schlachter*, § 24 MiLoG Rn. 1; *Schubert/Jerchel/Düwell*, Rn. 202 m. w. N.

**285** Denn dies würde nicht ausreichen, um – wie die Norm fordert – auch Arbeitgeber mit Sitz im Ausland zu verpflichten.

Vgl. ErfK/*Schlachter*, E 2009/26/EG Art. 3 Rn. 25 unter Verweis auf BAG v. 13.11.2007 – 9 AZR 134/07, NZA 2008, 761 ff.

**286** Das AEntG schafft demgegenüber Eingriffsnormen i. S. d. Art. 9 ROM-I-VO und erstreckt die zwingende Geltung von Tarifnormen damit auch auf ausländische Arbeitgeber.

Vgl. BAG v. 25.1.2005 – 9 AZR 620/03, EzA § 1 AEntG Nr. 7; BAG v. 3.5.2006 – 10 AZR 344/05, NZA-RR 2007, 641 ff.

**287** Die international-privatrechtlich zwingende Wirkung ist notwendig, um die Unionsrechtskonformität des § 24 Abs. 1 MiLoG sicherzustellen. Denn es stellt eine mit der Dienstleistungsfreiheit nicht vereinbare Ungleichbehandlung dar, wenn sich ein Arbeitgeber mit Sitz im Inland der Pflicht zur Zahlung eines verbindlichen Mindestlohns durch Abschluss eines Tarifvertrages entziehen kann, ein Arbeitgeber mit Sitz im Ausland aber nicht.

Vgl. EuGH v. 24.1.2002 – C-164/99 (*„Portugaia Construçöes Lda"*), NZA 2002, 207 ff. Überzeugend: *Sittard*, NZA 2014, 951, 954; vgl. auch *Lakies*, MiLoG, § 24 Rn. 6; *Schubert/Jerchel/Düwell*, Rn. 202; *Jöris/v. Steinau-Steinrück*, BB 2014, 2101, 2102.

**288** Wann genau eine Tarifvertragspartei „repräsentativ" i. S. d. § 24 Abs. 1 MiLoG ist, ergibt sich aus der Norm nicht. Die auf den ersten Blick den Anwendungsbereich der Ausnahme einschränkende Voraussetzung der Repräsentativität der Tarifvertragsparteien dürfte tatsächlich nur deklaratorischer Art sein. Wie *Bayreuther* treffend anmerkt, ist kaum denkbar, dass Parteien eines Tarifvertrages, der auf der Grundlage von § 7 AEntG durch das BMAS für „zwingend" erklärt wird, nicht repräsentativ sein könnten. Denn gerade die Repräsentativität ist in diesem Verfahren durch das BMAS zunächst festzustellen (§ 7 Abs. 2 Satz 2 AEntG).

Vgl. *Bayreuther*, NZA 2014, 865, 873; kritisch: *Henssler*, RdA 2015, 43, 49; *Schubert/Jerchel/Düwell*, Rn. 202; ähnlich *Spielberger/Schilling*, NZA 2014, 414 ff., Fn. 5.

Realistisch betrachtet dürfte es auf der Grundlage von § 24 Abs. 1 MiLoG **289**
über die aktuell noch bestehenden Fälle hinaus, kaum neue Tarifverträge geben, die Arbeitsentgelte unterhalb des gesetzlichen Mindestlohns vorsehen. Dies wird auch durch den ebenfalls neu eingeführten § 24a AEntG sichergestellt werden. Diesem zufolge muss eine Unterschreitung des nach dem MiLoG vorgeschriebenen Mindestlohns mit den Zielen des § 1 AEntG vereinbar sein, was dann der Fall ist, wenn diese Unterschreitung erforderlich ist, um in der betreffenden Branche eine schrittweise Heranführung des Lohnniveaus an die Vorgaben des MiLoG zu bewirken und dabei faire und funktionierende Wettbewerbsbedingungen und den Erhalt sozialversicherungspflichtiger Beschäftigung zu berücksichtigen.

Derzeit finden sich noch **290**

- für die Textil- und Bekleidungsindustrie,

  Vgl. die „Verordnung über zwingende Arbeitsbedingungen in der Textil- und Bekleidungsindustrie (Textilarbeitsbedingungenverordnung – TextilArbbV)" v. 29.12.2014, BAnz AT 31.12.2014 V1, die für Arbeitnehmer in Sachsen, Thüringen, Sachsen-Anhalt, Mecklenburg-Vorpommern, Brandenburg sowie Berlin-Ost nach unten vom gesetzlichen Mindestlohn abweicht.

- für Wäschereidienstleistungen im Objektkundengeschäft,

  Vgl. die „Zweite Verordnung über zwingende Arbeitsbedingungen für Wäschereidienstleistungen im Objektkundengeschäft v. 27.1.2014", BAnz AT 31.1.2014 V1, durch die in bestimmten Fällen auch im Jahr 2015 noch ein Mindestlohn von 8,00 € für zwingend erklärt wurde. Die Verordnung tritt zum 30.9.2017 außer Kraft.

- für die Fleischwirtschaft,

  Vgl. die „Verordnung über zwingende Arbeitsbedingungen in der Fleischwirtschaft" v. 30.7.2014, BAnz AT 31.7.2014 V1, die bis zum 30.9.2015 bundesweit Löhne unterhalb des gesetzlichen Mindestlohns vorsieht.

- für das Friseurhandwerk und

  Vgl. die „Verordnung über zwingende Arbeitsbedingungen im Friseurhandwerk (Friseurarbeitsbedingungenverordnung – FriseurArbbV)“ v. 9.12.2014, BAnz AT 10.12.2014 V1, die bis zu ihrem Außerkrafttreten mit Ablauf des 31.7.2015 Stundenlöhne von 8,00 € (brutto) im Tarifgebiet „West“ und 7,50 € (brutto) im Tarifgebiet Ost einschließlich Berlin vorsieht.

- im Bereich der Land- und Fortwirtschaft

  Vgl. die „Verordnung über zwingende Arbeitsbedingungen in der Land- und Forstwirtschaft sowie im Gartenbau (Landwirtschaftsarbeitsbedingungenverordnung – LandwArbbV)“ v. 18.12.2014, die noch bis zum 31.12.2016 Mindestlöhne von unter 8,50 € (brutto) je Stunde vorsieht und bis zum 31.12.2017 gelten wird.

**291** Mindestarbeitsentgelte, die unter 8,50 € (brutto) pro Stunde liegen und infolge der Übergangsregelung des § 24 Abs. 1 MiLoG zulässig sind.

Vgl. hierzu die Übersicht bei *Lakies*, MiLoG, § 24 Rn. 11 (Stand: 10/2014) sowie die des BMAS unter http://www.der-mindestlohn-gilt.de/ml/DE/Alle-Fakten/Branchenuebersicht/mindestlohn-branchenuebersicht.html.

**292** Zu beachten ist aber, dass der mit Wirkung zum 1.1.2015 neu in das AEntG eingeführte § 4 Abs. 2 es allen Branchen ungeachtet ihrer Nennung im Katalog des § 4 Abs. 1 ermöglicht, die Erstreckung von Tarifverträgen zu beantragen.

Eingeführt durch Art. 6 Ziff. 3 des Tarifautonomiestärkungsgesetz v. 11.8.2014, BGBl. I 2014, 1348, 1358 f.

**293** Hier wird die weitere Entwicklung zu beobachten sein.

### c) Rechtsverordnungen nach dem AEntG und AÜG

**294** § 24 Abs. 1 Satz 2 Alt. 1 MiLoG erstreckt den Anwendungsbereich der Übergangsvorschrift auch auf Rechtsverordnungen auf der Grundlage des § 11 AEntG. Dieser erlaubt die Erstreckung von (ausschließlich) Mindestentgelt- und Urlaubsregelungen auf die Pflegebranche. Die mit Wirkung zum 1.8.2010 auf dieser Grundlage in Kraft getretene Pflegearbeitsbedingungenverordnung vom 15.7.2010,

BAnz 2010 Nr. 110 S. 2571,

die zum Teil noch Mindestentgelte unterhalb des gesetzlichen Mindestlohns vorsah – ist zum 31.12.2014 außer Kraft getreten. An ihre Stelle tritt ab dem 1.1.2015 die „Zweite Verordnung über zwingende Arbeitsbedingungen für die Pflegebranche (2. PflegeArbbV)“ vom 27.11.2014.

BAnz AT 28.11.2014 V1.

**295** Die dort festgelegten Mindestentgelte liegen nun alle oberhalb des (aktuellen) gesetzlichen Mindestlohns. Die 2. PflegeArbbV tritt zum 31.7.2017 außer

Kraft. Kommt es zum 1.1.2017 zu einer Anhebung des gesetzlichen Mindestlohns (§§ 9 Abs. 1 Satz 1, 11 Abs. 1 MiLoG), kann sich dies jedoch für das Jahr 2017 anders darstellen.

Aufgrund des § 24 Abs. 1 Satz 2 Alt. 2 MiLoG fällt auch die auf der Grundlage von § 3a AÜG erlassene „Zweite Verordnung über eine Lohnuntergrenze in der Arbeitnehmerüberlassung“ vom 21.3.2014, 296

BAnz AT 26.3.2014 V1,

in den Anwendungsbereich der Übergangsregelung.

Diese sieht zwar in allen Fällen der Arbeitnehmerüberlassung für den Bereich der neuen Bundesländer und Berlin bis zum 31.3.2105 einen Stundenlohn von 7,86 € (brutto) und vom 1.4.2015 bis zum 31.3.2016 einen 8,20 € (brutto) vor und unterschreitet damit den dann geltenden gesetzlichen Mindestlohn insoweit. Da sie aber zum 31.12.2016 außer Kraft treten wird, werden die dort festgelegten Entgelte jedenfalls in dieser Form nicht unwirksam werden. Zu beobachten wird jedoch sein, ob und wenn ja, mit welchem Inhalt eine Folgeverordnung in Kraft treten wird. 297

**Praxistipp:**

Die Mindeststundenentgelte im Bereich der Arbeitnehmerüberlassung richten sich jedenfalls bis zum 31.12.2016 nach den Regelungen der Zweiten Verordnung über eine Lohnuntergrenze in der Arbeitnehmerüberlassung vom 21.3.2014.

### d) Keine Übergangsregelungen im Übrigen

Außerhalb des Anwendungsbereichs des § 24 MiLoG findet das MiLoG in zeitlicher Hinsicht seit dem 1.1.2015 uneingeschränkt Anwendung. 298

**Praxistipp:**

Auch Saisonarbeitnehmer haben Anspruch auf den gesetzlichen Mindestlohn. Allerdings wurde die maximale Dauer einer geringfügigen Beschäftigung nach § 8 Abs. 1 Nr. 2 SGB IV („Zeitgeringfügigkeit“) – befristet bis zum 31.12.2018 – von zwei Monaten bzw. 50 Tagen auf längstens drei Monate bzw. 70 Tage angehoben (vgl. § 115 SGB IV).

Der gesetzlichen Regelungstechnik sowie dem erklärten Gesetzesziel der Schaffung eines flächendeckenden Mindestlohns wird man auch in zeitlicher Hinsicht entnehmen müssen, dass die Ausnahmeregelungen eng auszulegen sind. 299

**Praxistipp:**

Das MiLoG enthält keine weiteren Übergangsregelungen für andere Personengruppen und Branchen, in denen verbreitet Löhne unterhalb des gesetzlichen Mindestlohns gezahlt wurden, wie etwa Saisonarbeiter, Erwerbstätige in der Landwirtschaft und in der Gastronomiebranche.

### 4. Abgrenzung zu anderen gesetzlichen Vorgaben und Anforderungen seitens der Rechtsprechung

300 Durch das MiLoG wird zwar erstmals in der BRD ein flächendeckender gesetzlicher Mindestlohn eingeführt, für bestimmte Gruppen von Erwerbstätigen haben bereits zuvor Mindestlöhne auf der Grundlage anderer Gesetze gegolten.

#### a) Weitere gesetzliche Vorgaben zum Mindestlohn (AEntG und AÜG)

301 Das MiLoG gilt – sofern der gesetzliche Mindestlohn nicht unterschritten wird – subsidiär zu anderen Mindestlohnvorgaben. Für die Regelungen des AEntG und AÜG sowie die auf deren Grundlage erlassenen Rechtsverordnungen ist dies in § 1 Abs. 3 Satz 1 MiLoG ausdrücklich geregelt.

302 Insbesondere mit Blick hierauf sind die flankierend zum MiLoG ebenfalls durch das Tarifautonomiestärkungsgesetz in das AEntG eingeführten § 4 Abs. 2 und § 7a zu betrachten (Rn. 17, 292).

> Vgl. Art. 6 Ziff. 3 des Tarifautonomiestärkungsgesetzes v. 11.8.2014, BGBl I 2014, 1348, 1358 f.

303 Hierdurch wird die verbindliche Erstreckung tarifvertraglicher Regelungen im Wege einer durch das BMAS erlassenen Rechtsverordnung im Unterschied zur vorherigen Rechtslage für grundsätzlich alle Branchen ermöglicht. Diese sind gegenüber dem gesetzlichen Mindestlohn des MiLoG speziell. Der jeweils höhere Mindestlohn wäre verbindlich. Zu beachten ist jedoch die Übergangsvorschrift des § 24 Abs. 1 MiLoG (vgl. hierzu Rn. 283 ff.).

304 Die Möglichkeit der Erstreckung von (ausschließlich) Mindestentgelt- und Urlaubsregelungen kraft Rechtsverordnung für die Pflegebranche ist in § 11 AEntG vorgesehen. Sofern dort Mindestlöhne festgelegt werden, die den gesetzlichen Mindestlohn nicht unterschreiten, gehen entsprechend dem Vorstehenden auch sie dem MiLoG vor.

305 Die Einführung „bundesweit[er] tariflich[er] Mindeststundenentgelte" im Bereich der Arbeitnehmerüberlassung ist auf der Grundlage des § 3a AÜG möglich. § 3a Abs. 1 Satz 1 AÜG berechtigt Gewerkschaften und Vereinigungen von Arbeitgebern, die zumindest auch für ihre jeweiligen in der Arbeitnehmerüberlassung tätigen Mitglieder zuständig sind („vorschlagsberechtigte Tarifvertragsparteien") und bundesweit tarifliche Mindeststundenentgelte im Bereich der Arbeitnehmerüberlassung miteinander vereinbart haben, dem BMAS gemeinsam vorzuschlagen, diese als Lohnuntergrenze in einer Rechtsverordnung verbindlich festzusetzen. Die Vorschrift – insbesondere auch das Verfahren zum Erlass der Verordnung (§ 3a Abs. 2 bis 6 AÜG) – ist entsprechend den Regelungen des AEntG gestaltet.

> Vgl. nur ErfK/*Wank*, § 3a AÜG Rn. 1 ff.

306 Entgelte auf der Grundlage von Rechtsverordnungen nach § 3a AÜG gehen – nach Maßgabe der Übergangsregelung des § 24 Abs. 1 Satz 1 MiLoG – ge-

genüber dem gesetzlichen Mindestlohn vor (vgl. hierzu sowie zur Zweiten Verordnung über eine Lohnuntergrenze in der Arbeitnehmerüberlassung vom 21.3.2014 Rn. 296 f.).

Der Vorrang für die Regelungen des AEntG und AÜG sowie die auf deren Grundlage erlassenen Rechtsverordnungen nach § 1 Abs. 3 Satz 1 MiLoG gilt entsprechend für den auf der Grundlage von § 5 TVG für allgemeinverbindlich erklärten Tarifvertrag i. S. v. § 4 Abs. 1 Nr. 1 sowie §§ 5 und 6 Abs. 2 AEntG. 307

**Praxistipp:**

Sanierungstarifverträge, durch die der Mindestlohn zeitweise unterschritten werden soll, fallen nicht in den Anwendungsbereich des § 1 Abs. 3 MiLoG und sind deswegen unzulässig (vgl. *Lakies*, MiLoG, § 1 Rn. 17; *Mückl*, Arbeitsrecht in Krise und Insolvenz, 2. Aufl., A. I. 9. a).

### b) Sittenwidrigkeit von Lohnvereinbarungen

Nach § 3 Satz 1 MiLoG sind Vereinbarungen, die den Anspruch auf Mindestlohn unterschreiten oder seine Geltendmachung beschränken oder ausschließen, insoweit unwirksam (vgl. hierzu Rn. 102 ff., 423 ff.). 308

Dies bedeutet jedoch nicht, dass im Umkehrschluss alle Lohnvereinbarungen wirksam sind, die den Mindestlohn nicht unterschreiten. Nach wie vor sind die Regelung des § 138 BGB und die zur Sittenwidrigkeit von Lohnvereinbarungen ergangene Rechtsprechung des BAG zu beachten. 309

Vgl. *Bayreuther*, NZA 2014, 865, 866; *Viethen*, NZA Beilage 4/2014, 143, 144 sowie zur „Sittenwidrigkeitsrechtsprechung“: BAG v. 22.4.2009 – 5 AZR 436/08, NZA 2009, 837; BAG v. 18.4.2012 – 5 AZR 630/10, NZA 2012, 978; BAG v. 17.10.2012 – 5 AZR 792/11, ZIP 2013, 474 = NZA 2013, 266, dazu EWiR 2013, 311 *(Semioli/Neumaier)*.

Gemäß § 138 Abs. 2 BGB ist eine Lohnvereinbarung wegen sittenwidrigen Lohnwuchers nichtig, durch die sich jemand unter Ausbeutung der Zwangslage, der Unerfahrenheit oder des Mangels an Urteilsvermögen eines anderen für eine Leistung Vermögensvorteile versprechen oder gewähren lässt, die in einem auffälligen Missverhältnis zu der Leistung stehen. Gemäß § 138 Abs. 1 BGB ist eine Lohnvereinbarung auch dann nichtig, wenn sie ein sog. „wucherähnliches Geschäft“ darstellt, d. h. wenn Leistung und Gegenleistung in einem auffälligen Missverhältnis zueinander stehen und weitere sittenwidrige Umstände (z. B. verwerfliche Gesinnung, Ausbeutung der Zwangslage und Unerfahrenheit) hinzutreten. 310

Vgl. BAG v. 16.5.2012 – 5 AZR 268/11, NZA 2012, 974, 976 f.

Ob ein in beiden Fällen notwendiges auffälliges Missverhältnis von Leistung und Gegenleistung vorliegt, ermittelt die Rechtsprechung im Wege einer Gesamtbetrachtung. Dabei kommt es jedoch entscheidend auf das Verhältnis 311 zwischen dem objektiven Wert der vom Arbeitnehmer geschuldeten Leistung und der vom Arbeitgeber geschuldeten Vergütung an. Zur Bestimmung des objektiven Wertes orientiert sich die Rechtsprechung vor allem an den in den jeweiligen Wirtschaftszweigen üblichen Tariflöhnen, soweit diese existieren. Eine Üblichkeit der Tarifvergütung kann angenommen werden, wenn mehr als 50 % der Arbeitgeber eines Wirtschaftsgebiets tarifgebunden sind oder wenn die organisierten Arbeitgeber mehr als 50 % der Arbeitnehmer eines Wirtschaftsgebiets beschäftigen.

Vgl. BAG v. 22.4.2009 – 5 AZR 436/08, NZA 2009, 837, 837, 839.

312 Existieren im Einzelfall keine oder keine üblichen Tariflöhne, ist im Zweifel das Entgeltniveau im Wirtschaftsgebiet abzustellen.

Vgl. BAG v. 24.3.2004 – 5 AZR 303/03, NZA 2004, 971, 971.

313 Grundsätzlich ist davon auszugehen, dass ein auffälliges Missverhältnis von Leistung und Gegenleistung erreicht ist, wenn der Arbeitnehmer lediglich zwei Drittel des üblichen Lohns erhält.

Vgl. BAG, 22.4.2009 – 5 AZR 436/08, NZA 2009, 837, 837 f.; BAG v. 18.4.2012 – 5 AZR 630/10, NZA 2012, 978, 978 f.

314 Ist der Wert einer Arbeitsleistung (mindestens) doppelt so hoch wie der Wert der Gegenleistung, geht das BAG nicht nur sicher von einem auffälligen Missverhältnis aus, sondern schließt auch im Sinne einer tatsächlichen Vermutung auf eine verwerfliche Gesinnung des begünstigten Arbeitgebers.

Vgl. BAG v. 16.5.2012 – 5 AZR 268/11, NZA 2012, 974, 974.

315 Obgleich wohl weitgehend Einigkeit darüber besteht, dass die Rechtsprechung zu § 138 BGB vor dem Hintergrund der Einführung eines allgemeinen gesetzlichen Mindestlohns nicht obsolet geworden ist, wird ihr Verhältnis zu den Regelungen des MiLoG – jedenfalls in Nuancen – unterschiedlich beurteilt.

316 Zum Teil wird angenommen, dass an die Stelle der nichtigen Lohnvereinbarung jedenfalls dann nicht der gesetzliche Mindestlohn, sondern die (tarif-)übliche Vergütung nach § 612 BGB, tritt, wenn diese den gesetzlichen Mindestlohn übersteigt.

Vgl. *Bayreuther*, NZA 2014, 865, 866; mit weiteren Nachweisen aus Rechtsprechung und Literatur, ErfK/*Preis*, § 612 BGB Rn. 3 ff.; *Insam/Hinrichs/Tacou*, NZA-RR 2014, 569, 570.

317 Denn bei der Beurteilung der Sittenwidrigkeit einer Vergütung sei nicht etwa maßgeblich, dass die Vergütung abstrakt gesehen unter einer bestimmten Mindestgrenze liege, sondern dass sie in keinem Verhältnis zum objektiven Wert der Leistung des Arbeitnehmers stehe.

*Bayreuther*, NZA 2014, 865, 866.

Dies würde sich praktisch wie folgt auswirken: 318

*Beispiele:*

*In den folgenden Beispielen sind alle Vergütungsangaben als Bruttostundenlöhne zu verstehen:*

1. *Beträgt die Referenzvergütung 15,00 €, ist eine Vergütung von weniger als 10,00 € in der Regel sittenwidrig.*

   *Erhält der Arbeitnehmer einen Bruttostundenlohn von 9,50 € hat er einen Anspruch auf die „üblichen" 15,00 €.*

   *Erhält der Arbeitnehmer einen Stundenlohn von 8,20 € hat er – infolge der Sittenwidrigkeit – ebenfalls einen Anspruch auf die „üblichen" 15,00 € und nicht „nur" auf den gesetzlichen Mindestlohn von (zunächst) 8,50 €.*

2. *Beträgt die Referenzvergütung 10,00 €, ist eine Vergütung von weniger als 6,66 € in der Regel sittenwidrig.*

   *Erhält der Arbeitnehmer einen Stundenlohn von 6,00 € hat er einen Anspruch auf die „üblichen" 10,00 €.*

   *Erhält der Arbeitnehmer einen Stundenlohn von 7,00 € hat er – mangels Sittenwidrigkeit – „nur" einen Anspruch auf den gesetzlichen Mindestlohn von (zunächst) 8,50 € und nicht auf die tarifübliche Vergütung in Höhe von 10,00 €.*

Demgegenüber wird zum Teil darauf hingewiesen, die vorstehende Ansicht 319
verkenne, dass durch das MiLoG ein eigenständiges und in derartigen Fragen vorrangig zu prüfendes Rechtsfolgenregime geschaffen worden sei. Aus § 3 Satz 1 MiLoG und der durch diesen im Ergebnis eintretenden geltungserhaltenden Reduktion, folge deswegen ein – vom branchenüblichen Lohn unabhängiger – Aufstockungsanspruch (Rn. 442 ff.).

> Vgl. *Grau/Sittard*, ArbRB 2014, 336; a. A. *Viethen*, NZA Beilage 4/2014, 143, 144, der in diesem Zusammenhang darauf hinweist, dass der gesetzliche Mindestlohn weder einen umfassenden Arbeitnehmerschutz hinsichtlich der Vergütung bezwecke noch eine Referenzgröße für angemessene Löhne sei. Herr *Viethen*, zuständiger Abteilungsleiter beim BMAS, dürfte damit die Lesart des Ministeriums wiedergeben.

Diese Ansicht führt zur folgenden zweischrittigen Prüfung: 320

1. Zunächst müsste geprüft werden, ob eine Lohnabrede gegen die Vorgaben des § 3 Satz 1 MiLoG verstößt. Wird dies bejaht, würde im ersten Schritt eine Aufstockung auf 8,50 € pro Zeitstunde erfolgen.
2. Dann müsste weiter geprüft werden, ob der gesetzliche Mindestlohn im Hinblick auf die konkrete Tätigkeit des Arbeitnehmers sittenwidrig i. S. d. § 138 BGB ist. Ist dies auch zu bejahen, besteht ein Anspruch auf die übliche Vergütung i. S. d. § 612 Abs. 2 BGB (vgl. Rn. 445).

> Vgl. *Grau/Sittard*, ArbRB 2014, 336.

*Beispiele:*

1. *Beträgt die Referenzvergütung 15,00 €, ist eine Vergütung von weniger als 10,00 € in der Regel sittenwidrig.*

   *Erhält der Arbeitnehmer einen Stundenlohn von 9,50 € hat er einen Anspruch auf die „üblichen" 15,00 €.*

   *Erhält der Arbeitnehmer einen Stundenlohn von 8,20 € hat er zunächst einen Aufstockungsanspruch auf den Mindestlohn von 8,50 €. Da bei einer Referenzvergütung von 15,00 € auch eine Vergütung in Höhe des gesetzlichen Mindestlohns sittenwidrig ist, hat der Arbeitnehmer darüber hinaus einen Anspruch auf die „üblichen" 15,00 €.*

2. *Beträgt die Referenzvergütung 10,00 €, ist eine Vergütung von weniger als 6,66 € in der Regel sittenwidrig.*

   *Erhält der Arbeitnehmer einen Bruttostundenlohn von 6,00 €, so hat er zunächst einen Aufstockungsanspruch auf den Mindestlohn von 8,50 €.*

   *Da der gesetzliche Mindestlohn von 8,50 € gemessen an der Referenzvergütung von 10,00 € nicht sittenwidrig niedrig ist, hat der Arbeitnehmer keinen darüber hinausgehenden Anspruch auf die tarifübliche Vergütung.*

**321** Die praktische Folge dieser Ansicht besteht darin, dass die Sittenwidrigkeitsrechtsrechtsprechung nur noch in den Fällen zu einem Anspruch auf die übliche Vergütung führt, in denen der gesetzliche Mindestlohn selbst, sittenwidrig niedrig ist. Dies ist ab einer Referenzvergütung von 12,88 € der Fall.

**322** In der Literatur wird darüber hinaus darauf hingewiesen, die Wertentscheidung des Gesetzgebers dahingehend, dass eine Vergütung in Höhe des gesetzlichen Mindestlohns existenzsichernd sei, wirke sich bei der Beurteilung der Sittenwidrigkeit von Lohnabreden jedenfalls auf Grenzfälle aus: Werde ein Arbeitnehmer (ohne Berufsausbildung o. Ä.), der besonders einfache Tätigkeiten ausführt, mit dem gesetzlichen Mindestlohn vergütet, so sei diese Entlohnung auch dann nicht als sittenwidrig einzustufen, wenn sie leicht unterhalb der „Zweidrittel-Grenze" des BAG liege.

Vgl. *Grau/Sittard*, ArbRB 2014, 336, 337 f.

**323** Zu dieser Annahme besteht jedoch kein Anlass. Die Prognose- und damit die Rechtssicherheit, die durch die – zumindest im Grundsatz zu beachtenden – Sittenwidrigkeitsgrenzen des BAG geschaffen wird, würde lediglich erneut relativiert. Unklar bleibt auch, wie weit unterhalb der Zweidrittel-Grenze sich die Löhne noch bewegen können sollten.

**324** *Schubert/Jerchel/Düwell* treten für eine analoge Anwendung der Übergangsvorschrift des § 24 Abs. 2 MiLoG im Anwendungsbereich des § 22 Abs. 2 und 4 MiLoG ein.

*Schubert/Jerchel/Düwell*, Rn. 154 f.

Für minderjährige Jugendliche ohne abgeschlossene Berufsausbildung sowie vormals Langzeitarbeitslose würde sich die Sittenwidrigkeitsgrenze damit von 66 % auf 75 % der jeweiligen Referenzvergütung verschieben. Die dort behauptete planwidrige Regelungslücke dürfte jedoch gerade nicht vorliegen. Jedenfalls dürfte diese Anhebung der ausdrücklichen gesetzgeberischen Motivation zuwiderlaufen, die im Falle des § 22 Abs. 2 MiLoG darin besteht, Schülern „keinen Anreiz [zu geben], zugunsten einer mit dem Mindestlohn vergüteten Beschäftigung auf eine Berufsausbildung zu verzichten“. 325

BT-Drucks. 18/1558, S. 42; zur Kritik an § 22 Abs. 2 MiLoG aus sowohl verfassungsrechtlicher als auch praktischer Sicht vgl. *Ulber*, AuR 2014, 404, 406.

Durch die von *Schubert/Jerchel/Düwell* befürwortete Handhabung würde sich allerdings die Anzahl der Fälle vermehren, in denen aufgrund des strengeren Sittenwidrigkeitsmaßstabes der Mindestlohn zu zahlen wäre. Entsprechendes gilt auch für § 22 Abs. 4 MiLoG. Die Beschäftigungschancen von Langzeitzeitarbeitslosen sollen gerade dadurch verbessert werden, dass die Regelungen des MiLoG in den ersten sechs Monaten ihrer Beschäftigung keine Anwendung finden. Dies würde ebenfalls relativiert. Feststellbare Auswirken mögen sich in beiden Fällen vielleicht kaum einstellen, die vorstehenden Überlegungen zeigen jedoch, dass hier – jedenfalls keine planwidrige – Reglungslücke besteht. Es verbleibt daher bei den Grundsätzen der Rechtsprechung. 326

### c) Tariftreuegesetze der Länder

Neben den Vorgaben des MiLoG enthalten auch landesrechtliche Tariftreuegesetze Mindestlohnvorgaben. So z. B. § 4 Abs. 1–3 des Tariftreue- und Vergabegesetz Nordrhein-Westfalen („TVgG NRW“). Die Bedeutung derartiger vergaberechtlicher Mindestlöhne wird durch das MiLoG sowie durch unionsrechtliche Vorgaben beschränkt. 327

Zum einen wird den landesrechtlichen Vorgaben im Anschluss an das Urteil des EuGH v. 18.9.2014, 328

EuGH, Rs. C-549/13 („*Bundesdruckerei*“), NZA 2014, 1129; einen Überblick über dieses und bevorstehende Verfahren vor dem EuGH gibt *Däubler*, NZA 2014, 694 ff.; vgl. auch *Simon*, RdA 2014, 165 ff.,

jedenfalls innerhalb der EU nur noch Bedeutung bei reinen Inlandssachverhalten zukommen.

Vgl. *Forst*, NJW 2014, 3755, 3758 m. w. N.

Auf die Vorlage der Vergabekammer bei der Bezirksregierung Arnsberg urteilte der EuGH, dass § 4 Abs. 3 TVgG NRW nicht mit der europäischen Dienstleistungsfreiheit (Art. 56 AEUV) vereinbar sei. 329

Vergabekammer Arnsberg v. 22.10.2013 – VK 18/13, juris.

330 Dieser sieht vor, dass öffentliche Aufträge über Leistungen, für die nicht bereits nach den Regelungen des AEntG oder des MiArbG Mindestentgelte existieren, nur an Unternehmen vergeben werden dürfen, die sich bei der Angebotsabgabe durch Erklärung gegenüber dem öffentlichen Auftraggeber schriftlich verpflichtet haben, ihren Beschäftigten bei der Ausführung der Leistung wenigstens ein Mindeststundenentgelt von 8,62 € (brutto) zu zahlen. Damit werde ein Mitgliedsstaat, in dem im Vergleich zu Deutschland niedrigere Löhne gezahlt werden, in seiner Wettbewerbsfähigkeit erheblich beeinträchtigt. Er verliere den Wettbewerbsvorteil, der sich gerade aus den gemeinschaftsweit unterschiedlichen Lohnniveaus ergebe. Im Übrigen sei eine Regelung wie die streitgegenständliche jedenfalls unverhältnismäßig, da sie die innereuropäisch variierenden wirtschaftlichen Gegebenheiten nicht berücksichtige.

> Vgl. EuGH v. 18.9.2014 – Rs. C-549/13 („*Bundesdruckerei*"), NZA 2014, 1129, 1130; *Forst*, NJW 2014, 3755, 3758.

331 Zum anderen werden die Lohnvorgaben der Tariftreuegesetze nur noch dann wirksam sein, wenn sie den gesetzlichen Mindestlohn nach § 1 Abs. 1 und 2 MiLoG überschreiten. Unterschreiten sie ihn, sind die nach § 3 Satz 1 MiLoG unwirksam und werden verdrängt.

> Vgl. *Bayreuther*, NZA 2014, 865, 866; *Forst*, NJW 2014, 3755, 3756; *Mückl*, Arbeitsrecht in Krise und Insolvenz, 2. Aufl., A. I. 9. c).

### III. Anspruchsinhalt

332 Ausgehend davon, dass der Mindestlohn in jedem Lohn bzw. jeder Vergütung enthalten ist (vgl. Rn. 79 ff., 149 ff.) stellen sich für Unternehmen vor allem mit Blick auf ihre Lohnkosten – aber auch mit Blick auf die empfindlichen Sanktionen bei Nichtzahlung des Mindestlohns (vgl. Rn. 847 ff.) – die Fragen:

- Wann ist der Mindestlohn zu zahlen?
- Welche der vorhandenen Vergütungsbestandteile sind mindestlohnrelevant?
- Welche Arbeitsleistung ist mit dem Mindestlohn zu vergüten und wird mit ihm vergütet?

333 Nach § 1 Abs. 2 Satz 1 MiLoG beträgt die Höhe des Mindestlohns ab dem 1.1.2015 brutto 8,50 € je Zeitstunde.

> **Praxistipp:**
>
> Soweit dem Arbeitnehmer als Konsequenz dieser Vorgabe vom Arbeitgeber eine Anpassung des Arbeitsvertrags angeboten werden soll (vgl. zu Anpassungserfordernissen unter Rn. 557 ff.), was insbesondere aus Compliance-Gründen (vor allem im Zusammenhang mit Unternehmens- oder Betriebsveräußerungen) wichtig sein kann, muss darauf geachtet werden, für welche sonstigen Regelungen die entsprechende Entgeltregelung relevant ist (betriebliche Altersversorgung etc.). Es bedarf zur Bestimmung der tatsächlichen Personalkosten also einer Gesamtbetrachtung, die auch mittelbare Auswirkungen einschließt.

## 1. Fälligkeit – Wann der Mindestlohn zu zahlen ist

### a) Grundsatz

§ 2 Abs. 1 MiLoG sieht zur Fälligkeit vor, dass der Arbeitgeber verpflichtet ist, dem Arbeitnehmer den Mindestlohn 334

- zum Zeitpunkt der vereinbarten Fälligkeit,
- spätestens am letzten Bankarbeitstag (Frankfurt am Main) des Monats, der auf den Monat folgt, in dem die Arbeitsleistung erbracht wurde,

zu zahlen. Für den Fall, dass keine Vereinbarung über die Fälligkeit getroffen worden ist, bleibt § 614 BGB gemäß § 2 Abs. 1 Satz 2 MiLoG unberührt. 335

> **Praxistipp:**
>
> Der in § 11 Abs. 2 BUrlG geregelte Fälligkeitszeitpunkt geht § 2 Abs. 1 MiLoG als speziellere Regelung vor (*Schubert/Jerchel/Düwell*, Rn. 93). Umgekehrt ist § 2 Abs. 1 MiLoG *lex specialis* zum neuen § 308 Nr. 1a BGB (*Lembke*, NZA 2015, 70, 76).

Damit sind unterschiedliche Konstellationen denkbar: 336

- Soweit keine spezielle Regelung (Arbeitsvertrag, Betriebsvereinbarung, Tarifvertrag) eingreift (§ 2 Abs. 1 Satz 2 MiLoG), gilt § 614 BGB, sodass der Mindestlohn am Ende des Monats fällig ist, in dem die Arbeitsleistung erbracht wird.
- Abweichend hiervon können Arbeitsvertrag und Tarifvertrag – in den Grenzen der §§ 87 Abs. 1 Einleitungssatz, 77 Abs. 3 BetrVG aber auch Betriebsvereinbarungen – frühere oder spätere Fälligkeitstermine festlegen (§ 2 Abs. 1 Satz 1 Nr. 1 MiLoG).
- Für ein Hinausschieben der Fälligkeit schreibt § 2 Abs. 1 Satz 1 Nr. 2 MiLoG allerdings den letzten Bankarbeitstag (Frankfurt am Main) des Monats, der auf den Monat folgt, in dem die Arbeitsleistung erbracht wurde, als absolute Grenze vor.

> **Praxistipp:**
>
> Der letztgenannte Zeitpunkt ist auch für die Prüfpflichten des Zolls maßgeblich; an ihn knüpfen die Sanktionen des § 21 Abs. 1 Nr. 9 i. V. m. § 20 i. V. m. § 2 Abs. 1 Satz 1 Nr. 2 MiLoG an, vgl. *Schubert/Jerchel/Düwell*, Rn. 92; *Lakies*, MiLoG, § 2 Rn. 3.
>
> Wichtig ist dies aus Sicht sanierungsbedürftiger Unternehmen für Stundungsvereinbarungen im Rahmen von sog. „Besserungsscheinen“ als Bestandteil von Sanierungsvereinbarungen (z. B. im Rahmen sog. „Bündnisse für Arbeit“). Denn ein Hinausschieben des Zahlungszeitpunkts über den letztgenannten Termin schließt das Gesetz aus. Lediglich Lohnbestandteile über den Mindestlohn hinaus können im Rahmen von Sanierungsvereinbarungen gestundet werden.

Wichtig für die betriebliche Praxis ist zudem, dass es sich bei § 2 Abs. 1 Satz 1 Nr. 2 MiLoG um eine reine Fälligkeitsregelung handelt, die den spät- 337 möglichsten Zahlungszeitpunkt festlegt, aber keinen zusätzlichen Gestaltungsspielraum schafft.

> **Praxistipp:**
>
> Insbesondere führt § 2 Abs. 1 Satz 1 Nr. 2 MiLoG keinen zweimonatigen Betrachtungszeitraum ein, der es – außerhalb eines Arbeitszeitkontos – gestattet, Plusstunden im einen Monat mit Minusstunden im Folgemonat zu verrechnen (vgl. *Lambrich/Mitius*, DB 2015, 126).

### b) Was gilt bei „Verdienst über dem Mindestlohn"?

338 Da der Mindestlohn in jedem Gehalt/Lohn enthalten ist, ist denkbar, aber nicht erforderlich, dass die überschießenden Vergütungsbestandteile zu einem abweichenden, insbesondere späteren Zeitpunkt ausbezahlt werden.

*Jöris/Steinau-Steinrück*, BB 2014, 2101, 2104; *Schubert/Jerchel/Düwell*, Rn. 92.

> **Praxistipp:**
>
> Die betriebliche Praxis sollte aber auf eine einfach zu handhabende und zu verstehende Fälligkeitsregelung im Arbeitsvertrag achten. Denn nach §§ 305c, 307 BGB gehen Unklarheiten zulasten des Arbeitgebers, bei verspäteter Zahlung gerät der Arbeitgeber in Verzug (§ 286 Abs. 2 Nr. 1 BGB) und – dies dürfte entscheidend sein – macht sich bei Überschreiten des letzten Fälligkeitstermins (§ 2 Abs. 1 Satz 1 Nr. 2 MiLoG) nach § 21 Abs. 1 Nr. 9 MiLoG bußgeldpflichtig bzw. wird von der Vergabe öffentlicher Aufträge ausgeschlossen.
>
> Im Rahmen von Sanierungsvereinbarungen können für die den Mindestlohn übersteigenden Vergütungsbestandteile indes abweichende – spätere – Fälligkeitsregelungen vorgesehen werden.

### c) Ausnahme: Arbeitszeitkonto

339 Ausnahmen von den vorstehend unter Rn. 334 ff. dargelegten Grundsätzen zur Fälligkeit sieht § 2 Abs. 2 MiLoG lediglich für den Fall eines Arbeitszeitkontos vor (vgl. dazu näher Rn. 402 ff.).

## 2. Erfüllung des Mindestlohns – mindestlohnrelevante Vergütungsbestandteile

### a) Zulässigkeit einer Durchschnittsbetrachtung

340 Nach § 1 Abs. 2 MiLoG ist der Mindestlohn „je Zeitstunde" zu zahlen. Losgelöst davon, was dies in Bezug auf den Inhalt der zu vergütenden Arbeitsleistung bedeutet (vgl. dazu – insbesondere zur fehlenden Vergütungspflicht für Zeiten der Rufbereitschaft ohne Arbeitsabruf – Rn. 391 ff.), ist in der Literatur umstritten, welche Bedeutung die Festlegung „je Zeitstunde" für den Anspruchsinhalt nach § 1 Abs. 2 MiLoG hat. Während manche Autoren,

z. B. *Schubert/Jerchel/Düwell*, Rn. 89; in diesem Sinne auch *Lakies*, MiLoG, § 1 Rn. 20 (der aber davon ausgeht, dass das MiLoG nur für den Niedriglohnsektor gilt), meinen, es müsse in dem Sinne tatsächlich für jede gearbeitete Stunde 8,50 € (brutto) gezahlt werden, dass eine Betrachtung jeder einzelnen Stunde stattzufinden habe, geht die – angesichts des Gesetzeszwecks, die Zahlung unangemessen niedriger Löhne zu verhindern, und bei Vollzeitbeschäftigung ein Monatseinkommen „oberhalb der Pfändungsfreigrenze“ zu sichern –

BT-Drucks. 18/1558, S. 27 ff.,

zutreffende Gegenansicht zu Recht davon aus, es bestehe kein Grund, von einer Durchschnittsbetrachtung abzusehen.

So z. B. ErfK/*Franzen*, MiLoG, § 1 Rn. 5; Sittard, NZA 2014, 951; *Bayreuther*, NZA 2014, 865; *Schweibert/Leßmann*, DB 2014, 1866, 1868; *Nebel/Kloster*, BB 2014, 2933; *Lembke*, NZA 2015, 70, 73 f.

***Beispiel:***

*Relevant wird dies insbesondere bei Überstunden. Denn folgt man der erstgenannten Ansicht, haben selbst Besserverdiener einen Anspruch auf die Vergütung von Überstunden in Höhe von mindestens 8,50 € (brutto) – vgl. hierzu auch die Beispiele bei Bayreuther, NZA 2014, 865, 867.*

**Praxistipp:**

Pauschale Überstundenabgeltungsklauseln sind losgelöst davon wegen eines Verstoßes gegen § 307 BGB unwirksam (BAG v. 1.9.2010 – 5 AZR 517/09, DB 2011, 61). Bei der Vertragsgestaltung muss aber – folgt man der erstgenannten Ansicht – wegen § 3 MiLoG ein etwaiger gesetzlicher Mindestlohn von einer Abgeltungsklausel ausgenommen werden.

Für die Zulässigkeit einer Durchschnittsbetrachtung spricht neben dem Ge- **341**
setzeszweck auch der Gesetzeswortlaut. Denn in § 2 Abs. 2 Satz 1 letzter Hs MiLoG wird ausdrücklich klargestellt, dass der Mindestlohnanspruch durch das „verstetigte[n] Arbeitsentgelt[s] erfüllt“ werden kann. Da „verstetigt“ gerade den Gegensatz zu der im Übrigen explizit stundenbezogenen Betrachtung in § 2 Abs. 2 Satz 1 MiLoG steht, muss die Vorgabe des § 2 Abs. 2 Satz 1 letzter Hs MiLoG im Rahmen einer systematischen Auslegung auch in Bezug auf § 1 Abs. 2 MiLoG berücksichtigt werden, zumal diese Vorschrift ihrem klaren Wortlaut nach „lediglich“ die Anspruchshöhe regeln will. Zur Bestimmung der Höhe legt § 1 Abs. 2 MiLoG die Arbeitsstunde als Berechnungsfaktor fest.

**Praxistipp:**

Dieses Denkmodell ist der betrieblichen Praxis bestens bekannt. Vorbilder finden sich in § 1a Abs. 2 S. 1 KSchG und einer Unzahl an Tarifverträgen und Sozialplänen. Soweit dort von „0,5 Monatsverdiensten für jedes Jahr des Bestehens des Arbeitsverhältnisses“ die Rede ist, nimmt diesbezüglich auch niemand eine rückwirkende Anspruchsentstehung in jedem Jahr des Bestehens des Arbeitsverhältnisses an.

342 Dasselbe Ergebnis (Zulässigkeit einer Durchschnittsbetrachtung) folgt letztlich auch aus der Gesetzesbegründung, wenn dort klargestellt wird:

> „Die Vereinbarung von Stücklöhnen und Akkordlöhnen bleibt auch nach Einführung des Mindestlohns zulässig, wenn gewährleistet ist, dass der Mindestlohn für die geleisteten Arbeitsstunden erreicht wird."

BT-Drucks. 18/1558, S. 34.

343 Denn aus diesen Feststellungen des Gesetzgebers folgt, dass er ergebnisorientiert regeln will und von einer Durchschnittsberechnung ausgeht.

*Nebel/Kloster*, BB 2014, 2933.

344 Bestätigt wird dies im Übrigen durch das BMAS als Verordnungsgeber, wenn es mit dem Erlass der MiLoDokV von der Ermächtigung in § 17 Abs. 3 MiLoG dahingehend Gebrauch macht, dass nach § 1 Satz 1 MiLoDokV die Entgeltgrenze der Arbeitnehmer, deren Arbeitszeiten zu dokumentieren sind, 2.958 € (brutto) betragen soll. Das entspricht einer Arbeit an 29 Tagen im Monat zu je zwölf Stunden. Damit bestätigt das BMAS die Zulässigkeit einer Durchschnittsbetrachtung. Denn schließlich stellt es auf eine absolute Lohnsumme und nicht auf eine stundenbezogene Berechnung ab.

345 Angesichts der bei einem Verstoß gegen die Vorgaben des MiLoG drohenden Sanktionen, ist allerdings auch bei der zutreffenden Zugrundelegung einer Durchschnittsbetrachtung notwendig, dass stets rechnerisch der Mindestlohn gezahlt wird. Geprüft werden muss im Rahmen der monatlichen Lohnabrechnung damit im Hintergrund anhand einer Vergleichsrechnung stets, ob die monatliche Vergütung – soweit ihre Bestandteile mindestlohnrelevant sind (vgl. dazu nachfolgend Rn. 349 ff.) – dividiert durch die Anzahl der im relevanten Monat tatsächlich geleisteten Arbeitsstunden einen Betrag von (brutto) 8,50 € (je Zeitstunde) ergibt.

**Praxistipp:**

Die Notwendigkeit einer solchen doppelten Lohnabrechnung bedeutet für die Lohnbuchhaltungen einen enormen zusätzlichen Aufwand, der angesichts der drohenden Sanktionen aber geleistet werden muss.

### b) Maßgebliche zeitliche Rahmengröße

346 Der Monat ist als zeitliche Rahmengröße indes nur dann relevant, wenn dies aus der jeweils maßgeblichen Fälligkeitsregelung folgt (zur Frage der Fälligkeit vgl. ausführlich Rn. 334 ff.).

Vgl. *Nebel/Kloster*, BB 2014, 2933; a. A. *Bayreuther*, NZA 2014, 865, 867, der stets auf den Monat abstellen will.

347 Abstellen müssen wird man nämlich auf den Zeitraum, der zwischen den nach § 2 Abs. 1 MiLoG maßgeblichen Fälligkeitsterminen liegt.

*Lembke*, NZA 2015, 70, 74; wohl auch ErfK/*Franzen*, MiLoG, § 1 Rn. 8.

Denn Sinn dieser Vorgaben ist es schließlich, zu gewährleisten, dass der Mindestlohn dem Arbeitnehmer innerhalb dieser Fälligkeitsvorgaben zufließt. 348

***Beispiel:***

*Ist vereinbart, dass das Entgelt am Monatsende gezahlt wird, ist der Monat der richtige Referenzzeitraum. Ist hingegen eine wochenweise Vergütung vereinbart, ist der zutreffende Referenzzeitraum die Woche (§ 2 Abs. 1 Satz 1 Nr. 1 MiLoG). Maximal vereinbart werden kann ein zweimonatiger Zeitraum (§ 2 Abs. 1 Satz 1 Nr. 2 MiLoG; vgl. Rn. 334 ff. und Lembke, NZA 2015, 70, 74).*

### c) Welche Vergütungsbestandteile sind für den Mindestlohn relevant?

Welche Vergütungsbestandteile für den Mindestlohn in dem Sinne relevant sind, dass sie den Anspruch nach § 1 MiLoG erfüllen, hat der Gesetzgeber leider nicht klargestellt. 349

#### aa) Ausgangsdiskussion

In der Literatur wird insoweit zunächst an den Ergebnissen der Rechtsprechung des EuGH und des BAG zu den Auswirkungen der Richtlinie zur Entsendung von Arbeitnehmern im Rahmen der Erbringung von Dienstleistungen vom 16.12.1996 (Entsende-RL) angeknüpft. 350

Vgl. z. B. *Lakies*, MiLoG, § 1 Rn. 42 ff.; *Nebel/Kloster*, BB 2014, 2933, 2935.

Diese Rechtsprechung soll maßgeblich sein, weil die Bundesregierung im Rahmen des Gesetzgebungsverfahrens auf eine entsprechende Anfrage des Bundesrats hin erklärt hat, dass die Frage der Auslegung des Begriffs des Mindestentgeltsatzes und damit die Frage der Berechnung von Mindestlöhnen bereits durch die Rechtsprechung des EuGH und des BAG mit Blick auf den Mindestentgeltsatz des AEntG geklärt sei. Da dessen europarechtlicher Hintergrund die Entsende-RL sei, seien die vom EuGH zur Entsende-RL aufgestellten Vorgaben zur Einbeziehung von Vergütungsbestandteilen auf den allgemeinen gesetzlichen Mindestlohn zu übertragen. 351

BT-Drucks. 18/1558 S. 67 f.

Nach Ansicht des BAG ist für die Anrechenbarkeit von Arbeitgeberleistungen im Rahmen des AEntG das Kriterium der „funktionalen Gleichwertigkeit" der jeweiligen Leistung maßgeblich. Eine Anrechnung soll erfolgen, wenn die Leistung nach ihrer Zweckbestimmung als Gegenleistung für eine bestimmte Leistung des Arbeitnehmers dienen soll. Nach Auffassung des EuGH werden nur solche Leistungen, die das Verhältnis von Leistung und Gegenleistung nicht verändern, bei der Anrechnung auf den nach der Entsende-RL maßgeblichen tarifvertraglichen Mindestlohn berücksichtigt. 352

BAG v. 18.4.2012 – 4 AZR 168/10, NZA 2013, 386; EuGH v. 7.11.2013 – C-522/12 („*Isbir*"), NZA 2013, 1359.

### bb) Auslegung des MiLoG

353 Für eine Anwendung dieser Rechtsprechung im Rahmen des MiLoG spricht – über die Rechtsansicht der Bundesregierung hinaus – aber nur sehr wenig.

Sie dürfte nur als schwaches Auslegungskriterium zu berücksichtigen sein. In diesem Sinne auch *Schubert/Jerchel/Düwell*, Rn. 139 („nicht primär den Gesetzesmaterialien zuzurechnen"); a. A. *Lakies*, MiLoG, § 1 Rn. 42 ff.

354 Letztlich kann hierfür im Rahmen von § 1 MiLoG als systematisches Argument nämlich nur herangezogen werden, dass das Gesetz nach § 20 MiLoG auch für Arbeitnehmer gilt, die grenzüberschreitend eingesetzt werden. Das entspricht dem Geltungsbereich der Entsende-RL.

#### (1) Zirkelschluss der Bundesregierung

355 Es wurde jedoch bereits früh zutreffend darauf hingewiesen, dass die EuGH-Rechtsprechung selbst nicht geeignet ist, festzustellen, welche Vergütungsbestandteile mindestlohnwirksam sind.

*Schweibert/Leßmann*, DB 2014, 1866, 1869.

356 Denn auch Art. 3 Entsende-RL garantiert Arbeits- und Beschäftigungsbedingungen nur dann und insoweit, als sie in einem Mitgliedsstaat durch Rechts- oder Verwaltungsvorschriften und/oder durch für allgemeinverbindlich erklärte Tarifverträge festgelegt wurden. Die Entsende-RL bestimmt also nicht, was verbindlich ist. Sie regelt die Rahmenbedingungen zur Durchsetzung der Arbeits- und Beschäftigungsbedingungen, die nach den nationalen Bestimmungen eines Mitgliedsstaats auch bei grenzüberschreitender Tätigkeit verbindlich sein sollen. Dazu können neben der Arbeitszeit nach Maßgabe des Katalogs von Art. 3 Abs. 1 Entsende-RL auch die Mindestlohnsätze einschließlich der Überstundensätze gehören. Was von dem Begriff der Mindestlohnsätze erfasst wird, muss aber – wie Art. 3 Abs. 1 Satz 2 Entsende-RL regelt – durch die Rechtsvorschriften und/oder Praktiken desjenigen Mitgliedstaats – hier also der BRD – festgelegt werden, in dessen Hoheitsgebiet der Arbeitnehmer entsandt wird.

**Praxistipp:**

Dass hierzu auch Zulagen und Zuschläge gehören können, bestätigt die Entsende-RL in Bezug auf Entsendezulagen in Art. 3 Abs. 7 Entsende-RL, „soweit sie nicht als Erstattung für infolge der Entsendung tatsächlich entstandener Kosten wie z. B. Reise-, Unterbringungs- und Verpflegungskosten gezahlt werden".

357 Die Bundesregierung unterliegt in ihrer Auslegung daher einem Zirkelschluss: Sie setzt voraus, was erst noch bewiesen werden muss, nämlich die Übertragbarkeit der von der Rechtsprechung zu anderen Mindestvergütungsbestimmungen entwickelten Grundsätze.

Richtigerweise wird man dementsprechend das MiLoG auslegen müssen, um diese Frage beantworten zu können. 358

### (2) Ausgrenzung von Sachleistungen

Ausgangspunkt ist dabei stets der Wortlaut der Norm. Da § 1 Abs. 2 Satz 1 MiLoG einen Mindestlohn von 8,50 € (brutto) festlegt und keinen Lohn „im Wert von" 8,50 € (brutto), dürften bereits dem klaren Wortlaut nach Sachleistungen als mindestlohnrelevant ausscheiden. Dies gilt unabhängig von § 107 Abs. 2 GewO. 359

> *Gaul*, Aktuelles Arbeitsrecht 2/2014, S. 273 f.; a. A. ErfK/*Franzen*, MiLoG, § 1 Rn. 6, der allerdings auch annimmt, dass insoweit nur sehr wenig Spielraum bleibt.

**Praxistipp:**

Denkbar wäre allenfalls eine teleologische Reduktion im Lichte des Gesetzeszwecks. Begründet werden könnte sie allenfalls mit den in BT-Drucks. 18/2010, S. 18, Nr. 7 enthaltenen Plänen (i. d. S. wohl ErfK/*Franzen*, MiLoG, § 1 Rn. 6).

***Beispiel:***

*Irrelevant wären – ohne teleologische Korrektur – z. B. die Privatnutzung eines Dienstwagens, ein Personalrabatt oder ein arbeitgeberfinanziertes ÖPNV-Ticket.*

**Praxistipp:**

Der Zoll geht allerdings davon aus, dass in Bezug auf Saisonarbeiter Kost und Logis zu berücksichtigten sind, vgl. das unter http://www.zoll.de/DE/Fachthemen/Arbeit/Mindestarbeitsbedingungen/Mindestlohn-Mindestlohngesetz/mindestlohn-mindestlohngesetz_node.html abrufbare Merkblatt zum Mindestlohn nach dem MiLoG.

### (3) Ausgrenzung von Leistungen mit nach § 2 Abs. 1 MiLoG „unzulässiger" Fälligkeitsregelung

Aus den Fälligkeitsvorgaben des § 2 Abs. 1 MiLoG folgt zudem systematisch, dass im Rahmen des § 1 MiLoG Vergütungsbestandteile nicht berücksichtigt werden können, die – nach den Vorgaben des § 2 Abs. 1 MiLoG – „zu spät" fällig werden. 360

***Beispiel:***

*Dies gilt z. B. für kalenderjährliche Zuwendungen.*

> Vgl. *Bayreuther*, NZA 2014, 865, 868; vgl. auch ArbG Berlin v. 4.3.2015 – 54 Ca 14420/14, n. v. (Pressemitteilung).

**Praxistipp:**

Wenn solche Zahlungen berücksichtigt werden sollen, muss die Abrechnung so umgestellt werden, dass sie monatlich zu je 1/12 erfolgen. Geschieht dies nicht, kommt eine Mindestlohnrelevanz – allerdings zusätzlich abhängig vom Zweck der Zahlung (vgl. dazu sogleich Rn. 379 ff.) – gemäß § 2 Abs. 1 MiLoG nur im Monat der Fälligkeit und dem vorangehenden Monat in Betracht, vgl. *Lakies*, MiLoG, § 1 Rn. 50; *Sittard/Sassen*, ArbRB 2014, 142, 144; wohl auch *Ulber*, RdA 2014, 176, 180.

### (4) Gesetzlicher Bezugspunkt: Gegenleistung für Arbeitsleistung

**361** § 1 MiLoG verpflichtet zur Zahlung von „Mindestlohn" „je Zeitstunde" i. S. v. Arbeitsstunde (als Recheneinheit), vgl. Rn. 340 ff.

**362** Bezugspunkt des Mindestlohns ist danach eine Vergütung für die Arbeit im Rahmen eines Arbeitsverhältnisses. Dafür spricht im Rahmen einer systematischen Auslegung auch § 24 MiLoG, der ein „Entgelt" regelt.

### (5) Gesetzeszweck (historische und teleologische Auslegung)

**363** Für dieses Verständnis spricht – neben den Gesetzesmaterialien – auch der Zweck des Gesetzes. Ausweislich der Gesetzesbegründung verfolgt das MiLoG nämlich folgende Zwecke:

Vgl. BT-Drucks. 18/1558 S. 27 f.

- Zunächst soll der Mindestlohn Arbeitnehmer vor Niedrigstlöhnen schützen, die generell als unangemessen anzusehen sind.
- Darüber hinaus soll eine existenzsichernde Vergütung gewährleistet werden.
- Gleichzeitig soll ein Lohnunterbietungswettbewerb zwischen den Unternehmen zulasten der Arbeitnehmer durch Vereinbarung immer niedrigerer Löhne verhindert werden.
- Ferner sollen durch die Einführung des Mindestlohns negative Kostenwirkungen für die steuerfinanzierte Grundsicherung, Einnahmeausfälle für die Sozialversicherung und negative Folgen für die Alterssicherung der Arbeitnehmer vermieden werden.

**364** Keine dieser Zwecksetzungen gebietet eine Ausgrenzung von Vergütungsbestandteilen, die eine – wie auch immer geartete (z. B. besonders schwierige, aufwändige, schmutzige etc.) Arbeitsleistung – synallagmatisch vergüten.

*Gaul*, Aktuelles Arbeitsrecht 2/2014, S. 278 ff.

**365** Die gegenteilige Bewertung der Bundesregierung,

BT-Drucks. 18/1558 S. 67 f.,

die in der Literatur verbreitet Gefolgschaft findet,

ebenfalls auf eine „Normalleistung" abstellend *Schubert/Jerchel/Düwell*, Rn. 140; vgl. ferner Lakies, MiLoG, § 1 Rn. 42 ff.; *Nebel/Kloster*, BB 2014, 2933, 2935, die hierfür zu Unrecht *Ulber*, RdA 2014, 176, 177 zitieren, der zutreffend auf die Art der Arbeitsleistung im Einzelfall (also eine kennzeichnende Typik) abstellt,

ist anhand der anerkannten Grundsätze der Gesetzesauslegung daher nicht begründbar.

### (6) Zwischenfazit und Kontrollüberlegung

Eine Berücksichtigung von Vergütungsbestandteilen im Rahmen der Erfüllung des gesetzlichen Mindestlohnanspruchs hängt – im Rahmen der vorstehend skizzierten, durch Wortlaut und Systematik definierten Grenzen – nach alledem zunächst davon ab, ob sie als Gegenleistung für die Arbeitsleistung erfolgen. **366**

Ebenso *Lakies*, MiLoG, § 1 Rn. 40; *Sittard*, EuZW 2014, 104.

Darüber hinaus ist maßgeblich, dass keine der vorgenannten Zwecksetzungen ihre Berücksichtigung verbietet. **367**

Dafür spricht auch folgende Kontrollüberlegung: Wenn der Gesetzgeber arbeitsleistungsbezogene Vergütungen, die innerhalb seiner Fälligkeitsvorgaben, monetär gewährt werden sollen, hätte ausschließen wollen, hätte er dies im Zweifel zum Ausdruck gebracht. **368**

*Gaul*, Aktuelles Arbeitsrecht 2/2014, S. 279 f.

Denn dass arbeitgeberseitige Leistungen auch zu anderen Zwecken erfolgen können als zur Vergütung von Arbeitsleistung, ist dem Gesetzgeber ebenso bekannt wie die in der Rechtsprechung des BAG zu tariflichen Mindestlohnvorgaben entwickelte Systematik. **369**

Bei der Anrechnung von Leistungen auf tariflich begründete Forderungen ist nach der Rechtsprechung des BAG nämlich darauf abzustellen, ob die vom Arbeitgeber erbrachte Leistung ihrem Zweck nach diejenige Arbeitsleistung des Arbeitnehmers entgelten soll, die mit der tariflich begründeten Zahlung zu vergüten ist. Daher ist dem erkennbaren Zweck des tariflichen Mindestlohns, den der Arbeitnehmer als unmittelbare Leistung für die verrichtete Tätigkeit begehrt, der zu ermittelnde Zweck der jeweiligen Leistung des Arbeitgebers, die dieser aufgrund anderer (individual- oder kollektivrechtlicher) Regelungen erbracht hat, gegenüberzustellen. Besteht danach – ähnlich wie bei einem Günstigkeitsvergleich mit Sachgruppenbildung nach § 4 Abs. 3 TVG – eine funktionale Gleichwertigkeit der zu vergleichenden Leistungen, ist die erbrachte Leistung auf den zu erfüllenden Anspruch anzurechnen. **370**

Vgl. dazu etwa BAG v. 30.3.2004 – 1 AZR 85/03, AP Nr. 170 zu § 112 BetrVG 1972; BAG v. 27.1.2004 – 1 AZR 148/03, BAGE 109, 244 = ZIP 2004, 1165, dazu EWiR 2004, 689 *(Ehrich)*: „funktional äquivalent".
Ausf. BAG v. 18.4.2012 – 4 AZR 139/10, BAGE 141, 163.

371 Zur Beurteilung der „funktionalen Gleichwertigkeit" ist es – wie das BAG in seinem Urteil vom 16.4.2014 noch einmal klargestellt hat – erforderlich, die „Funktion" zu bestimmen, welche die reale Leistung des Arbeitgebers hat, um dann festzustellen, ob sie sich auf diejenige vom Arbeitnehmer geleistete oder zu leistende Arbeit bezieht, die nach dem durch eine Rechtsverordnung verbindlichen Tarifvertrag mit dem Mindestlohn abgegolten sein soll.

BAG, Urt. v. 16.4.2014 – 4 AZR 802/11, NZA 2014, 1277.

372 Für diese Bestimmung der Funktion ist jedenfalls dann der subjektive Wille des Arbeitgebers nicht entscheidend, wenn die Leistung nach einer an anderer Stelle als in dem durch Rechtsverordnung verbindlichen Tarifvertrag getroffenen Regelung erfolgt und sich ihre Funktion aus dieser Regelung ergibt. Soweit die vom Arbeitgeber danach angewandte Regelung etwa die Arbeitsleistung als besonders schwierig oder als unter erschwerten Bedingungen geleistet ansieht und hierfür einen in den Entgeltabrechnungen gesondert ausgewiesenen „Zuschlag" an den Arbeitnehmer zahlt, ist dieser – so das BAG –

„gleichwohl auf den Mindestentgeltanspruch anzurechnen, wenn der betreffende Mindestlohntarifvertrag diese Tätigkeit gerade nicht als zuschlagspflichtig ansieht, sondern sie als im Rahmen der mit dem Grundentgelt abzugeltenden „Normaltätigkeit" bewertet".

BAG v. 16.4.2014 – 4 AZR 802/11, NZA 2014, 1277.

373 Überträgt man diese Überlegung auf das MiLoG –

so auch *Lakies*, MiLoG, § 1 Rn. 46; *Gaul*, Aktuelles Arbeitsrecht 2/2014, S. 279 f.,

wofür angesichts des Zirkelschlusses der Bundesregierung die besseren Gründe sprechen – ergibt sich für die Berücksichtigungsfähigkeit von Vergütungsbestandteilen Folgendes:

#### cc) Mindestlohnrelevante Vergütungsbestandteile

374 Im Rahmen der Vorgaben des MiLoG zur Fälligkeit können mit Blick auf die Erfüllung des Mindestlohnanspruchs alle arbeitsleistungsbezogenen finanziellen Zuwendungen berücksichtigt werden.

Ebenso *Lembke*, NZA 2015, 70, 74 ff.

375 Ob sie auf individual- oder kollektivrechtlicher Grundlage gezahlt werden, spielt keine Rolle. Denn § 1 MiLoG verfolgt nur den Zweck, eine Mindestvergütung für jede Form von Arbeit zu sichern. Insbesondere verlangt keine der vom historischen Gesetzgeber verfolgten Zwecke (vgl. Rn. 38, 264 f.), dass Zahlungen, die eine besondere Qualität oder Belastung bei der Arbeit honorieren, ausgegrenzt werden.

Vgl. auch *Bayreuther*, NZA 2014, 866, 869; *Gaul*, Aktuelles Arbeitsrecht 2/2014, S. 278 ff.; a. A. *Bros*, NZA 2014, 938, 940.

376 Gleiches gilt für erfolgs- oder leistungsabhängige Zahlungen, die im Rahmen der Fälligkeitsvorgaben des MiLoG versprochen und gezahlt werden.

In diesem Sinne auch ErfK/*Franzen*, MiLoG, § 1 Rn. 15; *Lembke*, NZA 2015, 70, 75; wohl auch ArbG Berlin v. 4.3.2015 – 54 Ca 14420/14, n. v. (Pressemitteilung).

Voraussetzung ist allerdings, dass die Zahlung vorbehaltlos und unwiderruflich erfolgt. **377**

Zu dieser Eingrenzung vgl. auch *Ulber*, RdA 2014, 176, 180; *Bayreuther*, NZA 2014, 865, 868; *Schweibert/Leßmann*, DB 2014, 1866, 1869; *Lakies*, MiLoG, § 1 Rn. 50.

Zu berücksichtigen sind, soweit die Fälligkeitsvorgaben gewahrt werden, z. B.: **378**

- Antrittsgebühren
- Auslösungen in Form von Nahauslösungen;
- Erschwerniszulagen;
- Feiertagszuschläge;
- Gefahren- und Leistungszulagen;
- Inkassoprämien;
- Mankogelder;
- Mehrarbeits- und Überstundenvergütung;
- Nachtarbeitszuschläge (vgl. dazu aber auch Rn. 379);
- Prämien (z. B. im Berufssport);
- verstetigte Schmutzzulagen, die in Folge ihrer Verstetigung nicht aus Aufwandsentschädigung zu qualifizieren sind;
- ggf. Sozialzulagen.

Vgl. zur Qualifikation als synallagmatisches Arbeitsentgelt Fuhlrott/Mückl-*Mückl*, Low-Performance, Kap. 3 Rn. 107 ff. m. w. N.

**Praxistipp:**

Voraussetzung ist, dass die Leistung durch den Arbeitgeber erfolgt. Trinkgelder scheiden deshalb z. B. als mindestlohnrelevant aus, wenn auf sie kein arbeitsvertraglicher Anspruch besteht (vgl. zur Berücksichtigung im Rahmen des EFZG Fuhlrott/Mückl-*Mückl*, Low-Performance, Kap. 3 Rn. 125; zu pauschal *Berndt*, DStR 2014, 1878, 1881, der aus § 107 Abs. 3 Satz 1 GewO schlussfolgert, dass Trinkgeld kein Teil der regelmäßigen Vergütung ist und folglich auch für den Mindestlohnanspruch unberücksichtigt bleiben muss; ebenfalls zu pauschal mit demselben Ergebnis *Lakies*, MiLoG, § 1 Rn. 41; *Däubler*, NJW 2014, 1924, 1926; *Nebel/Kloster*, BB 2014, 2933, 2935; *Lembke*, NZA 2015, 70, 75). Maßgeblich ist letztlich, ob ein arbeitsvertraglicher Anspruch auf Teilhabe am Trinkgeld dritter Arbeitnehmer besteht oder nicht (ebenso ErfK/*Franzen*, MiLoG, § 1 Rn. 7).

#### (1) Abgrenzungspunkt 1: Abweichende gesetzliche Zwecksetzung

379 Soweit gesetzlich zwingend eine eigenständige Zahlungspflicht mit abweichender Zweckbestimmung besteht, scheidet eine Mindestlohnrelevanz allerdings aus.

*Beispiel:*

*Soweit z. B. § 6 Abs. 5 ArbZG den Arbeitgeber verpflichtet, dem Nachtarbeitnehmer für die während der Nachtzeit geleisteten Arbeitsstunden eine angemessene Zahl bezahlter freier Tage oder einen angemessenen Zuschlag auf das ihm hierfür zustehende Bruttoarbeitsentgelt zu gewähren, falls keine tarifvertraglichen Regelungen bestehen, setzt der Gesetzgeber damit einen eigenständigen Rechtsgrund und einen eigenständigen Regelungszweck, der eine Berücksichtigung im Rahmen von § 1 MiLoG ausscheiden lässt (ebenso Ulber, RdA 2014, 176, 181; Lakies, MiLoG, § 1 Rn. 47).*

#### (2) Abgrenzungspunkt 2: Abweichende Zwecksetzung kraft arbeitgeberseitiger Vorgabe oder Vereinbarung

380 Ebenfalls nicht berücksichtigt werden können Vergütungsbestandteile, welche ausschließlich eine abweichende Zwecksetzung als die Vergütung der Arbeitsleistung verfolgen,

> statt vieler *Däubler*, NJW 2014, 1924, 1927; *Nebel/Kloster*, BB 2014, 2933, 2935; vgl. zu der Bedeutung des Zwecks einer Sonderleistung im Rahmen der AGB-Kontrolle und der Insolvenzanfechtung *Mückl*, Arbeitsrecht in Krise und Insolvenz, Rn. 71 ff., 86 ff.,

indem sie

- die Betriebszugehörigkeit honorieren (z. B. denkbar für Retention Boni, Weihnachtsgeld),

  > *Lakies*, ArbR 2014, 343, 343; *Spielberger/Schilling*, NJW 2014, 2897, 2899,

- oder den Urlaub erleichtern sollen (Urlaubsgeld).

  > *Ulber*, RdA 2014, 176, 181.

381 Gleiches gilt infolge abweichender Zwecksetzung und/oder Sachvergütungscharakter für

- vermögenswirksamen Leistungen,

  > *Lembke*, NZA 2015, 70, 75,

- Personalrabatte und
- eine Werkmiet- oder Werkdienstwohnung.

**Praxistipp:**

Ebenfalls nicht berücksichtigungsfähig ist ein bloßer Aufwendungsersatz, z. B. die Erstattung von Reisekosten, vgl. *Nebel/Kloster*, BB 2014, 2933, 2935. In Bezug auf Auslösungen wird man analog der Bewertung im Rahmen des EFZG differenzieren müssen, vgl. dazu Fuhlrott/Mückl-*Mückl*, Low-Performance, Kap. 3 Rn. 109.

Soweit Vergütungsbestandteile mit gemischter Zweckbestimmung vorliegen, wird man sie – unter den übrigen vorstehend definierten Voraussetzungen – dann berücksichtigen müssen, wenn sie jedenfalls auch die Arbeitsleistung honorieren. 382

Ebenso *Lakies*, MiLoG, § 1 Rn. 50; *Sittard/Sassen*, ArbRB 2014, 142, 144; a. A. *Nebel/Kloster*, BB 2014, 2933, 2935.

***Beispiel:***

*Typische Beispiele sind Sonderzahlungen, die neben der Betriebstreue auch die Arbeitsleistung honorieren – was die Rechtsprechung aus einer leistungsabhängigen Ausgestaltung schlussfolgert (vgl. Mückl, Arbeitsrecht in Krise und Insolvenz, Rn. 72).*

**Praxistipp:**

Mit Blick auf Leistungen der betrieblichen Altersversorgung (bAV) wird man zwischen arbeitgeber- und arbeitnehmerfinanzierter bAV differenzieren müssen. Mindestlohnrelevant dürfte ausgehend von dem Zweck der Versorgungsleistung (dazu *Schlewing*, NZA-Beilage 2014, 127, 130 ff.) allein die bAV auf der Grundlage einer Entgeltumwandlung sein. Das deckt sich mit der Bewertung der Gesetzesbegründung, die klarstellt, dass Vereinbarungen nach § 1a BetrAVG keine Vereinbarungen sind, die zu einer Unterschreitung oder Beschränkung des Mindestlohnanspruchs führen (BT-Drucks. 18/1558, S. 35). Daher ließe sich argumentieren, dass dann auch eine Anrechnung auf den Mindestlohn möglich sein muss, vgl. ErfK/*Franzen*, MiLoG, § 1 Rn. 17; a. A. – zu undifferenziert – *Lembke*, NZA 2015, 70, 75.

### dd) Gegenansicht: Maßgeblichkeit einer „Normalleistung"

Folgt man – abweichend von der hier vertretenen Auffassung – der Bewertung der Bundesregierung gilt beispielhaft Folgendes: 383

**Praxistipp:**

Dieser Bewertung hat sich auch der Zoll angeschlossen, sodass – bis sich die Gegenansicht durchsetzt –, wenn Auseinandersetzungen mit dem Zoll vermieden werden sollen, vorsorglich die nachfolgende Qualifikation vorgenommen werden sollte. Zur Bewertung des Zolls vgl. das unter http://www.zoll.de/DE/Fachthemen/Arbeit/Mindestarbeitsbedingungen/Mindestlohn-Mindestlohngesetz/mindestlohn-mindestlohngesetz_node.html abrufbare Merkblatt zum Mindestlohn nach dem MiLoG.

- Überstundenzuschläge

384 Überstundenzuschläge sollen nach Ansicht der Bundesregierung nicht auf den gesetzlichen Mindestlohn angerechnet werden, da sie als Ausgleich für zusätzliche Leistungen des Arbeitnehmers bezahlt werden.

> **Praxistipp:**
>
> Eine Anrechnung von Überstundenzuschlägen kann jedoch in Betracht kommen, wenn der Arbeitgeber zur Zahlung solcher Zuschläge aufgrund eines Tarifvertrags nach § 3 AEntG oder in der Pflegebranche aufgrund einer Rechtsverordnung nach § 11 AEntG verpflichtet ist. Der Zoll hält im Hinblick auf tarifvertragliche Mindestlöhne nach dem AEntG solche Zuschläge für berücksichtigungsfähig (vgl. das unter http://www.zoll.de/DE/Fachthemen/Arbeit/Mindestarbeitsbedingungen/Mindestlohn-Mindestlohngesetz/mindestlohn-mindestlohngesetz_node.html abrufbare Merkblatt zum Mindestlohn nach dem MiLoG.)

- Zuschläge für besondere Arbeitszeit

385 Nicht anrechenbar sind nach der Bewertung der Bundesregierung grundsätzlich solche Zuschläge, die der Arbeitnehmer erhält, weil er zu besonderen Zeiten arbeitet.

BT-Drucks. 18/1558, S. 67.

***Beispiel:***

*Beispielhaft führt die Bundesregierung in den Gesetzgebungsunterlagen auf: Zuschläge für Sonn- und Feiertagsarbeit, Nachtzuschläge sowie (Wechsel-)Schichtzulagen.*

386 Selbst ausgehend von der Bewertung der Bundesregierung erscheint eine Berücksichtigung derartiger Zuschläge aber dann vertretbar, wenn der Zweck der Leistung gerade darin besteht, die Arbeitsleistung zu besonderen Arbeitszeiten zu erbringen.

ErfK/*Franzen*, MiLoG, § 1 Rn. 14.

***Beispiel:***

*Dies gilt z. B. in Bezug auf Nachtarbeitszuschläge bei typischerweise nachts tätigem Personal (etwa Krankenpersonal, Busfahrern oder Sicherheitsleuten). Allein der Umstand, dass in einer Branche auch Nachtarbeit geleistet wird, soll hingegen für eine Anrechenbarkeit nicht genügen (vgl. BAG v. 16.4.2014 – 4 AZR 802/11, NZA 2014, 1277).*

- Zuschläge für besondere Erschwernis

387 Weiterhin scheidet nach der Bewertung der Bundesregierung eine Anrechenbarkeit grundsätzlich hinsichtlich solcher Zuschläge aus, die der Arbeitnehmer für eine Arbeitsleistung unter besonders unangenehmen, beschwerlichen, körperlich oder psychisch besonders belastenden oder gefährlichen Umständen erhält.

BT-Drucks. 18/1558, S. 67.

*Beispiel:*

*Dies gilt beispielsweise für Schmutz- oder Gefahrenzulagen.*

In Übertragung der zur Arbeitszeit entwickelten Überlegung (Rn. 386) wird man allerdings auch hier selbst dann, wenn man den Ausgangspunkt der Bundesregierung teilt, eine Berücksichtigung der Zuschläge ausnahmsweise dann zulassen müssen, wenn der Zweck der Arbeitsleistung gerade in der Erbringung der Arbeitsleistung unter solchen besonderen Umständen besteht. **388**

*Beispiel:*

*Dies könnte z. B. für Chemielaboranten oder Bauarbeiter gelten.*

- Akkord-/Qualitätsprämien

Zuschläge dafür, dass der Arbeitnehmer mehr Arbeit pro Zeiteinheit leistet (z. B. Akkordprämie) oder eine besondere Qualität der Arbeit erbringt (z. B. Qualitätsprämie), sollen nach Ansicht der Bundesregierung nicht auf den gesetzlichen Mindestlohn angerechnet werden können. **389**

BT-Drucks. 18/1558, S. 67.

- Sonderzahlungen

Sonderzahlungen (Weihnachtsgeld, Urlaubsgeld, 13. Monatsgehalt) sollen nach Ansicht der Bundesregierung regelmäßig unberücksichtigt bleiben, es sei denn, der Arbeitnehmer erhält den anteiligen Betrag zum Fälligkeitszeitpunkt tatsächlich und unwiderruflich ausbezahlt. **390**

BT-Drucks. 18/1558, S. 67.

### 3. Vergütungspflichtige Arbeitszeit

Der Mindestlohn ist gemäß § 1 Abs. 2 MiLoG „je Zeitstunde" zu zahlen. In Übertragung der vom BAG in seinem Urteil vom 19.11.2014 zum Mindestentgelt nach § 2 der Verordnung über zwingende Arbeitsbedingungen für die Pflegebranche (PflegeArbbV) vom 15.7.2010, das ebenfalls „je Stunde" zu zahlen ist, wird man dabei ebenfalls an die vergütungspflichtige Arbeitszeit anknüpfen müssen. **391**

BAG, Urt. v. 19.11.2014 – 5 AZR 1101/12, DB 2015, 253.

**Praxistipp:**

Das ist nicht notwendig die Arbeitszeit im arbeitszeitrechtlichen Sinn, sodass hier noch einmal deutlich wird, wie wichtig die Unterscheidung beider Arbeitszeitbegriffe in der betrieblichen Praxis ist. Vgl. dazu auch *Mückl*, Arbeitsrecht in Krise und Insolvenz, 2. Aufl., F. II.

Unabhängig davon ist zum 1.1.2015 die geänderte PflegeArbbV in Kraft getreten, die in § 2 Abs. 3 PflegeArbbV nun ausdrücklich die Möglichkeit vorsieht, für Bereitschaftsdienste eine vom Mindestlohn abweichende Vergütungsvereinbarung zu treffen. Eine derartige Öffnungsklausel fehlt allerdings im MiLoG (kritisch zu diesen Inkonsistenzen zu Recht *Holm*, DB 2015, 441 f.).

392 Zur vergütungspflichtigen Arbeitszeit gehörten – so das BAG – nicht nur die Vollarbeit, sondern auch die Arbeitsbereitschaft und der Bereitschaftsdienst. Während beider müsse sich der Arbeitnehmer an einem vom Arbeitgeber bestimmten Ort bereithalten, um im Bedarfsfalle unverzüglich die Arbeit aufzunehmen. Zwar könne dafür ein geringeres Entgelt als für Vollarbeit bestimmt werden. Von dieser Möglichkeit habe der Verordnungsgeber im Bereich der Pflege aber keinen Gebrauch gemacht. Deshalb seien arbeitsvertragliche Vereinbarungen, die für Bereitschaftsdienst in der Pflege ein geringeres Entgelt als das Mindestentgelt nach § 2 PflegeArbbV vorsehen, unwirksam.

393 Dies wird man auf das MiLoG mit der Folge übertragen müssen, dass Vereinbarungen, die für Arbeitsbereitschaft und Bereitschaftsdienst ein geringeres Entgelt vorsehen, ebenfalls unwirksam sind, weil der Gesetzgeber hierfür im MiLoG kein geringeres Entgelt vorgesehen hat.

*Lakies*, MiLoG, § 1 Rn. 28 ff.; *Nebel/Kloster*, BB 2014, 2933; *Holm*, DB 2015, 441 f.

**Praxistipp:**

Rufbereitschaft ist dann – vorbehaltlich abweichender arbeitsvertraglicher oder tariflicher Vorgaben (vgl. zum TV-V z. B. *Mückl*, Das Arbeitsrecht der Energiewirtschaft, Rn. 337 ff.) – nicht an sich, sondern lediglich insoweit als „Zeitstunde" i. S. d. MiLoG zu vergüten, wenn tatsächlich gearbeitet, d. h. die Rufbereitschaft in Anspruch genommen wird (Arbeitsabruf); ebenso *Lakies*, MiLoG, § 1 Rn. 31 f.; Nebel/Kloster, BB 2014, 2933. Relevant werden dürfte dies z. B. in der Taxibranche sowie bei Pflege- oder Botendiensten (*Nebel/Kloster*, BB 2014, 2933), aber auch bei Versorgungsunternehmen.

### 4. Bewertung von Teilzahlungen

394 Relevant wird der Umstand, dass der Mindestlohn Bestandteil auch vereinbarter höherer Vergütungen ist, u. a. bei Teilzahlungen des Arbeitgebers. Hier kann sich die Frage stellen, welchen Entgeltanspruch er erfüllt (für den Fall, dass – wie hier – eine Anspruchskumulation angenommen wird, vgl. Rn. 150 ff.).

Vgl. zum Folgenden auch *Sagan/Witschen*, jM 2014, 372, 376 f.; ihnen wohl auch folgend *Lakies*, MiLoG, § 1 Rn. 132 f.

***Beispiel:***

*Besitzt ein Arbeitnehmer für seine Tätigkeit im Januar 2015 einen Mindestlohnanspruch in Höhe von 1.000 € (brutto) und ist arbeitsvertraglich ein Gehalt in Höhe von 2.000 € (brutto) monatlich und eine Ausschlussfrist von drei Monaten vereinbart, stellt sich, wenn der Arbeitgeber Ende Januar 2015 lediglich 1.000 € (brutto) zahlt, die Frage, ob der Arbeitnehmer im Mai 2015 die Zahlung weiterer 1.000 € (brutto) verlangen kann. Das richtet sich danach, ob die Teilzahlung auf den vertraglichen oder den gesetzlichen Anspruch erfolgt ist.*

395 Ausgangspunkt muss insoweit § 366 Abs. 1 BGB sein, nach dem der Arbeitgeber frei bestimmen kann, welchen Anspruch er tilgen möchte.

**Praxistipp:**

Möglich und empfehlenswert wäre daher die Aufnahme einer Klausel in den Arbeitsvertrag, nach der Zahlungen zunächst immer auf den Mindestlohnanspruch erfolgen. AGB-rechtlich bestehen insoweit keine Bedenken (vgl. *Sagan/Witschen*, jM 2014, 372, 375).

Fehlt es – wie jedenfalls in Altverträgen – an einer entsprechenden Regelung im Arbeitsvertrag, richtet sich die Tilgungsreihenfolge grundsätzlich nach § 366 Abs. 2 BGB. Danach kommt es zuerst auf die Fälligkeit der beiden Lohnansprüche an. Unterscheiden sie sich – wie zumeist (schon wegen § 2 Abs. 1 Satz 1 Nr. 1 MiLoG) – hinsichtlich der Fälligkeit nicht, spricht das in § 366 Abs. 2 BGB genannte Kriterium der Lästigkeit für eine Zahlung auf den Mindestlohn. 396

*Sagan/Witschen*, jM 2014, 372, 375.

Dies gilt richtigerweise schon deshalb, weil er nicht durch eine Ausschlussfrist eingeschränkt werden kann (§ 3 Satz 1 MiLoG), vgl. näher Rn. 102 ff., 427 f., 516 ff. 397

Hinzu kommen allerdings die bei Nichtzahlung des Mindestlohns drohenden Sanktionen, insbesondere die Qualifikation einer Nichtzahlung des Mindestlohns als Ordnungswidrigkeit (vgl. dazu Rn. 860 ff.). 398

Dies gilt auch dann, wenn der Mindestlohn im konkreten Fall zugunsten des Arbeitnehmers bei Einbindung eines Generalunternehmers nach § 13 MiLoG i. V. m. § 14 AEntG gesichert ist (vgl. dazu Rn. 707 ff.). 399

Dann liegt bei der Annahme der vorgenannten Tilgungsbestimmung eine geringere Sicherheit für den Arbeitnehmer vor und dieser Gesichtspunkt hat nach dem Katalog des § 366 Abs. 2 BGB zwar grundsätzlich Vorrang vor der Lästigkeit. Die gesetzliche Tilgungsreihenfolge gilt aber anerkanntermaßen dann nicht, wenn sie dem hypothetischen Parteiwillen offensichtlich widerspricht. 400

BGH v. 14.11.2000 – XI ZR 248/99, BGHZ 146, 37 = ZIP 2001, 189, dazu EWiR 2001, 301 *(Tiedtke)*.

Dies ist hier erkennbar der Fall. Denn ein Wille des Arbeitgebers zur vorrangigen Erfüllung des Mindestlohnanspruchs folgt jedenfalls aus der Qualifikation der Nicht- oder Zuspätzahlung als Ordnungswidrigkeit, die mit dem Risiko einer Geldbuße nach § 21 Abs. 1 Nr. 9 MiLoG und dem (vorübergehenden) Ausschluss von der Vergabe öffentlicher Aufträge verbunden ist. Der Arbeitgeber wird diese Risiken stets abwenden wollen und das ist für den Arbeitnehmer auch erkennbar. Soweit keine ausdrückliche Bestimmung getroffen worden ist, zahlt der Arbeitgeber daher zuerst auf den Mindestlohn als gesetzlichen Sockelbetrag und nachrangig auf darüber hinausgehende Vergütungsbestandteile. 401

*Sagan/Witschen*, jM 2014, 372, 376.

### 5. Arbeitszeitkonten und Wertguthaben

402 Abweichend von den Fälligkeitsvorgaben in § 2 Abs. 1 Satz 1 MiLoG sind nach § 2 Abs. 2 Satz 1 MiLoG bei Arbeitnehmern

- die über die vertraglich vereinbarte Arbeitszeit hinausgehenden **und**
- auf einem schriftlich vereinbarten Arbeitszeitkonto eingestellten Arbeitsstunden
- **spätestens** innerhalb von zwölf Kalendermonaten nach ihrer monatlichen Erfassung
- durch bezahlte Freizeitgewährung oder Zahlung des Mindestlohns

auszugleichen.

403 Dies gilt nach § 2 Abs. 2 Satz 1 letzter Hs MiLoG nur nicht, soweit der Anspruch auf den Mindestlohn für die geleisteten Arbeitsstunden nach § 1 Abs. 1 MiLoG bereits durch Zahlung des verstetigten Arbeitsentgelts erfüllt ist.

404 Im Falle der Beendigung des Arbeitsverhältnisses hat der Arbeitgeber nach § 2 Abs. 2 Satz 2 MiLoG nicht ausgeglichene Arbeitsstunden spätestens in dem auf die Beendigung des Arbeitsverhältnisses folgenden Kalendermonat auszugleichen.

405 Nach § 2 Abs. 2 Satz 3 MiLoG dürfen die auf das Arbeitszeitkonto eingestellten Arbeitsstunden monatlich jeweils 50 Prozent der vertraglich vereinbarten Arbeitszeit nicht übersteigen.

> Kritisch zu diesem Umfang *Schubert/Jerchel/Düwell*, Rn. 125; a. A. *Spielberger/Schilling*, NJW 2014, 2897, 2900; letztlich auch *Gaul*, Aktuelles Arbeitsrecht 2/2014, S. 282 f.; im Sinne einer Höchstgrenze wohl *Bayreuther*, NZA 2014, 865, 870.

#### a) Geltungsbereich

406 Nach dem Willen des historischen Gesetzgebers soll § 2 Abs. 2 MiLoG lediglich für „mindestlohnrelevante Arbeitszeitkonten" gelten, aber „keine allgemeinen Vorgaben für sämtliche Arbeitszeitkonten" machen.

> BT-Drucks. 18/2010 (neu), S. 22.

407 Zum Ausdruck kommt dieser Wille im Gesetz zunächst darin, dass § 2 Abs. 3 MiLoG vorgibt, dass § 2 Abs. 2 MiLoG nicht für Arbeitszeitkonten in Form von Wertguthabenvereinbarungen i. S. d. SGB IV gilt.

**Praxistipp:**

Hiervon sollen Langzeitkontenvereinbarungen i. S. d. ATZG und des § 7b SGB IV erfasst sein, vgl. *Lakies*, MiLoG, § 2 Rn. 17 ff.; *Lambrich/Mitius*, DB 2015, 126, 127.

### b) Bestehende Konten oder nur Neukonten?

Ausgehend von dem gerade skizzierten Willen des Gesetzgebers, der durch § 2 Abs. 2 MiLoG dem Missbrauch von Arbeitszeitkonten zur Umgehung des Mindestlohns vorbeugen will, sprechen die besseren Gründe dafür, dass § 2 Abs. 2 MiLoG auch auf am 1.1.2015 bereits bestehende Arbeitszeitkonten Anwendung findet, soweit sie mindestlohnrelevant sind. 408

BT-Drucks. 18/2010 (neu), S. 22.
Ebenso *Lambrich/Mitius*, DB 2015, 126, 127;
*Schubert/Jerchel/Düwell*, Rn. 117.

> **Praxistipp:**
>
> Entsprechende Konten müssen dementsprechend an die neuen gesetzlichen Vorgaben angepasst werden. Insoweit gelten die unter Rn. 557 ff. entwickelten Grundsätze.

### c) Anforderungen an ein mindestlohnrelevantes Arbeitszeitkonto

§ 2 Abs. 2 MiLoG dürfte daher dahin zu verstehen sein, dass ein Arbeitszeitkonto, das die Fälligkeitsregelung des § 2 Abs. 1 MiLoG modifiziert, unabhängig davon, wann es eingeführt wurde, nur vorliegt, wenn die Voraussetzungen des § 2 Abs. 2 MiLoG erfüllt sind. 409

#### aa) Schriftliche Vereinbarung

Dem klaren Wortlaut nach muss es zunächst schriftlich vereinbart sein. Dies bedeutet, dass die Schriftform des § 126 BGB erfüllt sein muss. 410

*Lakies*, MiLoG, § 2 Rn. 10.

> **Praxistipp:**
>
> Ausweislich der Gesetzesbegründung liegt eine schriftliche Vereinbarung aber auch dann vor, wenn das Arbeitszeitkonto in einer Betriebs- oder Dienstvereinbarung oder in einem Tarifvertrag geregelt ist. Dies gilt sowohl für normativ geltende als auch für in einem schriftlichen Arbeitsvertrag in Bezug genommene tarifliche Regelungen (BT-Drucks. 18/1558, S. 35).

Soweit Tarifverträge Arbeitszeitkonten vorsehen, müssen aber auch deren Regelungen die Anforderungen des § 2 Abs. 2 MiLoG erfüllen. Denn § 2 MiLoG ist – außerhalb der Ausnahmen in §§ 1 Abs. 3, 24 MiLoG – nicht tarifdispositiv. 411

Vgl. *Lakies*, MiLoG, § 2 Rn. 9, der in diesem Kontext allerdings § 24 MiLoG übersieht bzw. jedenfalls nicht nennt. Wie hier für Tarifdispositivität im Rahmen der §§ 1 Abs. 3, 24 MiLoG z. B. *Sagan/Witschen*, jM 2014, 372, 378; ErfK/*Franzen*, MiLoG, § 1 Rn. 21.

Nach einer in der Literatur vertretenen Auffassung, 412

*Lakies*, MiLoG, § 2 Rn. 11,

bezieht sich das Schriftformerfordernis auch auf die – nach dem Wortlaut des § 2 Abs. 2 MiLoG erforderliche – Vereinbarung der Arbeitszeit. Geschlussfolgert wird dies daraus, dass beides in einem Zusammenhang stehe. Dies überzeugt aber nicht, da die Festlegung einer bestimmten Arbeitszeit keine Voraussetzung für den Abschluss einer Vereinbarung über ein Arbeitszeitkonto ist. Angesichts der Vielgestaltigkeit der Arbeitszeitvereinbarungen ist vielmehr ausreichend, wenn die Parteien der Vereinbarung zum Arbeitszeitkonto einen Referenzwert benennen, wie die „vereinbarte" Arbeitszeit oder die „betriebsübliche" Arbeitszeit, und von diesem Referenzwert ausgehend – z. B. prozentual – Vorgaben zu buchbaren Zeiten und deren Ausgleich treffen.

**Praxistipp:**

Es bleibt also bei der zutreffenden Rechtsprechung des BAG, nach der, wenn im Arbeitsvertrag keine ausdrückliche Vereinbarung über die Dauer der Arbeitszeit getroffen wird, anzunehmen ist, dass die Parteien die betriebsübliche Arbeitszeit vereinbaren wollen (vgl. BAG v. 9.12.1987 – 4 AZR 584/87, BAGE 57, 130; zur Lage der Arbeitszeit: BAG v. 23.6.1992 – 1 AZR 57/92, NZA 1993, 89). Dies entspricht dem Vertragswillen verständiger und redlicher Vertragspartner. Ein Mitarbeiter, der einen Arbeitsvertrag über ein Vollzeitarbeitsverhältnis abschließt, muss bei Fehlen einer ausdrücklichen arbeitsvertraglichen Regelung zum Umfang der Arbeitszeit mangels anderweitiger Anhaltspunkte redlicherweise davon ausgehen, dass er in gleichem Umfang wie andere Vollzeitarbeitnehmer des Arbeitgebers zur Arbeitsleistung verpflichtet und für ihn daher der betriebsübliche Umfang der für Vollzeitmitarbeiter geltenden Arbeitszeit maßgeblich ist (BAG v. 15.5.2013 – 10 AZR 325/12, DB 2013, 2215).

### bb) Notwendigkeit eines verstetigten Entgelts?

**413** Teile der Literatur halten zudem ein – ebenfalls schriftlich zu vereinbarendes – verstetigtes Entgelt für eine weitere Voraussetzung der Zulässigkeit einer Fälligkeitsverschiebung durch ein Arbeitszeitkonto nach § 2 Abs. 2 MiLoG.

*Lakies*, MiLoG, § 2 Rn. 12.

**414** Gefolgert wird dies wiederum aus einem behaupteten notwendigen Zusammenhang, der sich aber weder aus dem Gesetzeswortlaut noch aus der Natur der Sache ergibt. Vielmehr wird mit dieser Annahme die Regelung in § 2 Abs. 2 Satz 1 letzter Hs MiLoG auf den Kopf gestellt. Sie war schließlich nach den Vorstellungen des historischen Gesetzgebers dazu gedacht, die Erfordernisse von § 2 Abs. 2 Satz 1 MiLoG zu suspendieren. § 2 Abs. 2 Satz 1 MiLoG will also gerade dann gelten, wenn kein verstetigtes Entgelt gezahlt wird.

BT-Drucks. 18/2010 (neu), S. 24; *Hilgenstock*, MiLoG, Rn. 144.

**415** Ein verstetigtes Entgelt ist daher in Übereinstimmung mit der h. M. nicht erforderlich, um den durch § 2 Abs. 2 Satz 1 MiLoG gewährten Gestaltungsspielraum für Abweichungen von § 2 Abs. 1 MiLoG nutzbar zu machen.

*Schubert/Jerchel/Düwell*, Rn. 121; *Bayreuther*, NZA 2014, 865, 870; *Jöris/von Steinau-Steinrück*, BB 2014, 2101, 2104; *Henkel* u. a., S. 60.

Es wird erst dann relevant, wenn über den durch § 2 Abs. 2 Satz 1 Hs 1 MiLoG ohne verstetigtes Entgelt gewährleisteten Gestaltungsspielraum hinaus nach § 2 Abs. 2 Satz 1 letzter Hs MiLoG weiterer Gestaltungsspielraum bestehen soll. 416

Vgl. auch *Lambrich/Mitius*, DB 2015, 126, 127; *Hilgenstock*, MiLoG, Rn. 144.

### d) Gestaltungsspielraum bei verstetigtem Entgelt

§ 2 Abs. 2 Satz 1 letzter Hs MiLoG enthält nämlich die Ergänzung, dass die Vorgaben zum Arbeitszeitkonto nach MiLoG keine Anwendung finden, soweit der Anspruch auf den gesetzlichen Mindestlohn durch Zahlung eines verstetigten Arbeitsentgelts erfüllt ist. 417

Erhält der Arbeitnehmer ein verstetigtes monatliches Entgelt, welches der Höhe nach dem rechnerisch geschuldeten gesetzlichen Mindestlohn für sämtliche geleisteten Arbeitsstunden einschließlich der Überstunden entspricht oder diesen sogar überschreitet, finden die in § 2 Abs. 2 Satz 1 MiLoG statuierten Einschränkungen für Arbeitszeitkonten keine Anwendung. 418

Zur Zulässigkeit einer rechnerischen Durchschnittsbetrachtung vgl. Rn. 340 ff.

**Praxistipp:**

Konsequenz daraus ist, dass Überstunden auch länger als 12 Monate in ein Arbeitszeitkonto überführt werden können. Dies bedeutet, dass der Ausgleichszeitraum länger als 12 Monate betragen kann (*Schubert/Jerchel/Düwell*, Rn. 121; *Spielberger/Schilling*, NJW 2014, 2897, 2900; *Lambrich/Mitius*, DB 2015, 126, 127).

Liegt das verstetigte Monatseinkommen in Bezug auf die tatsächlich geleisteten Arbeitsstunden (inklusive Überstunden) dagegen rechnerisch unterhalb des gesetzlichen Mindestlohns, sind die auf dem Arbeitszeitkonto eingestellten Plusstunden innerhalb von zwölf Monaten auszugleichen. 419

*Spielberger/Schilling*, NJW 2014, 2897, 2900.

**Praxistipp:**

Für die Praxis bedeutet dies, dass jeweils im Wege einer „Schattenrechnung" (*Lambrich/Mitius*, DB 2015, 126, 127) bzw. „doppelten Buchführung" (Begriffe nach *Jöris/von Steinau-Steinrück*, BB 2014, 2101, 2104; ebenso *Nebel/Kloster*, BB 2014, 2933, 2934) zu ermitteln ist, ob das tatsächlich gezahlte und nach dem MiLoG anrechenbare Monatseinkommen unter Berücksichtigung der tatsächlich geleisteten Arbeitsstunden mindestens den gesetzlichen Mindestlohnbetrag erreicht.

420 Fraglich ist in diesem Zusammenhang, ob § 2 Abs. 2 Satz 3 MiLoG, wonach die auf das Arbeitszeitkonto eingestellten Arbeitsstunden monatlich jeweils 50 % der vertraglich vereinbarten Arbeitszeit nicht übersteigen dürfen, auch im Rahmen des § 2 Abs. 2 Satz 1 letzter Hs MiLoG gilt. Anders als § 2 Abs. 2 Satz 1 MiLoG enthält diese Regelung keine Gegenausnahme für Fälle, in denen das verstetigte Arbeitsentgelt über dem gesetzlichen Mindestlohnbetrag liegt. Hier dürfte aber ein Ansatzpunkt für eine – auch nach dem Willen des historischen Gesetzgebers – zulässige teleologische Korrektur liegen (vgl. zur Zulässigkeit lediglich punktueller Korrekturen Rn. 171).

421 Denn Arbeitnehmer mit einer verstetigt über dem gesetzlichen Mindestlohn liegenden Vergütung bedürfen des Schutzes durch § 2 Abs. 2 Satz 3 MiLoG nicht.

> *Schubert/Jerchel/Düwell*, Rn. 122 f.; *Bayreuther*, NZA 2014, 865, 873; *Preis/Ulber*, Ausschlussfristen und Mindestlohngesetz, S. 15; *Lambrich/Mitius*, DB 2015, 126, 127.

422 Eine dem Rechnung tragende einschränkende Auslegung ist hier auch nicht durch den Willen des historischen Gesetzgebers gesperrt. Denn die Gesetzesmaterialien sprechen insoweit für ein Redaktionsversehen. Dort heißt es nämlich:

> „Die Führung eines Arbeitszeitkontos unterfällt mithin nicht den Vorgaben des **Absatzes 2**, wenn bereits durch das verstetigte Monatseinkommen für sämtliche geleisteten Arbeitsstunden einschließlich der Überstunden der vom Arbeitgeber nach § 1 Abs. 1 gesetzlich geschuldete Mindestlohn bewirkt wird.“ (Hervorhebung vom Verfasser)

> Vgl. BT-Drucks. 18/2010 (neu), S. 22.

**Praxistipp:**

Sehr vorsichtige Arbeitgeber sollten vorsorglich dennoch die 50 %-Grenze beachten und darüber hinausgehende Überstunden nach der Fälligkeitsregelung in § 2 Abs. 1 MiLoG mit 8,50 € (brutto) vergüten.

## IV. Gestaltungsspielraum bei Geltung des MiLoG

423 Wie die Gesetzesbegründung ausdrücklich klarstellt, darf der Mindestlohn nicht durch „missbräuchliche Konstruktionen“ umgangen werden.

> BT-Drucks. 18/1558, S. 35.

424 § 3 Satz 1 MiLoG sieht dementsprechend vor, dass Vereinbarungen, die den Anspruch auf Mindestlohn unterschreiten oder seine Geltendmachung beschränken oder ausschließen, „insoweit“ unwirksam sind. Der Arbeitnehmer kann auf den entstandenen Anspruch nach §§ 1 Abs. 1, 20 MiLoG gemäß § 3 Satz 2 MiLoG nur durch gerichtlichen Vergleich verzichten; im Übrigen ist nach dieser Vorschrift ein Verzicht ausdrücklich ausgeschlossen. Die Verwirkung des Anspruchs ist nach § 3 Satz 3 MiLoG ebenfalls ausgeschlossen. Vereinbarungen, die gegen diese Vorgaben verstoßen, sind nach § 134 BGB

nichtig, wobei sich die Nichtigkeitsfolge, wie der Wortlaut von § 3 Satz 1 MiLoG deutlich macht („insoweit"), jedenfalls dann, wenn man AGB-rechtliche Grundsätze einmal unberücksichtigt lässt (vgl. zu ihnen Rn. 517 ff.) lediglich auf den gegen die Vorgaben des MiLoG verstoßenden Teil der Vereinbarung bezieht. § 139 BGB findet also keine Anwendung.

Vgl. *Lakies*, MiLoG, § 3 Rn. 1,
*Schubert/Jerchel/Düwell*, Rn. 103; *Schweibert/Leßmann*, DB 2014, 1866, 1870; *Bayreuther*, NZA 2014, 865.

## 1. Kennzeichnung einer „Vereinbarung"

Ausgehend vom Schutzzweck des § 3 MiLoG ist der Begriff „Vereinbarung" weit auszulegen. 425

*Lakies*, MiLoG, § 3 Rn. 3.

Untersagt und deshalb unwirksam sind Vereinbarungen – gleich welcher Art und Bezeichnung –, 426

- die den Anspruch auf den Mindestlohn unterschreiten,
- welche die Geltendmachung des Mindestlohns beschränken oder ausschließen.

*Lakies*, MiLoG, § 3 Rn. 3 f.

**Praxistipp:**

Möglich ist laut der Gesetzesbegründung allerdings eine Entgeltumwandlung aufgrund einer Vereinbarung nach § 1a BetrAVG (BT-Drucks. 18/1558, S. 35, 42).

## 2. Ausschlussfristen und Ausschlussklauseln

Ausgehend von den Vorgaben des § 3 Satz 1 MiLoG können daher Ausschlussfristen – gleich welcher Art (d. h. u. a. auch tarifliche Ausschlussfristen) – den Anspruch auf den Mindestlohn und seine Durchsetzung nicht beschränken. 427

*Schubert/Jerchel/Düwell*, Rn. 107; *Jöris/von Steinau-Steinrück*, BB 2014, 2101, 2103; *Preis/Ulber*, Ausschlussfristen und Mindestlohngesetz, S. 36, 46, 76.

In der Literatur wird allerdings mit Blick auf die den Mindestlohn übersteigenden Gehaltsbestandteile – angesichts des Wortlauts von § 3 Satz 1 MiLoG und dessen Schutzzweck zu Recht – ein Eingreifen von Ausschlussfristen für möglich gehalten. 428

*Schubert/Jerchel/Düwell*, Rn. 107; *Preis/Ulber*, Ausschlussfristen und Mindestlohngesetz, S. 47 ff.; *Bayreuther*, NZA 2014, 865, 870.

> **Praxistipp:**
>
> Wichtig für besonders vorsichtige Arbeitgeber ist mit Blick auf die Transparenzvorgaben der AGB-Kontrolle nach § 307 BGB, dies im Wortlaut der Klausel zum Ausdruck zu bringen (*Bayreuther*, NZA 2014, 865, 870; *Schubert/Jerchel/Düwell*, Rn. 107). Insbesondere für Altfälle wird man insoweit indes keinen vollständigen Wegfall der Ausschlussfrist annehmen können (*Preis/Ulber*, Ausschlussfristen und Mindestlohngesetz, S. 57; vgl. ausführlich Rn. 570 ff.).

429 Das im AGB-Recht geltende Verbot der geltungserhaltenden Reduktion soll insoweit allerdings mit Blick auf den Wortlaut von § 3 Satz 1 MiLoG und dessen Schutzzweck nach zutreffender Ansicht nicht eingreifen (vgl. ausführlich Rn. 518 ff.).

*Sagan/Witschen*, jM 2014, 372, 376;

430 Zulässig sind Ausschlussklauseln und -fristen selbstverständlich weiterhin dann, wenn das MiLoG nach § 22 MiLoG nicht eingreift.

*Preis/Ulber*, Ausschlussfristen und Mindestlohngesetz, S. 41 ff.; *Schubert/Jerchel/Düwell*, Rn. 108.

431 Gleiches gilt für Tarifverträge, die unter § 9 AEntG als lex specialis fallen.

*Preis/Ulber*, Ausschlussfristen und Mindestlohngesetz, S. 37 ff.; *Lakies*, MiLoG, § 3 Rn. 18 ff.; *Schubert/Jerchel/Düwell*, Rn. 108.

432 Ob darüber hinaus im Rahmen von § 24 Abs. 1 MiLoG Gestaltungsspielraum für zulässigerweise von § 3 MiLoG abweichende Tarifverträge repräsentativer Tarifvertragsparteien besteht, ist umstritten. Dabei darf – entgegen einer in der Literatur vertretenen Ansicht –

*Schubert/Jerchel/Düwell*, Rn. 108,

der Wortlaut von § 24 Abs. 1 MiLoG („dem Mindestlohn") nicht überinterpretiert werden.

Im Ergebnis ebenso *Preis/Ulber*, Ausschlussfristen und Mindestlohngesetz, S. 44; *Lakies*, MiLoG, § 3 Rn. 18.

433 Denn der Gesetzgeber wollte den betroffenen Branchen eine schrittweise Annäherung an den Mindestlohn ermöglichen, sodass nicht anzunehmen ist, dass er im Übrigen – mit Ausnahme der Lohnhöhe – bereits ein vollständiges Eingreifen des MiLoG gewollt hat. Schließlich sollte hinreichend Vorlaufzeit für ggf. erforderliche „Anpassungsprozesse in den Branchen" gelassen werden.

BT-Drucks. 18/1558, S. 43.

### 3. Verbot des Verzichts

#### a) Grundsatz

434 Während auf vertragliche Ansprüche im Allgemeinen grundsätzlich unproblematisch verzichtet werden kann, schließt § 3 Satz 2 MiLoG einen – insbesondere im Vorhinein erklärten – Verzicht weitgehend aus. Arbeitnehmer

können nur auf den bereits entstandenen Mindestlohnanspruch nach §§ 1 Abs. 1, 20 MiLoG und dies lediglich durch gerichtlichen Vergleich (§§ 794 Abs. 1 Nr. 1, 278 Abs. 6 ZPO) verzichten.

Wird dennoch ein Verzicht vereinbart, der die Anforderungen des § 3 Satz 2 MiLoG nicht erfüllt, so ist er nach § 134 BGB – ganz gleich in welchem rechtlichen „Gewand" er auch vereinbart worden sein mag – nichtig, soweit er den Mindestlohn erfasst (§ 3 Satz 1 MiLoG). 435

> Vgl. *Schubert/Jerchel/Düwell*, Rn. 110.

> **Praxistipp:**
>
> Nicht zulässig sind damit außergerichtliche Vergleiche – gleich welcher Art – z. B. auch in Form einer notariellen Verzichtserklärung (*Schubert/Jerchel/Düwell*, Rn. 110; *Lakies*, MiLoG, § 3 Rn. 9). Ebenfalls ausgeschlossen sind nach einer in der Literatur vertretenen Auffassung Vergleiche vor einer Gütestelle (§ 794 Abs. 1 Nr. 1 ZPO) oder Anwaltsvergleiche (§ 796a ZPO), vgl. *Lakies*, MiLoG, § 3 Rn. 10. Ebenso – insoweit – unwirksam sind Abgeltungsvereinbarungen oder Ausgleichsquittungen am Ende eines Arbeitsverhältnisses.

Ein Verzicht auf die über den gesetzlichen Mindestlohnanspruch hinausgehende Vergütung bleibt jedoch nach den allgemeinen Regeln im Rahmen des gesetzlich Zulässigen weiterhin möglich. 436

> Vgl. *Henkel* u. a., S. 64; hierzu allgemein ErfK/*Preis*, § 611 BGB Rn. 468.

Eine entsprechende Regelung ist auch in § 9 Satz 1 AEntG enthalten. 437

> **Praxistipp:**
>
> Angesichts des Ausschlusses der Verwirkung nach § 3 Satz 3 MiLoG wird in der Literatur angenommen, dass auch ein Berufen auf ein unzulässiges widersprüchliches Verhalten (§ 242 BGB) bei einer Geltendmachung nach unwirksamem Verzicht nicht möglich ist (*Schubert/Jerchel/Düwell*, Rn. 110).

Ausweislich der Gesetzesbegründung soll die Entgeltumwandlung nach dem Gesetz zur Verbesserung der betrieblichen Altersversorgung (vgl. § 1a BetrAVG) nicht von dem Verbot des Verzichts auf den Mindestlohn umfasst sein. 438

> Vgl. BT-Drucks. 18/1558, S. 35; *Viethen*, NZA Beilage 4/2014, 143, 146.

### b) Rechtsfolgen

#### aa) Geltungserhaltende Reduktion

Als Rechtsfolge sieht § 3 Satz 1 MiLoG, nach dem Vereinbarungen, die den Anspruch auf den Mindestlohn unterschreiten oder seine Geltendmachung beschränken oder ausschließen, „insoweit" unwirksam sind, eine geltungserhaltende Reduktion vor. 439

Vgl. *Lembke*, FA 2014, 357, 359; *ders.*, NZA 2015, 70, 73; darauf zielt auch der Hinweis in *Mückl*, Arbeitsrecht in Krise und Insolvenz, 2. Aufl., A. I. 6.

440 Denn im Umkehrschluss aus dieser Rechtsfolgenanordnung folgt, dass Vereinbarungen, die gegen die Vorgaben des MiLoG verstoßen, – unter den allgemeinen Voraussetzungen (z. B. §§ 134, 138, 305 ff. BGB, 4 Abs. 3, 4 TVG und § 77 Abs. 3, 4 BetrVG) – wirksam sind, soweit Entgeltansprüche über den Mindestlohn hinaus betroffen sind. Dafür spricht bereits der mit § 74a Abs. 1 Satz 1, 2 HGB übereinstimmende Wortlaut des § 3 Satz 1 MiLoG.

*Lembke*, NZA 2015, 70, 73.

Denn § 74a HGB ordnet nach der Rechtsprechung des BAG und der in der Literatur herrschenden Meinung, eine geltungserhaltende Reduktion an.

BAG v. 21.4.2010 – 10 AZR 288/09, ZIP 2010, 2172 (LS) = NZA 2010, 1175, dazu EWiR 2010, 715 *(Menke, J.-M./Wolf, S.)*; vgl. für die Literatur nur ErfK/*Oetker*, HGB § 74a Rn. 5.

441 Bestätigt wird dies durch einen Umkehrschluss aus anderen Verbotsnormen, die keine entsprechende Einschränkung vorsehen (vgl. §§ 134, 138, 307 Abs. 1 Satz 1 BGB, § 9 AÜG und § 9 AEntG).

*Lembke*, NZA 2015, 70, 73.

### bb) Ausfüllung von Regelungslücken

442 Soweit teilweise angenommen wird, infolge Unwirksamkeit der vertraglichen Entgeltabrede fehle es an einer Regelung über „die Höhe der Vergütung" i. S. v. § 612 Abs. 2 BGB mit der Folge, dass die „übliche Vergütung" als geschuldet anzusehen sei,

*Bayreuther*, NZA 2014, 865; *Däubler*, NJW 2014, 1924, 1927,

wird dabei verkannt, dass durch das MiLoG ein eigenständiges und vorrangig zu prüfendes Rechtsfolgenregime geschaffen wurde.

Zutreffend *Grau/Sittard*, ArbRB 2014, 336, 337.

443 Sinn und Zweck der Einführung des Mindestlohns war gerade eine Aufstockung auf den Mindestlohn, wenn vertraglich ein geringeres Entgelt vorgesehen ist.

In diesem Sinne auch *Grau/Sittard*, ArbRB 2014, 336, 337.

444 Eine überschießende Rechtsfolge dahin, dass in diesem Fall – sozusagen als Strafe – ein den Mindestlohn übersteigender Lohn gezahlt werden muss, lässt sich § 3 Satz 1 MiLoG nicht entnehmen. Im Gegenteil: Diese Norm ordnet eine geltungserhaltende Reduktion an, ist also gerade auf eine Begrenzung der Unwirksamkeitsfolge, d. h. einen möglichst geringen Eingriff in die vertragliche Regelung, bedacht.

445 Rechtsfolge eines Mindestlohnverstoßes ist damit grundsätzlich ein Aufstockungsanspruch auf 8,50 € (brutto) je Zeitstunde – und zwar unabhängig

vom (branchen-)üblichen Lohn nach § 612 Abs. 2 BGB. Allerdings muss insoweit zweistufig geprüft werden:

- Zunächst muss ein Verstoß gegen die Vorgaben des § 3 MiLoG geprüft werden. Wird er festgestellt, erfolgt im ersten Schritt eine Aufstockung auf 8,50 € pro Zeitstunde.
- Da die Sittenwidrigkeitsvorgaben durch das MiLoG unberührt bleiben (vgl. Rn. 308 ff.), muss dann geprüft werden, ob der gesetzliche Mindestlohn im Hinblick auf die konkrete Tätigkeit des Arbeitnehmers sittenwidrig i. S. d. § 138 BGB ist.

*Grau/Sittard*, ArbRB 2014, 336, 337.

***Beispiele:***

1. *Wird vertraglich ein Lohn von 8,00 € (brutto) pro Stunde vereinbart und beträgt der übliche Lohn in der Branche und Region 16,00 € (brutto) pro Stunde, ist auch der gesetzliche Mindestlohn von 8,50 € (brutto) pro Stunde sittenwidrig i. S. v. § 138 BGB. Daher greift nun § 612 Abs. 2 BGB mit der Folge ein, dass ein Anspruch auf den üblichen Lohn i. H. v. 16,00 € (brutto) pro Stunde besteht.*
2. *Bei einem vereinbarten Lohn von 7,00 € (brutto) pro Stunde, einem Mindestlohn von 8,50 € (brutto) pro Stunde und einem üblichen Lohn von 9,00 € (brutto) pro Stunde bleibt es dagegen bei dem Anspruch auf den Mindestlohn i. H. v. 8,50 € (brutto) pro Stunde.*

### c) Ausnahme: gerichtlicher Vergleich

Ausnahmsweise möglich ist ein Verzicht auf den entstandenen Mindestlohnanspruch – wie vorstehend erläutert – nach § 3 Satz 2 MiLoG nur durch gerichtlichen Vergleich. Weder § 3 Satz 2 MiLoG selbst noch die Gesetzgebungsgeschichte geben allerdings Aufschluss darüber, ob an den „gerichtlichen" Vergleich weitere Anforderungen zu stellen sind oder ob dort jeder gerichtliche Vergleich i. S. d. §§ 794 Abs. 1 Nr. 1, 278 Abs. 6 ZPO gemeint ist. **446**

**Praxistipp:**

Wichtig kann das insbesondere im Hinblick auf das Vorgehen bei Lohnklage- und Kündigungsschutzprozessen sein. Denn nur ein wirksamer Verzicht könnte den Arbeitgeber ggf. vor der Verwirklichung eines Ordnungswidrigkeitstatbestandes schützen. Obsiegt der Arbeitnehmer und hat Arbeitgeber für die Dauer des Prozesses die Entgeltzahlungen eingestellt, so hat Letzterer – falls er auch nur leicht fahrlässig zu Unrecht davon ausgegangen ist, rechtmäßig zu handeln – den Ordnungswidrigkeitstatbestand des § 21 Abs. 1 Nr. 9 MiLoG verwirklicht. Vgl. hierzu Rn. 924 ff.

Lohnzahlungs- und Kündigungsschutzprozesse werden in der betrieblichen Praxis mehrheitlich durch einen Vergleich beendet. Entsprechende Vergleiche kommen in der Regel entweder dadurch zustande, dass die Parteien dem Gericht einen schriftlichen Vergleichsvorschlag unterbreiten (Alt. 1) oder **447** einen schriftlichen Vergleichsvorschlag des Gerichts durch Schriftsatz gegenüber dem Gericht annehmen (Alt. 2); vgl. § 278 Abs. 6 Satz 1 ZPO.

448 Anlass zu Zweifeln, ob beide Varianten den Anforderungen des § 3 Satz 2 MiLoG genügen, bietet indes nicht dessen Wortlaut, sondern die Rechtsprechung des BAG zu § 14 Abs. 1 Nr. 8 TzBfG, wonach ein die Befristung eines Arbeitsverhältnisses rechtfertigender Sachgrund auch vorliegt, wenn Befristung auf einem gerichtlichen Vergleich beruht. In seinem Urteil vom 15.2.2012 hat das BAG jedoch festgestellt, dass ein nach § 278 Abs. 6 Satz 1 Alt. 1 ZPO festgestellter Vergleich kein gerichtlicher Vergleich i. S. d. § 14 Abs. 1 Nr. 8 TzBfG ist. Dabei hat das BAG im Wesentlichen darauf abgestellt, dass die Möglichkeit des gerichtlichen Vergleiches auf Vorschlag der Parteien (§ 278 Abs. 6 Satz 1 Alt. 1 ZPO) bei Inkrafttreten des TzBfG in der ZPO noch nicht vorgesehen war und der historische Gesetzgeber diesen deswegen nicht gemeint haben könne. Da der Gesetzgeber nach der Einführung des § 278 ZPO in seiner heutigen Form § 14 Abs. 1 Nr. 8 TzBfG auch nicht entsprechend angepasst habe, sei weiterhin davon auszugehen, dass nur ein Vergleich auf Vorschlag des Gerichts (§ 278 Abs. 6 Satz 1 Alt. 2 ZPO) dem Sinn und Zweck von § 14 Abs. 1 Nr. 8 TzBfG entspreche. Nur Letzterer biete aufgrund der Möglichkeit und Obliegenheit des Gerichts, am Inhalt des Vergleichs mitzuwirken, hinreichende Gewähr dafür, dass die Schutzinteressen des Arbeitnehmers ausreichend berücksichtigt werden. Dass das Gericht auch bei einem Vergleichsvorschlag von Parteiseite gehalten ist, den Vergleich auf Verstöße gegen Strafgesetze, gesetzliche Verbote und die guten Sitten (§§ 134, 138 BGB) zu kontrollieren, lässt das BAG nicht genügen.

BAG v. 15.2.2012 – 7 AZR 734/10, NZA 2012, 919, 922;
BAG v. 12.11.2014 – 7 AZR 891/12, EzA-SD 2015, Nr. 4, 7–10.

449 Ob die Rechtsprechung des BAG zu § 14 Abs. 1 Nr. 8 TzBfG ohne Weiteres auf § 3 Satz 2 MiLoG bzw. § 9 Satz 1 AEntG übertragen werden kann, ist – soweit ersichtlich – zwar gerichtlich noch nicht entschieden, erscheint aber im Ergebnis fraglich.

A. A. *Hilgenstock*, MiLoG, Rn. 159; *Lakies*, MiLoG, § 3 Rn. 13.

450 Denn das Hauptargument des BAG greift hier nicht ein: Den Überlegungen des Gesetzgebers des MiLoG zur Möglichkeit eines Verzichts durch gerichtlichen Vergleich lag schließlich § 278 Abs. 6 ZPO in seiner aktuellen Fassung zugrunde, der einen Vergleich auf Parteivorschlag zulässt. Dafür, dass sich § 3 Satz 2 MiLoG an die Auslegung von § 14 Abs. 1 Nr. 8 TzBfG durch das BAG anlehnt, finden sich keine Hinweise. Im Gegenteil: Der Gesetzgeber des MiLoG konnte – anders als ggf. der historische Gesetzgeber des TzBfG – nicht mehr davon ausgehen, dass lediglich ein Vergleich auf Vorschlag des Gerichts möglich ist.

451 Darüber hinaus erscheint es auch fraglich, ob und auf welche Weise ein Arbeitsgericht vor dem Hintergrund von Dispositions- und Beibringungsgrundsatz – über eine Überwachung der Anforderungen des zwingenden Rechts

bzw. der §§ 134, 138 BGB hinaus – berechtigterweise Einfluss auf den Inhalt von Vergleichen nehmen sollte. Richtigerweise müsste ein Verzicht auf den gesetzlichen Mindestlohnanspruch bei einem gerichtlichen Vergleich wirksam möglich sein.

Vgl. entgegen dem BAG ebenso zu § 14 TzBfG nun LAG Niedersachsen v. 5.11.2013 – 1 Sa 489/13, LAGE Nr. 79 zu § 14 TzBfG (Rn. 63), Revision anhängig: BAG – 7 AZR 2/14; wohl auch ErfK/*Müller-Glöge*, § 14 TzBfG Rn. 77; BeckOK ArbR/*Bayreuther*, TzBfG § 17 Rn. 76.

**Praxistipp:**

Ungeachtet dessen und bisweilen anders lautender (nicht rechtskräftig gewordener) Entscheidungen der Landesarbeitsgerichte (LAG Niedersachsen v. 5.11.2013 – 1 Sa 489/13, LAGE Nr. 79 zu § 14 TzBfG; LAG Sachsen v. 4.11.2010 – 4 Sa 262/10, LAGE Nr. 62 zu § 14 TzBfG) ist vor dem Hintergrund der vorstehend dargelegten Rechtsprechung des BAG nicht auszuschließen, dass durch die Kontrollbehörden nur ein Vergleich auf Vorschlag des Gerichts (§ 278 Abs. 6 Satz 1 Alt. 2 ZPO) als wirksamer Verzicht auf den gesetzlichen Mindestlohnanspruch anerkannt werden wird. Nur ein solcher bietet deswegen hinreichende Sicherheit, dem Sanktionsregime des MiLoG (vgl. dazu Rn. 847 ff.) zu entgehen. Vorsorglich sollte daher ein Vergleich selbst dann, wenn er zwischen den Parteien außergerichtlich ausgehandelt wurde, im Rahmen einer mündlichen Verhandlung vor dem erkennenden Gericht geschlossen werden (vgl. *Hilgenstock*, MiLoG Rn. 159).

**Praxistipp:**

Zur Vermeidung späterer Meinungsverschiedenheiten und zu Beweiszwecken kann im Rahmen der mündlichen Verhandlung darauf hingewirkt werden, dass ein Hinweis in das Sitzungsprotokoll aufgenommen wird, der belegt, dass der Vergleich auf Vorschlag des Gerichts zustande gekommen ist (vgl. *Lakies*, MiLoG, § 3 Rn.14).

Sofern dies nicht praktikabel ist (z. B. bei weiter Entfernung zum Gericht oder bei erst in Monaten anstehender mündlicher Verhandlung), sollte darauf geachtet werden, dem Gericht keinen „druckreifen“ Vergleich zuzusenden, der unverändert in den gerichtlichen Beschluss „hineinkopiert“ werden kann. Es sollten vielmehr lediglich die wesentlichen „Eckpunkte“ übersandt werden (ähnlich *Hilgenstock*, MiLoG, Rn. 159). So wird zum einen die inhaltliche Auseinandersetzung des Gerichts mit dem Vergleich sichergestellt und zum anderen erreicht, dass der letztliche Vergleichsvorschlag – auch wenn er inhaltlich den Parteiwillen widerspiegelt – von dem Gericht und nicht von den Parteien stammt. Damit wäre auch den Anforderungen des BAG Genüge getan, das insoweit ausreichen lässt, dass „sich das Gericht einen ggf. von den Parteien vorgelegten Einigungsentwurf als seinen Vorschlag zu eigen macht und diesen den Parteien unterbreitet“ (BAG v. 15.2.2012 – 7 AZR 734/10, NZA 2012, 919).

Wiederum vor dem Hintergrund des Sanktionsregimes des MiLoG und des **452**
Umstands, dass der gesetzliche Mindestlohn als Sockelbetrag in jedem Lohn enthalten ist (vgl. hierzu Rn. 79 ff., 149 ff.), sollte darauf geachtet werden, dass jeder Vergleich, der einen Rechtsstreit, in dem Lohnansprüche oder der Bestand des Arbeitsverhältnisses streitig waren, beendet, einen Verzicht auf etwaige entstandene gesetzliche Mindestlohnansprüche enthält.

### d) Verhältnis zu anderen Mindestentgeltbestimmungen

453 Lässt man die in § 24 MiLoG normierten – vorübergehenden – Ausnahmen unberücksichtigt, setzen sich nach § 1 Abs. 3 MiLoG nur im Vergleich zu den Vorgaben des MiLoG günstigere Tarifverträge durch. Das gilt auch für die Vorgaben des § 3 MiLoG.

> *Preis/Ulber*, Ausschlussfristen und Mindestlohngesetz, S. 38 ff.; *Grimm/Linden*, ArbRB 2014, 339, 341.

454 Denn nach § 1 Abs. 3 Satz 1 MiLoG gehen die Regelungen

- des AEntG,
- des AÜG und
- der auf ihrer Grundlage erlassenen Rechtsverordnungen

den Regelungen dieses Gesetzes nur vor, *„soweit die Höhe der auf ihrer Grundlage festgesetzten Branchenmindestlöhne die Höhe des Mindestlohns nicht unterschreitet."*

455 Nach § 1 Abs. 3 Satz 2 MiLoG gilt der Vorrang nach § 1 Abs. 3 Satz 1 MiLoG entsprechend für einen auf der Grundlage von § 5 TVG für allgemeinverbindlich erklärten Tarifvertrag i. S. v. § 4 Abs. 1 Nr. 1, § 5 und § 6 Abs. 2 AEntG.

> **Praxistipp:**
>
> Konsequenz dieser Regelung ist insbesondere, dass Sanierungstarifverträge, durch die der Mindestlohn zeitweise unterschritten werden soll, unzulässig sind, vgl. *Lakies*, MiLoG, § 1 Rn. 17.

456 Der durch § 1 Abs. 3 MiLoG bewirkte Vorrang ist nach dem Wortlaut der Norm nicht auf die Regelung des Branchenmindestlohns selbst beschränkt, sondern erfasst auch tarifvertraglich vorgesehene Ausschlussfristen.

> *Preis/Ulber*, Ausschlussfristen und Mindestlohngesetz, S. 38 ff.; *Grimm/Linden*, ArbRB 2014, 339, 341.

*Beispiel:*

*§ 9 Satz 3 AEntG, der die Regelung von Ausschlussfristen in den für allgemeinverbindlich erklärten Tarifverträgen für zulässig erklärt, findet daher Anwendung (Preis/Ulber, Ausschlussfristen und Mindestlohngesetz, S. 38 ff.; Grimm/Linden, ArbRB 2014, 339, 341).*

## 4. Verwirkung

457 Nach § 3 Satz 3 MiLoG ist selbst eine Verwirkung des Mindestlohnanspruchs ausgeschlossen.

458 Die Verwirkung ist ein Sonderfall der unzulässigen Rechtsausübung. Durch die Verwirkung wird die illoyal verspätete Geltendmachung von Rechten

ausgeschlossen. Sie dient dem Vertrauensschutz. Deshalb kann Zeitablauf allein nicht zur Verwirkung eines Rechts führen. Zu dem sog. „Zeitmoment" müssen vielmehr besondere Umstände sowohl im Verhalten des Berechtigten als auch des Verpflichteten hinzutreten (sog. „Umstandsmoment"), die es rechtfertigen, die späte Geltendmachung des Rechts als mit Treu und Glauben unvereinbar und für den Verpflichteten als unzumutbar anzusehen. Dabei muss der Berechtigte unter solchen Umständen untätig geblieben sein, die den Eindruck erwecken konnten, dass er sein Recht nicht mehr geltend machen wolle, sodass der Verpflichtete sich darauf einstellen durfte, nicht mehr in Anspruch genommen zu werden.

St. Rspr., vgl. nur BAG v. 12.8.2014 – 3 AZR 82/12, juris; BAG v. 17.6.2014 – 3 AZR 412/13, DB 2014, 2534, dazu EWiR 2015, 59 *(Hartmann)*, jeweils m. w. N.

**Praxistipp:**

Ein bloßes Unterlassen der Geltendmachung eines Anspruches kann nur dann einen Umstandsmoment begründen, wenn aufgrund zusätzlicher besonderer Umstände eine Pflicht zur zeitnahen Geltendmachung besteht (BAG v. 11.12.2014 – 8 AZR 838/13, Pressemitteilung Nr. 65/14).

Aber auch mit Blick auf über den gesetzlichen Mindestlohn hinausgehendes **459**
Arbeitsentgelt, das grundsätzlich der Verwirkung unterliegt, wird die Frage, ob ein Vergütungsanspruch verwirkt ist, auf der Grundlage der Rechtsprechung des BAG nur selten praktisch relevant werden. Denn das BAG betont in ständiger Rechtsprechung, dass eine Verwirkung ohnehin nur ganz ausnahmsweise vorliegt. Das durch Richterrecht geschaffene Institut der Verwirkung dürfe in seiner Anwendung nicht dazu führen, dass die gesetzliche Verjährung unterlaufen werde.

Vgl. nur BAG v. 11.12.2014 – 8 AZR 838/13, Pressemitteilung Nr. 65/14.

### 5. Verjährung

Neben dem oben gekennzeichneten Gestaltungsspielraum, **460**

vgl. Rn. 446 ff. zum Verzicht durch gerichtlichen Vergleich,

werden Arbeitgeber gegen Mindestlohnansprüche daher nur im Rahmen der Verjährung geschützt. Es gelten die allgemeinen Regeln der §§ 195, 199 BGB.

*Schubert/Jerchel/Düwell*, Rn. 102; *Viethen*, NZA Beilage 4/2014, 143, 146.

**Praxistipp:**

Auch sie werden allerdings durch § 3 Satz 1 MiLoG insoweit eingeschränkt, als Vereinbarungen über eine Verjährungserleichterung nicht zulässig sind (*Lakies*, MiLoG, § 3 Rn. 55).

## D. Folgen für die betriebliche Praxis

Nachfolgend werden für die betriebliche Praxis besonders wichtige Folgen der Geltung des MiLoG mit Blick darauf dargestellt, welche Veränderungen an typischerweise bestehenden Vereinbarungen vorgenommen und welche neuen Aufgaben von wem (Lohnabrechnung, Betriebsparteien, Tarifparteien) wie wahrgenommen werden müssen. Dazu werden die praktisch wichtigen Gesichtspunkte hervorgehoben und Lösungsvorschläge entwickelt. 461

### I. Auswirkungen auf die Lohnabrechnung – doppelte Lohnabrechnung bei verstetigtem Monatslohn

Für die Lohnabrechnungspraxis bringt das Enthaltensein des Mindestlohns in jeder Vergütung – aber nicht in allen Vergütungsbestandteilen – einen erheblichen Aufwand mit sich. 462

Vgl. dazu auch *Lambrich/Mitius*, DB 2015, 126.

#### 1. Stundenlohnabrede

Ist im Arbeitsvertrag eine Stundenlohnabrede getroffen, ist die Einhaltung der gesetzlichen Pflicht, 8,50 € (brutto) pro Stunde zu zahlen, für Unternehmen noch leicht überprüfbar. 463

#### 2. Verstetigter Monatslohn

Als für die Abrechnungspraxis zeitaufwändig und schwierig kann sich die Überprüfung der Einhaltung des MiLoG aber erweisen, wenn der Arbeitsvertrag – wie in den meisten Fällen – ein monatliches Pauschalgehalt sowie eine „regelmäßige wöchentliche Arbeitszeit" vorsieht. 464

Bei dieser Gestaltung ist nämlich denkbar, dass die Zahl der im jeweiligen Monat geleisteten Stunden multipliziert mit 8,50 € (brutto) einen das Pauschalgehalt übersteigenden Betrag ergibt. Konsequenz daraus ist, dass ohne „Aufstockungsleistung" der Anspruch aus § 1 Abs. 1 MiLoG nicht erfüllt ist. Denkbar ist dies zum einen, weil die Zahl vergütungspflichtiger Arbeitstage je Monat abhängig von der Anzahl der Kalendertage von Kalendermonat zu Kalendermonat variiert (in 2015 zwischen 20 und 27). 465

*Lambrich/Mitius*, DB 2015, 126.

Zum anderen kann die Zahl der tatsächlich geleisteten Arbeitsstunden pro Monat in unterschiedlicher Höhe von der vereinbarten „regelmäßigen" Arbeitszeit abweichen (Stichwort: Mehrarbeit bzw. Überstunden). 466

> **Praxistipp:**
>
> Hier wird die unter Rn. 340 beantwortete Frage relevant, ob Überstunden stets separat vergütungspflichtig sind oder ob sie im Rahmen einer zulässigen Durchschnittsbetrachtung mit dem Grundgehalt abgegolten werden können.

467 Geht man – richtigerweise – (vgl. Rn. 340 ff.) von der Zulässigkeit einer Durchschnittsbetrachtung aus, muss unternehmensseitig bei einem vereinbarten verstetigten Monatslohn im Rahmen der monatlichen Lohnabrechnung im Hintergrund stets eine Vergleichsrechnung anhand der tatsächlich geleisteten Arbeitsstunden pro Monat auf Grundlage von 8,50 € (brutto) je Zeitstunde erfolgen, um sicherzustellen, dass die Vorgaben des MiLoG erfüllt werden.

**Praxistipp:**

Die Notwendigkeit einer solchen doppelten Lohnabrechnung bedeutet für die Lohnbuchhaltungen zwar einen enormen zusätzlichen Aufwand, sollte aber mit Blick auf die bei einem Verstoß gegen das MiLoG drohenden Sanktionen (vgl. Rn. 847 ff.) geleistet werden. Vgl. hierzu ausführlich mit Beispielen *Lambrich/Mitius*, DB 2015, 126, 128 ff.

## II. Vorgaben für die künftige Gestaltung von Arbeitsbedingungen

468 Auch wenn in der Literatur teilweise angenommen wird, § 3 Satz 1 MiLoG ordne eine geltungserhaltende Reduktion von gegen die Vorgaben des MiLoG verstoßenden Regelungen insoweit an, als über den Mindestlohnanspruch hinausgehende Vergütungsbestandteile betroffen seien,

*Sagan/Witschen*, jM 2014, 372, 376; *Lembke*, FA 2014, 357, 359; *ders.*, NZA 2015, 70, 75; ähnlich *Bayreuther*, NZA 2014, 865, 870,

was bereits aus zivilrechtsdogmatischen und verfassungsrechtlichen Gründen jedenfalls für vor dem 1.1.2015 geltende Verträge gelten muss (vgl. Rn. 570 ff.) sollte die betriebliche Praxis bis zu einer Bestätigung dieser Ansicht durch die Kontrollbehörden und Gerichte transparente Regelungen schaffen, welche den Vorgaben des MiLoG erkennbar gerecht werden.

### 1. Arbeitsverträge

469 Dies gilt zunächst einmal für Regelungen mit Arbeitszeit- und/oder Vergütungsbezug in ab dem 1.1.2015 abgeschlossenen Arbeitsverträgen.

#### a) Arbeitszeit

470 Regelungen zur Arbeitszeit sind insoweit wichtig, wie sie die vergütungspflichtige Arbeitszeit betreffen, die infolge der in § 1 Abs. 2 MiLoG festgelegten Berechnungsformel für die Berechnung des Mindestlohns und den Nachweis der Erfüllung des Anspruchs aus §§ 1, 20 MiLoG maßgeblich ist.

471 Daher sollte zunächst eine bestimmte (z. B. wöchentliche) Arbeitszeit festgelegt werden. Dies ist bereits nach § 2 Abs. 1 Nr. 7 NachwG erforderlich. Die festgelegte Arbeitszeit muss die Vorgaben des § 2 ArbZG und – im Fall einer Teilzeitbeschäftigung – die Vorgaben des TzBfG (z. B. § 12 TzBfG) wahren.

### aa) Dienstreisen

Sofern die Tätigkeit auch Dienstreisen umfasst, sollte transparent geregelt werden, welche Zeiten als „Arbeitszeit“ gelten und welche nicht. Die Rechtsprechung gestattet hier durchaus Differenzierungen. **472**

Die „Dienstreise“ ist für die Privatwirtschaft nicht gesetzlich definiert. In der betrieblichen Praxis wird zumeist an die Begriffsbildung aus dem für den öffentlichen Dienst geltenden § 2 Bundesreisekostengesetz angeknüpft: Danach liegt eine Dienstreise vor, wenn der Mitarbeiter zur Erledigung von Dienstgeschäften an einen Ort außerhalb des Dienstortes reist. **473**

> Vgl. *Loritz*, NZA 1997, 1188; Küttner/*Griese*, Personalbuch 2014, Dienstreise, Rn. 1.

Muss der Mitarbeiter Dienstgeschäfte außerhalb der Dienststelle, aber am Wohn- oder Dienstort verrichten, handelt es sich um einen Dienstgang. **474**

> *Küttner/Griese*, Personalbuch 2014, Dienstreise, Rn. 1.

Dienstreisezeit zählt jedenfalls dann zur – vergütungspflichtigen und damit mindestlohnrelevanten – arbeitsvertraglichen Hauptleistung, wenn die Fahrt selbst die Leistung darstellt. **475**

***Beispiel:***

*Dies gilt z. B. bei einem Lastkraftwagenfahrer oder Taxifahrer. Gleiches gilt bei sonstigen Außendienstmitarbeitern, bei denen die Reisetätigkeit ebenfalls zur vergütungspflichtigen Haupttätigkeit zählt (BAG v. 22.4.2009 – 5 AZR 292/08, DB 2009, 1602).*

Im Übrigen muss differenziert werden: **476**

Ohne abweichende individual- oder kollektivrechtliche Regelung ist der Arbeitgeber verpflichtet, die Zeiten einer Dienstreise, die in die reguläre Arbeitszeit fallen, als Arbeitszeit zu vergüten (§ 611 BGB i. V. m. der geltenden Vergütungsregelung). Denn die Anordnung einer Dienstreise erfolgt kraft Direktionsrechts. **477**

> BAG v. 29.8.1991 – 6 AZR 593/88, DB 1992, 147.

Sie konkretisiert die Arbeitspflicht auf die Ausführung der Dienstreise, sodass hierfür die Gegenleistung – die Vergütung – geschuldet wird. **478**

> Küttner/*Griese*, Personalbuch 2014, Dienstreise, Rn. 4, 6.

> **Praxistipp:**
>
> Die Vergütungspflicht besteht auch für sonstige Wegezeiten, die der Arbeitnehmer während der Arbeitszeit zurücklegt, etwa für Fahrten zu auswärtigen Arbeitsstellen (BAG v. 8.12.1960 – 5 AZR 304/58, AP Nr. 1 zu § 611 BGB Wegezeit). Dies gilt auch im Rahmen der Arbeitnehmerüberlassung, wenn der entliehene Arbeitnehmer zu verschiedenen Einsatzstellen oder verschiedenen Entleihbetrieben fahren muss (Küttner/*Griese*, Personalbuch 2014, Dienstreise, Rn. 4). Nicht vergütungspflichtig ist hingegen die Zeit, die der Arbeitnehmer für den Weg zwischen Wohnung und Arbeitsstätte benötigt (Küttner/*Griese*, Personalbuch 2014, Dienstreise, Rn. 5 m. w. N.)

**479** Arbeitsvertragliche Klauseln, welche die Vergütung für Reisezeiten während der regulären Arbeitszeit ausschließen, sind nach § 307 Abs. 2 Nr. 1 BGB unwirksam.

*Heins/Leder*, NZA 2007, 249, 250; Küttner/*Griese*, Personalbuch 2014, Dienstreise, Rn. 4.

**480** Das BAG beschränkt die vergütungspflichtige Arbeitszeit allerdings für Reisezeiten außerhalb der regulären Arbeitszeit, indem es nach § 612 Abs. 1 BGB prüft, ob für solche Reisezeiten „nach den Umständen“ eine Vergütung zu erwarten ist.

BAG v. 3.9.1997 – 5 AZR 428/96, NZA 1998, 540.

***Beispiel:***

*Vor diesem Hintergrund hat das BAG bei einem höheren, gut verdienenden Angestellten zwei Reisestunden täglich zusätzlich zur regulären Arbeitszeit als nicht gesondert vergütungspflichtig angesehen.*

**481** Außerhalb der Arbeitszeit liegende Dienstreisezeit, dürfte jedenfalls dann keine Arbeitszeit sein, wenn sie keine besonderen Belastungen für den Arbeitnehmer mit sich bringt. Insoweit wird man an die arbeitszeitrechtliche Bewertung anknüpfen können.

BAG v. 11.7.2006 – 9 AZR 519/05, NZA 2007, 155.

***Beispiel:***

*Eine Qualifikation als vergütungspflichtige Arbeitszeit muss aber erfolgen, wenn und soweit der Arbeitnehmer die Dienstreise zur Erledigung seiner Arbeitsaufgaben nutzen muss. Die Bearbeitung von Akten, E-Mails, Vor- und Nachbereitung des auswärtigen Termins ist dann Vollarbeit. Es macht keinen Unterschied, ob derartige Arbeiten am Schreibtisch im Betrieb/in der Dienststelle oder im Zug, Bus oder Flugzeug verrichtet werden (BAG v. 11.7.2006 – 9 AZR 519/05, NZA 2007, 155).*

*Fehlt es jedoch an solchen Anforderungen des Arbeitgebers, sind Gesundheit und Sicherheit des Arbeitnehmers durch ein Überschreiten der täglich höchstzulässigen Arbeitszeit von zehn Stunden nicht gefährdet. Der Arbeitnehmer kann während er sich in Beförderungsmitteln aufhält nach Belieben arbeiten. Ihm steht auch frei, private Angelegenheiten zu erledigen. „Dösen" oder Schlafen sind ebenso gestattet wie die Einnahme von Getränken oder Speisen. Seine Belastung bleibt damit noch hinter der Beanspruchung durch eine Rufbereitschaft zurück. Er muss sich nicht auf Abruf zur Arbeitsleistung zur Verfügung halten (BAG v. 11.7.2006 – 9 AZR 519/05, NZA 2007, 155), sodass derartige Zeiten nicht als vergütungspflichtige Arbeitszeit zu qualifizieren sind.*

Das MiLoG selbst macht keine neuen Vorgaben dazu, welche Arbeitszeit vergütungspflichtig ist. Insofern wird man weiterhin an die bislang von der Rechtsprechung zu § 612 BGB entwickelten Grundsätze anknüpfen können. 482

Vor diesem Hintergrund gilt auch für Dienstreisen, dass nicht für jede „Zeitstunde" einer Dienstreise gemäß § 1 Abs. 2 MiLoG eine Vergütung von rechnerisch 8,50 € (brutto) geleistet werden muss. Vielmehr muss danach differenziert werden, welche Zeiten der Dienstreise vergütungspflichtige Arbeitszeit sind. 483

**Praxistipp:**

Um dem Arbeitgeber die Zahlung des Mindestlohns auch insoweit zu ermöglichen, sollte dem Arbeitnehmer aufgegeben werden, während der Dienstreise weisungsgemäß für Arbeitsaufgaben genutzte Zeit über die reguläre Arbeitszeit hinaus zu dokumentieren, wenn er hierfür nach den zu § 612 BGB entwickelten Grundsätzen eine zusätzliche Vergütung erwarten kann. Dies ist bereits mit Blick auf die Pflichten nach §§ 16 ff. MiLoG (dazu Rn. 619 ff.) erforderlich, um dem Arbeitgeber im Kontrollfall den Nachweis der Erfüllung seiner Pflichten aus dem MiLoG zu ermöglichen und die empfindlichen Sanktionen bei Pflichtverletzung (dazu Rn. 847 ff.) zu vermeiden.

### bb) Mehrarbeit und Überstunden

Parallele Fragen stellen sich in Bezug auf Mehrarbeit und Überstunden. 484
Auch wenn Überstunden nach zutreffender Ansicht weiterhin durch ein entsprechend hohes verstetigtes Gehalt abgegolten werden können und – entgegen einer vereinzelt in der Literatur vertretenen Auffassung – nicht separat zusätzlich mit 8,50 € (brutto) pro Überstunde vergütet werden müssen (vgl. Rn. 340 ff.) sollte auch insoweit eine Dokumentationspflicht jedenfalls dann eingeführt werden, wenn der Arbeitnehmer nach den hierzu vom BAG entwickelten Grundsätzen nach § 612 BGB eine Vergütung erwarten darf.

***Beispiel:***

*Besonders vorsichtige Arbeitgeber sollten folgende Klausel in ihre Verträge aufnehmen: „Mit der Vergütung gemäß* ***[Verweis auf Festvergütung]*** *sind sämtliche Tätigkeiten des Arbeitnehmers aus diesem Vertrag inklusive Über- und Mehrarbeit in einem Umfang von bis zu* ***[Zahl]*** *Stunden pro* ***[Woche/Monat]*** *abgegolten, soweit der Abgeltung nicht zwingende gesetzliche Vorgaben entgegenstehen."*

Der Verweis auf „zwingende gesetzliche Vorgaben" erhöht zwar nicht unbedingt die Transparenz der Regelung. Ein Verstoß gegen § 307 BGB dürfte 485 aber mit Blick darauf ausscheiden, dass damit zum einen lediglich Überlegungen des 5. Senats des BAG aufgegriffen werden.

Vgl. BAG v. 13.3.2013 – 5 AZR 954/11, ZIP 2013, 1243, dazu EWiR 2013, 401 *(Rolfs)*; vgl. zu dieser Entscheidung allerdings auch *Mückl*, Arbeitsrecht in Krise und Insolvenz, Rn. 340 ff.

486 Zum anderen wird der Arbeitnehmer damit darüber informiert, dass einer Abgeltung potentiell zwingende gesetzliche Vorgaben entgegenstehen können. Er wird damit nicht von der Geltendmachung potentieller Ansprüche abgeschreckt und genau darauf – die Verhinderung einer Abschreckung von der Anspruchsgeltendmachung – zielt das Transparenzgebot nach der Rechtsprechung des BAG in diesem Kontext ab.

BAG v. 19.2.2014 – 5 AZR 700/12, DB 2014, 1262.

487 Es findet daher keine unzulässige Risikoverlagerung auf den Arbeitnehmer statt. Dies gilt umso mehr, als die Klausel auch ohne diesen Zusatz richtigerweise wirksam wäre, weil eine Abgeltung von Überstunden in dem nach den vom BAG vor der Geltung des MiLoG entwickelten Regeln zulässigen Umfang richtigerweise dann weiterhin möglich ist, wenn der Anspruch nach §§ 1, 20 MiLoG durch das verstetigte Gehalt unter Berücksichtigung der tatsächlich geleisteten Mehrarbeit/Überstunden rechnerisch erfüllt wird (vgl. Rn. 340 ff.).

#### cc) Geringfügige Beschäftigung

488 Mit Blick auf zeitgeringfügig Beschäftigte (vgl. bereits Rn. 144 ff.) muss, sofern durch die Geltung des MiLoG der rechnerische Stundenlohn gestiegen ist, zur Wahrung des sozialversicherungsrechtlichen Status ggf. eine geringere Arbeitszeit vereinbart werden.

#### dd) Kurzarbeit

489 Unproblematisch sind weiterhin Regelungen zur Einführung von Kurzarbeit, da die §§ 1, 20 MiLoG sicherstellen wollen, dass geleistete Arbeitsstunden vergütet werden. Soweit die Verpflichtung zur Arbeitsleistung in einem entsprechenden Umfang abgesenkt wird, wird das Verhältnis von Leistung und Gegenleistung nicht einseitig verringert; lediglich die absoluten Beträge sinken, sodass kein Unterschreiten der Vorgaben der §§ 1, 20 MiLoG stattfindet.

#### ee) Vertrauensarbeitszeit

490 Möglich bleibt auch unter Geltung des MiLoG die Durchführung von Vertrauensarbeitszeit. Beachtet werden müssen jedoch die in § 17 MiLoG vorgesehenen Aufzeichnungspflichten.

Ebenso *Bonanni/Hahne*, ArbRB 2014, 343, 344 f.; zu den Aufzeichnungspflichten in ihrer Ausformung durch die Ministerialbürokratie vgl. im Einzelnen Rn. 690 ff.

### b) Vergütung

Mit Blick auf Vergütungsregelungen muss sichergestellt werden, dass der Mindestlohnanspruch nach §§ 1, 20 MiLoG durch 491

- das verstetigte Gehalt,
- einen Stundenlohn bzw.
- den nach dem Willen des Gesetzgebers ebenfalls zulässigen Akkord- oder Stücklohn

erfüllt wird.

> **Praxistipp:**
>
> Mit Blick auf Akkord- oder Stücklohn fördert das MiLoG ggf. Low Performer. Da auch diese rechnerisch 8,50 € (brutto) pro Zeitstunde erhalten müssen, muss hier eine Aufstockung auch dann erfolgen, wenn die pro Stunde erzielte Akkord- oder Stückzahl dies nicht rechtfertigt. Besonders misslich ist, dass dies – wenn man besonders vorsichtig sein will – infolge des Transparenzgebots des § 307 BGB im Wortlaut der Klausel zum Ausdruck kommen muss (vgl. allerdings zu der hier vertretenen Auffassung Rn. 570 f.). Damit werden ohnehin wenig motivierte Mitarbeiter erst recht zur Minderleistung motiviert – im Zweifel auf Kosten ihrer motivierten Kollegen/innen. Das wird in der betrieblichen Praxis zu erheblicher Unruhe und im Zweifel zu einer erhöhten Zahl leistungsbedingter Kündigungen führen (vgl. zur Kündigung bei Low Performance Fuhlrott/Mückl-*Figura/Schönfeld*, Low-Performance, Kap. 11 und Fuhlrott/Mückl-*Figura/Tietje*, Low-Performance, Kap. 12).

#### aa) Sonderleistungen und Einmalzahlungen

Mit Blick auf Sonderleistungen und Einmalzahlungen gelten die unter Rn. 349 ff. entwickelten Grundsätze, sodass derartige Zahlungen den Mindestlohn nur dann erfüllen, wenn sie (zumindest auch) als Gegenleistung für die Arbeitsleistung im relevanten Fälligkeitszeitraum erfolgen. 492

*Beispiel:*

*Soll eine bislang im Dezember des Jahres erfolgende leistungsabhängige Sonderzahlung bei monatlicher Gehaltszahlung den Mindestlohnanspruch erfüllen, muss pro rata während des gesamten Jahres gezahlt werden. Als Vorschuss ausgestaltet ist sie auch dann nur mindestlohnrelevant, wenn der Vorschuss bei Zielunterschreitung nicht zurückgezahlt werden muss, soweit er mindestlohnrelevant ist. Denkbar ist daher, die Sonderzahlung entsprechend aufzusplitten und eine Flexibilisierung nur in Bezug auf den nicht mindestlohnrelevanten Teil vorzusehen, der dann auch – wie zuvor – bei entsprechender Zielerreichung am Ende des Jahres unabhängig von den Fälligkeitsvorgaben des § 2 MiLoG ausgezahlt werden kann.*

### bb) Dispositivität von § 616 BGB

**493** Nach zutreffender h. M. ist § 616 BGB dispositiv, kann also vertraglich abbedungen oder eingeschränkt werden.

BAG v. 18.1.2001 – 6 AZR 492/99, NZA 2002, 47;
BAG v. 27.4.1983 – 4 AZR 506/80, DB 1983, 2201.

**494** Daran hat sich durch die Geltung des MiLoG nichts geändert. Denn der nach § 3 Satz 1 MiLoG unabdingbare Mindestlohn soll für geleistete Arbeit „pro Zeitstunde“ gezahlt werden (vgl. Rn. 391 ff.).

**495** Nicht beabsichtigt hat der Gesetzgeber, dem Arbeitgeber weitere soziale Fürsorgepflichten über eine Entlohnung der geleisteten Arbeit hinaus aufzuerlegen.

Vgl. zum sozialpolitisch motivierten Hintergrund des § 616 BGB z. B. HWK/*Krause*, BGB § 616 Rn. 1 m. w. N.

### cc) Entgeltfortzahlung

**496** Wenig Aufmerksamkeit hat bislang die Frage erhalten, wie weit der Mindestlohnanspruch für Zeiten der Nichtarbeit gilt. Soweit der Arbeitnehmer einen Anspruch auf Entgeltfortzahlung hat, gilt das – mit einer Ausnahme (vgl. unter Rn. 497) – grundsätzlich auch für den Mindestlohnanspruch nach §§ 1, 20 MiLoG.

*Hanau/Bepler*, Information für den Ausschuss Arbeit und Soziales 18. Wahlperiode, Ausschussdrucksache 18(11)148, S. 142; ErfK/*Franzen*, MiLoG, § 1 Rn. 18 ff.; a. A. *Kleinebrink*, DB 2015, 375, 378.

***Beispiel:***

*Nach dem MiLoG richtet sich z. B. – wiederum lediglich als Mindestbetrag – das Urlaubsentgelt nach §§ 1, 11 BUrlG.*

**497** Das muss allerdings nicht unbedingt arbeitsvertraglich klargestellt werden. Denn es handelt sich um eine Selbstverständlichkeit, die keiner Hervorhebung oder Klarstellung bedarf.

**498** Fraglich ist aber, ob die Vorgaben des MiLoG nur mit Blick auf die Höhe des Entgeltfortzahlungsanspruchs eingreifen oder auch alle weiteren Bestimmungen des Gesetzes, insbesondere die öffentlich-rechtlichen Kontrollen und Sanktionen. Dagegen spricht, dass § 2 Abs. 1 Nr. 2 MiLoG die späteste Fälligkeit des Mindestlohns zur tatsächlichen Erbringung der Arbeitsleistung in Bezug setzt. Hiervon ausgehend lässt sich zwar vertreten, dass die im MiLoG vorgesehenen Kontrollen und Sanktionen nicht für Zeiten von Urlaub, Krankheit und andere Zeiten der Entgeltfortzahlung gelten (so *Hanau/Bepler*, Information für den Ausschuss Arbeit und Soziales 18. Wahlperiode, Ausschussdrucksache 18(11)148, S. 142 f.). Dass der Gesetzgeber den sozialen Arbeitnehmerschutz insoweit beschränken wollte, ist aber nicht ersichtlich, sodass die betriebliche Praxis hiervon vorsorglich nicht ausgehen sollte. Ausnehmen können wird man von dem Eingreifen der §§ 1, 20 MiLoG aber den Entgeltfortzahlungsanspruch nach § 3 EFZG bei Arbeitsunfähigkeit infolge Krankheit.

ErfK/*Franzen*, MiLoG, § 1 Rn. 20; *Kleinebrink*, DB 2015, 375, 378.

Denn hier beruht die Störung der Durchführung des Arbeitsverhältnisses auf einem Umstand, welcher in der Risikosphäre des Arbeitnehmers liegt. Hinzu kommt, dass die durch das EFZG angeordnete Entgeltfortzahlung primär den Zweck verfolgt, die Sozialversicherungssysteme vor Belastungen zu schützen. 499

BAG v. 18.4.2012 – 10 AZR 200/11, NZA 2012, 1152.

Da es also nicht in erster Linie darum geht, dem Arbeitnehmer ein angemessenes Arbeitsentgelt zu sichern, erscheint es nicht erforderlich, die Pflicht des Arbeitgebers zur Entgeltfortzahlung nach § 3 EFZG auch noch durch einen Anspruch des Arbeitnehmers auf die Bezahlung des Mindestlohns abzusichern. 500

ErfK/*Franzen*, MiLoG, § 1 Rn. 20; *Kleinebrink*, DB 2015, 375, 378.

Es bleibt vielmehr bei den allgemeinen Grenzen des Entgeltfortzahlungsanspruchs. 501

Zu ihnen Fuhlrott/Mückl-*Mückl*, Low-Performance, Kap 3.

### dd) Annahmeverzug

Unberührt bleibt hingegen § 615 BGB insofern als der Arbeitgeber die Verpflichtung aus §§ 1, 20 MiLoG nicht dadurch vermeiden kann, dass er dem Arbeitnehmer keine Arbeit zuweist. Insoweit erhält § 615 Satz 1, 3 BGB den Anspruch aus §§ 1, 20 MiLoG grundsätzlich aufrecht. 502

ErfK/*Franzen*, MiLoG, § 1 Rn. 19; a. A. *Kleinebrink*, DB 2015, 375, 378.

Ebenso selbstverständlich bleibt es aber auch bei § 615 Satz 2, 3 BGB, wonach sich der Arbeitnehmer auf den Mindestlohnanspruch den Wert desjenigen anrechnen lassen muss, was er infolge des Unterbleibens der Arbeitsleistung erspart oder durch anderweitige Verwendung seiner Arbeitskraft erwirbt bzw. böswillig zu erwerben unterlässt. Relevant wird dies in der betrieblichen Praxis vor allem in den folgenden Fallkonstellationen: 503

#### (1) Kündigungsschutzprozesse/Freistellungsklauseln

Die größte Rolle spielen Annahmeverzugslohnansprüche in der betrieblichen Praxis im Zusammenhang mit der (vermeintlichen) Beendigung von Arbeitsverhältnissen. 504

505 Unproblematisch sind dabei noch Freistellungsklauseln in Arbeits- und/oder Aufhebungsverträgen, in denen lediglich die Regelungen des § 615 BGB abgebildet werden müssen, ohne – versehentlich – weitergehende Ansprüche zu begründen.

Ein diesem Gesichtspunkt Rechnung tragender Formulierungsvorschlag findet sich bei Fuhlrott/Mückl-*Mückl*, Low-Performance, Kap 3 Rn. 31.

506 Problematischer ist – mit Blick auf die bei Nichtzahlung bzw. verspäteter Zahlung des Mindestlohns drohenden Sanktionen – der Annahmeverzugslohn im Kündigungsschutzprozess.

Vgl. dazu auch *Mückl*, Arbeitsrecht in Krise und Insolvenz, 2. Aufl., A. I. 8. c) aa) sowie unten Rn. 924 ff.

507 Auch wenn die Beratungspraxis bereits zu Recht bemüht ist, die Kriterien für den relevanten Fahrlässigkeitsvorwurf teleologisch dahin zu konkretisieren, dass sie eine i. S. d. MiLoG vorwerfbare Nichtzahlung des Mindestlohns fordert, steht derzeit nicht fest, dass die Ordnungsbehörden und Gerichte diese Einschätzung teilen werden.

Vgl. zu entsprechenden Überlegungen *Grau/Sittard*, ArbRB 2014, 375, 376 ff.

**Praxistipp:**

Kündigungen, insbesondere Massenentlassungen, müssen daher sehr sorgfältig vorbereitet werden. Risiken, die in der Vergangenheit als eingehbar bewertet wurden, sind dies ggf. nicht mehr, weil nicht allein Annahmeverzugslohnansprüche, sondern (hohe) Bußgelder und der Ausschluss von der Vergabe öffentlicher Aufträge in Rede stehen. Das gilt insbesondere für Sanierungen in der Krise: Wenn nicht die Annahmeverzugslohnansprüche eine Insolvenzantragspflicht begründen, kann sie nun nämlich durch die im MiLoG vorgesehenen Sanktionsmechanismen begründet werden.

508 Vermieden werden kann dieses Risiko leider nicht durch Vertragsgestaltung, obwohl § 615 Satz 1, 3 BGB grundsätzlich dispositiv ist.

BAG v. 5.9.2002 – 8 AZR 702/01, NZA 2003, 973, dazu EWiR 2003, 49 *(Mauer)*; BAG v. 9.3.1983 – 4 AZR 301/80, DB 1983, 1496.

509 Denn eine pauschale Abbedingung wird – soweit nicht bestimmte Einzelfälle in Rede stehen – nach §§ 307, 310 Abs. 4 Satz 2 BGB für unzulässig gehalten.

Vgl. HWK/*Krause*, BGB § 615 Rn. 107; vgl. auch BAG v. 7.12.2005 – 5 AZR 535/04, NZA 2006, 423 (Umfang der Arbeit auf Abruf darf nicht mehr als 25 % der vereinbarten Mindestarbeitszeit betragen).

**Praxistipp:**

Größere – nutzbare – Gestaltungsspielräume bestehen aber im Rahmen tarifvertraglicher Regelungen, vgl. Rn. 536 ff.

Selbst hinreichend solvente Unternehmen können diesem Risiko ebenfalls 510
nicht durch eine Hinterlegung mit nicht ausgeschlossener Rücknahme (§ 379 BGB) ausweichen, weil die Hinterlegung dann keine Erfüllung bewirkt und § 372 BGB insoweit nicht passt.

> **Praxistipp:**
>
> Für die betriebliche Praxis wünschenswert wären Versicherungslösungen, die für die Dauer eines Kündigungsrechtsstreits den Mindestlohnanspruch unter gewissen Voraussetzungen absichern und – unter Ausschluss von § 818 Abs. 3 BGB – nach Beendigung des Rechtsstreits das Ausfallrisiko des Arbeitnehmers tragen. Derartige Lösungen sind aber noch nicht etabliert. Angeknüpft werden könnte hier aber an die Lösungen, die anlässlich des Inkrafttretens des AGG versicherungsseitig entwickelt worden sind. Denn die Entgeltdiskriminierung ist eine in der betrieblichen Praxis besonders häufig streitige Diskriminierungsform, sodass die Risikolage insoweit strukturell gleich ist. Die Versicherungswirtschaft hat diesen Markt allerdings noch nicht entdeckt.

Für die betriebliche Praxis wird vor diesem Hintergrund auch zunehmend re- 511
levant werden, in welchem Umfang zur Vermeidung von Annahmeverzugslohnansprüchen Prozessbeschäftigungen erfolgen sollen.

> Vgl. zu den aktuellen Anforderungen an die Vermeidung der Neubegründung eines unbefristeten Arbeitsverhältnisses im Rahmen von Prozessbeschäftigungen *Mückl*, Arbeitsrecht in Krise und Insolvenz, 2. Aufl., H. I.

### (2) Verkannter Betriebsübergang

Ähnliche Fragen stellen sich auch im Zusammenhang mit fahrlässig verkannten 512
Betriebs- oder Betriebsteilübergängen. Denn die Vergütungspflicht nach § 20 MiLoG trifft den aufnehmenden Rechtsträger infolge von § 613a Abs. 1 BGB auch dann, wenn er den Übergang von Arbeitsverhältnissen fahrlässig verkannt hat. Dass der – dies ggf. ebenfalls fahrlässig verkennende – übertragende Rechtsträger den Mindestlohn gezahlt hat, ist dem Gesetzeswortlaut nach irrelevant, weil die Pflicht nach § 20 MiLoG den Arbeitgeber trifft, mit dem das Arbeitsverhältnis besteht (vgl. dazu auch Rn. 148, 934 ff.).

Der übertragende Rechtsträger will schließlich mit der Zahlung eine eigene 513
Schuld aus dem als fehlerhaftes Arbeitsverhältnis zu qualifizierenden Rechtsverhältnis zum Arbeitnehmer erfüllen und keine Schuld des aufnehmenden Rechtsträgers.

> LAG Berlin-Brandenburg v. 20.11.2013 – 21 Sa 866/13, 21 Sa 960/13, 21 Sa 866/13, 21 Sa 960/13, BB 2014, 1139 (LS) m. w. N.

Da der Arbeitnehmer in dieser Fallkonstellation allerdings vom übertragen- 514
den Rechtsträger den Mindestlohn erhalten muss (der aufgrund des in Vollzug gesetzten faktischen bzw. fehlerhaften Arbeitsverhältnisses ebenfalls Arbeitgeber i. S. d. MiLoG ist) und erhält, dürfte insoweit – sofern nicht ohnehin § 615 Satz 2 BGB Anwendung findet – zugunsten des aufnehmenden Rechtsträgers eine teleologische Reduktion des § 20 MiLoG bzw. Auslegung

im Lichte des § 615 Satz 2 BGB gerechtfertigt sein. Schließlich bedarf der Arbeitnehmer, der weiterhin für den übertragenden Rechtsträger tätig ist und von ihm vergütet werden muss, keines zusätzlichen Schutzes durch das MiLoG. § 13 MiLoG sieht dies nämlich nur für den Fall des bewussten und gewollten arbeitsteiligen Zusammenwirkens vor und § 615 Satz 2 BGB findet in dieser Fallkonstellation uneingeschränkt Anwendung.

#### (3) Unzulässige Arbeitnehmerüberlassung

515 Die gerade zum fahrlässig verkannten Betriebsübergang entwickelten Grundsätze dürften – soweit der Schein-Verleiher den Mindestlohn zahlt – zugunsten des Arbeitgebers dann gelten, wenn § 10 Abs. 1 AÜG im Fall einer – fahrlässig verkannt – unwirksamen Arbeitnehmerüberlassung eingreift und ein Arbeitsverhältnis fingiert wird (vgl. dazu auch Rn. 947 f.).

### c) Ausschlussklauseln/Ausschlussfristen

516 Vorsichtige Arbeitgeber sollten, soweit das MiLoG für sie gilt, mit Blick auf § 3 Satz 1 MiLoG (zu weiteren praktischen Auswirkungen dieser Norm vgl. Rn. 423 ff.) und das in § 307 Abs. 1 Satz 2 BGB geregelte Transparenzgebot nicht im Einzelnen ausgehandelte Ausschlussklauseln und Ausschlussfristen in Arbeits- bzw. Aufhebungs- oder Abwicklungsverträgen derart anpassen, dass Ansprüche nach dem MiLoG nicht erfasst sind.

> Zu den aktuellen Entwicklungen in der Rechtsprechung in Bezug auf Ausschlussfristen vgl. *Mückl*, Arbeitsrecht in Krise und Insolvenz, 2. Aufl., B. IV. 2.

**Praxistipp:**

Für im Einzelnen ausgehandelte Ausschlussklauseln und -fristen bleibt es, da die §§ 305 ff. BGB definitiv nicht eingreifen, bei der in § 3 Satz 1 MiLoG angeordnete Rechtsfolge einer geltungserhaltenden Reduktion (vgl. zu dieser Rechtsfolge Rn. 518 ff.; wie hier *Bayreuther*, NZA 2014, 865, 870; *Grimm/Linden*, ArbRB 2014, 339, 341).

#### aa) Übertragbarkeit der Rechtsprechung zur Vorsatzhaftung?

517 Dass die von Teilen des BAG befürwortete wirksamkeitserhaltende (ergänzende) Auslegung von Ausschlussfristen, die eine Haftung wegen Vorsatz nicht ausnehmen und daher an sich nach § 307, 276 Abs. 3, 202 Abs. 1 BGB unwirksam sind, auf Ausschlussfristen übertragbar ist, die den zwingenden gesetzlichen Mindestlohn nicht ausnehmen, wird in der Literatur jedenfalls für ab dem 1.1.2015 abgeschlossene Neuverträge bezweifelt.

> Zu dieser Rechtsprechung *Mückl*, Arbeitsrecht in Krise und Insolvenz, 2. Aufl., B. IV. 2; ablehnend zur Übertragbarkeit *Grimm/Linden*, ArbRB 2014, 339, 341 f.

### bb) § 3 Satz 1 MiLoG als lex specialis zu §§ 305 ff. BGB

Für die wohl h. M. stellt sich diese Frage allerdings nicht. Denn sie sieht in § 3 Satz 1 MiLoG – zu Recht – eine gesetzliche Spezialregelung zu den §§ 305 ff. BGB, welche die Transparenzvorgaben des § 307 BGB aus folgenden Gründen verdrängt: **518**

> *Sagan/Witschen*, jM 2014, 372, 376; *Lakies*, MiLoG, § 3 Rn. 47; *Lembke*, FA 2014, 357, 359; *ders.*, NZA 2015, 70, 73; ähnlich *Bayreuther*, NZA 2014, 865, 870; zweifelnd *Preis/Ulber*, Ausschlussfristen und Mindestlohngesetz, S. 47 ff., 56; a. A. *Grimm/Linden*, ArbRB 2014, 339, 342.

Nach seinem Sinn und Zweck soll das Transparenzgebot des § 307 Abs. 1 Satz 2 BGB sicherstellen, dass der Arbeitnehmer durch eine unklare Gestaltung von AGB nicht von der Geltendmachung seiner Rechte abgehalten wird (vgl. bereits oben zur Überstundenabgeltung Rn. 486). **519**

Eine uneingeschränkte Ausschlussklausel erweckt allerdings den – wegen § 3 Satz 1 MiLoG – falschen Eindruck, der Anspruch auf den gesetzlichen Mindestlohn müsse innerhalb der vereinbarten Frist geltend gemacht werden und sei sonst ausgeschlossen. Konsequenz daraus wäre an sich, dass eine arbeitsvertragliche Ausschlussklausel nach § 306 Abs. 1 BGB und wegen des sog. Verbots der geltungserhaltenden Reduktion von AGB insgesamt unwirksam wäre, weil eine (im Ergebnis eine Teilwirksamkeit herbeiführende) sprachliche Teilbarkeit (Stichwort: Blue-Pencil-Test) bei Ausschlussklauseln kaum jemals gegeben sein dürfte. **520**

> *Sagan/Witschen*, jM 2014, 372, 376.

Dafür, dass die §§ 305 ff. BGB und damit auch das Transparenzgebot nicht eingreifen, spricht aber – über die bereits vorgenommenen systematischen Überlegungen hinaus (vgl. Rn. 440 f.) – zunächst einmal, dass der Tatbestand des § 3 Satz 1 MiLoG speziell auf Vereinbarungen zugeschnitten ist, die – wie eine Ausschlussklausel – die Geltendmachung des Mindestlohns beschränken. Führt man sich demgegenüber den Charakter des Transparenzgebots als Bestandteil der Generalklausel des § 307 BGB vor Augen, spricht dies ebenfalls bereits systematisch für eine Bewertung von § 3 Satz 1 MiLoG als speziellere und damit vorrangige Regelung. **521**

> *Sagan/Witschen*, jM 2014, 372, 376.

Hinzu kommt, dass § 3 Satz 1 MiLoG auf der Rechtsfolgenseite abweichend von § 306 Abs. 1 BGB eine Teilunwirksamkeit unzulässiger Vereinbarungen anordnet. Diese vom AGB-rechtlichen Verbot der geltungserhaltenden Reduktion abweichende Sonderregel spricht ebenfalls für eine Qualifikation als *lex specialis*. **522**

> *Sagan/Witschen*, jM 2014, 372, 376.

Entscheidend in dieselbe Richtung weist die folgende teleologische Kontrollüberlegung: Für Kollektivvereinbarungen gilt das Transparenzgebot nicht **523**

(§ 310 Abs. 4 Satz 3 BGB) und sie sind nach ständiger Rechtsprechung ohnehin geltungserhaltend zu reduzieren, sofern der verbleibende Teil noch eine sinnvolle und in sich geschlossene Regelung enthält.

Vgl. für Betriebsvereinbarungen nur *Fitting* BetrVG, § 77 Rn. 32, 103 und für Tarifverträge nur *Löwisch/Rieble*, TVG, § 1 Rn. 503, 857.

**524** Der Anordnung einer geltungserhaltenden Reduktion als Rechtsfolge in § 3 Satz 1 MiLoG bedurfte es daher nur mit Blick auf die – in aller Regel als AGB ausgestalteten (§ 310 Abs. 3 BGB) – Arbeitsverträge. Würde man § 3 Satz 1 MiLoG nun aber aufgrund der Transparenzvorgaben des § 307 Abs. 1 Satz 2 BGB diese Rechtsfolge wieder nehmen, hätte diese spezielle Rechtsfolge praktisch keinen Anwendungsbereich mehr. Das kann nicht im Sinn des Gesetzgebers sein. Denn hätte er dies gewollt, hätte er die angeordnete geltungserhaltende Reduktion – dann lediglich klarstellend – auf Kollektivvereinbarungen beschränkt. Genau das hat er aber nicht getan. § 3 Satz 1 MiLoG ist daher mit der h. M. lex specialis zu den §§ 305 ff. BGB.

**525** Unwirksam sind Ausschlussfristen daher nur für den gesetzlichen „Sockelbetrag" von 8,50 € (brutto) pro Zeitstunde. Für die darüber liegenden vertraglichen Entgeltbestandteile bleiben sie wirksam.

***Beispiel:***

*Für sehr vorsichtige Arbeitgeber wird von der in der Literatur vertretenen Gegenansicht (Grimm/Linden, ArbRB 2014, 339, 342) folgende Musterformulierung vorgeschlagen.*

§ [Zahl] Ausschlussfristen

„(1) Alle beiderseitigen Ansprüche aus dem Arbeitsverhältnis und solche, die mit dem Arbeitsverhältnis in Verbindung stehen, verfallen, wenn sie nicht innerhalb von drei Monaten gegenüber der anderen Vertragspartei schriftlich geltend gemacht werden.

Dies gilt nicht bei Ansprüchen wegen Verletzung des Lebens, des Körpers oder der Gesundheit, die auf einer fahrlässigen Pflichtverletzung der Parteien oder einer vorsätzlichen oder fahrlässigen Pflichtverletzung eines gesetzlichen Vertreters oder Erfüllungsgehilfen der Parteien beruhen oder soweit eine Haftung für sonstige Schäden auf einer grob fahrlässigen Pflichtverletzung der Parteien oder auf einer vorsätzlichen oder grob fahrlässigen Pflichtverletzung eines gesetzlichen Vertreters oder Erfüllungsgehilfen der Parteien beruhen.

Ebenfalls nicht umfasst ist ein Betrag in Höhe des gesetzlichen Mindestlohns für jede vom Arbeitnehmer geleistete Arbeitsstunde bzw. die entsprechenden Lohnersatzansprüche wegen Krankheit oder Urlaub etc.

Ebenfalls nicht umfasst sind Ansprüche aus Tarifverträgen, die kraft beiderseitiger Tarifbindung oder wegen Allgemeinverbindlichkeitserklärung auf das Arbeitsverhältnis anwendbar sind, Ansprüche aufgrund von Rechtsverordnungen nach dem AEntG oder AÜG sowie Ansprüche aufgrund von Betriebsvereinbarungen.

(2) Die Ausschlussfrist beginnt, wenn der Anspruch entstanden und fällig ist und der Anspruchsteller von den anspruchsbegründenden Tatsachen Kenntnis erlangt hat oder grob fahrlässig keine Kenntnis erlangt hat.

(3) Lehnt die Gegenpartei den rechtzeitig geltend gemachten Anspruch ab oder erklärt sie sich nicht innerhalb von zwei Wochen nach der Geltendmachung, verfällt der Anspruch, wenn er nicht innerhalb von drei weiteren Monaten nach der Ablehnung oder dem Fristablauf gerichtlich geltend gemacht wird. Dies gilt nicht für Zahlungsansprüche des Arbeitnehmers, die während eines Kündigungsschutzprozesses fällig werden und von seinem Ausgang abhängen. Für diese Ansprüche beginnt die Verfallfrist drei Monate nach rechtskräftiger Beendigung des Kündigungsschutzverfahrens."

**Praxistipp:**

Geachtet werden sollte in der betrieblichen Praxis losgelöst davon, ob der Arbeitnehmer vermeintliche Ansprüche – insbesondere auch formal – wirksam geltend gemacht hat. Zu den Anforderungen daran vgl. z. B. Fuhlrott/Mückl-*Mückl/Herrnstadt*, Low-Performance, Kap. 5 Rn. 211 ff.

### cc) Bedeutung für Sanierungsvereinbarungen und „Betriebliche Bündnisse für Arbeit"

Dennoch ist die in § 3 Satz 1 MiLoG angeordnete Teilunwirksamkeit insbesondere für sanierungsbedürftige Unternehmen eine erhebliche Einschränkung. 526

Vgl. dazu auch *Mückl*, Arbeitsrecht in Krise und Insolvenz, 2. Aufl., A. I. 6. c) bb).

Denn ein derartiger Verzicht bzw. eine unzulässige Stundung läge auch dann vor, wenn im Rahmen einer Sanierungsvereinbarung bzw. eines sog. „Betrieblichen Bündnisses für Arbeit" gegen einen (befristeten) Bestandsschutz auf entsprechende Lohnbestandteile bzw. deren Zahlung im Fälligkeitszeitpunkt verzichtet werden würde. 527

Vgl. *Schubert/Jerchel/Düwell*, Rn. 110.

**Praxistipp:**

„Betriebliche Bündnisse für Arbeit" und Sanierungsvereinbarungen müssen dem Rechnung tragen und einen Verzicht bzw. eine Stundung lediglich auf den Mindestlohn übersteigende Lohnbestandteile vorsehen. Das schränkt den Gestaltungsspielraum im Rahmen von Sanierung zwar erheblich ein, ist mit Blick auf die bei einem Verstoß gegen das MiLoG drohenden Sanktionen (vgl. Rn. 847 ff.) aber geboten.

## 2. Betriebsvereinbarungen

Ab dem 1.1.2015 abgeschlossene Betriebsvereinbarungen müssen die Vorgaben 528 des MiLoG ebenfalls beachten. Insoweit gelten – neben allgemeinen Vorgaben (insbesondere §§ 87 Abs. 1 Einleitungssatz, 77 Abs. 3 BetrVG) die vorstehend entwickelten Grundsätze – allerdings ohne die nach § 310 Abs. 4 Satz 3 BGB nicht anwendbaren AGB-rechtlichen Überlegungen, die ohnehin nach § 3 Satz 1 MiLoG eingeschränkt werden (vgl. Rn. 439 ff.).

529 Wichtig für die betriebliche Praxis ist neben den neuen inhaltlichen Vorgaben daher insbesondere, in welchen Sachverhalten der Betriebsrat mitzubestimmen hat. Dies wird vor allem nach § 87 BetrVG bei der Einführung neuer und der Anpassung bestehender Arbeitsbedingungen an die Vorgaben des MiLoG der Fall sein, soweit ein kollektiver Tatbestand gegeben ist.

> Zu diesem Erfordernis vgl. nur *Fitting*, BetrVG, § 87 Rn. 14 ff.

530 Wichtig für die betriebliche Praxis dürften insbesondere die folgenden Fälle sein:

### a) Arbeitszeit

531 Mit Blick auf arbeitszeitbezogene Aspekte dürften vor allem für folgende Sachverhalte Mitbestimmungsrechte bestehen:

- Bei der Einführung oder Neugestaltung von Gleitzeit- oder Flexiarbeitszeitkonten unter Beachtung der Vorgaben des § 2 MiLoG (§ 87 Abs. 1 Nr. 2 BetrVG).

  > Vgl. BAG v. 18.4.1989 – 1 ABR 3/88, AP Nr. 33 zu § 87 BetrVG 1972 Arbeitszeit.

- Bei der Gestaltung von Schichtarbeit.
- Bei der Einführung und Durchführung von Bereitschaftsdiensten mit Blick auf die Verpflichtung, hierfür den Mindestlohn zu gewähren, soweit es sich nicht um Rufbereitschaft handelt, die nicht abgerufen wird.

  > BAG v. 29.2.2000 – 1 ABR 15/99, AP Nr. 81 zu § 87 BetrVG 1972 Arbeitszeit.

- Bei der Neueinführung und Ausgestaltung technischer Überwachungseinrichtungen in Bezug auf eine Arbeitszeiterfassung (§ 87 Abs. 1 Nr. 6 BetrVG).

**Praxistipp:**

Dabei dürfte ein Mitbestimmungsrecht hinsichtlich des „Ob“ und auch bezüglich des „Wie“ bestehen. Denn § 17 MiLoG verpflichtet in bestimmten Konstellationen zwar zur Dokumentation von Arbeitszeiten, schreibt aber nicht vor, dass die Zeiterfassung durch technische Überwachungseinrichtungen zu erfolgen hat (vgl. nachfolgend Rn. 678). Zum „Wie“ der Dokumentation erfolgen vielmehr keine Vorgaben. Insofern steht einem Mitbestimmungsrecht § 87 Abs. 1 Einleitungssatz BetrVG nicht entgegen (vgl. *Schubert/Jerchel/Düwell*, Rn. 290; vgl. auch *Maschmann*, NZA 2014, 929, 936).

### b) Vergütung

Mit Blick auf vergütungsrelevante Aspekte dürften vor allem für folgende Sachverhalte Mitbestimmungsrechte bestehen: 532

- Bei den Umständen der Auszahlung des Arbeitsentgelts (§ 87 Abs. 1 Nr. 4 BetrVG).
- Bei der betrieblichen Lohngestaltung (§ 87 Abs. 1 Nr. 10 BetrVG) – allerdings nur in den hierfür vom BAG entwickelten Grenzen.

Vgl. zur aktuellen Rechtsprechung des BAG zu diesem Themenkomplex *Mückl*, Arbeitsrecht in Krise und Insolvenz, 2. Aufl., F. I.

### c) Anrufung der Einigungsstelle

Soweit sich Arbeitgeber und Betriebsrat nicht einigen können, muss in den vorgenannten Fällen die Einigungsstelle angerufen werden. Dies muss im Zweifel so frühzeitig wie möglich geschehen. Denn nach der sog. Theorie der Wirksamkeitsvoraussetzung, sind nachteilige Änderungen – z. B. des Vergütungssystems, soweit Vergütungsbestandteile nicht vollständig entfallen – nur nach Durchführung eines Einigungsstellenverfahrens kollektivrechtlich wirksam. 533

BAG v. 3.9.2014 – 5 AZR 109/13, juris.

**Praxistipp:**

Nach der Theorie der Wirksamkeitsvoraussetzung führt die Verletzung von Mitbestimmungsrechten des Betriebsrats im Verhältnis zwischen Arbeitgeber und Arbeitnehmer jedenfalls zur Unwirksamkeit von Maßnahmen oder Rechtsgeschäften, die den Arbeitnehmer belasten. Das soll verhindern, dass der Arbeitgeber dem Einigungszwang mit dem Betriebsrat durch Rückgriff auf arbeitsvertragliche Gestaltungsmöglichkeiten ausweicht. Dem Arbeitgeber darf aus einer betriebsverfassungsrechtlichen Pflichtwidrigkeit auch im Rahmen des Arbeitsverhältnisses kein Vorteil erwachsen. Maßnahmen zum Nachteil der Arbeitnehmer sind dabei nur solche, die bereits bestehende Rechtspositionen der Arbeitnehmer schmälern. Die Verletzung von Mitbestimmungsrechten des Betriebsrats führt allerdings nicht dazu, dass sich individualrechtliche Ansprüche der betroffenen Arbeitnehmer ergäben, die zuvor noch nicht bestanden haben (BAG v. 22.6.2010 – 1 AZR 853/08, BAGE 135, 13 = ZIP 2011, 788 (LS); BAG v. 3.9.2014 – 5 AZR 109/13, juris).

***Beispiel:***

*Soll z. B. eine Jahressonderzahlung auf der Grundlage eines Widerrufsvorbehalts zunächst widerrufen werden, weil sie den Mindestlohn in ihrer bisherigen Ausgestaltung als Einmalzahlung in weiten Teilen nicht erfüllt (vgl. Rn. 377), und deshalb zukünftig stattdessen monatlich anteilig gezahlt werden, ist ein entsprechender Widerruf (unabhängig von etwaigen AGB-rechtlichen Vorgaben) kollektivrechtlich unwirksam, wenn der Betriebsrat einem entsprechenden Verteilungsplan nicht zuvor zugestimmt hat. Wird hier nicht hinreichend schnell eine Einigung mit dem Betriebsrat – ggf. im Rahmen eines Einigungsstellenver-*

*fahrens – erzielt, bleibt der Anspruch der Arbeitnehmer kollektivrechtlich wirksam bestehen, auch wenn individualrechtlich ein wirksamer Widerruf erfolgt ist (vgl. BAG v. 3.12.1991 – GS 2/90, ZIP 1992, 1095, dazu EWiR 1993, 645 (Hanau), AP Nr. 51 zu § 87 BetrVG 1972 Lohngestaltung).*

#### d) Verringerung des Liquiditätsdrucks

534 Denkbar ist darüber hinaus, den Liquiditätsdruck des Arbeitgebers durch großzügigere Fälligkeitsvorgaben, die den durch § 2 Abs. 2 MiLoG eröffneten Gestaltungsspielraum ausschöpfen, zu verringern.

**Praxistipp:**

Soweit § 614 BGB durch Betriebsvereinbarung abbedungen wird – was zulässig ist –, dürfte diese Gestaltung in aller Regel auch nicht durch arbeitsvertragliche Vorgaben gesperrt sein. Denn nach der Rechtsprechung des BAG sind als AGB zu qualifizierende Arbeitsverträge betriebsvereinbarungsoffen (vgl. zu den aktuellen Entwicklungen insoweit *Mückl*, Arbeitsrecht in Krise und Insolvenz, Rn. 261 ff., sodass einer entsprechenden Anpassung das Günstigkeitsprinzip nicht entgegensteht.

#### e) Ausschlussklauseln bzw. -fristen

535 Für Ausschlussklauseln und -fristen in Betriebsvereinbarungen gelten uneingeschränkt die oben entwickelten Grundsätze, da § 3 Satz 1 MiLoG auch für sie gilt, ohne dass das Nichteingreifen der AGB-Kontrolle insoweit eine Rolle spielt (vgl. Rn. 523 ff.).

### 3. Tarifverträge

536 Tarifverträge unterliegen nur im Geltungsbereich der §§ 1 Abs. 3, 24 MiLoG nicht den Vorgaben des MiLoG. Im Übrigen müssen sie die Vorgaben des MiLoG beachten, da das MiLoG insoweit – wie sich im Umkehrschluss aus §§ 1 Abs. 3, 24 MiLoG ergibt – insoweit nicht tarifdispositiv ist. Die vorstehend entwickelten Grundsätze (vgl. ab Rn. 469 ff.) gelten damit für Tarifverträge entsprechend. Abweichend von AGB-rechtlichen Auslegungs- und Kontrollvorgaben (§ 310 Abs. 4 Satz 3 BGB) gelten insoweit allerdings die vom BAG zur Auslegung von Tarifverträgen entwickelten Grundsätze.

Vgl. zu ihnen z. B. *Mückl*, Das Arbeitsrecht der Energiewirtschaft, Kap. 3 Rn. 8.

#### a) Arbeitszeit

537 Mit Blick auf Regelungen zur Arbeitszeit müssen bei der – häufig tariflichen – Einführung von Arbeitszeitkonten insbesondere die Gestaltungsgrenzen des § 2 Abs. 2 MiLoG berücksichtigt werden (vgl. zu ihnen Rn. 409 ff.).

Durch Tarifvertrag konnte bislang darüber hinaus festgelegt werden, dass Dienstreisen, soweit sie mehr als die regelmäßige tägliche Arbeitszeit in Anspruch nehmen, keine Arbeitszeit sind. 538

***Beispiel:***

*Dies sieht z. B. § 44 Abs. 2 Satz 1 u 2 TVöD-BT-V vor. Konsequenz daraus war, dass durch Dienstreisen keine Überstundenentgeltansprüche entstehen konnten (BAG v. 11.7.2006 – 9 AZR 519/05, BB 2007, 272). Nach § 44 Abs. 2 Satz 3 TVöD-BT-V ist bei nicht anrechenbarer Reisezeit von mehr als 15 Stunden pro Monat stattdessen ein Freizeitausgleich möglich.*

Entsprechende tarifliche Regelungen sind nun indes nur noch dann möglich, wenn bereits auf Grundlage des verstetigten Entgelts der Mindestlohnanspruch aus §§ 1, 20 MiLoG erfüllt wird (vgl. Rn. 417 ff.). 539

Andernfalls sind sie nach § 3 Satz 1 MiLoG i. V. m. den durch die Rechtsprechung entwickelten Grundsätzen teilunwirksam und nur dann geltungserhaltend aufrecht zu erhalten, sofern der verbleibende Teil noch eine sinnvolle und in sich geschlossene Regelung enthält (vgl. Rn. 523). 540

Soweit die Geltung des MiLoG zu einer Erhöhung der Personalkosten führt, sollten als Ziele der Arbeitszeitgestaltung verstärkt im Vordergrund stehen: 541

- Verkürzung von Durchlaufzeiten und Lieferfristen;
- effizientere Ausnutzung von (insbesondere kapitalintensiven) Betriebsmitteln durch eine beweglichere Verbindung von Arbeits- und Betriebszeiten;
- die Verringerung von Leerlaufzeiten;
- kundenorientiert bedarfsgerechte Ansprech- und Öffnungszeiten;
- Verbesserung der innerbetrieblichen Kommunikation;
- Vermeidung zuschlagspflichtiger Mehrarbeit;
- Erhöhung von Arbeitsmotivation und -zufriedenheit;
- Senkung des Krankenstandes;
- Vermeidung von Entlassungen bzw. jedenfalls von teuren Sozialplänen.

Vgl. Henssler/Moll/Bepler-*Natzel*, Teil 5(5) Rn. 2 ff. m. w. N.

Zu den im Rahmen des TV-V bestehenden Gestaltungsmöglichkeiten in Bezug auf die Vermeidung zuschlagspflichtiger Mehrarbeit vgl. *Mückl*, Das Arbeitsrecht der Energiewirtschaft, Kap. 3 Rn. 262 ff.

### b) Vergütung

542 Die gleichen Grundsätze gelten auch für tarifliche Vorgaben zur Vergütung.

> **Praxistipp:**
>
> Wichtig für die Tarifparteien ist in diesem Kontext, im Blick zu behalten, dass die Mindestlohnkommission im Zweifel zukünftig Steigerungen des gesetzlichen Mindestlohns bewirken wird. Bei der Ausgestaltung von – zumeist jedenfalls hinsichtlich der Mechanismen – langfristig angelegten Vergütungsregelungen sollte daher darauf geachtet werden, dass das vereinbarte System flexibel genug ist, um künftige Mindestlohnerhöhungen angemessen bewältigen zu können.

#### aa) Arbeitsentgelt allgemein

543 Mit Blick auf das Arbeitsentgelt sollte bei zukünftigen Tarifabschlüssen klargestellt werden, welche Bestandteile die Tarifvertragsparteien für mindestlohnrelevant halten und welche nicht.

> **Praxistipp:**
>
> Dies kann auch mittelbar dadurch geschehen, dass die Zwecksetzung (Gegenleistung für Arbeitsleistung) klargestellt und die Fälligkeitsvorgaben des § 2 Abs. 2 MiLoG gewahrt werden.

544 Darüber hinaus muss mit Blick darauf, dass nicht alle Vergütungsbestandteile mindestlohnrelevant sind, ggf. auch eine Neugewichtung von fixen und variablen Vergütungsbestandteilen erfolgen.

> **Praxistipp:**
>
> Soweit der gesetzliche Mindestlohn zu einer Veränderung der Gewichtung von fixen und variablen Vergütungsbestandteilen führt, sollte zur Verhinderung einer Überlastung bei Neuabschlüssen insbesondere darauf geachtet werden, Sonderzahlungen an die Arbeitsleistung zu binden und nur im notwendigen Umfang als Einmalzahlung auszugestalten.

545 Zudem müssen häufig tariflich geregelte Vorgaben zu Akkord- und Stücklohn um Aufstockungsregelungen ergänzt werden, die sicherstellen, dass der Arbeitnehmer jedenfalls den gesetzlichen Mindestlohn erhält.

> **Praxistipp:**
>
> Um den Arbeitgeber dadurch nicht einer vermehrten Low Performance auszusetzen, sollte tariflich allerdings auch festgelegt werden, wann von einer nicht mehr akzeptablen Low Performance ausgegangen wird. Der gesetzliche Kündigungsschutz ist zwar nicht tarifdispositiv. Eine Bewertung der Arbeitsleistung als nicht mehr akzeptable Low Performance dürfte aber im Rahmen von Kündigungsschutzprozessen nicht unberücksichtigt bleiben. Dies gilt umso mehr, als Regelungen zur Arbeitsbewertung in Tarifverträgen nicht unüblich sind (vgl. Henssler/Moll/Bepler-*Steffan*, Teil 5(3) Rn. 10). An sie kann insoweit daher angeknüpft werden.

Denkbar ist darüber hinaus auch tarifvertraglich, den Liquiditätsdruck des Arbeitgebers durch großzügigere Fälligkeitsvorgaben, die den durch § 2 Abs. 2 MiLoG eröffneten Gestaltungsspielraum ausschöpfen, zu verringern. 546

**Praxistipp:**

Wichtig ist dabei allerdings, dass aus Sicht des Arbeitnehmers günstigere, strengere Vorgaben diese Gestaltung nicht sperren. Das in § 4 Abs. 3 TVG normierte Günstigkeitsprinzip darf dem nicht entgegenstehen.

### bb) Arbeitsverhinderung

§ 616 BGB kann auch tarifvertraglich abbedungen werden, was zumeist durch konkretisierende Regelungen zur sog. „Arbeitsbefreiung" geschieht. 547

Vgl. dazu z. B. Henssler/Moll/Bepler-*Steffan*, Teil 5(4) Rn. 7 ff.

Die insoweit bestehenden Gestaltungsmöglichkeiten bleiben von der Geltung des MiLoG unberührt (vgl. Rn. 493 ff.). 548

### cc) Annahmeverzug/Betriebsrisiko

§ 615 Satz 1, 3 BGB ist ebenfalls tarifdispositiv. 549

BAG v. 5.9.2002 – 8 AZR 702/01, NZA 2003, 973;
BAG v. 9.3.1983 – 4 AZR 301/80, DB 1983, 1496.

Mit Blick auf die oben skizzierten Risiken von Kündigungsschutzprozessen, sollte aber darüber nachgedacht werden, einen Katalog von Einschränkungen zu vereinbaren, der sich ausdrücklich auf § 615 BGB bezieht. Denn der Gestaltungsspielraum im Rahmen von Tarifverträgen ist größer als im Rahmen von individualrechtlichen Absprachen. 550

Henssler/Moll/Bepler-*Ulber*, Teil 5(2) Rn. 4.

Der Wille zu einer vom Gesetz abweichenden Risikoverteilung muss allerdings klar und eindeutig zu erkennen sein. 551

BAG v. 4.7.1958 – 1 AZR 559/57, AP Nr. 5 zu § 615 BGB Betriebsrisiko.

Im Zweifel wird nur der Vergütungsanspruch nach § 616 BGB abbedungen. 552

BAG v. 9.3.1983 – 4 AZR 301/80, DB 1983, 1496.

Eine abweichende Regelung zum Betriebsrisiko ist jedoch in Tarifverträgen nicht unüblich. Mit Blick auf die durch das MiLoG geänderten Rahmenbedingungen sollten die Tarifparteien hier aber neue Regeln entwickeln, die größere Gestaltungsspielräume eröffnen. 553

***Beispiel:***

*Eine abweichende Regelung zum Betriebsrisiko findet sich zum Beispiel in § 13 MTV ERA Metall- und Elektroindustrie Südwürttemberg-Hohenzollern.*

> **Praxistipp:**
>
> Diese Gestaltungsmöglichkeit zur Abbedingung von § 615 BGB sollte im Zuge künftiger Tarifabschlüsse zur Reduzierung des mit Kündigungsschutzprozessen verbundenen Mindestlohnrisikos für den Arbeitgeber genutzt werden.

#### c) Ausschlussklauseln bzw. -fristen

**554** Ausschlussklauseln bzw. -fristen in Tarifverträgen entfalten nach § 3 Satz 1 MiLoG lediglich „insoweit" keine Wirkung, wie sie den Mindestlohnanspruch nach §§ 1, 20 MiLoG erfassen. Dies entspricht dem Gebot der gesetzeskonformen Auslegung von Tarifverträgen, zumal hier das Verbot der geltungserhaltenden Reduktion nicht gilt (vgl. Rn. 522 ff.). Insofern finden die für Betriebsvereinbarungen entwickelten Grundsätze Anwendung (vgl. Rn. 535).

> *Grimm/Linden*, ArbRB 2014, 339, 341.

**555** Teilweise wird allerdings die Ansicht vertreten, zumindest tarifvertragliche Ausschlussfristen blieben auch ohne Herausnahme des Mindestlohnanspruchs wirksam, weil ein unabdingbarer allgemeiner gesetzlicher Mindestlohn und damit § 3 Satz 1 MiLoG ohnehin wegen Verstoßes gegen Art. 9 Abs. 3 GG verfassungswidrig sei.

> Vgl. *Hanau/Bepler*, Information für den Ausschuss Arbeit und Soziales 18. Wahlperiode, Ausschussdrucksache 18(11)148, S. 142.

**556** Das dürfte aber nicht zutreffen, weil § 3 Satz 1 MiLoG seine Rechtsfolge auf eine geltungserhaltende Reduktion beschränkt (vgl. Rn. 439 ff.) und dies – wie nachfolgend gezeigt wird (vgl. Rn. 570 ff.) – gerade aus verfassungsrechtlichen Gründen auch tun muss.

> Für Verfassungskonformität z. B. *Preis/Ulber*, Ausschlussfristen und Mindestlohngesetz, S. 57 ff., 74; in diese Richtung tendierend (ohne nähere Begründung) *Grimm/Linden*, ArbRB 2014, 339, 342.

## III. Gestaltungsmöglichkeiten zur Anpassung bestehender Regelungen

### 1. Arbeitsverträge

**557** In der Literatur ist mit Blick auf die Geltung des MiLoG ab dem 1.1.2015 auch darauf hingewiesen worden, nun müssten vor dem 1.1.2015 abgeschlossene Arbeitsverträge dringend angepasst werden.

> *Schweibert/Leßmann*, DB 2014, 1866, 1869 f.; ebenso für Ausschlussfristen *Grimm/Linden*, ArbRB 2014, 339 ff.

### a) Anpassungsmöglichkeiten?

Folgt man dieser Bewertung, kommt als Anpassungsmöglichkeit – neben einer Änderungsvereinbarung – vor allem eine Änderungskündigung in Betracht. Sie ist nach der Rechtsprechung des BAG lex specialis zu einer Vertragsanpassung nach § 313 BGB. 558

Vgl. BAG v. 8.10.2009 – 2 AZR 235/08, DB 2010, 509; BAG v. 12.1.2006 – 2 AZR 126/05, ZIP 2006, 1272 (LS) = DB 2006, 1114.

Lehnt der Arbeitnehmer eine einvernehmliche Änderung des Arbeitsvertrages ab, wird zu Recht diskutiert, ob es für den Arbeitnehmer missbräuchlich ist, sich auf § 612 BGB zu berufen. 559

In diesem Sinne *Bayreuther*, NZA 2014, 865, 866.

Letztlich dürfe es sich dabei um eine Frage des Einzelfalls, namentlich der angebotenen Vertragsänderung, handeln. 560

Ebenso *Schubert/Jerchel/Düwell*, Rn. 91.

### aa) Anforderungen an eine Änderungskündigung

Eine erleichterte Möglichkeit zur einseitigen Durchsetzung geänderter Vertragsbedingungen dürfte für Arbeitgeber – geht man von der Notwendigkeit einer Änderung aus – insoweit immerhin deshalb bestehen, weil auf Änderungskündigungen, mit denen der Arbeitgeber vergütungsbezogene Nebenabreden zum Arbeitsvertrag geänderten Umständen anpassen will, nach der Rechtsprechung des BAG nicht stets die Grundsätze anzuwenden sind, die das Gericht zur Entgeltkürzung durch betriebsbedingte Änderungskündigung aufgestellt hat. Denn anders als bei Änderungskündigungen zur Entgeltsenkung ist bei Nebenabreden, die regelmäßig zwar einen gewissen Entgeltbezug haben, aber nur Randbereiche der vertraglichen Vereinbarungen betreffen, ein großzügiger Maßstab anzulegen. Ausreichend kann die Darlegung der Unzumutbarkeit sein. 561

BAG v. 27.3.2003 – 2 AZR 74/02, BAGE 105, 371, dazu EWiR 2003, 1099 *(Pomberg)*; *Schweibert/Leßmann*, DB 2014, 1866, 1870.

Dies wird – auch wenn es insoweit natürlich auf den Einzelfall ankommt –im vorliegenden Kontext allenfalls dann der Fall sein, wenn die Geltung des MiLoG zu einer spürbaren Verschiebung der Gewichtung von fixen und variablen Vergütungsbestandteilen in dem Sinne führt, dass variable Vergütungsbestandteile einen erheblichen Bestandteil der Gesamtvergütung ausmachen, aber nur deshalb nicht mindestlohnrelevant sind, weil sie unter einem Vorbehalt stehen bzw. die „falsche" Fälligkeitsregelung gilt. 562

*Schweibert/Leßmann*, DB 2014, 1866, 1870.

### bb) Verhandlungsobliegenheit?

563 Eine Verhandlungsobliegenheit, deren Nichtbeachtung Rechtsfolgen nach sich ziehen soll, lässt sich dem MiLoG allerdings ebenso wenig entnehmen wie eine Verpflichtung des Arbeitnehmers, ein entsprechendes Vertragsangebot des Arbeitgebers gerade im Jahre 2015 redlicherweise annehmen zu müssen.

So zur parallelen Diskussion bei der Erstreckung der §§ 305 ff. BGB auf das Arbeitsrecht durch Art. 229 § 5 EGBGB: BAG v. 20.4.2011 – 5 AZR 191/10, ZIP 2011, 1485 = BB 2011, 2364; ausführlich *Gaul/Mückl*, NZA 2009, 1233 ff.

564 Insoweit wird man die vom BAG zu der Erstreckung der §§ 305 ff. BGB auf das Arbeitsrecht durch Art. 229 § 5 EGBGB entwickelten Grundsätze entsprechend anwenden müssen:

565 Eine Möglichkeit der einseitigen Durchsetzung gesetzeskonformer Verträge nach Inkrafttreten der §§ 305 ff. BGB gab es nach der Bewertung des BAG nicht. Änderungskündigungen hätten – so das BAG – dem Gebot der Verhältnismäßigkeit nicht standhalten können.

BAG v. 20.4.2011 – 5 AZR 191/10, ZIP 2011, 1485 = BB 2011, 2364.

566 Ohne konkreten Anlass unterbreitete Angebote des Arbeitgebers zum Zwecke der Anpassung der Altverträge an die neue Rechtslage hätten – so das BAG weiter – zur Verunsicherung ganzer Belegschaften geführt und diese um den ungefährdeten Bestand ihrer Arbeitsverhältnisse fürchten lassen.

BAG v. 20.4.2011 – 5 AZR 191/10, ZIP 2011, 1485 = BB 2011, 2364.

567 Zudem wäre – so das BAG abschließend – die Formulierung gesetzeskonformer Verträge im Jahre 2002 auf erhebliche Schwierigkeiten gestoßen, weil die Entwicklung der Rechtsprechung noch nicht abzusehen war.

BAG v. 20.4.2011 – 5 AZR 191/10, ZIP 2011, 1485 = BB 2011, 2364.

### cc) Zwischenfazit

568 In Übertragung der vom BAG entwickelten Überlegungen dürfte also zwar keine Verhandlungsobliegenheit des Arbeitgebers bestehen.

**Praxistipp:**

Wenn die Änderungskündigung als Gestaltungsmöglichkeit genutzt werden soll, sollte die betriebliche Praxis aber das Risiko einer Selbstwiderlegung in Bezug auf die Unzumutbarkeit bei zu langem Zeitablauf ohne Anpassung der Zahlungsmodalitäten nicht außer Betracht lassen. Kurz gesagt: Wer hinreichend lange höhere Vergütungen zahlt, widerlegt sich ggf. selbst, wenn er behauptet, er könne sich das nicht leisten. Natürlich kommt es auch insoweit auf den Einzelfall an.

Welche Rechtsfolge bei unterlassener Anpassung des Arbeitsvertrags eintritt, gibt zudem § 3 Satz 1 MiLoG vor: eine geltungserhaltende Reduktion von gegen das MiLoG verstoßenden Regelungen. Und dies ist mit Blick auf Altverträge (d. h. vor dem 1.1.2015 abgeschlossene Arbeitsverträge) auch dann aus folgenden Gründen geboten, wenn man sich der – zutreffenden – Bewertung des § 3 Satz 1 MiLoG als *lex specialis* zu den §§ 305 ff. BGB nicht anschließen möchte: 569

### b) Notwendigkeit einer geltungserhaltenden Reduktion

Führt man sich vor Augen, dass das MiLoG auch für vor Jahren abgeschlossene Arbeitsverträge gilt, wird man nämlich bei Verstößen gegen das MiLoG erst recht eine geltungserhaltende Reduktion verstoßender Regelungen annehmen müssen. Dies folgt u. a. aus einer – notwendigen – verfassungskonformen Auslegung. Insoweit wird man die zur Anwendung der §§ 305 ff. BGB auf sog. Altverträge i. Satz d. Art. 229 § 5 EGBGB entwickelten Grundsätze auf Altverträge i. S. d. MiLoG übertragen müssen. 570

Zu den maßgeblichen Grundsätzen *Gaul/Mückl*, NZA 2009, 1233 ff.; ebenso BAG v. 20.4.2011 – 5 AZR 191/10, ZIP 2011, 1485 = BB 2011, 2364.

Denn das MiLoG gilt zwar für Alt- wie Neuverträge gleichermaßen. Für die in § 3 Satz 1 MiLoG angeordnete geltungserhaltende Reduktion sprechen unter Berücksichtigung des Umstands, dass Altverträge bereits vor dem 1.1.2015 abgeschlossen wurden, neben allgemeinen zivilrechtsdogmatischen aber vor allem verfassungsrechtliche Überlegungen: 571

#### aa) Zivilrechtsdogmatische Gründe

Im Rahmen des § 134 BGB ist anerkannt, dass die dort normierte Unwirksamkeitsfolge grundsätzlich nur dann eingreift, wenn ein Rechtsgeschäft schon bei seiner Vornahme gegen ein gesetzliches Verbot verstößt, nicht jedoch auch dann, wenn es erst nachträglich gegen später geschaffene gesetzliche Vorgaben verstößt. 572

BGH v. 18.2.2003 – KVR 24/01, NVwZ 2003, 1140, dazu EWiR 2003, 1143 *(Büdenbender)*; BayObLG v. 20.2.2002 – 3 Z BR 380/01, DB 2002, 940; OLG Düsseldorf v. 30.4.1992 – 10 U 98/91, NJW-RR 1993, 249; MüKo-BGB/*Armbrüster*, BGB § 134 Rn. 20; Palandt/*Ellenberger*, BGB § 134 Rn. 12a; *Canaris*, DB 2002, 930 m. w. N.; a. A. noch RG vom 27.5.1921 – II 525/20, RGZ 102, 203.

Dass in zeitlicher Hinsicht für die Anwendung des MiLoG nichts anderes gelten kann, folgt dogmatisch aus der Überlegung, dass Wirksamkeitshindernisse von den Parteien nur im Zeitpunkt des Vertragsschlusses beachtet werden können. 573

Vgl. nur *Canaris*, DB 2002, 930.

### bb) Verfassungsrechtliche Gründe

574 Hinzu kommt, dass aus verfassungsrechtlicher Perspektive grundsätzlich davon auszugehen ist, dass die echte Rückwirkung eines Gesetzes nur angenommen werden kann, wenn das Verbotsgesetz sie sich ausdrücklich beilegt und sie überdies dem grundsätzlichen Verbot der echten Rückwirkung standhält.

> BayObLG v. 20.2.2002 – 3 Z BR 380/01, DB 2002, 940;
> OLG Düsseldorf v. 30.4.1992 – 10 U 98/91, NJW-RR 1993, 249;
> MüKo-BGB/*Armbrüster*, BGB § 134 Rn. 20; *Canaris*, DB 2002, 930.
> OLG Düsseldorf v. 30.4.1992 – 10 U 98/91, NJW-RR 1993, 249, 250; vgl. zur Terminologie BVerfG 3.12.1997 – 2 BvR 882/97, DB 1998, 653

575 Gelten die Vorgaben des MiLoG aber auch für Altverträge, läuft dies – wie das BAG im Parallelfall der Erstreckung der §§ 305 ff. BGB auf das Arbeitsrecht zu Recht angenommen hat – hinsichtlich der Anforderungen an die Vertragsformulierung indes auf eine echte Rückwirkung hinaus, da die Rechtsfolgen an einen bereits abgeschlossenen Sachverhalt anknüpfen, den Abschluss des Arbeitsvertrages.

> BAG v. 20.4.2011 – 5 AZR 191/10, ZIP 2011, 1485 = BB 2011, 2364.
> So zu §§ 305 ff. BGB mit Recht bereits BAG, v. 12.1.2005 – 5 AZR 364/04, ZIP 2005, 633 = NZA 2005, 465, dazu EWiR 2005, 379 *(Bartz/Oberschäfer)*.

576 Durch die Anwendung des MiLoG auf Arbeitsverträge, die schon vor dessen Inkrafttreten abgeschlossen worden sind, wird zudem – und hierin liegt verfassungsrechtlich der maßgebliche Unterschied zu Fällen des Neuabschlusses von Arbeitsverträgen – in bestehende Rechte des Arbeitgebers eingegriffen, sodass die Grundrechte des Arbeitgebers aus Art. 2, 14 GG berührt sind und der Eingriff so schonend wie möglich erfolgen muss. Dies bedeutet nichts anderes, als dass er so gering wie möglich zu sein hat.

> Vgl. OLG Düsseldorf v. 30.4.1992 – 10 U 98/91, NJW-RR 1993, 249; *Gaul/Mückl*, NZA 2009, 1233, 1236.

577 Führt man sich diese verfassungsrechtlichen Vorgaben vor Augen, sind die Vorgaben des MiLoG so auszulegen, dass die in ihnen angeordnete Unwirksamkeitsfolge nicht weiter reichen darf, als es zur Vermeidung eines Verstoßes gegen ihre Vorgaben erforderlich ist.

> Vgl. *Gaul/Mückl*, NZA 2009, 1233, 1235 f. (zu §§ 305 ff. BGB).

578 § 3 Satz 1 MiLoG knüpft an diese verfassungsrechtliche Vorgabe für Altverträge an und erstreckt sie auf Neuverträge. Eine Einschränkung auf Altverträge ist dem Wortlaut nämlich nicht zu entnehmen und für eine teleologische Einschränkung der Begrenzung der Unwirksamkeitsfolge mit Blick darauf kein Raum, dass der Gesetzgeber lediglich den Anspruch des Arbeitnehmers auf den Mindestlohn absichern will.

> BT-Drucks. 18/1558, S. 35.

Insofern spricht auch eine – mit Blick auf Altverträge erforderliche – verfassungskonforme Auslegung für eine geltungserhaltende Reduktion als Rechtsfolge des – als *lex specialis* ausgestalteten – § 3 Satz 1 MiLoG. 579

### c) Anpassungsbedarf

#### aa) Kein Anpassungsbedarf für den Mindestlohn unterschreitende Regelungen

Keiner Anpassung bedürfen vor diesem Hintergrund Vergütungsregelungen, die den Mindestlohn unterschreiten. Insoweit gelten die unter Rn. 442 ff. entwickelten Grundsätze. 580

#### bb) Anpassung der Vergütungsstruktur

Nicht geholfen ist Unternehmen dadurch allerdings insoweit, als sich durch den Anspruch aus §§ 1, 20 MiLoG ungerechtfertigte Verschiebungen der Vergütung zugunsten des Arbeitnehmers ergeben haben, d. h. wenn nun – infolge der Irrelevanz bestimmter Vergütungsbestandteile für den Mindestlohn – eine insgesamt höhere Vergütung gezahlt werden muss. 581

##### (1) Änderungskündigung

Hier ist der Anwendungsbereich für die oben skizzierte Gestaltungsmöglichkeit einer Änderungskündigung (vgl. Rn. 561 f.), mit deren Hilfe die Vergütung nicht abgesenkt, sondern unter Beibehaltung des bisherigen Vergütungsniveaus neu strukturiert werden soll, um die nicht geplante Erhöhung der Personalkosten zu vermeiden und den Mindestlohnanspruch im Ergebnis kostenneutral zu erfüllen. Eine Änderungskündigung bietet allerdings keine schnelle Hilfe, weil ggf. lange Kündigungsfristen abgewartet werden müssen. 582

Hinzu kommt, dass das erste (bislang nur als Pressemitteilung veröffentlichte) Urteil zum MiLoG eine entsprechende Änderungskündigung dann nicht für zulässig hält, wenn durch die im Rahmen der Änderungskündigung eine abweichende Zwecksetzung in Bezug auf Vergütungsbestandteile erfolgen soll, um dadurch eine Erfüllungswirkung mit Blick auf den Mindestlohn herbeizuführen. 583

So hat das ArbG Berlin eine Änderungskündigung in einem Fall für unwirksam gehalten, in dem die Arbeitnehmerin gegen eine Bruttogrundvergütung von 6,44 € je Stunde zuzüglich Leistungszulage und Schichtzuschlägen beschäftigt wurde; sie erhielt ferner ein zusätzliches Urlaubsgeld sowie eine nach Dauer der Betriebszugehörigkeit gestaffelte Jahressonderzahlung. Die Arbeitgeberin kündigte das Arbeitsverhältnis und bot der Klägerin gleichzeitig an, das Arbeitsverhältnis mit einem Stundenlohn von 8,50 € (brutto) bei Wegfall der Leistungszulage, des zusätzlichen Urlaubsgeldes und der Jahressonderzahlung fortzusetzen. Dies hielt das ArbG Berlin mit der Begründung für unzulässig, der Mindestlohn solle unmittelbar die Arbeitsleistung entgelten. 584

Andere Leistungen, wie das Urlaubsgeld und eine Jahressonderzahlung, die sich im entschiedenen Fall an der Dauer der Betriebszugehörigkeit bemesse, dienten diesem Zweck hingegen nicht. Daher dürften diese Leistungen nicht auf den Mindestlohn angerechnet werden.

ArbG Berlin v. 4.3.2015 – 54 Ca 14420/14, n. v. (Pressemitteilung).

**Praxistipp:**

Sollte sich diese Ansicht durchsetzen, scheidet die Änderungskündigung als Gestaltungsmittel aus. Überzeugend ist sie allerdings nicht, weil die Änderungskündigung im entschiedenen Fall die Arbeitnehmerin besser gestellt hätte (gleiches Entgeltvolumen bei früherer Fälligkeit) und das MiLoG den Arbeitgeber über die Zahlung des Mindestlohns hinaus nicht in der Gestaltungsfreiheit mit Blick auf Vergütungsstrukturen beschränken will. Es dient der Sicherstellung eines Mindesteinkommens, nicht aber der Fortführung darüber hinausgehender Vergütungsbestandteile. Es bleibt abzuwarten, inwieweit die Entscheidungsbegründung überhaupt mit der Rechtsprechung des BAG (vgl. Rn. 561 f.) vereinbar ist. Umso wichtiger dürfte in der betrieblichen Praxis – jedenfalls bis dahin – allerdings die unmittelbar nachfolgend dargestellte Anpassung durch Betriebsvereinbarung sein.

#### (2) Anpassung durch Betriebsvereinbarung

585 Hinzu kommt, dass in durch Betriebsräten mitbestimmten Betrieben insoweit ohnehin ein Mitbestimmungsrecht nach § 87 Abs. 1 Nr. 10 BetrVG beachtet werden muss (vgl. Rn. 532 f.).

586 Dies kann im vorliegenden Kontext aber mit Blick auf die Rechtsprechung des BAG zur Betriebsvereinbarungsoffenheit von als AGB ausgestalteten Arbeitsverträgen genutzt werden (vgl. dazu Rn. 534) um – ohne Notwendigkeit zahlreicher Einzelgespräche sowie der mit Massenänderungskündigungen verbundenen Risiken (§ 17 KSchG, § 2 KSchG, § 102 BetrVG und §§ 111 f. BetrVG) – schnell zu sinnvollen Lösungen zu kommen, die schon deshalb möglich sein sollten, weil das Vergütungsniveau nicht abgesenkt, sondern lediglich die Vergütungsstruktur angepasst werden soll.

### 2. Betriebsvereinbarungen

587 Mit Blick auf Betriebsvereinbarungen bestehen insoweit folgende Gestaltungsmöglichkeiten:

#### a) Einvernehmliche Anpassung

588 Zunächst können die Betriebsparteien die Betriebsvereinbarung jederzeit einvernehmlich ändern.

BAG v. 2.10.2007 – 1 AZR 815/06, ZIP 2008, 570 = NZA-RR 2008, 242, dazu EWiR 2008, 359 *(Grimm)*.

589 Nach der Zeitkollisionsregel verdrängt die neue die alte Betriebsvereinbarung. Auf die Günstigkeit der einzelnen Regelungen kommt es nicht an.

BAG v. 2.10.2007 – 1 AZR 815/06, ZIP 2008, 570 = NZA-RR 2008, 242.

Die Änderung wirkt allerdings nur für die Zukunft. Denn ein Eingriff in den bereits erworbenen Besitzstand ist durch die Grundsätze von Recht und Billigkeit (§ 75 BetrVG), insbesondere durch die Grundsätze der Verhältnismäßigkeit und des Vertrauensschutzes, grundsätzlich ausgeschlossen. 590

**Praxistipp:**

Eine Ausnahme gilt bei einer Änderung wegen einer Störung der Geschäftsgrundlage, vgl. Rn. 606.

## b) Kündigung von Betriebsvereinbarungen

### aa) Ordentliche Kündigung

Als Möglichkeit, sich einseitig von der Betriebsvereinbarung loszusagen, kommt zunächst die ordentliche Kündigung in Betracht. Dabei muss allerdings die Kündigungsfrist eingehalten werden. 591

### bb) Außerordentliche Kündigung

Denkbar ist auch eine außerordentliche Kündigung der Betriebsvereinbarung (vgl. § 120 Abs. 2 InsO). Voraussetzung hierfür ist aber – neben dem Vorliegen einer Dauerregelung als Gegenstand der Betriebsvereinbarung –, dass ein wichtiger Grund i. S. d. § 314 BGB vorliegt. 592

Vgl. BAG v. 10.8.1994 – 10 ABR 61/93, ZIP 1995, 1037 = NZA 1995, 314, dazu EWiR 1995, 331 *(Plander)*.

Nicht ausreichend ist grundsätzlich, dass die finanziellen Mittel, die für eine Erfüllung der Verpflichtungen aus der Betriebsvereinbarung erforderlich sind, fehlen. 593

BAG v. 10.8.1994 – 10 ABR 61/93, ZIP 1995, 1037 = NZA 1995, 314.

In der Praxis tatsächlich relevant geworden ist diese Kündigungsmöglichkeit bislang – soweit ersichtlich – nicht und dürfte daher auch im vorliegenden Kontext nur in extremen Ausnahmefällen in Betracht kommen. Voraussetzung ist dann, dass die ordentliche Kündigungsfrist nicht abgewartet werden kann. 594

HWK/*Gaul*, BetrVG § 77 Rn. 36.

### cc) Rechtsfolgen einer Kündigung

Die Kündigung einer Betriebsvereinbarung ist für die Ansprüche, die zum Zeitpunkt des Zugangs der Kündigung bereits entstanden sind, ohne Bedeutung. Nach § 77 Abs. 6 BetrVG wirkt die Betriebsvereinbarung zudem grundsätzlich nach, bis sie durch eine andere Abmachung ersetzt wird. 595

596 Daran ändert der Umstand, dass es sich bei der Betriebsvereinbarung im vorliegenden Kontext lediglich um eine nach § 87 Abs. 1 Nr. 10 BetrVG teilmitbestimmte Betriebsvereinbarung über eine kollektivrechtlich „freiwillig" erbrachte Vergütung handeln wird, nach der Rechtsprechung des BAG nichts.

Vgl. dazu BAG v. 29.1.2008 – 3 AZR 42/06, NZA-RR 2008, 469; BAG v. 18.10.1994 – 1 ABR 17/94, DB 1995, 832. BAG v. 5.10.2010 – 1 ABR 20/09, ZIP 2011, 832 (LS) = NZA 2011, 598.

597 Ein nicht tarifgebundener Arbeitgeber, der über die Einführung einer zusätzlichen Vergütung und ihres Leistungszwecks ohne Beteiligung des Betriebsrats entscheiden kann, muss aber auch die Möglichkeit haben, sie vollständig zu beseitigen.

BAG v. 5.10.2010 – 1 ABR 20/09, ZIP 2011, 832 (LS) = NZA 2011, 598.

598 Andernfalls könnte der Arbeitgeber mit den Mitteln des Kollektivrechts zur Beibehaltung einer finanziellen Leistung gezwungen werden, über deren Einführung er mitbestimmungsfrei entscheidet. Daher kann der nicht tarifgebundene Arbeitgeber eine in einer Betriebsvereinbarung geregelte finanzielle Leistung, die er ohne hierzu verpflichtet zu sein gewährt, durch die Kündigung dieser Betriebsvereinbarung beseitigen, wenn er in Zukunft für den von ihm festgelegten Leistungszweck keine Mittel mehr bereitstellen will. Denn der Arbeitgeber kann bei Vergütungsbestandteilen, die weder auf einer vertraglichen oder einer sonstigen Rechtsgrundlage beruhen, mitbestimmungsfrei über die Höhe der von ihm zur Verfügung gestellten Finanzmittel und über den Leistungszweck entscheiden. An diese Festlegungen ist nicht nur der Betriebsrat, sondern im Konfliktfall auch die Einigungsstelle gebunden. Entscheidet sich der Arbeitgeber für eine solche zusätzliche Leistung keine Mittel mehr bereitzustellen, fehlt es an einer ausgestaltungsfähigen Verteilungsmasse.

BAG, v. 5.10.2010 – 1 ABR 20/09, ZIP 2011, 832 (LS) = NZA 2011, 598.

599 So liegt es in den vorliegenden Fällen aber nur dann, wenn Vergütungsbestandteile endgültig beseitigt werden sollen.

**Praxistipp:**

Das muss der Arbeitgeber aber nach der Rechtsprechung des BAG ausdrücklich über eine bloße Kündigung hinaus erklären, um die Nachwirkung zu beseitigen (BAG v. 9.7.2013 – 1 AZR 275/12, NZA 2013, 1438). Zudem setzt dies voraus, dass der entsprechende Vergütungsbestandteil in einer separaten Betriebsvereinbarung geregelt ist (vgl. BAG v. 5.10.2010 – 1 ABR 20/09, ZIP 2011, 832 (LS) = NZA 2011, 598; ferner zum Ganzen HWK/*Gaul*, BetrVG § 77 Rn. 46 f.).

Liegt ein solcher Fall nicht vor, bleibt nur die Einigungsstelle, in welcher der Arbeitgeber das Gesamtvolumen vorgibt, für das dann die neue Struktur verhandelt wird. 600

**Praxistipp:**

Mit Blick auf zukünftige Beendigungsflexibiltät sollte Ziel der Einigungsstellenverhandlungen sein, jeden Vergütungsbestandteil in einer separaten Betriebsvereinbarung zu regeln.

### c) Störung der Geschäftsgrundlage

Soweit eine einvernehmliche Änderung der Betriebsvereinbarung aufgrund 601 der Weigerung einer Betriebspartei ausscheidet, die Möglichkeit einer einseitigen Kündigung nicht vereinbart ist und auch das Gewicht eines wichtigen Grundes, der einen vollständigen Entfall bestimmter Leistungen durch außerordentliche Kündigung rechtfertigt, nicht erreicht wird, kommt eine Anpassung der Betriebsvereinbarung nur unter den Voraussetzungen des § 313 BGB in Betracht.

#### aa) Voraussetzungen einer Störung der Geschäftsgrundlage

Dies setzt voraus, dass Umstände, die zur Grundlage der Betriebsvereinba- 602 rung geworden sind, sich nach ihrem Abschluss schwerwiegend verändert haben und die betrieblichen Sozialpartner die Betriebsvereinbarung nicht oder mit anderem Inhalt vereinbart hätten, wenn sie diese Veränderung vorausgesehen hätten (§ 313 Abs. 1 BGB). Einer Veränderung der Umstände steht es gleich, wenn wesentliche Vorstellungen, die zur Grundlage des Abschlusses der Betriebsvereinbarung geworden sind, sich als falsch herausstellen (§ 313 Abs. 2 BGB).

In Betracht kommt eine derartige Störung der Geschäftsgrundlage zunächst, 603 wenn die Vorstellung der Betriebsparteien über die Höhe der für den in der Betriebsvereinbarung geregelten Vergütungsbestandteil zur Verfügung stehenden Mittel falsch ist und sich dies erst nach dem Abschluss der Betriebsvereinbarung herausstellt.

> BAG v. 10.8.1994 – 10 ABR 61/93, ZIP 1995, 1037 = NZA 1995, 314.

Voraussetzung hierfür ist allerdings, dass es dem Unternehmen tatsächlich 604 nicht möglich ist, die in der Betriebsvereinbarung vorgesehenen Leistungen aus eigenen Mitteln zu erfüllen. Dies wird man vor allem im Falle einer Insolvenz annehmen müssen.

> BAG v. 10.8.1994 – 10 ABR 61/93, ZIP 1995, 1037 = NZA 1995, 314; LAG München v. 14.11.1996 – 4 TaBV 67/95, n. v.; LAG Baden-Württemberg v. 9.12.1999 – 21 Sa 34/98, n. v.

> **Praxistipp:**
>
> Dass das BAG in derartigen Konstellationen überhaupt eine Störung der Geschäftsgrundlage annimmt, überrascht, da selbst die drastische Verschlechterung der Ertragssituation eines Unternehmens an sich nicht dazu führt, dass sich das Unternehmen von den Festlegungen der Betriebsvereinbarung wegen Wegfalls der Geschäftsgrundlage lossagen kann, weil an sich jeder das Risiko der eigenen Insolvenz zu tragen hat (ArbG Berlin v. 13.1.1993 – 82 Ca 29023/92, n. v.; „Geld hat man zu haben").

*Beispiel:*

*Schlägt eine beabsichtigte Sanierung fehl oder wird die Erwartung einer Finanzierung durch Dritte nicht erfüllt, kommt ebenfalls eine Störung der Geschäftsgrundlage in Betracht (vgl. für Sozialpläne Bonanni/Mückl, ArbRB 2009, 242, 243).*

> **Praxistipp:**
>
> Für das Vorliegen der Voraussetzungen des § 313 BGB trägt derjenige, der sich auf diese Norm beruft, die Darlegungs- und Beweislast. Nicht ausreichend ist z. B., allein ein negatives Betriebsergebnis vorzutragen. Der Arbeitgeber muss – z. B. auf der Grundlage eines Sachverständigengutachtens – nachweisen, dass es ihm tatsächlich unmöglich oder unzumutbar ist, die Ansprüche aus der Betriebsvereinbarung in voller Höhe zu erfüllen.

605 Maßgeblich sind indes die Umstände des Einzelfalls. Die Aufstellung einer allgemeinen Regel, die den Tatbestand einer Störung der Geschäftsgrundlage wesentlich über das in § 313 BGB Formulierte hinaus konkretisiert, ist nicht möglich.

> **Praxistipp:**
>
> Ein wichtiges Indiz für ein Eingreifen von § 313 BGB dürfte der Umstand bilden, dass sich die Parteien über die Notwendigkeit einer Änderung im Grundsatz einig sind (BAG v. 10.8.1994 – 10 ABR 61/93, ZIP 1995, 1037 = NZA 1995, 314; Hessisches LAG v. 8.3.2001 – 5 Sa 1198/00, n. v.).

### bb) Rechtsfolgen einer Störung der Geschäftsgrundlage

606 Rechtsfolge des Eingreifens von § 313 BGB ist, dass ein Anspruch auf Anpassung der Betriebsvereinbarung besteht. Die Anpassung tritt nicht kraft Gesetzes ein, die Betriebspartner müssen sie vereinbaren.

> **Praxistipp:**
>
> Wichtig für die betriebliche Praxis ist, dass sie insoweit befugt sind, anlässlich der vorzunehmenden Anpassung auch die auf der Grundlage der bisherigen Regelung bereits entstandenen Ansprüche der Arbeitnehmer zu modifizieren – und zwar zu deren Lasten und mit Wirkung für bereits ausgeschiedene Arbeitnehmer. Dies ist der wesentliche Unterschied zum Neuabschluss nach erfolgter Kündigung (BAG v. 28.8.1996 – 10 AZR 886/95, ZIP 1997, 83 = DB 1997, 100, dazu EWiR 1997, 101 [*Schaub*]). Insoweit genießen die Arbeitnehmer keinen Vertrauensschutz (BAG v. 10.8.1994 – 10 ABR 61/93, ZIP 1995, 1037 = NZA 1995, 314; LAG Sachsen-Anhalt v. 5.11.1997 – 5 Sa 109/95, n. v.).

Verweigert ein Betriebspartner eine Anpassung oder kommt es nicht zu einer Einigung, kann der andere die Einigungsstelle anrufen, die verbindlich entscheidet. 607

BAG v. 10.8.1994 – 10 ABR 61/93, ZIP 1995, 1037 = NZA 1995, 314; BAG v. 13.3.1996 – 10 AZR 835/94, AuA 1997, 206.

Dies ist die einzig zulässige Möglichkeit der Anpassung einer Betriebsvereinbarung wegen Störung der Geschäftsgrundlage; die individualrechtliche Geltendmachung durch einzelne Arbeitnehmer ist ausgeschlossen. 608

LAG Hamburg v. 11.11.1998 – 5 Sa 25/98, n. v.; LAG Hamburg v. 7.1.1999 – 1 Sa 33/98, n. v.

**Praxistipp:**

Der Antrag im Einigungsstellenverfahren ist auf Zustimmung des anderen Betriebspartners zum Abschluss einer bestimmten Betriebsvereinbarung zu richten.

**Praxistipp:**

Ein Rechtsstreit zwischen Arbeitnehmer und Arbeitgeber über Ansprüche aus einer Betriebsvereinbarung ist bei einer Störung der Geschäftsgrundlage der Betriebsvereinbarung analog § 148 ZPO bis zu einer Neuregelung auszusetzen (BAG v. 28.8.1996 – 10 AZR 886/95, DB 1997, 100; LAG Hamm v. 11.2.2005 – 13 Sa 2150/04, n. v.).

### 3. Tarifverträge

Tarifliche Arbeitsbedingungen lassen sich in der Regel kurzfristig ebenfalls nur durch einen abweichenden Tarifvertrag, der typischerweise ein Firmentarifvertrag sein wird, umsetzen. 609

Vgl. zu Strategien einer kurzfristigen Beendigung der Tarifbindung eingehend *Mückl/Krings*, BB 2012, 769 ff. m. w. N.

## IV. Mitbestimmung durch den Betriebsrat

Der aus § 1 Abs. 2 i. V. m. § 20 MiLoG folgende Anspruch auf den gesetzlichen Mindestlohn ist ein individualrechtlicher Anspruch. Neue Mitbestimmungsrechte bzw. eine Erweiterung der bestehenden Mitbestimmungsrechte des Betriebsrats sehen weder das MiLoG noch das Tarifautonomiestärkungsgesetz vor. Eine Mitbestimmung durch den Betriebsrat kommt daher nur im Rahmen bestehender Mitbestimmungsrechte nach dem BetrVG in Betracht. Über die bereits dargestellte Mitbestimmung nach § 87 Abs. 1 BetrVG (vgl. Rn. 528 ff.) hinaus kommen vor allem die folgenden Mitbestimmungstatbestände in Betracht. 610

### 1. Allgemeine Aufgaben

Zunächst einmal hat der Betriebsrat nach § 80 Abs. 1 Nr. 1 BetrVG darüber zu wachen, dass das MiLoG eingehalten wird. Gemäß § 80 Abs. 2 BetrVG ist 611 der Betriebsrat hierzu – soweit dies erforderlich ist – rechtzeitig und umfassend zu unterrichten.

Ausführlich dazu *Kleinebrink*, DB 2015, 375, 378 ff.

**Praxistipp:**

Unterlagen sind dem Betriebsrat nur auf sein Verlangen zur Verfügung zu stellen (§ 80 Abs. 2 Satz 2, 1. Hs BetrVG), vgl. BAG v. 9.7.1991 – 1 ABR 45/90, AP Nr. 94 zu § 99 BetrVG 1972; *Fitting*, BetrVG, § 80 Rn. 68; GK-BetrVG/ Weber, § 80 Rn. 83.

**612** Nach dem Wortlaut von § 80 Abs. 2 Satz 2 Hs 2 BetrVG darf ein Betriebsausschuss oder ein nach § 28 BetrVG gebildeter Ausschuss „in diesem Rahmen" in die Listen über die Bruttolöhne und -gehälter Einblick nehmen.

**Praxistipp:**

Das Einsichtsrecht erstreckt sich allerdings weder auf die Gehälter leitender Angestellter i. S. d. § 5 Abs. 3 und 4 BetrVG (vgl. BAG v. 18.9.1973 – 1 ABR 7/73, BB 1974, 133; *Fitting*, BetrVG § 80 Rn. 74) noch auf die von Heimarbeitern, da diese nach § 5 Abs. 1 Satz 2 BetrVG nicht in den Geltungsbereich des BetrVG fallen und sie als arbeitnehmerähnliche Personen ohnehin vom Geltungsbereich des MiLoG ausgenommen sind (*Kleinebrink*, DB 2015, 375, 377).

Gleiches gilt in Ermangelung des Bezugs zu einer Aufgabe des Betriebsrats auch im Hinblick auf individuell ausgehandelte Vergütungen (GK-BetrVG/ *Weber*, § 80 Rn. 97). Das BAG stellt allerdings darauf ab, dass der Betriebsrat feststellen können müsse, ob die Gewährung von Zulagen nach generellen Grundsätzen erfolgt, ob also eine Überwachungsaufgabe vorliegt (BAG v. 10.2.1987 – 1 ABR 43/84, DB 1987, 1152).

**613** Eine rechtsmissbräuchliche Ausübung des Einblicksrechts ist selbstverständlich unzulässig.

Vgl. z. B. BAG v. 10.6.1974 – 1 ABR 23/73, AP Nr. 8 zu § 80 BetrVG 1972.

*Beispiel:*

*Dies gilt z. B. dann, wenn der Betriebsrat mit Hilfe der Einigungsstelle nur klären will, ob von ihm benannte Arbeitnehmer leitende Angestellte sind oder nicht (BAG v. 10.6.1974 – 1 ABR 23/73, AP Nr. 8 zu § 80 BetrVG 1972). Gleiches gilt, wenn der Betriebsrat die Gewerkschaftszugehörigkeit einzelner Arbeitnehmer erfahren möchte, vgl. LAG Niedersachsen v. 17.8.2001 – 16 TaBV 101/00, LAGE § 80 BetrVG 1972 Nr. 17).*

**614** Die Grenze sieht das BAG im Übrigen dort, wo ein Beteiligungsrecht oder eine sonstige Aufgabe offensichtlich nicht in Betracht kommen.

BAG v. 14.1.2014 – 1 ABR 54/12, NZA 2014, 738.

> **Praxistipp:**
>
> In diesem Zusammenhang wird mittelbar noch einmal relevant, welche Vergütungsbestandteile zur Erfüllung des Mindestlohns nach dem MiLoG dienen. Denn wenn nicht alle Vergütungsbestandteile anrechenbar sind (wovon – soweit ersichtlich – nur *Kleinebrink*, DB 2015, 375, 377 ausgeht), benötigt der Betriebsrat zur Prüfung eine Aufschlüsselung der Vergütungsbestandteile (*Kleinebrink*, DB 2015, 375, 377).

Sind keine Unterlagen vorhanden (welche die einzelnen Vergütungsbestandteile aufschlüsseln) oder keine entsprechenden Daten gespeichert, die jederzeit gedruckt werden können, muss der Arbeitgeber sie allerdings nicht erst erstellen, um dem Betriebsrat eine Kontrolle zu ermöglichen. **615**

Vgl. BAG v. 30.9.2008 – 1 ABR 54/07, DB 2009, 407;
BAG v. 10.10.2006 – 1 ABR 68/05, DB 2007, 174;
*Kleinebrink*, DB 2015, 375, 377.

## 2. Personelle Einzelmaßnahmen

Ein Zustimmungsverweigerungsrecht des Betriebsrats nach § 99 Abs. 2 Nr. 1 BetrVG in Bezug auf die (erstmalige) Eingruppierung besteht nicht. **616**

Ausführlich *Kleinebrink*, DB 2015, 375 f.; a. A. *Schubert/Jerchel/Düwell*, Rn. 290.

Dies gilt selbst dann nicht, wenn entgegen der Einschätzung des Arbeitgebers eine der im MiLoG geregelten Ausnahmen nicht eingreift bzw. wenn nicht der im MiLoG geregelte Mindestlohn maßgeblich ist, sondern ein höherer Lohn, z. B. aufgrund eines Tarifvertrags, der nach dem AEntG erstreckt worden ist. Denn das MiLoG enthält keine Verbotsnorm, welche die Einstellung und Eingruppierung – also die personelle Einzelmaßnahme – sowie eine Beschäftigung des Arbeitnehmers an sich untersagt. Dies wäre aber Voraussetzung für ein Eingreifen von § 99 Abs. 2 Nr. 1 BetrVG. **617**

BAG v 27.10.2010 – 7 ABR 36/09, DB 2011, 713; *Kleinebrink*, DB 2015, 375 f.

Etwas anderes gilt auch dann nicht, wenn die geltende Vergütungsordnung gegen das MiLoG verstoßen sollte. Denn dies sagt nichts darüber aus, ob der Arbeitgeber zur Vermeidung eines Verstoßes gegen die Vorgaben des MiLoG nicht den gesetzlichen Mindestlohn (z. B. in Form einer Aufstockung durch eine entsprechende Zulage) vereinbaren und zahlen wird. Darüber muss er den Betriebsrat nämlich nicht unterrichten. **618**

BAG v 27.10.2010 – 7 ABR 36/09, DB 2011, 713; *Kleinebrink*, DB 2015, 375 f.

> **Praxistipp:**
>
> Etwas anderes gilt auch nicht bei einem Leiharbeitnehmereinsatz, da der Arbeitgeber zwar den Überlassungsvertrag vorlegen muss, dabei aber die Überlassungsvergütung unkenntlich machen darf, vgl. *Fitting*, BetrVG, § 99 En. 153; *Kleinebrink*, DB 2015, 375, 376.

## V. Melde-, Dokumentations- und Aufbewahrungspflichten (§§ 16, 17 MiLoG)

619 Dass die Verpflichtung zur rechtzeitigen Zahlung des Mindestlohns vom Arbeitgeber eingehalten wird, sichert der Gesetzgeber für nach seiner Bewertung besonders missbrauchsanfällige Branchen und Beschäftigungsformen durch darauf bezogene Melde-, Dokumentations- und Aufbewahrungspflichten in den §§ 16, 17 MiLoG ab. Vorbild sind dafür teilweise die vergleichbaren Regelungen im AEntG und AÜG, die zum 1.1.2015 durch Rechtsverordnungen des Bundesministeriums für Arbeit und Soziales (BMAS) und des Bundesministeriums der Finanzen (BMF) konkretisiert und teilweise eingeschränkt worden sind. Hintergrund für die vorgenommene Einschränkung sind Praktikabilitätserwägungen, auf deren Grundlage den berechtigten Interessen der betrieblichen Praxis daran, den mit den §§ 16 f. MiLoG verbundenen Verwaltungsaufwand zu beschränken, Rechnung getragen werden soll. Wichtig sind diese Einschränkungen indes nicht nur, weil sie den Umgang mit den vorgenannten Pflichten erleichtern. Hinzu kommt, dass sie wichtige Rückschlüsse darauf zu lassen, wie die für das MiLoG zuständigen Fachministerien Schlüsselfragen des MiLoG – wie etwa dessen Anwendungsbereich und die zur Erfüllung des Mindestlohnanspruchs tauglichen Vergütungsbestandteile – bewerten.

### 1. Meldepflichten

620 In Anlehnung an §§ 18 AEntG, 17b AÜG (soweit es um die Einhaltung der Lohnuntergrenze nach § 3a AÜG geht) regelt § 16 MiLoG Meldepflichten für ausländische Arbeitgeber, die im Inland Arbeitnehmer einsetzen, soweit der Arbeitnehmereinsatz in einer der von § 2a SchwarzArbG erfassten Branchen stattfindet. Hintergrund dieser Beschränkung ist, dass dem Gesetzgeber – obwohl das MiLoG für alle Branchen gilt – *„eine Beschränkung auf wesentliche vom Missbrauch betroffene Sachverhalte geboten“* schien, für welche die in § 2a SchwarzArbG *aufgeführten Branchen „ein tauglicher Anknüpfungspunkt“* seien.

BT-Drucks. 18/1558, S. 40.

621 Dass gerade im Ausland sitzende Arbeitgeber als Anknüpfungspunkt gewählt wurden, ist dem Umstand geschuldet, dass sie ihre Arbeitskräfte oft nur für kurze Zeiträume und mit wechselnden Arbeitsstellen im Inland einsetzen bzw. in das Inland entsenden, was ihre Kontrolle sehr erschwert.

Vgl. *Lakies*, MiLoG, § 16 Rn. 2.

622 Durch Meldevorgaben, die eine Kontrolle der Einhaltung der Pflichten zur Zahlung des Mindestlohns ermöglichen, soll § 16 MiLoG die Einhaltung der Verpflichtung zur rechtzeitigen Zahlung des Mindestlohns sicherstellen helfen.

623 In Übertragung der von der Rechtsprechung zu § 14 AEntG entwickelten Grundsätze wird diese Verpflichtung auch im Lichte europarechtlicher Antidiskriminierungsvorgaben für wirksam gehalten.

Vgl. *Lakies*, MiLoG, § 16 Rn. 2.

Ein Verstoß gegen die Pflichten gemäß § 16 MiLoG kann als Ordnungswidrigkeit gemäß § 21 Abs. 1 Nr. 4 bis 6 MiLoG mit einer Geldbuße von bis zu 30.000,00 € geahndet werden (§ 21 Abs. 3 MiLoG). **624**

Vor diesem Hintergrund und dem nach § 19 MiLoG drohenden Ausschluss von der Vergabe öffentlicher Aufträge (zu Sanktionen vgl. im Einzelnen Rn. 847 ff.) sollten die nachfolgend erläuterten Vorgaben – in ihrer Konkretisierung durch die Fachministerien (vgl. dazu ab Rn. 632) – unbedingt eingehalten werden. **625**

### a) Gesetzliche Vorgaben

Betroffen von den in § 16 MiLoG geregelten Meldepflichten sind Arbeitgeber mit Sitz im Ausland sowie inländische Entleiher von Arbeitnehmern eines ausländischen Verleihers, soweit sie die relevanten Arbeitnehmer in den in § 2a SchwarzArbG genannten Branchen einsetzen. **626**

**Praxistipp:**

Von § 2a SchwarzArbG erfasst sind folgende Gewerbe:

- Baugewerbe
- Gaststätten- und Beherbergungsgewerbe
- Personenbeförderungsgewerbe
- Speditions-, Transport- und damit verbundenen Logistikgewerbe
- Schaustellergewerbe
- Unternehmen der Forstwirtschaft
- Gebäudereinigungsgewerbe
- Unternehmen, die sich am Auf- und Abbau von Messen und Ausstellungen beteiligen, und
- die Fleischwirtschaft.

#### aa) Arbeitgeber mit Sitz im Ausland

#### (1) Tatbestand des § 16 Abs. 1 Satz 1 MiLoG

Ein Arbeitgeber **627**

- mit Sitz im Ausland,
- der einen oder mehrere Arbeitnehmer in den in § 2a SchwarzArbG genannten Wirtschaftsbereichen oder Wirtschaftszweigen
- im Anwendungsbereich des MiLoG (§ 22 MiLoG) beschäftigt,

ist nach § 16 Abs. 1 Satz 1 MiLoG verpflichtet:

### (2) Rechtsfolge des § 16 Abs. 1 Satz 1 MiLoG

- vor Beginn jeder Werk- oder Dienstleistung
- eine schriftliche Anmeldung
- in deutscher Sprache
- bei der zuständigen Behörde der Zollverwaltung nach § 16 Abs. 6 MiLoG
- vorzulegen,
- welche die für die Prüfung wesentlichen Angaben enthält.

**Praxistipp:**

Der Arbeitgeber hat der Anmeldung nach § 16 Abs. 2 MiLoG eine Versicherung beizufügen, dass er die Verpflichtungen nach § 20 MiLoG (rechtzeitige Zahlung des Mindestlohns) einhält. Sie muss, da sie Teil der Anmeldung ist ebenfalls schriftlich und in deutscher Sprache erfolgen (*Lakies*, MiLoG, § 16 Rn. 5). Eine eidesstattliche Versicherung ist nicht erforderlich (*Lakies*, MiLoG, § 16 Rn. 5). Konsequenz (und damit Zweck) der Versicherung ist aber, dem Versichernden im Rahmen eines Ordnungswidrigkeitenverfahrens die Berufung auf mangelndes Verschulden abzuschneiden, vgl. *Lakies*, MiLoG, § 16 Rn. 5.

**628** „Wesentlich" i. S. d. § 16 Abs. 1 Satz 1 MiLoG sind nach § 16 Abs. 1 Satz 2 MiLoG – kumulativ – die Angaben über

- den Familiennamen, den Vornamen und das Geburtsdatum der von ihm im Geltungsbereich des MiLoG beschäftigten Arbeitnehmer (§ 16 Abs. 1 Satz 2 Nr. 1 MiLoG),
- den Beginn und die voraussichtliche Dauer der Beschäftigung (§ 16 Abs. 1 Satz 2 Nr. 2 MiLoG),
- den Ort der Beschäftigung (§ 16 Abs. 1 Satz 2 Nr. 3 MiLoG),
- den Ort im Inland, an dem die nach § 17 MiLoG erforderlichen Unterlagen bereitgehalten werden (§ 16 Abs. 1 Satz 2 Nr. 4 MiLoG),
- den Familiennamen, den Vornamen, das Geburtsdatum und die Anschrift in Deutschland der oder des verantwortlich Handelnden (§ 16 Abs. 1 Satz 2 Nr. 5 MiLoG) und
- den Familiennamen, den Vornamen und die Anschrift in Deutschland einer oder eines Zustellungsbevollmächtigten, soweit diese oder dieser nicht mit der oder dem in § 16 Abs. 1 Satz 2 Nr. 5 MiLoG genannten verantwortlich Handelnden identisch ist (§ 16 Abs. 1 Satz 2 Nr. 6 MiLoG).

**Praxistipp:**

Änderungen bezüglich dieser Angaben hat der Arbeitgeber nach § 16 Abs. 1 Satz 3 MiLoG i. S. d. § 16 Abs. 1 Satz 1 MiLoG unverzüglich (§ 121 BGB) zu melden.

### bb) Meldepflichten von Entleihern bei Arbeitnehmerüberlassung

Parallel ausgestaltete Pflichten treffen nach § 16 Abs. 3, 4 MiLoG inländische Entleiher, die im Ausland sitzende Verleihunternehmen mit einer Arbeitnehmerüberlassung beauftragen und in einer der in § 2a SchwarzArbG genannten Branchen tätig sind: **629**

Überlässt ein Verleiher mit Sitz im Ausland (einen oder mehrere) Arbeitnehmer zur Arbeitsleistung einem Entleiher, hat der Entleiher in den in § 2a SchwarzArbG genannten Wirtschaftsbereichen oder Wirtschaftszweigen unter den Voraussetzungen des § 16 Abs. 1 Satz 1 MiLoG **630**

- vor Beginn jeder Werk- oder Dienstleistung
- der zuständigen Behörde der Zollverwaltung
- eine schriftliche Anmeldung
- in deutscher Sprache
- mit folgenden Angaben zuzuleiten:

  1) den Familiennamen, den Vornamen und das Geburtsdatum der überlassenen Arbeitnehmerinnen und Arbeitnehmer,
  2) den Beginn und die Dauer der Überlassung,
  3) den Ort der Beschäftigung,
  4) den Ort im Inland, an dem die nach § 17 erforderlichen Unterlagen bereitgehalten werden,
  5) den Familiennamen, den Vornamen und die Anschrift in Deutschland einer oder eines Zustellungsbevollmächtigten des Verleihers,
  6) den Familiennamen, den Vornamen oder die Firma sowie die Anschrift des Verleihers.

> **Praxistipp:**
>
> Der Entleiher hat der Anmeldung nach § 16 Abs. 4 MiLoG eine Versicherung des Verleihers beizufügen, dass er die Verpflichtungen nach § 20 MiLoG (rechtzeitige Zahlung des Mindestlohns) einhält. In Bezug auf diese Verpflichtung gelten die unter Rn. 627 entwickelten Grundsätze entsprechend.

> **Praxistipp:**
>
> Änderungen bezüglich dieser Angaben hat der Arbeitgeber nach § 16 Abs. 3 Satz 2 i. V. m. Abs. 1 Satz 3 MiLoG i. S. d. § 16 Abs. 1 Satz 1 MiLoG unverzüglich zu melden.

### cc) Versicherung der Einhaltung des MiLoG

Nach § 16 Abs. 2 MiLoG haben von § 16 Abs. 1 MiLoG erfasste Arbeitgeber ihrer Anmeldung eine Versicherung beizufügen, dass sie die Pflichten nach **631**

§ 10 MiLoG einhalten. Entleiher müssen nach § 16 Abs. 4 MiLoG bei grenzüberschreitender Arbeitnehmerüberlassung der Anmeldung eine Versicherung des Verleihers beifügen, dass dieser die Verpflichtungen nach § 20 MiLoG einhält.

> **Praxistipp:**
>
> Während die gemäß § 16 Abs. 2 MiLoG notwendige Versicherung des Arbeitgebers auf dem Vordruck der Zollverwaltung für eine Meldung durch den Arbeitgeber nach § 16 Abs. 1 MiLoG bereits enthalten ist, fehlt ein entsprechender Vordruck für die Meldung nach § 16 Abs. 4 MiLoG bislang. Vgl. für ein Muster Rn. 835.

### b) Konkretisierung und Einschränkung durch das BMAS

632 Wichtige Einschränkungen dieser Verpflichtung, die nicht nur den Verwaltungsaufwand reduzieren, sondern zugleich einen Rückschluss der Bewertung des BMAS zu wichtigen Kernfragen des MiLoG zulassen, hat zunächst das BMAS durch Rechtsverordnung vorgenommen.

#### aa) Einschränkung durch das BMAS

633 In § 1 seiner Verordnung zu den Dokumentationspflichten nach den §§ 16 und 17 MiLoG in Bezug auf bestimmte Arbeitnehmergruppen (Mindestlohndokumentations-Verordnung – MiLoDokV) hat das BMAS die vorstehend erläuterten gesetzlichen Vorgaben mit Wirkung zum 1.1.2015 (§ 2 MiLoDokV) wie folgt konkretisiert und eingeschränkt:

##### (1) Ausnahmetatbestand

- Die Pflicht zur Abgabe einer schriftlichen Anmeldung nach § 16 Abs. 1 MiLoG (ausländische Arbeitgeber) oder § 16 Abs. 3 MiLoG (inländische Entleiher, die ausländische Verleiher beauftragen);
- die Pflicht zur Abgabe einer Versicherung nach § 16 Abs. 2 MiLoG (ausländische Arbeitgeber) oder § 16 Abs. 4 MiLoG (inländische Entleiher, die ausländische Verleiher beauftragen);
- die Pflicht zum Erstellen und Bereithalten von Dokumenten nach § 17 Abs. 1 und 2 MiLoG (vgl. dazu Rn. 669 ff.) werden – vorbehaltlich der klarstellenden Ausnahmeregelung in § 1 Abs. 1 Satz 3 MiLoDokV (vgl. Rn. 636, 640) – dahingehend eingeschränkt, dass sie **nicht** gelten:
  - für Arbeitnehmer, deren verstetigtes regelmäßiges Monatsentgelt 2.958 € (brutto) überschreitet, **und**
  - für die der Arbeitgeber seine nach § 16 Abs. 2 ArbZG bestehenden Verpflichtungen zur Aufzeichnung der Arbeitszeit und zur Aufbewahrung dieser Aufzeichnungen tatsächlich erfüllt.

**Praxistipp:**

Wichtig ist dies auch für das Verständnis von § 1, 20 MiLoG, weil der Verordnungsgeber damit deutlich macht, dass er eine Durchschnittsbetrachtung für zulässig hält, wie vor allem § 1 Abs. 1 Satz 2 MiLoDokV deutlich macht (vgl. Rn. 344).

§ 16 Abs. 2 ArbZG verpflichtet den Arbeitgeber, 634

- die über die werktägliche Arbeitszeit des § 3 Satz 1 ArbZG hinausgehende Arbeitszeit der Arbeitnehmer aufzuzeichnen und
- ein Verzeichnis der Arbeitnehmer zu führen, die in eine Verlängerung der Arbeitszeit eingewilligt haben.

Die Nachweise sind mindestens zwei Jahre aufzubewahren. 635

Vgl. zu den Pflichten nach § 16 Abs. 2 ArbZG ausführlich *Baeck/Deutsch*, ArbZG, § 16 Rn. 21 ff.

Unterlagen, aus denen sich ergibt, dass diese Voraussetzungen des § 1 Satz 1 636
MiLoDokV erfüllt sind, sind in Deutschland und in deutscher Sprache bereit zu halten (§ 1 Satz 3 MiLoDokV).

Zur Vereinbarkeit der Verpflichtung zur Bereithaltung von Dokumenten in deutscher Sprache mit dem Unionsrecht vgl. EuGH v. 18.7.2007 – C-490/04 („Kommission/Deutschland"), NZA 2007, 917; EuGH v. 16.4.2013 – C-202/11 („Anton Las/PSA Antwerp NV").

**Praxistipp:**

Die nach § 1 Satz 3 MiLoDokV in deutscher Sprache vorzuhaltenden Unterlagen dürften damit jedenfalls der Arbeitsvertrag, ggf. die Niederschrift nach § 2 NachwG, die Lohnabrechnungen, die Aufzeichnungen der Arbeitszeit sowie ggf. das Verzeichnis nach § 7 Abs. 7 ArbZG sein, in dem die Beschäftigten aufgelistet sind, die in eine Verlängerung der Arbeitszeit eingewilligt haben.

Wird die Aufzeichnungspflicht nach § 16 Abs. 2 ArbZG nicht erfüllt, gelten 637
die Meldepflichten des MiLoG wieder in vollem Umfang.

Vgl. Begründung der MiLoDokV v. 17.12.2014, S. 5, abzurufen unter http://www.portal-sozialpolitik.de/uploads/sopo/pdf/2014/2014-12-17_BMAS_MiLoDokV.pdf (zuletzt abgerufen am 20.1.2015).

**Praxistipp:**

Für die Aufzeichnungen nach § 16 Abs. 2 ArbZG ist keine besondere Form, insbesondere keine Schriftform, vorgeschrieben. Ausreichend sind daher z. B. Stundenzettel, Stempeluhrkarten, Lohnlisten oder Arbeitszeitkarteien und die elektronische Erfassung der Arbeitszeit. Eine Delegation der Aufzeichnungspflicht auf die Arbeitnehmer, sodass diese Eigenaufschreibungen anfertigen ist ebenfalls möglich (vgl. ErfK/*Wank*, § 16 ArbZG Rn. 5).

### (2) Für den Schwellenwert relevantes Entgelt

638 Für die Ermittlung des verstetigten Monatsentgelts sind nach § 1 Abs. 1 Satz 2 MiLoDokV „ungeachtet ihrer Anrechenbarkeit auf den gesetzlichen Mindestlohnanspruch" nach den §§ 1 und 20 MiLoG „*sämtliche verstetigten monatlichen Zahlungen des Arbeitgebers zu berücksichtigen*", die regelmäßiges monatliches Arbeitsentgelt sind. Das lässt den Schluss zu, dass das BMAS im Rahmen der §§ 1, 20 MiLoG eine Durchschnittsberechnung für zulässig hält (vgl. Rn. 344).

**Praxistipp:**

Der Schwellenwert von 2.958 € (brutto) soll nach der Verordnungsbegründung für Voll- und Teilzeitbeschäftigte in gleicher Weise gelten, um missbräuchlichen Fallgestaltungen (Kombination von gezielt zu niedrig angesetzten Arbeitszeiten mit einer Praxis unbezahlter Überstunden) entgegenzuwirken.

### (3) Ergänzende Voraussetzungen nach der Verordnungsbegründung

639 Die Voraussetzung eines Monatsgehalts von mehr als 2.958 € (brutto) nach § 1 Abs. 1 Satz 2 MiLoDokV ist nach der Verordnungsbegründung nur dann erfüllt, wenn

- es sich um ein vertraglich vereinbartes verstetigtes Monatsgehalt handelt,
- das dem Arbeitnehmer einen einklagbaren Anspruch
- ohne Nachweis einer konkreten Arbeitsstundenzahl ermöglicht.

**Praxistipp:**

Nicht erfasst sind hiervon ausgehend Einmalzahlungen i. S. v. Jahressonderleistungen bzw. von Zahlungen, die von den Umständen des Einzelfalls im jeweiligen Monat abhängen. Nicht erfasst sind ferner Ansprüche, die unter einem Freiwilligkeits- oder Widerrufsvorbehalt stehen (zu den aktuellen Spielräumen bei der Flexibilisierung von Vergütungsbestandteilen über den Mindestlohn hinaus vgl. *Mückl*, Arbeitsrecht in Krise und Insolvenz, 2. Aufl., B. III.).

640 In Bezug auf Arbeitnehmer i. S. d. § 1 Abs. 1 Satz 1 MiLoDokV hat deren Arbeitgeber nach § 1 Abs. 1 Satz 3 MiLoDokV diejenigen Unterlagen im Inland in deutscher Sprache bereitzuhalten, aus denen sich die Erfüllung der in § 1 Abs. 1 Satz 1 MiLoDokV genannten Voraussetzungen ergibt.

**Praxistipp:**

Diese Regelung soll nach der Verordnungsbegründung vor allem für ausländische Arbeitgeber klarstellen, dass die Befreiung von der Pflicht zur Bereithaltung von Unterlagen die Unterlagen ausnimmt (und ausnehmen muss), aus denen sich das Vorliegen der Voraussetzungen für die Befreiung von den Dokumentationspflichten nach § 1 Abs. 1 Satz 1 MiLoDokV ergibt.

### (4) Hintergrund der Einschränkung durch die MiLoDokV

Hintergrund dieser Einschränkung des Anwendungsbereichs der Dokumentationspflichten ist nach der Verordnungsbegründung das Ziel, die Dokumentationspflichten auf die Gruppe der Arbeitnehmer zu konzentrieren, bei denen dies durch das konkrete Risiko eines Mindestlohnverstoßes in besonderem Maße angezeigt erscheint. Deshalb wird nach der Verordnungsbegründung diejenige Gruppe von Arbeitnehmern aus der Aufzeichnungs- bzw. Meldepflicht ausgenommen, bei der – nach der Bewertung des BMAS – 641

- aufgrund der Ausgestaltung und des Vollzugs ihres Arbeitsvertrages kein nennenswertes Risiko eines Mindestlohnverstoßes besteht bzw.
- eine Arbeitszeitaufzeichnung oder Meldung zur tatsächlichen Durchsetzung des Mindestlohnanspruchs nicht erforderlich ist.

**Praxistipp:**

Die Praxis wird sich an dieser Vorgabe orientieren müssen. Eine analoge Anwendung auf andere Arbeitnehmer, auf welche diese Überlegungen ebenfalls zutreffen, dürfte damit aber nicht ausgeschlossen sein.

### bb) Konkretisierung durch das BMF

Weitere Konkretisierungen hat das BMF in seiner „Verordnung über Meldepflichten nach dem Mindestlohngesetz, dem Arbeitnehmer-Entsendegesetz und dem Arbeitnehmerüberlassungsgesetz“ (Mindestlohnmeldeverordnung – MiLoMeldV) vorgenommen. Grundlage hierfür sind die §§ 16 Abs. 5 Nr. 2 und 3 MiLoG, § 18 Abs. 5 Nr. 2 und 3 AEntG, § 17b Abs. 3 Nr. 2 und 3 AÜG. 642

**Praxistipp:**

Der DGB hat die MiLoMeldV in seiner Stellungnahme vom 5.11.2014 für rechtswidrig gehalten. Die betriebliche Praxis wird sich dennoch an ihr orientieren dürfen, solange gerichtlich nichts Gegenteiliges festgestellt wird. Denn im Rahmen eines Ordnungswidrigkeitenverfahrens kann dem Arbeitgeber nicht vernünftigerweise vorgeworfen werden, er habe sich der Rechtsauffassung der für das Ordnungswidrigkeitenverfahren zuständigen Behörde angeschlossen.

### (1) Ausgangsüberlegung

Mit der MiLoMeldV will das BMF den Bedürfnissen der betrieblichen Praxis nach einer Vereinfachung des Meldeverfahrens in Bezug auf Tätigkeiten entgegenkommen, bei denen eine dem Gesetzeswortlaut entsprechende Umsetzung ganz erheblichen Aufwand auslösen würde. 643

Vgl. Begründung der MiLoMeldV v. 10.11.2014, S. 8, abzurufen unter http://www.portal-sozialpolitik.de/uploads/sopo/pdf/2014/2014-11-19_BMF_MiLoMeldV_Entwurf.pdf (zuletzt abgerufen am 20.1.2015).

*Beispiel:*

*Dies zielt auf Tätigkeiten, bei denen z. B. in Schichten oder am selben Tag an mehreren Orten sowie ausschließlich mobil in Deutschland gearbeitet wird.*

**644** Deshalb überträgt das BMF das im Rahmen des AEntG entwickelte Modell zur Vereinfachung des Meldeverfahrens, das durch die Meldung einer Einsatzplanung anstelle von Einzelmeldungen gekennzeichnet war, und weitet es aus, indem es die vergleichbaren Meldepflichten für Arbeitgeber mit Sitz im Ausland im MiLoG und im AEntG sowie für Entleiher im MiLoG, im AEntG und im AÜG branchenübergreifend vereinheitlicht. In diesem Zusammenhang wird auch die technische Abwicklung der Meldungen geregelt.

### (2) Technische Erleichterung des Meldeverfahrens

**645** Technisch wird die Erfüllung der Meldepflichten nach § 1 MiLoMeldV zunächst dadurch erleichtert, dass Arbeitgeber mit Sitz im Ausland für die Abgabe der Meldung nach § 16 Abs. 1 MiLoG und § 18 Abs. 1 AEntG den von der Zollverwaltung hierfür vorgesehenen Vordruck verwenden sollen (§ 1 Satz 1 MiLoMeldV). Entsprechendes gilt für Entleiher hinsichtlich der Meldung nach § 16 Abs. 3 MiLoG, § 18 Abs. 3 AEntG und § 17b Abs. 1 AÜG.

> **Praxistipp:**
>
> Das Formular ist abrufbar unter http://www.zoll.de/DE/Fachthemen/Arbeit/Meldungen-bei-Entsendung/meldungen-bei-entsendung_node.html

**646** Den meldepflichtigen Arbeitgebern wird damit die Möglichkeit eingeräumt, die geforderten Angaben vollständig und in gleich bleibender Form zu übermitteln (näher zu den gegenüber den Kontrollbehörden zu erbringenden Meldungen unter Rn. 627 ff.; zur Konkretisierung sogleich unter Rn. 647 ff.).

### (3) Inhaltliche Änderung der Anmeldung

**647** Neben dieser technischen Vereinfachung sieht die MiLoMeldV in § 2 allerdings auch eine erhebliche inhaltliche Beschränkung vor:

#### (a) Ersetzung der Einzelmeldung durch Meldung einer Einsatzplanung

**648** Abweichend von der Meldepflicht nach § 16 Abs. 1 Satz 1 und 2 MiLoG und § 18 Abs. 1 Satz 1 und 2 AEntG ist nach § 2 Abs. 1 MiLoMeldV in folgenden Fällen des Arbeitnehmereinsatzes durch ausländische Arbeitgeber keine Einzelmeldung, sondern lediglich die Meldung einer Einsatzplanung erforderlich:

- bei Beschäftigung an einem Beschäftigungsort zumindest teilweise vor 6:00 Uhr oder nach 22:00 Uhr oder in Schichtarbeit (§ 2 Abs. 1 Nr. 1 MiLoMeldV),

- bei Beschäftigung an mehreren Beschäftigungsorten am selben Tag (§ 2 Abs. 1 Nr. 2 MiLoMeldV) oder
- bei Beschäftigung in ausschließlich mobiler Tätigkeit (§ 2 Abs. 1 Nr. 3 MiLoMeldV).

Dies – sowie die nachfolgenden Konkretisierung in § 2 Abs. 1 Satz 2 bis Abs. 4 MiLoMeldV – gilt nach § 2 Abs. 5 MiLoMeldV für Angaben des Entleihers aufgrund des § 16 Abs. 3 MiLoG, des § 18 Abs. 3 AEntG und des § 17b Abs. 1 AÜG entsprechend. 649

Während § 2 Abs. 1 Nr. 1 MiLoMeldV bestimmte Arbeitszeitmodelle privilegiert, berücksichtigen § 2 Abs. 1 Nr. 2 und 3 MiLoMeldV die Organisation des örtlichen Arbeitseinsatzes. 650

**Praxistipp:**

§ 2 Abs. 1 Nr. 2 MiLoMeldV erfasst insbesondere ein Beschäftigungsmodell, welches regelmäßig in den Branchen Gebäudereinigung und Sicherheitsdienstleistungen zum Einsatz kommt.

### (b) Einsatzplanung bei nicht ausschließlich mobiler Tätigkeit

Soweit kein Fall „ausschließlich mobiler Tätigkeit" vorliegt (die in § 2 Abs. 4 MiLoMeldV legaldefiniert und konkretisiert wird), gibt § 2 Abs. 2 MiLoMeldV vor, wie die Einsatzplanung zu erstellen ist, insbesondere, welche Daten in welchem zeitlichen Rahmen gemeldet werden müssen: 651

Nach § 2 Abs. 2 Satz 1 MiLoMeldV sind in der Einsatzplanung für jeden Beschäftigungsort die dort eingesetzten Arbeitnehmer mit Geburtsdatum auszuweisen. Die Angaben zum Beschäftigungsort müssen 652

- die Ortsbezeichnung,
- die Postleitzahl und – soweit vorhanden –
- den Straßennamen
- sowie die Hausnummer

enthalten.

Der Einsatz der Arbeitnehmer am Beschäftigungsort wird nach § 2 Abs. 2 Satz 2 MiLoMeldV durch die Angabe von Datum und Uhrzeiten konkretisiert. Die Einsatzplanung kann gemäß § 2 Abs. 2 Satz 3 MiLoMeldV einen Zeitraum von bis zu drei Monaten umfassen. 653

**Praxistipp:**

Beim Einsatz von Arbeitnehmern im Geltungsbereich von Tarifverträgen für Bergbauspezialarbeiten auf Steinkohlebergwerken gilt der Schacht als Ort der Beschäftigung (§ 2 Abs. 2 Satz 4 MiLoMeldV).

### (c) Einsatzplanung bei ausschließlich mobiler Tätigkeit

654 Abweichende Vorgaben gelten – aufgrund der Natur der in Rede stehenden Tätigkeit – nach § 2 Abs. 3 MiLoMeldV demgegenüber für die „ausschließlich mobile Tätigkeit", d. h. für eine Tätigkeit, „die nicht an Beschäftigungsorte gebunden ist" (so die Legaldefinition in § 2 Abs. 4 Satz 1 MiLoMeldV).

***Beispiel:***

*Eine ausschließlich mobile Tätigkeit liegt nach § 2 Abs. 4 Satz 2 MiLoMeldV insbesondere bei*

- *der Zustellung von Briefen, Paketen und Druckerzeugnissen,*
- *der Abfallsammlung,*
- *der Straßenreinigung,*
- *dem Winterdienst,*
- *dem Gütertransport und*
- *der Personenbeförderung*

*vor.*

- *Das Erbringen ambulanter Pflegeleistungen wird nach § 2 Abs. 4 Satz 3 MiLoMeldV einer ausschließlich mobilen Tätigkeit gleichgestellt. Hintergrund hierfür ist, dass der regelmäßige Beschäftigungsort in Privathaushalten als Prüfungsort nicht in Betracht kommt (vgl. Begründung der MiLoMeldV v. 10.11.2014, S. 10, abzurufen unter http://www.portal-sozialpolitik.de/uploads/sopo/pdf/2014/2014-11-19_BMF_MiLoMeldV_Entwurf.pdf [zuletzt abgerufen am 20.1.2015]).*

655 Nach den in § 2 Abs. 2 MiLoMeldV und § 16 MiLoG definierten Vorgaben müsste ein Arbeitgeber selbst bei derartigen ausschließlich mobilen Tätigkeiten in der Einsatzplanung jeden Beschäftigungsort auflisten. Da dieser Aufwand bei derartigen Tätigkeiten nicht gerechtfertigt und sinnvoll erscheint, ist es nach § 2 Abs. 3 MiLoMeldV ausreichend, Angaben zum Arbeitgeber, zu Beginn und voraussichtlicher Dauer der Werk- oder Dienstleistung, zu den voraussichtlich eingesetzten Arbeitnehmern sowie der Anschrift, unter der Unterlagen bereitgehalten werden, zu benennen.

> Vgl. Begründung der MiLoMeldV v. 10.11.2014, S. 9, abzurufen unter http://www.portal-sozialpolitik.de/uploads/sopo/pdf/2014/2014-11-19_BMF_MiLoMeldV_Entwurf.pdf (zuletzt abgerufen am 20.1.2015).

### Inhaltliche Modifikation der Meldepflicht

656 Für derartige Tätigkeiten wird die Meldepflicht nach § 2 Abs. 3 MiLoMeldV deshalb dahin modifiziert, dass der Arbeitgeber in der Einsatzplanung zu melden hat:

- den Beginn und die voraussichtliche Dauer der Werk- oder Dienstleistung,
- die voraussichtlich eingesetzten Arbeitnehmer mit Geburtsdatum sowie
- die Anschrift, an der Unterlagen bereitgehalten werden, zu melden.

**Bereithaltung von Unterlagen im Ausland**

Eine Bereithaltung der Unterlagen ist nach § 2 Abs. 3 Satz 2 MiLoMeldV auch im Ausland möglich. In diesem Fall ist der Einsatzplanung gemäß § 2 Abs. 3 Satz 2 MiLoMeldV allerdings eine Versicherung beizufügen, dass die Unterlagen auf Anforderung der Behörden der Zollverwaltung für die Prüfung in deutscher Sprache im Inland bereitgestellt werden. Diesen Unterlagen sind nach § 2 Abs. 3 Satz 3 MiLoMeldV auch Angaben zu den im gemeldeten Zeitraum tatsächlich erbrachten Werk- oder Dienstleistungen sowie den jeweiligen Auftraggebern beizufügen. **657**

**Zeitliche Dimension der Einsatzplanung**

Im Rahmen von ausschließlich mobiler Tätigkeit ist das BMF, was die zeitliche Dimension der Einsatzplanung betrifft, ebenfalls großzügiger als in den Fällen des § 2 Abs. 1 Nr. 1 und 2 MiLoMeldV: Nach § 2 Abs. 3 Satz 1 MiLoMeldV kann die Einsatzplanung – je nach Auftragssicherheit – einen Zeitraum von bis zu sechs Monaten umfassen. **658**

Grundsätzlich sind danach für einen Zeitraum von bis zu sechs Monaten alle bereits bekannten Einsätze in Deutschland im Rahmen dieser Einsatzplanung zu melden. Da die vereinfachte Einsatzplanung aber nur für einen Zeitraum erfolgen kann, für den auch schon Einsätze feststehen, hat dann, wenn dieser Zeitraum weniger als sechs Monate beträgt, nach dem Ende dieses Zeitraums eine neue Meldung zu erfolgen. Dabei handelt es sich nach der Verordnungsbegründung nicht um eine Änderungsmeldung, sondern um eine neue Einsatzplanung. **659**

Vgl. Begründung der MiLoMeldV v. 10.11.2014, S. 10, abzurufen unter http://www.portal-sozialpolitik.de/uploads/sopo/pdf/2014/2014-11-19_BMF_MiLoMeldV_Entwurf.pdf (zuletzt abgerufen am 20.1.2015).

## (4) Versicherungen

Die Verpflichtung zur Abgabe einer Versicherung über die rechtzeitige Zahlung des gesetzlichen Mindestlohns nach § 16 Abs. 2 und 4 MiLoG wird durch die MiLoMeldV nicht eingeschränkt. **660**

Um die Prüfung der einzuhaltenden Arbeitsbedingungen zu ermöglichen, ist im Falle des Bereithaltens der Unterlagen im Ausland nach § 2 Abs. 3 Satz 3 MiLoMeldV aber eine zusätzliche Versicherung dazu beizufügen, dass die Unterlagen nach Aufforderung der Behörden der Zollverwaltung in deutscher Sprache im Inland zur Verfügung gestellt werden. **661**

662 Dabei sind nach § 2 Abs. 3 Satz 4 MiLoMeldV auch Angaben zu

- den im gemeldeten Zeitraum tatsächlich erbrachten Werk- oder Dienstleistungen sowie
- den jeweiligen Auftraggebern

zu machen.

663 Diese zusätzlichen Angaben ersetzen nach der Verordnungsbegründung eine Änderungsmeldung (vgl. zu den Vorgaben für sie nachfolgend Rn. 665 ff.) und ermöglichen einen Abgleich der Aufträge bei den jeweiligen Auftraggebern.

**Praxistipp:**

Anlass für die Aufforderung, Unterlagen vorzulegen kann nach der Verordnungsbegründung sowohl die Einsatzplanung als auch die erfolgte Kontrolle von Arbeitnehmern im Inland sein. Für Kontrollen ist in diesen Fällen das Mitführen der Unterlagen bzw. das Vorhalten im Inland während der Erbringung der Werk- oder Dienstleistungen nach der Verordnungsbegründung allerdings nicht erforderlich, da regelmäßig Abrechnungsunterlagen und Zeitraum der Erbringung der Werk- oder Dienstleistung auseinanderfallen (vgl. Begründung der MiLoMeldV v. 10.11.2014, S. 10).

664 Bei der Meldung mittels einer Einsatzplanung nach § 2 Abs. 1 Nr. 1 und 2 MiLoMeldV müssen kurzfristige Änderungen im Personaleinsatz angemessen berücksichtigt werden. Dabei sollen nach dem Willen des BMF aber die Vorteile der Einsatzplanung erhalten bleiben. Zugleich muss für den beabsichtigten Schutz der Arbeitnehmerrechte eine sinnvolle Kontrolle noch möglich bleiben. Diesen Zielen will das BMF durch § 3 MiLoMeldV gerecht werden.

665 § 3 Abs. 1 MiLoMeldV sieht eine Änderungsmeldung für Fälle des § 2 Nr. 1 und 2 MiLoMeldV daher nur noch vor, wenn sich der Einsatz der Arbeitnehmer um mindestens acht Stunden verschiebt.

***Beispiel:***

*Eine derartige Verschiebung kann z. B. in Fällen der Umstellung des Schichtdienstes vorkommen.*

666 Damit entfallen – so die Begründung zur MiLoMeldV – alle anderen Änderungsmeldungen. Durch die Forderung nach der Angabe der gravierenden zeitlichen Verschiebung soll sichergestellt werden, dass bei Prüfungen durch die Zollverwaltung das eingesetzte Personal angetroffen wird.

667 Im Hinblick auf den regelmäßig kurzen Aufenthalt der einzelnen Beschäftigten im Inland und die mögliche langfristige Planung bis zu sechs Monaten sind Änderungsmeldungen nicht geeignet, eine sinnvolle Prüfungsplanung vorzunehmen. § 3 Abs. 2 MiLoMeldV befreit den Arbeitgeber bzw. den Entleiher daher von der Pflicht einer Änderungsmeldung bei Abweichungen von der Einsatzplanung für den gemeldeten Zeitraum entsprechend § 2 Abs. 3 MiLoMeldV abzugeben.

**Praxistipp:**

Dem Arbeitgeber bzw. dem Entleiher steht es jedoch frei, Einsatzplanungen auch für einen kürzeren Zeitraum abzugeben.

Eine sinnvolle Kontrolle zum Schutz der Arbeitnehmerrechte bei Tätigkeiten nach § 2 Abs. 1 Nr. 3 ist nach der Überzeugung des BMF dennoch möglich, weil die zur Prüfung benötigten Unterlagen bereitgestellt werden müssen. Dies werde – so das BMF – insbesondere durch die abzugebende Versicherung zur Bereitstellung der Unterlagen im Inland gewährleistet. **668**

Vgl. Begründung der MiLoMeldV v. 10.11.2014, S. 10, abzurufen unter http://www.portal-sozialpolitik.de/uploads/sopo/pdf/2014/2014-11-19_BMF_MiLoMeldV_Entwurf.pdf (zuletzt abgerufen am 20.1.2015).

## 2. Aufzeichnungspflicht

In Anlehnung an §§ 19 AEntG, 17c AÜG (soweit es um die Einhaltung der Lohnuntergrenze nach § 3a AÜG geht) regelt § 17 MiLoG Aufzeichnungs- und Bereithaltungspflichten für Arbeitgeber, die geringfügig Beschäftigte bzw. Arbeitnehmer in einer der von § 2a SchwarzArbG erfassten Branchen beschäftigen (zum Hintergrund dieser Einschränkung des Anwendungsbereichs vgl. Rn. 641). **669**

**Praxistipp:**

§ 22 MiLoG und die in ihm enthaltenen Ausnahmen bleiben unberührt, sodass insoweit auch dann keine Aufzeichnungspflicht besteht, wenn die Vorgaben des § 17 MiLoG im Übrigen erfüllt sind.

Regelungsziel ist die Ermöglichung einer effizienten Kontrolle der Mindestlohnzahlung für die gesamte mindestlohnpflichtige Arbeitszeit. § 16 Abs. 2 ArbZG genügt insoweit nicht, weil dort die Versäumnis einer Aufzeichnung häufig nur schwer nachprüfbar ist (zur Bestimmung der relevanten Arbeitszeit vgl. Rn. 470 ff.). **670**

*Lakies*, MiLoG, § 17 Rn. 5.

Die vorgesehene Aufzeichnungspflicht ist also notwendig, damit der Arbeitgeber bei Vereinbarung eines pauschalen Monatslohns den auf Stundenbasis berechneten gesetzlichen Mindestlohn (vgl. zur „Zeitstunde“ als Berechnungsbasis Rn. 340 ff.) nicht durch Manipulation der Arbeitszeit unterlaufen kann. **671**

*Maschmann*, NZA 2014, 929, 936.

### a) Geltungsbereich und Gegenstand der Aufzeichnungspflicht

Ein Arbeitgeber, der **672**

- Arbeitnehmer nach § 8 Abs. 1 SGB IV oder

- Arbeitnehmer in den in § 2a SchwarzArbG genannten Wirtschaftsbereichen oder Wirtschaftszweigen

beschäftigt, ist nach § 17 Abs. 1 Satz 1 MiLoG verpflichtet,

- Beginn, Ende und Dauer der täglichen Arbeitszeit dieser Arbeitnehmer

> **Praxistipp:**
>
> Das schließt eine Aufzeichnungspflicht in Bezug auf Pausen mit ein, vgl. *Lakies*, MiLoG, § 17 Rn. 4; *Maschmann*, NZA 2014, 929, 936.

- spätestens bis zum Ablauf des siebten auf den Tag der Arbeitsleistung folgenden Kalendertages aufzuzeichnen und
- diese Aufzeichnungen mindestens zwei Jahre beginnend ab dem für die Aufzeichnung maßgeblichen Zeitpunkt aufzubewahren.

**673** § 17 Abs. 1 Satz 1 MiLoG gilt nach § 17 Abs. 1 Satz 2 MiLoG entsprechend für einen Entleiher, dem ein Verleiher einen oder mehrere Arbeitnehmer zur Arbeitsleistung in einem der in § 2a SchwarzArbG genannten Wirtschaftszweige überlässt.

> **Praxistipp:**
>
> § 17 Abs. 1 Satz 1 MiLoG gilt nach § 17 Abs. 1 Satz 3 MiLoG aber nicht für Beschäftigungsverhältnisse nach § 8a SGB IV.

> **Praxistipp:**
>
> Soweit im Personenbeförderungs-, Speditions-, Transport- und damit verbundenen Logistikgewerbe lediglich deutsches Staatsgebiet durchfahren wird (Transit) sind die Verpflichtungen nach dem MiLoG (jedenfalls) bis zum Abschluss des „EU-Pilot"-Verfahrens ausgesetzt. Dies gilt auch für die Aufzeichnungspflichten. Vgl. zu den damit verbundenen Einschränkungen unter Rn. 254 ff.

### b) Praxisrelevante Gesichtspunkte

#### aa) Geringfügig Beschäftigte

> **Praxistipp:**
>
> Soweit geringfügig Beschäftigte ihren Status als sozialversicherungsfreie Beschäftigte i. S. d. § 8 SGB IV behalten sollen, dürfen sie bei Entgeltgeringfügigkeit („450-€-Job") nicht mehr als 53 Stunden monatlich beschäftigt werden.

**674** § 17 Abs. 1 MiLoG verweist mit Blick auf geringfügig Beschäftigte allerdings nur auf § 8 Abs. 1 SGB IV und nicht auf die weiteren Absätze dieser Vorschrift. Daraus lässt sich schließen, dass die Aufzeichnungspflicht nach § 17 Abs. 1 MiLoG auch dann besteht, wenn ein geringfügig Beschäftigter ein zweites oder weiteres Arbeitsverhältnis eingeht.

*Maschmann*, NZA 2014, 929, 936.

Dann kann die Freiheit von der Sozialversicherungspflicht zwar entfallen, weil mehrere Beschäftigungen nach § 8 Abs. 2 SGB IV zusammenzurechnen sind und so die Grenzen des § 8 Abs. 1Nr. 1 SGB IV überschritten werden können. **675**

> **Praxistipp:**
>
> Dann besteht für beide Beschäftigungen die Sozialversicherungspflicht.

Die Arbeitszeit muss jedoch auch in diesem Fall in jedem Arbeitsverhältnis gesondert aufgezeichnet werden. **676**

*Maschmann*, NZA 2014, 929, 936.

Nicht vom Gesetzgeber beabsichtigt dürfte ein Wegfall der Aufzeichnungspflicht bei einem 450-Euro-Job bereits dann sein, wenn zufällig einmal mehr als 53 Stunden monatlich gearbeitet wurde. Deshalb wird man im Rahmen des § 17 Abs. 1 MiLoG auf die vereinbarte, nicht auf die tatsächlich geleistete Arbeitszeit abstellen müssen. **677**

*Maschmann*, NZA 2014, 929, 936; *Henkel* u. a., S. 67.

> **Praxistipp:**
>
> Das eröffnet keine Umgehungsmöglichkeiten, weil – wenn tatsächlich regelmäßig mehr als 53 Stunden gearbeitet werden – bereits keine geringfügige Beschäftigung mehr vorliegt, sodass Sozialversicherungsbeiträge zu zahlen sind. Die Nichtzahlung ist eine Straftat (§ 266a StGB).

### bb) Form der Aufzeichnung

Besondere Vorgaben für die Form der Aufzeichnung trifft das MiLoG nicht. Als Nachweise kommen daher alle Unterlagen in Betracht, auf denen die vom Arbeitnehmer geleistete Arbeitszeit festgehalten wird. **678**

***Beispiel:***

*Möglich ist der Nachweis z. B. durch Stundenzettel, Stempeluhrkarten, Lohnlisten, elektronische Datenverarbeitungsanlagen und sonstige Zeiterfassungssysteme, sofern die dort gespeicherten Daten bei Kontrollen jederzeit abrufbar sind (Maschmann, NZA 2014, 929, 936; Lakies, MiLoG, § 17 Rn. 6; Henkel u. a., S. 70). Es genügt auch die – in kleineren Betrieben übliche – handschriftliche Ergänzung von Überstunden auf Dienstplänen (vgl. Henkel u. a., S. 70).*

### cc) Übertragbarkeit

Losgelöst davon wird es ganz überwiegend für zulässig gehalten, die Aufzeichnungspflicht auf den Arbeitnehmer zu übertragen. **679**

*Maschmann*, NZA 2014, 929, 936; *Lakies*, MiLoG, § 17 Rn. 6; *Henkel* u. a., S. 68; *Spielberger/Schilling*, NJW 2014, 2897, 2902; *Olbertz*, GWR 2014, 521, 523.

680 Damit ist aber keine Übertragung der Verantwortung nach § 17 MiLoG verbunden.

> *Maschmann*, NZA 2014, 929, 936; *Lakies*, MiLoG, § 17 Rn. 6; *Henkel* u. a., S. 68.

681 Der Arbeitgeber muss daher sicherstellen, dass die Arbeitnehmer Beginn und Ende ihrer täglichen Arbeitszeit auch tatsächlich aufzeichnen.

682 Soweit er die Aufzeichnungspflicht überträgt, hat er

- die erforderlichen Aufzeichnungsmittel zur Verfügung zu stellen,
- die Mitarbeiter entsprechend anzuleiten und anzuweisen,
- die Aufzeichnungen regelmäßig durch Stichproben zu überprüfen und
- bei festgestellten Verstößen die entsprechenden Maßnahmen (Abmahnung, Kündigung) zu treffen.

> Maschmann, NZA 2014, 929, 936; *Lakies*, MiLoG, § 17 Rn. 6; *Henkel* u. a., S. 68.

**Praxistipp:**

Die Einhaltung der vorgenannten Vorgaben für eine Übertragung sollte in geeigneter Weise dokumentiert werden, z. B. Übergabe einer entsprechenden schriftlichen Anleitung und Anweisung an die Mitarbeiter (Aufzeichnungspflicht) bzw. Vorgesetzten (Kontrollpflicht) in zwei Ausfertigungen, wobei das vom Mitarbeiter gegengezeichnete Doppel zur Personalakte genommen wird.

Sofern Vertrauensarbeitszeit vereinbart ist, was – entgegen einer in der Literatur vertretenen Ansicht (*Henkel* u. a., S. 69 „de facto ausgeschlossen“) – auch in den von § 2a SchwarzArbG erfassten Branchen möglich ist, sollte allerdings eine vergleichsweise enge Kontrolle erfolgen (vgl. *Bonanni/Hahne*, ArbRB 2014, 343, 345).

### dd) Teleologische Reduktion von Aufzeichnungspflichten?

683 In der Literatur ist eine zulässige punktuelle teleologische Korrektur des weiten Geltungsbereichs des MiLoG (vgl. dazu Rn. 171) vor allem für Aufzeichnungs- und Bereithaltungspflichten nach § 17 Abs. 1, 2 MiLoG, d. h. für die dort genannten Branchen (z. B. Baugewerbe, Speditionen und Logistik, Gebäudereinigung), befürwortet worden.

> Z. B. *Gaul*, Aktuelles Arbeitsrecht 2/2014, S. 289; *Bonanni/Hahne*, ArbRB 2014, 343, 345 f.

684 Denn es sei überflüssig, die Arbeitszeit eines Arbeitnehmers zu dokumentieren, dessen Vergütung schon rein rechnerisch nicht unter 8,50 € pro Zeitstunde liegen kann.

685 Diese Überlegung hat der Verordnungsgeber zwischenzeitlich aufgegriffen, indem er mit der MiLoDokV Präzisierungen vorgenommen und insbesondere den Anwendungsbereich eingeschränkt hat (vgl. ausführlich Rn. 633 ff.).

Die relevanten Verordnungen sind dokumentiert unter http://www.der-mindestlohn-kommt.de/ml/DE/Service/Meldungen/2014/2014-11-20-ml-neue-verordnung.html [Stand 25.1.2015].

Mit dem Erlass der MiLoDokV macht das BMAS von der Ermächtigung in § 17 Abs. 3 MiLoG Gebrauch. Nach § 1 Satz 1 MiLoDokV soll die Entgeltgrenze der Arbeitnehmer, deren Arbeitszeiten zu dokumentieren sind, 2.958 € (brutto) betragen. Das entspricht einer Arbeit an 29 Tagen im Monat zu je zwölf Stunden. **686**

Denkbar ist nach in der Literatur vertretenen Ansichten alternativ auch, an die arbeitszeitrechtliche Höchstgrenze anzuknüpfen, was Arbeitnehmer ausgrenzen würde, die mehr als 1.767,– € (brutto) pro Monat erhalten. **687**

*Gaul*, Aktuelles Arbeitsrecht 2/2014, S. 289.

Folgt man dieser Bewertung, ist § 17 Abs. 1 MiLoG einschränkend dahin auszulegen, dass keine Aufzeichnungspflicht des Arbeitgebers besteht, wenn durch die Höhe des laufenden Entgelts bereits sichergestellt ist, dass der Anspruch auf Erhalt des Mindestlohns erfüllt worden ist. § 17 Abs. 2 MiLoG soll hiervon unberührt bleiben. Auch § 2 Abs. 2 MiLoG finde keine Anwendung. Dies gelte für die Dauer des Ausgleichszeitraums ebenso wie für die Höhe eines etwaigen Zeitguthabens. **688**

*Gaul*, Aktuelles Arbeitsrecht 2/2014, S. 289.

Dem stehe auch die gesetzliche Regelung im Übrigen nicht entgegen, wenn man sich vor Augen führe, dass § 21 Abs. 3 MiLoG vorsieht, dass Verstöße mit einem Bußgeld belegt werden „können“. Die Prüfbehörden hätten also im Rahmen pflichtgemäßem Ermessens darüber zu entscheiden, ob sie Verstöße gegen das Gesetz, insbesondere gegen §§ 2 Abs. 2, 17 Abs. 1 MiLoG, mit einem Bußgeld belegen. In der Literatur wird für die beiden vorgenannten Normen angenommen, dass selbst dann, wenn man eine teleologische Einschränkung ablehne, die Belegung des Arbeitgebers mit einem Bußgeld jedenfalls dann ermessensfehlerhaft bzw. unverhältnismäßig wäre, wenn ein Verstoß gegen die Pflicht zur Zahlung des Mindestlohns schon durch die Gesamthöhe des Arbeitsentgelts ausgeschlossen sei. Andernfalls werde nämlich der Verstoß gegen eine Pflicht bestraft, deren Zweck bereits erfüllt sei. Dies sei ermessensfehlerhaft. Als Nachweis zur Erfüllung dieser Verpflichtung sollen nach dieser Ansicht die Vereinbarungen zur Dauer der Arbeitszeit und Nachweise zu der dafür gezahlten Vergütung ausreichen. **689**

*Gaul*, Aktuelles Arbeitsrecht 2/2014, S. 289 f.; *Bonanni/Hahne*, ArbRB 2014, 343, 346.

### c) Konkretisierung und Einschränkung durch das BMAS und das BMF

#### aa) Einschränkung durch das BMAS

690 Auf der Grundlage der nach § 17 Abs. 4 MiLoG erlassenen MiLoDokV werden die vorstehend gekennzeichneten Aufzeichnungspflichten allerdings wie bereits erläutert eingeschränkt (vgl. Rn. 633 ff.).

#### bb) Konkretisierung durch das BMF in Abstimmung mit dem BMAS

691 Zur „Vereinfachung und Abwandlung der Pflicht zur Arbeitszeitaufzeichnung" hat das BMF darüber hinaus im Einvernehmen mit dem BMAS gemäß §§ 17 Abs. 4 MiLoG, 19 Abs. 4 AEntG in seiner Verordnung zur Abwandlung der Pflicht zur Arbeitszeitaufzeichnung nach dem MiLoG und dem AEntG vom 26.11.2014 (MiLoAufzV) mit Wirkung zum 1.1.2015 (§ 2 MiLoAufzV) folgende Konkretisierungen der Pflichten aus § 17 Abs. 1 Satz 1 MiLoG und § 19 Abs. 1 Satz 1 AEntG vorgenommen:

692 Abweichend von § 17 Abs. 1 Satz 1 MiLoG und § 19 Abs. 1 Satz 1 AEntG genügt nach § 1 Abs. 1 MiLoAufzV ein Arbeitgeber,

- soweit er Arbeitnehmer mit ausschließlich mobilen Tätigkeiten beschäftigt,
- diese keinen Vorgaben zur konkreten täglichen Arbeitszeit (Beginn und Ende) unterliegen und
- sich ihre tägliche Arbeitszeit eigenverantwortlich einteilen,

seiner Aufzeichnungspflicht, wenn für diese Arbeitnehmer nur die Dauer der tatsächlichen täglichen Arbeitszeit aufgezeichnet wird.

693 Diese Vorgaben werden in § 1 Abs. 2 MiLoAufzV wie folgt konkretisiert: Bei einer ausschließlich mobilen Tätigkeit i. S. d. § 1 Abs. 1 MiLoAufzV handelt es sich nach § 1 Abs. 2 Satz 1 MiLoAufzV um eine Tätigkeit, die nicht an Beschäftigungsorte gebunden ist.

***Beispiel:***

*Eine ausschließlich mobile Tätigkeit liegt insbesondere bei der Zustellung von Briefen, Paketen und Druckerzeugnissen, der Abfallsammlung, der Straßenreinigung, dem Winterdienst, dem Gütertransport und der Personenbeförderung vor (§ 1 Abs. 1 Satz 2 MiLoAufzV). Dieselbe Definition findet sich in § 2 Abs. 4 MiLoMeldV.*

694 Arbeitnehmer unterliegen i. S. d. § 1 Abs. 1 MiLoAufzV keinen Vorgaben zur konkreten täglichen Arbeitszeit, wenn

- die Arbeit lediglich innerhalb eines bestimmten zeitlichen Rahmens geleistet werden muss,
- ohne dass die konkrete Lage (Beginn und Ende) der Arbeitszeit durch den Arbeitgeber festgelegt wird (§ 1 Abs. 2 Satz 3 MiLoAufzV).

Eine eigenverantwortliche Einteilung der Arbeitszeit i. S. d. Absatz 1 liegt vor, wenn 695

- Arbeitnehmer während ihrer täglichen Arbeitszeit regelmäßig nicht durch ihren Arbeitgeber oder Dritte Arbeitsaufträge entgegennehmen oder
- für entsprechende Arbeitsaufträge zur Verfügung stehen müssen (§ 1 Abs. 2 Satz 4 MiLoAufzV).

> **Praxistipp:**
>
> Die zeitliche Ausführung des täglichen Arbeitsauftrages muss dabei in der Verantwortung der Arbeitnehmer liegen (§ 1 Abs. 2 Satz 5 MiLoAufzV).

### 3. Aufbewahrungspflicht

Ein Arbeitgeber, der 696

- Arbeitnehmer nach § 8 Abs. 1 SGB IV oder
- Arbeitnehmer in den in § 2a SchwarzArbG genannten Wirtschaftsbereichen oder Wirtschaftszweigen

beschäftigt, ist nach § 17 Abs. 1 Satz 1 MiLoG verpflichtet, die vorstehend dargestellten Aufzeichnungen mindestens zwei Jahre beginnend ab dem für die Aufzeichnung maßgeblichen Zeitpunkt aufzubewahren.

> **Praxistipp:**
>
> Dabei handelt es sich um eine „Mindestfrist“, die in der betrieblichen Praxis häufig zu kurz sein dürfte, um den Bedürfnissen des Arbeitgebers gerecht zu werden. Denn der Anspruch auf den Mindestlohn verjährt lediglich nach §§ 195, 199 BGB, ohne dass eine Abkürzung auf zwei Jahre durch Ausschlussfristen etc. möglich wäre (vgl. Rn. 360). Der Arbeitgeber muss also mindestens während der Dauer der Verjährungsfrist nachweisen können, dass er seine Verpflichtungen erfüllt hat. Das folgt darüber hinaus aus dem Umstand, dass Ordnungswidrigkeiten (§ 21 MiLoG) ebenfalls frühestens nach drei Jahren verjähren (§ 36 OWiG). Die Unterlagen sollten daher bis zum Eintritt der Verjährung etwaiger Ansprüche aufbewahrt werden.

Arbeitgeber i. S. d. § 17 Abs. 1 MiLoG haben zudem nach § 17 Abs. 2 Satz 1 MiLoG die für die Kontrolle der Einhaltung der Verpflichtungen nach § 20 MiLoG i. V. m. § 2 MiLoG erforderlichen Unterlagen im Inland in deutscher Sprache für die gesamte Dauer der tatsächlichen Beschäftigung der Arbeitnehmer im Geltungsbereich des MiLoG, mindestens für die Dauer der gesamten Werk- oder Dienstleistung, insgesamt jedoch nicht länger als zwei Jahre, bereitzuhalten. Auf Verlangen der Prüfbehörde sind die Unterlagen auch am Ort der Beschäftigung bereitzuhalten (§ 17 Abs. 2 Satz 2 MiLoG). 697

> **Praxistipp:**
>
> Auch insoweit sollte der vorhergehende Praxistipp berücksichtigt werden.

698 Bei den „erforderlichen Unterlagen" geht es um

- den Arbeitsvertrag,
- ggf. die Niederschrift über die wesentlichen Arbeitsbedingungen,
- Lohnabrechnungen,
- Arbeitszeitnachweise und
- Belege über die tatsächliche Zahlung des Mindestlohns (Überweisungsträger, Kontoauszüge, Quittungen, etc.).

Vgl. *Lakies*, MiLoG, § 17 Rn. 11.

### a) Aufbewahrungsverpflichtete

699 Aufbewahrungspflichtig sind nach § 17 Abs. 1 und 2 MiLoG ausschließlich

- in- und ausländische Arbeitgeber, die Arbeitnehmer i. S. d. § 8 Abs. 1 SGB IV bzw. Arbeitnehmer in den Wirtschaftsbereichen oder -zweigen des § 2a SchwarzArbG beschäftigten, sowie
- Entleiher, denen Arbeitnehmer zur Arbeitsleistung in diesen Wirtschaftsbereichen oder -zweigen überlassen werden.

700 Arbeitgeber bzw. Verleiher anderer Arbeitnehmer sind von den Dokumentationspflichten nicht erfasst. Das folgt nicht nur aus dem Wortlaut des § 17 MiLoG sondern auch aus einem Vergleich mit § 19 AEntG sowie der Gesetzesbegründung.

Vgl. BT-Drucks. 18/1558, S. 41.

**Praxistipp:**

Relevant wird in diesem Kontext noch einmal der Arbeitnehmerbegriff, auch wenn seine Bedeutung durch die in der MiLoDokV vorgenommene Einschränkung der Dokumentations- und damit auch der Aufbewahrungspflicht entschärft worden ist. Vorsicht ist insbesondere in Konzernstrukturen geboten, wenn z. B. der Arbeitnehmer der Konzernobergesellschaft Geschäftsführer einer Tochtergesellschaft wird. Dann sollte die Vergütungsstruktur derart ausgestaltet werden, dass der Schwellenwert der MiLoDokV im Rahmen des Arbeitsverhältnisses mit der Konzernobergesellschaft erreicht wird und dort nicht eine Vergütungsabsenkung unterhalb dieses Schwellenwerts, sondern stattdessen eine Vergütung durch die Tochtergesellschaft vorgesehen wird.

701 Für die betriebliche Praxis spannend bleibt, ob die in der Literatur entwickelten Überlegungen zu einer teleologischen Korrektur der Aufbewahrungspflicht in Bezug auf Mitarbeiter, deren Verdienst den Schwellenwert des § 1 MiLoDokV zwar nicht erreicht, aber dennoch stets deutlich über dem Anspruch aus §§ 1, 20 MiLoG liegt, von der Rechtsprechung aufgegriffen werden (vgl. zu diesen Überlegungen Rn. 683 ff.).

### b) Dauer der Aufbewahrung

Die Aufbewahrungspflicht besteht für die gesamte Dauer der tatsächlichen Beschäftigung des Arbeitnehmers in Deutschland, mindestens aber für die Dauer der gesamten Werk- oder Dienstleistung, jedoch nicht länger als zwei Jahre (vgl. aber den Praxistipp Rn. 696). **702**

Maßgeblich ist damit im ersten Schritt die Dauer der gesamten Werk- oder Dienstleistung. Werkleistungen sind mit der Abnahme abgeschlossen, Dienstleistungen nach deren bestimmungsgemäßer Beendigung. Wird der Arbeitnehmer nahtlos im Rahmen einer weiteren Dienst- oder Werkleistung im Inland eingesetzt, ist die gesamte Dauer seiner tatsächlichen Beschäftigung maßgeblich. **703**

*Lakies*, MiLoG, § 17 Rn. 12.

> **Praxistipp:**
>
> Soweit im Personenbeförderungs-, Speditions-, Transport- und damit verbundenen Logistikgewerbe lediglich deutsches Staatsgebiet durchfahren wird (Transit), sind auch die Aufzeichnungspflichten nach dem MiLoG (jedenfalls) bis zum Abschluss des „EU-Pilot"-Verfahrens ausgesetzt. Berücksichtigt werden müssen allerdings auch hier ohnehin die bereits durch die MiLoAufzV bewirkten Einschränkungen.

### c) Aufbewahrung in deutscher Sprache

Die Unterlagen müssen in deutscher Sprache aufbewahrt werden. Daraus kann sich eine Pflicht zur Übersetzung ergeben. **704**

*Lakies*, MiLoG, § 17 Rn. 13.

Die damit verbundene Beschränkung des freien Dienstleistungsverkehrs (Art. 56 AEUV) dürfte nach den vom EuGH in seinem Urteil vom 18.7.2007, **705**

EuGH – C-490/04 („Kommission ./. Deutschland"), NZA 2007, 917,

entwickelten Grundsätzen allerdings gerechtfertigt sein.

Ebenso *Lakies*, MiLoG, § 17 Rn. 13.

### d) Ort und Art der Aufbewahrung

Aufbewahrt werden müssen die erforderlichen Unterlagen grundsätzlich in Deutschland (§ 17 Abs. 2 Satz 1 MiLoG), auf Verlangen der Prüfbehörde allerdings auch am Ort der Beschäftigung (§ 17 Abs. 2 Satz 2 MiLoG). Darüber hinaus macht das MiLoG für die Art der Aufbewahrung keine Vorgaben. **706**

> **Praxistipp:**
>
> Denkbar ist daher auch eine elektronische Aufbewahrung, solange gewährleistet ist, dass die erforderlichen Unterlagen dem Zoll ohne Weiteres zur Verfügung gestellt werden können (vgl. *Lakies*, MiLoG, § 17 Rn. 8; *Maschmann*, NZA 2014, 929, 936).

## E. Praxisrisiko Auftraggeberhaftung

Von erheblicher Bedeutung für die betriebliche Praxis ist darüber hinaus die in § 13 MiLoG geregelte Auftraggeberhaftung. Denn nach § 13 MiLoG gilt insoweit § 14 AEntG entsprechend. Nach § 14 Satz 1 AEntG haftet ein Unternehmer, der einen anderen Unternehmer mit der Erbringung von Werk- oder Dienstleistungen beauftragt, für die Verpflichtungen 707

- dieses Unternehmers,
- eines Nachunternehmers oder
- eines von dem Unternehmer oder einem Nachunternehmer beauftragten Verleihers

zur Zahlung des Mindestentgelts an Arbeitnehmer oder zur Zahlung von Beiträgen an eine gemeinsame Einrichtung der Tarifvertragsparteien nach § 8 AEntG wie ein Bürge, der auf die Einrede der Vorausklage (§ 771 Satz 1 BGB) verzichtet hat. Das Mindestentgelt i. S. d. § 8 Satz 1 AEntG umfasst nach § 8 Satz 2 AEntG nur den Betrag, der nach Abzug der Steuern und der Beiträge zur Sozialversicherung und zur Arbeitsförderung oder entsprechender Aufwendungen zur sozialen Sicherung an Arbeitnehmer oder Arbeitnehmerinnen auszuzahlen ist (Nettoentgelt).

Hintergrund für die Einführung von § 14 AEntG waren negative Erfahrungen in der Baubranche, aufgrund derer sich der Gesetzgeber veranlasst sah, das beauftragende Unternehmen haften zu lassen, um so zu größerer Sorgfalt bei der Auswahl von Nachunternehmern anzuhalten. 708

> Vgl. ErfK/*Schlachter*, AEntG § 14 Rn. 1; *Schubert/Jerchel/Düwell*, Rn. 221; *Hilgenstock*, MiLoG, Rn. 177.

Diese Überlegung hat der Gesetzgeber auf das MiLoG übertragen und von einer ursprünglich angedachten Lösung mit Exkulpationsmöglichkeit zugunsten eines bloßen Verweises auf § 14 AEntG in § 13 MiLoG verzichtet. Er hat sich damit für eine verschuldensunabhängige Haftung entschieden. 709

> BT-Drucks. 18/1558, S. 40;
> *Schubert/Jerchel/Düwell*, Rn. 231; *Henkel* u. a., S. 73; *Lakies*, MiLoG, § 13 Rn. 3; *Oltmanns/Fuhlrott*, NZA 2015 (unter II. 1., 2. c), *erscheint demnächst*).

### I. Adressat der Haftung

#### 1. Grundsatz

Adressat der Haftung ist nach § 13 MiLoG i. V. m. § 14 AEntG ein Unternehmer, der einen anderen Unternehmer mit der Erbringung von Dienst- und Werkleistungen beauftragt. 710

711 Zur Kennzeichnung des „Unternehmers" i. S. d. § 13 MiLoG i. V. m. § 14 AEntG werden in der Literatur,

*Schubert/Jerchel/Düwell*, Rn. 227; *Hilgenstock*, MiLoG, Rn. 181; *Lakies*, MiLoG, § 13 Rn. 14; generell für eine Übertragbarkeit der Rechtsprechung zu § 14 AEntG *Bissels/Falter*, DB 2015, 65; *Oltmanns/Fuhlrott*, NZA 2015(unter II. 2. a), *erscheint demnächst*),

überwiegend die vom BAG zu § 14 AEntG entwickelten Kriterien mit der Folge herangezogen, dass zunächst einmal Privatpersonen ausscheiden.

Vgl. BAG v. 16.5.2012 – 10 AZR 190/11, NZA 2012, 980;
BAG v. 28.3.2007 – 10 AZR 76/06, NZA 2007, 613;
BAG v. 12.1.2005 – 5 AZR 617/01, ZIP 2005, 1292 (LS) = NZA 2005, 627.

712 Nach überwiegender Ansicht soll auch die öffentliche Hand jedenfalls dann nicht erfasst sein, wenn sie nicht in der Form eines privatrechtlichen Unternehmens oder Eigenbetriebs operiert.

*Schubert/Jerchel/Düwell*, Rn. 227; *Hilgenstock*, MiLoG, Rn. 181; *Insam/Hinrichs/Tacou*, NZA-RR 2014, 569, 571; tendenziell auch *Henkel* u. a., S. 74 ff.; a. A. *Lakies*, MiLoG, § 13 Rn. 11; ebenso zu Recht *Oltmanns/Fuhlrott*, NZA 2015(unter II. 3. a), *erscheint demnächst*), da kein Grund ersichtlich ist, die öffentliche Hand zu privilegieren. § 13 MiLoG wird man auch auf die öffentliche Hand anwenden müssen. Eine Analogie ist nicht erforderlich, weil der Wortlaut („entsprechend") eine entsprechende Auslegung ermöglicht.

713 Umstritten ist indes insbesondere, ob die vom BAG zur Ausgrenzung von Eigenauftraggebern, also von solchen Unternehmern, die nicht als Generalunternehmer tätig werden, aus der Haftung nach § 14 AEntG entwickelten Kriterien auch für § 13 MiLoG gelten.

Vgl. BAG v. 16.5.2012 – 10 AZR 190/11, NZA 2012, 980;
BAG v. 28.3.2007 – 10 AZR 76/06, NZA 2007, 613;
BAG v. 12.1.2005 – 5 AZR 617/01, ZIP 2005, 1292 (LS) = NZA 2005, 627.

714 Dies wird in der Literatur teilweise mit dem Argument verneint, dass § 13 MiLoG lediglich eine „entsprechende" Anwendung von § 14 AEntG vorschreibe und § 13 MiLoG – anders als § 14 AEntG – keinen Branchenbezug aufweise, auf den sich das BAG bei der Entwicklung dieser Kriterien gestützt hatte.

*Schubert/Jerchel/Düwell*, Rn. 228; wohl auch *Hilgenstock*, MiLoG, Rn. 181 f.

715 Die zutreffende Gegenansicht

*Lakies*, MiLoG, § 13 Rn. 14; ErfK/*Franzen*, MiLoG, § 13 Rn. 2; *Pacholski/Naumann*, NJW-Spezial 2014, 690; Sittard, NZA 2014, 951, 953; Bissels/Falter, DB 2015, 65, 66; *Grau/Sittard*, ArbRB 2014, 336, 338; wohl auch *Bayreuther*, NZA 2014, 865, 871; vgl. auch *Henkel* u. a., S. 75 f.; offen *Bonanni/Otto*, ArbRB 2014, 349, 350; *Oltmanns/Fuhlrott*, NZA 2015 (unter II. 2. a), *erscheint demnächst*).

weist allerdings darauf hin, dass eine derartige Auslegung vom Schutzzweck der Norm nicht mehr erfasst ist. Den leider nicht völlig klaren Gesetzesmaterialien,

> vgl. BT-Drucks. 18/1558, S. 40 (Zweifel bestehen wegen des dort in Bezug auf die Generalunternehmerhaftung verwendeten Zusatzes „insbesondere", den man aber angesichts des teilweise erkennbar geringen Differenzierungsniveaus der Gesetzesbegründung nicht überbewerten dürfen wird.),

wird ebenfalls entnommen, dass an sich eine Generalunternehmerhaftung gewollt war.

> *Kühn/Reich*, BB 2014, 2938, 2940; *Insam/Hinrichs/Tacou*, NZA-RR 2014, 569, 570.

## 2. Verfassungskonforme Einschränkung bei Insolvenz?

Während ein Teil der Literatur § 13 MiLoG unter Hinweis auf die Recht- 716
sprechung von Bundesverfassungsgericht und EuGH zu § 14 AEntG (die erging, als noch eine branchenbezogene Beschränkung vorgesehen war),

> BVerfG v. 20.3.2007 – 1 BvR 104, NZA 2007, 609; EuGH v. 12.10.2004 – C-60/03 („Wolf & Müller"), AP Nr. 9 zu Art. 49 EG,

uneingeschränkt als verfassungskonform betrachtet,

> *Schubert/Jerchel/Düwell*, Rn. 224; *Lakies*, MiLoG, § 13 Rn. 6 ff.; zweifelnd demgegenüber *Kühn/Reich*, BB 2014, 2938; *Henkel* u. a., S. 75,

weisen Teile der Literatur völlig zu Recht darauf hin, dass § 13 MiLoG aber jedenfalls insofern einer verfassungskonformen einschränkenden Auslegung bedarf, als dass die in ihm angeordnete Haftung nicht für den Fall der Insolvenz des Nachunternehmers gilt.

> Vgl. *Thüsing*, Schriftliche Stellungnahme zur öffentlichen Anhörung am 30.6.2014 in Berlin, Ausschussdrucksache 18(11)148, S. 57; *Kühn/Reich*, BB 2014, 2938, 2939.

Für das AEntG hatten Bundesverfassungsgericht und Bundesarbeitsgericht 717
diese Frage ausdrücklich offengelassen.

> BVerfG v. 20.3.2007 – 1 BvR 104, NZA 2007, 609; BAG v. 8.12.2010 – 5 AZR 95/10, ZIP 2011, 785, dazu EWiR 2011, 361 *(Plagemann)*.

Eine Haftung für die Zahlungsunfähigkeit, d. h. die Insolvenz des Nachun- 718
ternehmers, dürfte aber zur Erreichung der mit dem MiLoG verfolgten Ziele nicht erforderlich sein. Denn die Wahl eines möglichst solventen Kooperationspartners hat keinen hinreichenden Bezug zur Sicherstellung des Mindestlohnniveaus im Arbeitsverhältnis.

> *Kühn/Reich*, BB 2014, 2938, 2939.

719 Die in § 13 MiLoG vorgesehene Haftung soll auf Sorgfalt bei der Auswahl eines leistungswilligen Nachunternehmers hinwirken und nicht die Arbeitnehmer von dem Insolvenzrisiko ihres Arbeitgebers befreien. Daher ist eine Haftung für „Leistungsunwilligkeit" ausreichend.

Thüsing, Schriftliche Stellungnahme zur öffentlichen Anhörung am 30.6.2014 in Berlin, Ausschussdrucksache 18(11)148, S. 57; *Kühn/Reich*, BB 2014, 2938, 2939.

720 Haftung eines jeden Auftraggebers für den Mindestlohn der Arbeitnehmer von Subunternehmern bei Insolvenz des Subunternehmers ist demgegenüber nicht erforderlich.

A. A. *Bissels/Falter*, DB 2015, 65, 67; *Oltmanns/Fuhlrott*, NZA 2015 (unter II. 3. d), *erscheint demnächst*); ggf. auch *Sagan/Witschen*, jM 2014, 372, 375.

721 Führt man sich noch einmal vor Augen, dass das MiLoG keine Branchenbegrenzung kennt, würden Unternehmen, die Nachunternehmer beauftragen, bei einer abweichenden Auslegung flächendeckend gezwungen werden, den Arbeitnehmern ihrer Nachunternehmer das Insolvenzrisiko in Bezug auf deren Arbeitgeber abzunehmen. Das hat mit der Zielsetzung des MiLoG nichts zu tun, sodass insoweit eine teleologische Auslegung zu einer verfassungskonformen Begrenzung führt.

Vgl. auch *Kühn/Reich*, BB 2014, 2938, 2939.

722 Konsequenz daraus ist, dass der Auftraggeber lediglich bei „Leistungsunwilligkeit" seiner Nachauftragnehmer gemäß § 13 MiLoG haftet, nicht aber bei „Leistungsunfähigkeit". Die Haftung nach § 13 MiLoG greift damit jedenfalls nicht mehr ab Eingang eines Antrags auf Eröffnung des Insolvenzverfahrens (§ 13 InsO) beim zuständigen Gericht. Denn die Kooperation und Arbeitsteilung in der Wirtschaft wäre sonst nachhaltig gefährdet.

*Kühn/Reich*, BB 2014, 2938, 2939; vgl. auch *Thüsing*, Schriftliche Stellungnahme zur öffentlichen Anhörung am 30.6.2014 in Berlin, Ausschussdrucksache 18(11)148, S. 56.

723 Nicht zuletzt würde die Betriebsfortführung eines Insolvenzschuldners bei einer Ausgestaltung des § 13 MiLoG als Liquiditätshaftung oftmals stark erschwert, wenn nicht unmöglich. Es wird sich nämlich kaum ein Auftraggeber finden, der bereit wäre, das Risiko in Kauf zu nehmen, für Löhne seines illiquiden Auftragnehmers bis zur Höhe des Mindestlohns einzustehen; eine Insolvenzgeldvorfinanzierung schützt davor allenfalls zeitlich begrenzt.

*Kühn/Reich*, BB 2014, 2938, 2939.

## II. Anspruchsberechtigter und Rechtsnatur der Haftung

724 Die Haftung des Unternehmers besteht gegenüber den Arbeitnehmern der Nachunternehmer.

**Praxistipp:**

Das ist insbesondere von Bedeutung, wenn ein Arbeitgeber insolvent wird; die Arbeitnehmer können den Netto-Mindestlohn dann – allerdings lediglich bis zum Zeitpunkt des Insolvenzantrags rückständige Ansprüche (vgl. Rn. 722) – nach Maßgabe von § 13 MiLoG i. V. m. § 14 AEntG von dessen Auftraggebern verlangen.

Nach der Rechtsprechung des BAG geht in diesem Fall ein (vorfinanzierter) Anspruch aus § 14 AEntG selbst dann nicht nach § 169 SGB III auf die Bundesagentur für Arbeit über, wenn ein Antrag auf Insolvenzgeld gestellt wird (BAG v. 6.11.2002 – 5 AZR 617/01 (A), BAGE 103, 240; BAG v. 8.12.2010 – 5 AZR 95/10, ZIP 2011, 785; a. A. ErfK/*Schlachter*, § 14 AEntG Rn. 2). Für § 13 MiLoG dürfte insoweit nichts anderes gelten (*Sagan/Witschen*, jM 2014, 372, 375; a. A. wohl *Lakies*, MiLoG, § 13 Rn. 20).

Angesichts des in § 13 MiLoG vorgenommenen Verweises auf das Recht der Bürgschaft haften Unternehmer und Nachunternehmer gesamtschuldnerisch. Konsequenz daraus ist, dass der Arbeitnehmer wählen darf, gegen welchen der haftenden Unternehmer er seinen Anspruch geltend macht. 725

*Schubert/Jerchel/Düwell*, Rn. 231; *Lakies*, MiLoG, § 13 Rn. 15 f.; *Insam/Hinrichs/Tacou*, NZA-RR 2014, 569, 572.

Anspruchsberechtigt sind allerdings nur Arbeitnehmer, die auch in die Aufträge eingebunden sind, die der Generalunternehmer und dessen Subunternehmer bearbeiten. 726

*Hilgenstock*, MiLoG, Rn. 184.

In Übertragung der zu § 14 AEntG entwickelten Grundsätze erfasst die Haftung nur Ansprüche, die aus einer Tätigkeit im Rahmen des Dienst- oder Werkvertrags, den der Generalunternehmer vergeben hat, resultieren. Ein Einsatz durch den Subunternehmer für andere Auftraggeber, führt nicht zu einer Haftung nach § 13 MiLoG. 727

Vgl. *Koberski/Asshoff/Eustrup/Winkler*, AEntG § 14 Rn. 33. *Henkel* u. a., S. 80.

Andernfalls würde die Einbindung des Generalunternehmers für den Arbeitnehmer schließlich zum ungerechtfertigten „Glücksfall“, während die Beauftragung von Subunternehmern für den Generalunternehmer zu einem nicht zu überschauenden Haftungsrisiko führen würde. 728

Die Haftung nach § 13 MiLoG gilt – entgegen einer in der Literatur vertretenen Ansicht – 729

*Spielberger/Schilling*, NJW 2014, 2897, 2901; *Brendt*, DStR 2014, 1878, 1883; *Insam/Hinrichs/Tacou*, NZA-RR 2014, 569, 572.

auch nicht für vom Sub- oder Nachunternehmer beauftragte Verleihunternehmen bei erlaubter Arbeitnehmerüberlassung.

So *Oltmanns/Fuhlrott*, NZA 2015 (unter II. 3. a), *erscheint demnächst*).

730 Dagegen sprechen nämlich systematisch der durch §§ 9 Nr. 2, 10 Abs. 4 AÜG vermittelte Schutz und historisch der Umstand, dass die in § 14 AEntG enthaltene Differenzierung zwischen gewöhnlichen Nachunternehmern einerseits und Verleihern andererseits im Wortlaut der §§ 21 Abs. 2 Nr. 2 MiLoG, 23 Abs. 2 AEntG keine Berücksichtigung findet, obwohl der Bundesrat hierauf im Gesetzgebungsverfahren ausdrücklich hingewiesen hatte, der Gesetzgeber den Gesetzeswortlaut jedoch trotzdem nicht angepasst hat.

BR-Drucks. 147/1/14, S. 8.

**Praxistipp:**

Bei unerlaubter Arbeitnehmerüberlassung entsteht nach § 10 Abs. 1 Satz 1 AÜG ein Arbeitsverhältnis zwischen Entleiher und Leiharbeitnehmer, sodass ein den Entleiher beauftragender Generalunternehmer für die Ansprüche des „Leiharbeitnehmers" gegenüber dem Entleiher als sein Arbeitgeber haftet (*Oltmanns/Fuhlrott*, NZA 2015 (unter II. 3. a), *erscheint demnächst*).

## III. Haftungsinhalt

731 Der Anspruch nach § 13 MiLoG ist auf die Zahlung des Mindestlohns gerichtet. Er erstreckt sich nicht auf Sozialversicherungsleistungen.

*Schubert/Jerchel/Düwell*, Rn. 232; *Henkel* u. a., S. 80; *Lakies*, MiLoG, § 13 Rn. 23 ff.

**Praxistipp:**

Gleiches gilt selbstverständlich auch für den Mindestlohn übersteigende Vergütungsbestandteile, die ebenfalls nicht von § 13 MiLoG erfasst sind (*Lakies*, MiLoG, § 13 Rn. 26; *Henkel* u. a., S. 80).

732 Ausgehend von den zu § 14 AEntG entwickelten Grundsätzen werden ebenfalls nicht von der Haftung nach § 13 MiLoG erfasst:

- Annahmeverzugslohnansprüche

  *Lakies*, MiLoG, § 13 Rn. 27; vgl. BAG v. 12.1.2005 – 5 AZR 617/01, ZIP 2005, 1292 (LS) = NZA 2005, 627.

- Ansprüche auf Verzugszinsen wegen verspäteter Lohnzahlung

  *Lakies*, MiLoG, § 13 Rn. 27; vgl. BAG v. 12.1.2005 – 5 AZR 617/01, ZIP 2005, 1292 (LS) = NZA 2005, 627.

- Ansprüche auf Entgeltfortzahlung an Feiertagen oder im Krankheitsfall

  *Lakies*, MiLoG, § 13 Rn. 27; *Schubert/Jerchel/Düwell*, Rn. 232.

- Ansprüche auf Urlaubsentgelt oder zusätzliches Urlaubsgeld

  *Lakies*, MiLoG, § 13 Rn. 27; vgl. *Deckers*, NZA 2008, 321, 324.

- Ansprüche auf Aufwendungsersatz

  *Lakies*, MiLoG, § 13 Rn. 27; vgl. *Deckers*, NZA 2008, 321, 324 f.

## IV. Haftungsbegrenzung

### 1. Keine Haftungsbegrenzung im Außenverhältnis durch Vereinbarung zwischen Unternehmern

Nicht gegenüber dem Arbeitnehmer ausgeschlossen werden kann die Haftung nach § 13 MiLoG durch Vereinbarung zwischen den beteiligten Unternehmen. Das folgt bereits aus der Unzulässigkeit von Verträgen zulasten Dritter, indes auch losgelöst davon aus § 3 MiLoG. 733

*Schubert/Jerchel/Düwell*, Rn. 232; vgl. auch *Bonanni/Otto*, ArbRB 2014, 349, 351.

### 2. Haftungsbegrenzung kraft Akzessorietät

Die durch § 3 MiLoG bedingten Gestaltungsgrenzen sind auch im Rahmen des § 13 MiLoG insoweit relevant, als die Haftung nach § 13 MiLoG akzessorisch ausgestaltet ist. Dies bedeutet zunächst einmal, dass sich der Unternehmer auf die dem Arbeitgeber als Hauptschuldner zustehenden Einreden (§ 768 BGB), insbesondere also auf die Einrede der Verjährung, berufen kann. 734

*Lakies*, MiLoG, § 13 Rn. 19.

**Praxistipp:**

Gleiches gilt für die Einreden der Anfechtbarkeit und der Aufrechenbarkeit gemäß § 770 BGB (*Lakies*, MiLoG, § 13 Rn. 19). Um sicherzustellen, dass der Auftraggeber die Einreden seines Subunternehmers kennt (*Bissels/Falter*, DB 2015, 65, 66 halten § 768 BGB mit Blick auf typischerweise fehlende Kenntnis im vorliegenden Kontext für weitgehend wertlos), sollte eine Mitteilungspflicht in den Dienst- oder Werkvertrag mit dem Subunternehmer aufgenommen werden (vgl. Rn. 742).

Anders als im Rahmen des § 14 AentG, 735

vgl. BAG v. 12.1.2005 – 5 AZR 617/01, ZIP 2005, 1292 (LS) = NZA 2005, 627,

soll eine Berufung auf tarifvertragliche Ausschlussfristen im Rahmen des § 13 MiLoG nach einer in der Literatur vertretenen Ansicht indes nicht möglich sein,

so *Oltmanns/Fuhlrott*, NZA 2015 (unter II. 3. c), *erscheint demnächst*),

weil der Anspruch aus § 14 AEntG auf einem Mindestlohntarifvertrag beruht, der die Ausschlussfrist vorsieht, während das MiLoG zwar den Mindestlohnanspruch begründet (§§ 1, 20 MiLoG), aber keine Ausschlussfrist enthält.

### 3. Gesetzliche Haftungsbegrenzung durch Regress im Innenverhältnis

Soweit der Unternehmer den Arbeitnehmer anstelle des Arbeitgebers befriedigt, geht die Forderung des Arbeitnehmers gegen seinen Arbeitgeber als Hauptschuldner auf den Unternehmer über (§ 774 Abs. 1 Satz 1 BGB). 736

Der nach § 13 MiLoG in Anspruch genommene Unternehmer kann daher alle nach dieser Norm mithaftenden Unternehmer in Regress nehmen. Da ein ge- 737 samtschuldnerischer Ausgleich entsprechend §§ 774 Abs. 2, 426 BGB stattfindet, ist dies zwar an sich nur anteilig möglich.

So *Bissels/Falter*, DB 2015, 65, 67; *Bonanni/Otto*, ArbRB 2014, 349, 351.

738 Nach § 426 Abs. 1 Satz 1 BGB haften die Gesamtschuldner jedoch nur dann zu gleichen Teilen, „soweit nicht ein anderes bestimmt ist". Ob man daraus im Rahmen des § 13 MiLoG ggf. folgern darf, dass derjenige Unternehmer allein einzustehen hat, der den Verstoß gegen die Pflicht zur Zahlung des Mindestlohns begangen hat,

in diesem Sinne *Lakies*, MiLoG, § 13 Rn. 16,

dürfte analog zu § 14 AEntG umstritten sein.

Vgl. zum Streitstand z. B. *Kühn/Reich*, BB 2014, 2938, 2940.

### 4. Privatautonome Haftungsbegrenzung kraft Vereinbarung zwischen Unternehmern

739 Angesichts dieser Haftungsausgestaltung wird zu Recht empfohlen, bereits bei der Vertragsanbahnung eine Prüfung in Bezug auf den einzuschaltenden Unternehmer vorzunehmen.

740 Zunächst sollte der Auftraggeber – selbst nach den Gesetzesmaterialien –

vgl. BT-Drucks. 18/1558, S. 40,

bereits bei der Auswahl des von ihm mit der Erbringung von Werk- oder Dienstleistungen beauftragten Unternehmens dessen Leumund dahingehend überprüfen, ob konkrete Anhaltspunkte für ein Fehlverhalten des Auftragnehmers in der Vergangenheit vorliegen, beispielsweise, ob der Auftragnehmer von der Vergabe öffentlicher Aufträge ausgeschlossen ist. Denkbar ist auch die Einholung von Unbedenklichkeitsbescheinigungen der Sozialversicherungsträger.

*Grau/Sittard*, ArbRB 2014, 336, 339; vgl. auch *Bonanni/Otto*, ArbRB 2014, 349, 351.

741 Als weitere Maßnahme kommt die Einholung einer schriftlichen Zusicherung durch den Auftragnehmer zur Zahlung des Mindestlohns,

*Grau/Sittard*, ArbRB 2014, 336, 338; Bissels/Falter, DB 2015, 65, 67; Bonanni/Otto, ArbRB 2014, 349, 351; mit Formulierungsbeispiel *Oltmanns/Fuhlrott*, NZA 2015 (unter III. 1., *erscheint demnächst*),

oder – besser – einer entsprechenden Bestätigung durch einen geeigneten objektiven Gutachter (z. B. durch einen Wirtschaftsprüfer im Rahmen eines sog. „social audits") in Betracht.

*Insam/Hinrichs/Tacou*, NZA-RR 2014, 569, 574.

742 Als privatautonome Haftungsbegrenzungsmechanismen kraft Vereinbarung zwischen den beteiligten Unternehmern im Dienst- oder Werkvertrag kommen demgegenüber (ggf. kumulativ) in Betracht:

- Freistellungsvereinbarungen

  *Hilgenstock*, MiLoG, Rn. 197; *Kühn/Reich*, BB 2014, 2938, 2941; *Grau/Sittard*, ArbRB 2014, 336, 338; *Bissels/Falter*, DB 2015, 65, 68; *Bonanni/Otto*, ArbRB 2014, 349, 351; mit Formulierungsbeispiel *Oltmanns/Fuhlrott*, NZA 2015 (unter III. 2., *erscheint demnächst*).

- Gewährung von Sicherheiten

  *Henkel* u. a., S. 81; *Hilgenstock*, MiLoG, Rn. 198; Kühn/Reich, BB 2014, 2938, 2941; *Grau/Sittard*, ArbRB 2014, 336, 338; Bissels/Falter, DB 2015, 65, 68; Bonanni/Otto, ArbRB 2014, 349, 352.

- Dokumentations- und Nachweispflichten hinsichtlich der Zahlung des Mindestlohns

  Insam/Hinrichs/Tacou, NZA-RR 2014, 569, 574; Kühn/Reich, BB 2014, 2938, 2941; Bissels/Falter, DB 2015, 65, 67 f.; Bonanni/Otto, ArbRB 2014, 349, 352; mit Formulierungsbeispiel *Oltmanns/Fuhlrott*, NZA 2015 (unter III. 3), *erscheint demnächst*).

- Zustimmungspflichten (in Bezug darauf, welcher Subunternehmer beauftragt werden darf)

  Henkel u. a., S. 81; Kühn/Reich, BB 2014, 2938, 2941; *Grau/Sittard*, ArbRB 2014, 336, 339; *Bonanni/Otto*, ArbRB 2014, 349, 351.

- Vertragsstrafen bei Nichtzahlung des Mindestlohns

  *Henkel* u. a., S. 82.; Insam/Hinrichs/Tacou, NZA-RR 2014, 569, 574; Kühn/Reich, BB 2014, 2938, 2941; *Grau/Sittard*, ArbRB 2014, 336, 339; *Bissels/Falter*, DB 2015, 65, 68; mit Formulierungsbeispiel *Oltmanns/Fuhlrott*, NZA 2015 (unter III. 4.), *erscheint demnächst*).

- Zurückbehaltungsrechte (in Bezug auf Vergütungsteile gegenüber dem Subunternehmer)

  Grau/Sittard, ArbRB 2014, 336, 339; mit Formulierungsbeispiel *Oltmanns/Fuhlrott*, NZA 2015 (unter III. 4.), *erscheint demnächst*).

- (Außerordentliches) Kündigungsrecht bei Nichtzahlung des Mindestlohns

  *Insam/Hinrichs/Tacou*, NZA-RR 2014, 569, 574; *Bissels/Falter*, DB 2015, 65, 68; *Bonanni/Otto*, ArbRB 2014, 349, 352; *Grau/Sittard*, ArbRB 2014, 336, 339;

- Anzeigepflichten bei bzw. Kriterienkataloge für die Beauftragung von Subunternehmern durch Subunternehmer

  *Bissels/Falter*, DB 2015, 65, 68,

- Informationspflichten hinsichtlich Einreden des Subunternehmers gegenüber dem Arbeitnehmer (§ 768 BGB)

- Mitwirkungspflichten bei der Abwehr von Mindestlohnklagen.

  *Grau/Sittard*, ArbRB 2014, 336, 339.

# F. Anpassung des Mindestlohns

## I. Die zentrale Rolle der Mindestlohnkommission

### 1. Gesetzgebungsgeschichte

Wie das MiLoG insgesamt, so sind auch die Regelungen zur Mindestlohnkommission Ausdruck eines politischen Kompromisses. Einig war man sich in der Großen Koalition zunächst nur, dass ein gesetzlicher Mindestlohn nicht wie in Frankreich der sog. *SMIC* (*salaire minimum interprofessionnel de croissance*) jährlich durch den Gesetzgeber angepasst werden soll, der auf ohnehin zwingende Anhebungen entsprechend der Inflation lediglich zusätzliche Erhöhungen draufschlagen darf. Eine solche Regelung birgt evident die Gefahr einer politischen Instrumentalisierung des Mindestlohns. 743

Vgl. hierzu *Thüsing*, in: Festschrift Bepler (2012), S. 549, 552; *Giesen*, in: Festschrift Kempen (2013), S. 216, 222; *Rieble/Klebeck*, ZIP 2006, 829, 835.

Als Vorbild wurde in der politischen Diskussion daher häufig die *Low Pay Commission* des Vereinigten Königreichs genannt. Diese im Rahmen des *National Minimum Wage Act 1998* geschaffene Kommission erarbeitet jährlich einen Bericht für die Regierung mit Vorschlägen zur Anpassung des Mindestlohn sowie damit verwandten Angelegenheiten. 744

Hierzu *Bietmann*, Gesetzliche Wege zu einem systemkonformen Mindestlohn, S. 231 ff.; *Bosch/Weinkopf*; WSI-Mitteilungen 2006, 125.

Mit der Mindestlohnkommission wurde für Deutschland ebenfalls ein unabhängiges und staatsfernes Gremium geschaffen (vgl. § 8 Abs. 1 MiLoG), das eine zentrale Rolle bei der Anpassung des Mindestlohns einnimmt. Ihre wichtigste Aufgabe ist es, alle zwei Jahre einen Beschluss über die Anpassung des Mindestlohns zu fassen (§ 9 MiLoG). Die Bundesregierung muss aber den Kommissionsvorschlag durch eine Verordnung gemäß § 11 MiLoG übernehmen. 745

### 2. Besetzung der Kommission

Die Mindestlohnkommission setzt sich aus jeweils drei Vertretern aus Kreisen der Vereinigungen von Arbeitgebern und Gewerkschaften, einer/m Vorsitzenden und zwei Mitgliedern aus Kreisen der Wissenschaft zusammen (§§ 4 Abs. 2, 5–7 MiLoG). Die Vertreter aus der Wissenschaft sind jedoch nicht stimmberechtigt. 746

Die Bundesregierung beruft die drei stimmberechtigten Mitglieder der Arbeitnehmer- bzw. der Arbeitgeberseite auf Vorschlag der Spitzenorganisationen der Arbeitgeber und der Arbeitnehmer aus Kreisen der Vereinigungen von Arbeitgebern und Gewerkschaften (§ 5 Abs. 1 Satz 1 MiLoG). Die Spitzen- 747 organisationen der Arbeitgeber und Arbeitnehmer sollen hierzu jeweils mindestens eine Frau und einen Mann als stimmberechtigte Mitglieder vorschlagen.

748 Der oder die Vorsitzende wird auf gemeinsamen Vorschlag der Spitzenorganisationen der Arbeitgeber und der Arbeitnehmer durch die Bundesregierung berufen (§ 6 Abs. 1 MiLoG). Wird von den Spitzenorganisationen kein gemeinsamer Vorschlag unterbreitet, beruft die Bundesregierung jeweils eine Vorsitzende oder einen Vorsitzenden auf Vorschlag der Spitzenorganisationen der Arbeitgeber und der Arbeitnehmer und es wird ein alternierender Vorsitz eingeführt (§ 6 Abs. 2 MiLoG).

749 Die beiden beratenden Mitglieder aus der Wissenschaft werden ebenfalls auf Vorschlag der Spitzenorganisationen der Arbeitgeber und Arbeitnehmer (je ein Mitglied) durch die Bundesregierung berufen (§ 7 Abs. 1 Satz 1 MiLoG). Um die Unabhängigkeit der beratenden Mitglieder zu gewährleisten, dürfen sie gemäß § 7 Abs. 1 Satz 3 MiLoG in keinem Beschäftigungsverhältnis zu einer der Spitzenorganisationen, einer Gewerkschaft oder einer Arbeitgebervereinigung oder einer von den Akteuren auf Arbeitgeber- bzw. Arbeitnehmerseite getragenen Vereinigung stehen.

750 Die Mitglieder der Mindestlohnkommission unterliegen bei der Wahrnehmung ihrer Tätigkeit keinen Weisungen (§ 8 Abs. 1 MiLoG). Ihre Tätigkeit ist ehrenamtlich (§ 8 Abs. 2 MiLoG), sie erhalten aber nach § 8 Abs. 3 Satz 1 MiLoG eine angemessene Entschädigung für den ihnen bei der Wahrnehmung ihrer Tätigkeit erwachsenden Verdienstausfall und Aufwand sowie Ersatz der Fahrtkosten entsprechend den für ehrenamtliche Richterinnen und Richter der Arbeitsgerichte geltenden Vorschriften.

751 Die Mitglieder der ersten Mindestlohn-Kommission sind:

- Vorsitzender: *Dr. Henning Voscherau*,
- Arbeitnehmerseite: *Robert Feiger, Stefan Körzell, Michaela Rosenberger*,
- Arbeitgeberseite: *Dr. Reinhard Göhner, Valerie Holsboer, Karl-Sebastian Schulte*,
- Wissenschaftliche Mitglieder: *Prof. Dr. Clemens Fuest und Dr. Claudia Weinkopf*.

752 Die Kommission wird gemäß § 12 Abs. 1 MiLoG bei der Durchführung ihrer Aufgaben von einer dem/der Vorsitzenden unterstehenden Geschäftsstelle unterstützt. Die Mitglieder der Kommission werden gemäß § 4 Abs. 2 Satz 1 MiLoG alle fünf Jahre neu berufen. Eine erste Neubesetzung steht somit zum 1.1.2020 an.

### 3. Das Verfahren zur Anpassung des Mindestlohns

#### a) Beschluss der Mindestlohnkommission (§ 9 MiLoG)

Die Mindestlohnkommission hat gemäß § 9 Abs. 1 Satz 1 MiLoG über eine Anpassung der Höhe des Mindestlohns erstmals nach Ablauf der in § 24 MiLoG genannten Übergangsfrist bis zum 30.6.2016 mit Wirkung zum 1.1.2017 zu beschließen. Danach hat die Mindestlohnkommission alle zwei Jahre über Anpassungen der Höhe des Mindestlohns zu beschließen (§ 9 Abs. 1 Satz 2 MiLoG). **753**

> Im Regierungsentwurf war noch eine jährliche Anpassung vorgesehen, siehe BT-Drucksache 18/1558, S. 10.

Die Kommission ist beschlussfähig, wenn mindestens die Hälfte ihrer stimmberechtigten Mitglieder anwesend ist, also drei oder mehr (§ 10 Abs. 1 MiLoG). Die beiden beratenden Mitglieder (Vertreter der Wissenschaft) sind nicht stimmberechtigt. Die Beschlüsse der Mindestlohnkommission werden in nicht öffentlicher Sitzung (§ 10 Abs. 4 MiLoG) mit einfacher Mehrheit der anwesenden Mitglieder gefasst (§ 10 Abs. 2 Satz 1 MiLoG). Der Vorsitzende hat sich zunächst der Stimme zu enthalten. Kommt keine Stimmenmehrheit zustande, macht der Vorsitzende einen Vermittlungsvorschlag. Kommt nach der Beratung über den Vermittlungsvorschlag weiterhin keine Stimmenmehrheit zustande, übt der Vorsitzende sein Stimmrecht aus und entscheidet damit (§ 10 Abs. 2 Satz 2–4 MiLoG). **754**

Nach § 9 Abs. 2 Satz 1 MiLoG prüft die Mindestlohnkommission im Rahmen einer Gesamtabwägung, welche Höhe des Mindestlohns geeignet ist, zu einem angemessenen Mindestschutz der Arbeitnehmerinnen und Arbeitnehmer beizutragen, faire und funktionierende Wettbewerbsbedingungen zu ermöglichen sowie Beschäftigung nicht zu gefährden. Sie orientiert sich dabei nachlaufend an der Tarifentwicklung. Diese Parameter für die Entscheidungsfindung verdeutlichen die schwierige Aufgabe, vor der die Kommission steht. Es ist jedoch klug gewesen, keine festen Vorgaben wie eine automatische Nachvollziehung der Inflation aufzunehmen, da hierdurch wirtschaftliche Perspektiven (Konjunkturaufschwung oder -abschwung etc.) nicht hinreichend berücksichtigt werden. Zumindest theoretisch ist auch die Beschlussempfehlung für eine Absenkung des Mindestlohns möglich. Um externen Sachverstand einzuholen, kann die Kommission gemäß § 10 Abs. 3 MiLoG Spitzenorganisationen der Arbeitgeber und Arbeitnehmer, Vereinigungen von Arbeitgebern und Gewerkschaften, öffentlich-rechtliche Religionsgesellschaften, Wohlfahrtsverbände, Verbände, die wirtschaftliche und soziale Interessen organisieren, sowie sonstige von der Anpassung des Mindestlohns Betroffene vor Beschlussfassung anhören oder Informationen und fachliche Einschätzungen von externen Stellen einholen. **755**

### b) Verordnung nach § 11 MiLoG

756 Der von der Kommission alle zwei Jahre zu erlassende Beschluss über eine Anpassung der Höhe des Mindestlohns wird nicht automatisch Gesetz, sondern muss von der Bundesregierung im Wege einer Verordnung übernommen werden (§ 11 Abs. 1 MiLoG). Die Regierung ist ausschließlich dazu befugt, den Beschluss anzunehmen oder abzulehnen, ein Ausgestaltungs- oder Änderungsspielraum steht ihr nicht zu.

Vgl. BT-Drucksache 18/1558, S. 39.

757 Auch wenn in § 11 MiLoG keine Kriterien für das gesetzgeberische Ermessen genannt werden, so wird man davon ausgehen müssen, dass die Regierung in ihrer Entscheidung nicht völlig frei ist. Die in § 9 Abs. 2 MiLoG genannten Aspekte für die von der Kommission vorzunehmende Gesamtabwägung wird sie entsprechend in einer eigenen Abwägungsentscheidung nachvollziehen müssen. Insofern bestehen gewisse Parallelen zu den Mindestlohninstrumenten des AEntG und AÜG. Auch hier ist das Abwägungsmaterial für die gesetzgeberische Entscheidung (verfassungsrechtlich und einfachrechtlich) vorgeprägt.

Ausführlich hierzu *Pötters/Stiebert*, RdA 2013, 101.

758 Vor Erlass der Rechtsverordnung erhalten außerdem gemäß § 11 Abs. 2 MiLoG die Spitzenorganisationen der Arbeitgeber und Arbeitnehmer, die Vereinigungen von Arbeitgebern und Gewerkschaften, die öffentlich-rechtlichen Religionsgesellschaften, die Wohlfahrtsverbände sowie die Verbände, die wirtschaftliche und soziale Interessen organisieren, Gelegenheit zur schriftlichen Stellungnahme. Die Frist zur Stellungnahme beträgt drei Wochen; sie beginnt mit der Bekanntmachung des Verordnungsentwurfs.

759 Rechtschutz gegen die so zustande gekommenen Verordnungen muss vor den Verwaltungsgerichten gesucht werden (*e contrario* § 2a Abs. 1 Satz 5. 98 Abs. 2 ArbGG n. F.), vgl. dazu Rn. 973 ff.

*Schubert/Jerchel/Düwell*, Rn. 265.

## II. Praktische Auswirkungen einer Anpassung des Mindestlohns

760 Nicht ausdrücklich geregelt ist, welche (zivilrechtlichen) Konsequenzen eine Anpassung des Mindestlohnsatzes für die einzelnen hiervon betroffenen Arbeitsverhältnisse hat. Es muss daher auf die allgemeinen Grundsätze zurückgegriffen werden (hierzu bereits oben Rn. 92). Eine ursprünglich wirksame Lohnabrede, die nach einer Erhöhung des Mindestlohns nun unter der Grenze des § 1 Abs. 2 Satz 2 MiLoG i. V. m. der jeweiligen Anpassungsverordnung liegt, wird mit Inkrafttreten der Verordnung grundsätzlich *ex nunc* unwirksam (§ 3 Satz 1 MiLoG). Die Parteien werden sich jedoch meist auf eine entsprechende Anhebung der Vergütung einigen, was natürlich auch konkludent durch Auszahlung des angehobenen Mindestlohns erfolgen kann.

Von einer „automatischen" Anpassung wird man hingegen – ggf. auch im Wege ergänzender Vertragsauslegung (§§ 133, 157 BGB) – ausgehen können, wenn aus der Formulierung der Lohnabrede hinreichend deutlich die Absicht erkennbar ist, dass stets genau der jeweils gültige gesetzliche Mindestlohn gezahlt werden soll. 761

**Praxistipp:**

Eine empfehlenswerte Formulierung in diesem Sinne wäre etwa:

„Die Vergütung richtet sich nach dem jeweils geltenden gesetzlichen Mindestlohn i. S. v. § 1 Abs. 2 MiLoG. Zum Zeitpunkt des Abschlusses des Arbeitsvertrags beträgt die Vergütung damit 8,50 € (brutto) pro Stunde. Anpassungen des gesetzlichen Mindestlohns durch eine Verordnung nach §§ 1 Abs. 2 Satz 2, 11 MiLoG führen zu einer entsprechenden Erhöhung der Vergütung."

## III. Evaluation

Nach § 23 MiLoG ist das Gesetz im Jahr 2020 zu evaluieren. Ausweislich der Gesetzesbegründung soll hierdurch insbesondere überprüft werden, ob die für die Arbeit der Mindestlohnkommission geschaffenen Regelungen geeignet sind, einen angemessenen Mindestlohn für alle Arbeitnehmer zu gewährleisten, und ob die vorgesehenen Rahmenbedingungen ausreichend und angemessen sind, um den Gesetzeszweck zu erfüllen. 762

BT-Drucks. 18/1558, S. 43.

Weiter heißt es in der Gesetzesbegründung zu § 23 MiLoG: 763

> „Evaluiert werden soll, inwieweit der Mindestlohn geeignet ist, zu einem angemessenen Mindestschutz der Arbeitnehmerinnen und Arbeitnehmer beizutragen sowie faire und funktionierende Wettbewerbsbedingungen zu ermöglichen. Dabei sind die Auswirkungen auf die Beschäftigung zu überprüfen, wozu auch die Förderung von Ausbildung zur langfristigen Sicherung des Fachkräftepotenzials zählt. Außerdem sollen die Auswirkungen auf die Integration von Langzeitarbeitslosen in den Arbeitsmarkt untersucht werden. Zudem soll die Entwicklung von Scheinselbstständigkeit und Schwarzarbeit betrachtet werden. Der gewählte Zeitpunkterlaubt die Analyse des gesetzlichen Rahmens unter wechselnden ökonomischen Bedingungen und ist erforderlich, um die Verfügbarkeit einer breiten Erfahrungsbasis sicherzustellen. Eine Evaluation ist zudem erst dann sinnvoll, wenn mit einem Beschluss der Mindestlohnkommission ein zentrales Element des Gesetzes erstmalig Wirkung entfaltet hat."

BT-Drucks. 18/1558, S. 43.

Ergänzend hierzu sieht § 9 Abs. 4 MiLoG vor, dass die Mindestlohnkommission laufend die Auswirkungen des Mindestlohns evaluiert und dabei vor allem die Auswirkungen auf den „Schutz der Arbeitnehmerinnen und Arbeitnehmer, die Wettbewerbsbedingungen und die Beschäftigung in Bezug auf bestimmte Branchen und Regionen sowie die Produktivität" untersucht. Hierzu soll sie ihre Erkenntnisse der Bundesregierung in einem Bericht alle zwei Jahre gemeinsam mit ihrem Beschluss über die Anpassung des Mindestlohns (§ 9 764

Abs. 1 MiLoG) zur Verfügung stellen. Durch die Kopplung an den Beschluss ist der erste Bericht bereits bis zum 30.6.2016 zu erstellen.

**765** Das Verhältnis von §§ 9 Abs. 5 und 23 MiLoG ist nicht klar geregelt. Man wird wohl annehmen können, dass durch den regelmäßigen Bericht der Mindestlohnkommission bereits frühzeitig eine erste Evaluation gewährleistet werden soll, während eine wirklich umfassende Evaluation des gesamten MiLoG, die sich nicht nur auf die Höhe des Mindestlohns beschränkt, durch den Gesetzgeber selbst erst 2020 erfolgt.

Vgl. BT-Drucks. 18/2010 (neu), S. 23.

**766** Eine weitere Evaluation verlangt schließlich § 22 Abs. 4 Satz 2 MiLoG. Die Bundesregierung hat den gesetzgebenden Körperschaften zum 1.6.2016 darüber zu berichten, inwieweit die Ausnahmeregelung für Langzeitarbeitslose des § 22 Abs. 4 Satz 1 MiLoG die Wiedereingliederung von Langzeitarbeitslosen in den Arbeitsmarkt gefördert hat, und eine Einschätzung darüber abzugeben, ob diese Regelung fortbestehen soll.

# G. Öffentlich-rechtliche Kontrolle und Durchsetzung des MiLoG

Der dritte Abschnitt des MiLoG (§§ 14–21) ist mit „Kontrolle und Durchsetzung durch staatliche Behörden" überschrieben. Er enthält den gesetzlichen Mindestlohn flankierende Melde-, Aufzeichungs- und Bereithaltungspflichten, Aufgaben-, Befugnis- und Verfahrensnormen für staatliche Behörden und Bußgeldvorschriften zur Sanktionierung von Verstößen gegen das MiLoG. Ferner umfasst dieser Abschnitt eine Reihe von Verordnungsermächtigungen zugunsten des BMF und des BMAS, von denen z. T. bereits Gebrauch gemacht wurde (vgl. zu den Rechtsverordnungen Rn. 632 ff., 690 ff.). 767

Nachdem dieser Teil des MiLoG zunächst eher am Rande betrachtet wurde, geriet er gegen Ende 2014 zu Recht ein wenig mehr in den Fokus der juristischen Literatur. 768

> Vgl. z. B. *Maschmann*, NZA 2014, 929 ff.; *Grau/Sittard*, ArbRB 2014, 375 ff.; *Ramming*, NZA Beilage 4/2014, 149 ff.; *Bissels/Falter*, BB 2015, 373 ff.

Die Kontrolle und Durchsetzung des gesetzlichen Mindestlohns wird aller Voraussicht nach ganz erhebliche Bedeutung gewinnen. Das Gesetz sieht weitreichende Verpflichtungen für Arbeitgeber und Entleiher vor (vgl. Rn. 619 ff.). 769

> Dies hat auch das BMAS erkannt und mit der MiloDokV (BAnz. AT 29.12.2014 V1) die Dokumentationspflichten nach den §§ 16, 17 MiLoG für diejenigen Arbeitnehmer eingeschränkt, bei denen es kein nennenswertes Risiko für Mindestlohnverstöße und folglich keine Notwendigkeit für Dokumentationspflichten sieht.

Es ermöglicht außerdem die Verhängung empfindlicher Bußgelder bei Verstößen gegen diese. Die Kontrolle ist den Behörden der Zollverwaltung und dort der Finanzkontrolle Schwarzarbeit (FKS) zugewiesen. Die Bundesregierung hat bereits vor dem Inkrafttreten des MiLoG angekündigt, dass ab dem 1.1.2015 mit intensiven Überprüfungen zu rechnen sein wird. 70 Prozent aller Prüfungen sollen in von Schwarzarbeit und illegaler Beschäftigung besonders betroffenen Branchen erfolgen. Dies sind diejenigen, die bislang bereits unter die Mindestlohnregelungen des AEntG und des AÜG fallen (z. B. die Bau- und Gebäudereinigungsbranche, Sicherheitsdienstleistungen, Pflege, Verleiher) sowie die überwiegend lohnintensiven und/oder von hoher Personalfluktuation betroffenen Branchen (z. B. Hotel- und Gaststättenbetriebe, Personenbeförderung). 770

> Vgl. BT-Drucks. 18/3264, S. 4; BMAS, Themenheft „Der Mindestlohn in Deutschland", abrufbar unter http://www.der-mindestlohn-gilt.de/SharedDocs /Downloads/ ml/themenheft-zum-mindestlohn.pdf?__blob=publicationFile (zuletzt abgerufen am 17.1.2015).

Gerade aufgrund der grundsätzlichen Aufnahme der geringfügig Beschäftigten in den Anwendungsbereich des MiLoG, wird jedoch in beinahe allen Branchen mit Prüfungen durch die FKS zu rechnen sein. 771

Vgl. *Ramming*, NZA Beilage 4/2014, 149, 150.

772 Die Einhaltung des MiLoG soll nach Ankündigung von BMAS und BMF sei dem 1.1.2015 bei allen Kontrollen durch die Zollbehörden zum Prüfprogramm gehören.

Vgl. BMAS, Der Mindestlohn – Fragen & Antworten, S. 19, abrufbar unter http://www.der-mindestlohn-gilt.de/SharedDocs/Downloads/ml/broschuere-zum-mindestlohn.pdf?__blob=publicationFile (zuletzt abgerufen am 17.1.2015); jetzt auch „Der Zoll gegen Schwarzarbeit" (Stand März 2015), abrufbar unter http://www.bundesfinanzministerium.de/Content/DE/Downloads/Abt_3/2015-03-12-zoll-gegen-schwarzarbeit.pdf?__blob=publicationFile&v=2 (zuletzt abgerufen am 13.3.2015).

773 Aufgrund der potentiell weitreichenden Folgen und ggf. empfindlichen Sanktionen verdient dieser Abschnitt des MiLoG große Beachtung. Für die betriebliche Praxis muss hierbei die Darstellung der Rechtslage *de lege lata* im Vordergrund stehen. Die in der Literatur bisweilen – teilweise sicher zu Recht – geübte Kritik an den §§ 14 bis 21 MiLoG wird im Folgenden deswegen nur dann aufgegriffen, wenn dies unerlässlich erscheint.

**Praxistipp:**

Bereits kurz nach Inkrafttreten des MiLoG werden aus der Politik Stimmen laut, die fordern, das MiLoG zu „entschlacken" (vgl. http://www. welt.de/politik/deutschland/article136233246/Seehofer-will-den-Mindestlohn-entschlacken.html). Die weiteren Entwicklungen sollten daher genau verfolgt werden.

## I. Die Behörden der Zollverwaltung

774 Die für die Kontrolle und Durchsetzung des MiLoG zuständigen Behörden ergeben sich nur zum Teil unmittelbar aus dem MiLoG selbst. Zum Teil werden sie durch Rechtsverordnung bestimmt, zum Teil ergeben sie sich durch einen Verweis in das SchwarzArbG.

### 1. Zuständige Behörden

775 Gemäß § 14 MiLoG sind die für die Prüfung der Einhaltung der Pflichten eines Arbeitgebers nach § 20 MiLoG (rechtzeitige Zahlung des gesetzlichen Mindestlohns) zuständigen Stellen die Behörden der Zollverwaltung. Diese sind auch für die Überwachung der Branchenmindestlöhne nach dem AEntG und der Lohnuntergrenze nach dem AÜG zuständig. Rechts- und Fachaufsicht über die 41 Hauptzollämter üben die fünf Bundesfinanzdirektionen (Nord, Mitte, West, Südost und Südwest) als Mittelbehörden aus.

Vgl. die Übersicht unter: http://www.zoll.de/DE/Der-Zoll/Struktur/_functions/organisationsplaene_faq.html?nn=106000 (zuletzt aufgerufen am 14.1.2015).

Intern kommt die Kontrolle des MiLoG der im Jahr 2003 eingerichteten Finanzkontrolle Schwarzarbeit („FKS“) zu. Deren Stellenkontingent wird aus diesem Anlass bis zum Jahr 2019 jährlich zum 1. August um 320 Arbeitskräfte, insgesamt also um 1600 Stellen aufgestockt werden. 776

Vgl. *Lakies*, MiLoG, § 14 Rn. 3; BT-Drucks. 18/3264, S. 2.

Die für die Überwachung der Meldepflichten nach § 16 Abs. 1 Satz 1 und Abs. 3 Satz 1 MiLoG zuständige Behörde der Zollverwaltung ist bis auf Weiteres die ohnehin bereits für die Bekämpfung von Schwarzarbeit und illegaler Beschäftigung zuständige Bundesfinanzdirektion West. Dies hat das BMF in § 1 der „Verordnung zur Bestimmung der zuständigen Behörde nach § 16 Abs. 6 des Mindestlohngesetzes (MiLoGMeldStellV)“ vom 24.11.2014 nun ausdrücklich festgelegt. 777

BGBl. I 2014, S. 1823.

§ 15 MiLoG verweist auf die §§ 2 bis 6, 14, 15, 20, 22 und 23 SchwarzArbG. Gemäß dem so in Bezug genommenen § 2 Abs. 2 SchwarzArbG werden die Behörden der Zollverwaltung bei den Prüfungen nach § 2 Abs. 1 SchwarzArbG von den folgenden Stellen unterstützt: 778

- den Finanzbehörden,
- der Bundesagentur für Arbeit,
- der Bundesnetzagentur für Elektrizität, Gas, Telekommunikation, Post und Eisenbahnen,
- den Einzugsstellen (§ 28i SGB IV),
- den Trägern der Rentenversicherung,
- den Trägern der Unfallversicherung,
- den gemeinsamen Einrichtungen und den zugelassenen kommunalen Trägern nach dem SGB II sowie der Bundesagentur für Arbeit als verantwortliche Stelle für die zentral verwalteten IT-Verfahren nach § 50 Abs. 3 SGB II,
- den nach dem AsylbLG zuständigen Behörden,
- den in § 71 Abs. 1 bis 3 des AufenthG genannten Behörden (Ausländerbehörden, Auslandsvertretungen, die mit der polizeilichen Kontrolle des grenzüberschreitenden Verkehrs beauftragten Behörden, also v. a. die Bundespolizei),
- dem Bundesamt für Güterverkehr,
- den für den Arbeitsschutz zuständigen Landesbehörden,
- den Polizeivollzugsbehörden des Bundes und der Länder auf Ersuchen im Einzelfall,

- den nach Landesrecht für die Verfolgung und Ahndung von Ordnungswidrigkeiten nach dem SchwarzArbG zuständigen Behörden und
- den nach § 14 GewO für die Entgegennahme der Gewerbeanzeigen zuständigen Stellen.

779 Die Behörden der Zollverwaltung sind jedoch nicht dafür zuständig, die Ansprüche der Arbeitnehmer auf Zahlung des gesetzlichen Mindestlohns prozessstandschaftlich geltend zu machen. Im Zweifel müssen die Arbeitnehmer ihre Ansprüche selbst gerichtlich geltend machen. Ebenso wenig sind die Zollbehörden für eine sozialrechtliche Abwicklung zuständig, die ggf. infolge nicht oder nicht vollständig gezahlter Sozialversicherungsbeiträge stattfindet.

Vgl. *Ramming*, NZA Beilage 4/2014, 149, 150 f.

### 2. Kooperation der Behörden (§ 18 MiLoG)

780 § 18 MiLoG ist § 20 AEntG nachgebildet. Er regelt die Zusammenarbeit zwischen verschiedenen innerstaatlichen Behörden sowie darüber hinaus auch die Zusammenarbeit mit europäischen und internationalen Behörden.

781 Die Behörden der Zollverwaltung unterrichten die zuständigen örtlichen Landesfinanzbehörden über Meldungen nach § 16 Abs. 1 und 3 MiLoG und der sie ergänzenden Rechtsverordnungen (§ 18 Abs. 1 MiLoG), vgl. dazu Rn. 620 ff.

782 Darüber hinaus dürfen die Behörden der Zollverwaltung und die übrigen in § 2 SchwarzArbG genannten Behörden (vgl. oben Rn. 778) nach Maßgabe der datenschutzrechtlichen Vorschriften auch mit Behörden anderer Staaten des Europäischen Wirtschaftsraums zusammenarbeiten, die Aufgaben durchführen, die denen der Zollverwaltung nach dem MiLoG sinngemäß entsprechen, die für die Bekämpfung illegaler Beschäftigung zuständig sind oder Auskünfte geben können, ob ein Arbeitgeber seine Verpflichtungen nach § 20 MiLoG erfüllt (§ 18 Abs. 2 MiLoG). Mit dem Verweis auf die datenschutzrechtlichen Vorschriften dürften vor dem Hintergrund ihrer Inbezugnahme in § 15 Satz 2 MiLoG die §§ 6 Abs. 3, 16 bis 19 SchwarzArbG gemeint sein.

783 Deutlich umfangreicher sind jedoch die Möglichkeiten und Verpflichtungen zum Informationsaustauch nach § 15 Satz 1 MiLoG i. V. m. § 6 SchwarzArbG: Die Behörden der Zollverwaltung und die sie unterstützenden Stellen sind verpflichtet, einander die für deren Prüfungen erforderlichen Informationen einschließlich personenbezogener Daten und die Ergebnisse der Prüfungen zu übermitteln, soweit deren Kenntnis für die Erfüllung der Aufgaben der Behörden oder Stellen erforderlich ist. Die Behörden der Zollverwaltung einerseits und die Strafverfolgungsbehörden und die Polizeivollzugsbehörden andererseits übermitteln einander gemäß § 6 Abs. 1 SchwarzArbG die erforderlichen Informationen für die Verhütung und Verfolgung von Straftaten und Ordnungswidrigkeiten, die in Zusammenhang u. a. mit der Einhaltung des MiLoG stehen (hierzu Rn. 849 ff., 891 ff.).

### 3. Meldungen zum Gewerbezentralregister

Besonders hervorzuheben ist auch § 18 Abs. 3 MiLoG: Die Behörden der Zollverwaltung unterrichten das Gewerbezentralregister (§§ 149 ff. GewO) über rechtskräftige Bußgeldentscheidungen nach § 21 Abs. 1 bis 3 MiLoG, sofern die Geldbuße mehr als 200,– € beträgt. Da ihnen in der Vorschrift weder ein Beurteilungsspielraum noch ein Ermessen eingeräumt wurde, sind sie hierzu verpflichtet. 784

Hiervon gehen auch ErfK/*Schlachter*, § 20 AEntG Rn. 1 und KAEW/*Asshoff*, AEntG, § 20 Rn. 4 aus.

**Praxistipp:**

Angesichts des Bußgeldrahmens von bis zu 30.000,– € bzw. 500.000,– € wird klar, wie niedrig die „Meldeschwelle“ hier angesetzt ist. Wenn sich die Verfolgungsbehörden an die Regel des § 17 Abs. 4 OWiG halten, nach der die Geldbuße den wirtschaftlichen Vorteil, den der Täter aus der Ordnungswidrigkeit gezogen hat, übersteigen soll, sind Geldbußen unterhalb von 200,– € kaum je zu erwarten.

Diese Meldung und die daraufhin erfolgende Eintragung in das Gewerbezentralregister ist zum einen Voraussetzung für die faktische Wirksamkeit des Ausschlusses von der Vergabe öffentlicher Aufträge nach § 19 MiLoG, da die öffentlichen Auftraggeber ohne eine Eintragung in aller Regel keine Kenntnis von den begangenen Ordnungswidrigkeiten der Bewerber haben (vgl. hierzu Rn. 899 ff.). 785

Allerdings wird sich der Eintrag auch außerhalb der öffentlichen Vergabe erheblich auswirken. Angesichts der Generalunternehmerhaftung des § 13 MiLoG (vgl. ausführlich Rn. 707 ff.) und den Ordnungswidrigkeitentatbeständen des § 21 Abs. 2 MiLoG (dazu Rn. 865 ff.) sind private Auftraggeber gut beraten, sich von ihren möglichen Auftragnehmern einen Gewerbezentralregisterauszug vorlegen zu lassen. Die Betroffenen haben einen Auskunftsanspruch über den sie betreffenden Inhalt des Registers nach Maßgabe des § 150 GewO. 786

## II. Flankierende Arbeitgeber- bzw. Entleiherpflichten (§§ 15–17 MiLoG)

Die den gesetzlichen Mindestlohnanspruch flankierenden Kontrollbefugnisse und die z. T. korrespondierenden Pflichten des Arbeitgebers sind in den §§ 15 bis 17 MiLoG sowie in weiteren Teilen der in Bezug genommenen Vorschriften des SchwarzArbG geregelt. Verstöße gegen die diversen Verpflichtungen sind bußgeldbewehrt und können daher empfindlich bestraft werden (vgl. hierzu Rn. 849 ff.). 787

### 1. Behördliche Prüfungsrechte und korrespondierende Mitwirkungsverpflichtungen des Arbeitgebers

#### a) Grundsätze

788 Hinsichtlich der Bestimmung, welche Befugnisse die Behörden der Zollverwaltung (§ 14 MiLoG), vgl. näher zu diesen Rn. 774 ff., im Rahmen von Überprüfungen der Arbeitgeber bzw. Entleiher zukommen, ist zu unterscheiden:

789 Kommt es zu einer Prüfung, weil gegen den Arbeitgeber der Verdacht einer Straftat besteht, bestimmen sich die Befugnisse der Zollbehörden nach den Vorschriften der StPO (vgl. § 15 Satz 1 MiLoG i. V. m § 14 SchwarzArbG).

> Vgl. *Ramming*, NZA Beilage 4/2014, 149, 150; zu denkbaren Straftaten im Zusammenhang mit dem Mindestlohn Rn. 891 ff.

790 Soweit sie Straftaten verfolgen, handeln die Behörden der Zollverwaltung als Ermittlungspersonen der Staatsanwaltschaft (§ 152 GVG bzw. § 63 OWiG) und unterliegen deren Weisungen. Die Zollbehörden werden in dieser Rolle jedoch zu Zwecken der (repressiven) Strafverfolgung und nicht im Rahmen der allgemeinen (präventiven) Gefahrenabwehr tätig.

> Vgl. KK-StPO/*Mayer*, GVG, § 152 Rn. 3; Erbs/Kohlhaas-*Ambs*, § 14 SchwarzArbG Rn. 4.

791 Kommt es zu einer Prüfung, ohne dass gegen den Arbeitgeber ein solcher Verdacht besteht, richten sich die Befugnisse der Zollbehörden nach den Vorschriften des MiLoG und des SchwarzArbG.

792 Der § 17 AEntG nachgebildete § 15 MiLoG erklärt die §§ 2 bis 6, 14, 15, 20, 22 und 23 SchwarzArbG mit der Maßgabe anwendbar, dass die dort genannten Behörden der Zollverwaltung „auch Einsicht in Arbeitsverträge, Niederschriften nach § 2a NachwG und andere Geschäftsunterlagen nehmen können, die mittelbar oder unmittelbar Auskunft über die Einhaltung des Mindestlohns nach § 20 [MiLoG] geben“, und die zur Mitwirkung Verpflichteten den Behörden diese Unterlagen vorzulegen haben.

793 Aus den in Bezug genommenen Vorschriften des SchwarzArbG ergeben sich indes viel weiter reichende Befugnisse als aus § 15 MiLoG selbst. Das gilt insbesondere für die §§ 3 bis 5 SchwarzArbG. Die Behörden der Zollverwaltung entscheiden – im Rahmen ihrer Befugnisse – frei darüber, auf welche Weise sie sich die für die Prüfung notwendigen Erkenntnisse verschaffen.

> Erbs/Haas/*Ambs*, § 3 SchwarzArbG Rn. 9.

#### b) Mitwirkungsverpflichtete

794 Die gemäß § 5 Abs. 1 SchwarzArbG – auf den § 15 MiLoG ausdrücklich verweist – zur Mitwirkung Verpflichteten sind Arbeitgeber, Arbeitnehmer, Auftraggeber und Dritte sowie Entleiher, die bei einer Prüfung angetroffen werden.

Auftraggeber in diesem Sinne ist jeder, der eine Dienst- oder Werkleistung durch Personen ausführen lässt, die ihm dafür vereinbarungsgemäß zur Verfügung stehen. Auftraggeber ist auch, wem die Steuerung von Personen verbindlich übertragen worden ist, sodass er den konkreten Einsatz dieser Personen frei von näheren Weisungen bestimmen kann und dadurch dazu beiträgt, dass ggf. Schwarzarbeit geleistet bzw. ermöglicht wird. Die bloße Weitergabe eines Auftrags ohne Verpflichtung des Vermittelten zum Tätigwerden reicht hingegen nicht aus. **795**

BFH v. 23.10.2012 – VII R 41/10, NZA-RR 2013, 148, 148 f.

### c) Betretungsrechte

Zur Durchführung ihrer Kontrollen über die Einhaltung des MiLoG sind die Zollbehörden und die sie unterstützenden Stellen zur Überprüfung von Personen dazu befugt, Geschäftsräume und Grundstücke von Arbeitgebern, Auftraggebern von selbstständig tätigen Personen und Entleihern während der Arbeitszeit der dort tätigen Personen zu betreten (§ 15 Satz 1 MiLoG i. V. m. § 3 Abs. 1 SchwarzArbG). **796**

Kritik und Zweifel an der Verfassungsmäßigkeit des Zutrittsrechts nach den §§ 3, 4 SchwarzArbG hat *Maschmann*, NZA 2014, 929, 934 m. w. N.

Zur Überprüfung von Geschäftsunterlagen wird diese Befugnis in zweierlei Hinsicht modifiziert: Zum einen wird sie in persönlicher Hinsicht erweitert auf (sämtliche) Auftraggeber von Dienst- oder Werkleistungen, zum anderen wird sie in zeitlicher Hinsicht auf deren Geschäftszeit beschränkt (§ 15 Satz 1 MiLoG i. V. m. § 4 Abs. 1 SchwarzArbG). **797**

Damit wird auch das Betreten von Geschäftsräumen und Grundstücken von einem oder mehreren „nachgeschalteten" Subunternehmern ermöglicht. **798**

Vgl. KAEW/*Asshoff*, AEntG, § 17 Rn. 18.

In zeitlicher Hinsicht ist zwischen Arbeits- und Geschäftszeit zu unterscheiden. Arbeitszeit i. S. d. § 3 SchwarzArbG ist der Zeitraum, in dem eine Person ihre Arbeitsleistung erbringt. **799**

**Praxistipp:**

Diese Arbeitszeit kann bei Schichtarbeit auch in der Nacht liegen.

Geschäftszeit i. S. d. § 4 SchwarzArbG ist der Zeitraum, in dem ein Arbeit- oder Auftraggeber seinen Geschäften nachgeht und in der Regel Kunden-, Lieferanten oder Publikumsverkehr zulässt. **800**

Vgl. KAEW/*Asshoff*, AEntG, § 17 Rn. 22.

Das Betretungsrecht ist auf Grundstücke und Geschäftsräume beschränkt. Wohnungen i. S. d. Art. 13 GG dürfen von den Zollbehörden jedenfalls nicht auf der Grundlage des SchwarzArbG betreten werden. Hierfür ist grundsätz- **801** lich eine richterliche Anordnung erforderlich (Art. 13 Abs. 2 GG). Der Begriff der Wohnung ist weit zu verstehen und meint alle Räume, die der allgemeinen Zugänglichkeit durch eine räumliche Abschottung entzogen und zur Stätte privaten Lebens und Wirkens gemacht sind. Eine zugleich geschäftliche Nutzung ändert nichts an dem Wohnungscharakter. Leerstehende und nicht zu Wohnzwecken nutzbare Räumlichkeiten sind vor diesem Hintergrund keine Wohnungen in diesem Sinne.

Vgl. BFH v. 3.6.2009 – VII B 4/09, juris, LS 1, Rn. 6; FG Hamburg v. 26.11.2008 – 4 K 73/08, juris, Rn. 26 f. m. w. N.; ausführlich Erbs/Haas/*Ambs*, § 3 SchwarzArbG Rn. 5.

802 Unter Verweis darauf, dass die Beamten der Zollbehörden nicht voraussehen könnten, wer ihnen im Rahmen der Kontrollen begegnet, wird von der Rechtsprechung gebilligt, dass diese zum Selbstschutz auch Schusswaffen tragen.

Vgl. FG Hamburg v. 26.11.2008 – 4 K 73/08, juris, Rn. 29.

803 Ein Betreten auf der Grundlage des SchwarzArbG ist keine Durchsuchung. Es meint das Vordringen auf Grundstücke bzw. Eindringen in Geschäftsräume, um sich dort nach Personen, Sachen und Zuständen umzusehen. Davon dürften zielgerichtetes Suchen und das Öffnen von ggf. verschlossenen Schränken, Schubladen etc. nicht mehr erfasst sein.

Vgl. *Maschmann*, NZA 2014, 929, 934; Erbs/Haas/*Ambs*, § 3 SchwarzArbG Rn. 8.

804 Ob hingegen die Überwindung von Zugangssperren, insbesondere durch das Aufbrechen von Tür- oder Torschlössern noch von der Befugnis des § 3 SchwarzArbG umfasst ist, ist umstritten.

Dagegen *Maschmann*, NZA 2014, 929, 934; dafür Erbs/Haas/*Ambs*, § 3 SchwarzArbG Rn. 8.

#### d) Prüfung von Geschäftsunterlagen

805 Gemäß § 4 SchwarzArbG dürfen die Behörden der Zollverwaltung während der Geschäftszeit Einsicht in folgende Unterlagen nehmen:

- Lohn- und Meldeunterlagen, Bücher und andere Geschäftsunterlagen, aus denen Umfang, Art oder Dauer von Beschäftigungsverhältnissen hervorgehen oder abgeleitet werden können (nur in diese haben auch die unterstützenden Stellen i. S. d. § 2 Abs. 2 SchwarzArbG ein Einsichtsrecht).
- Unterlagen, aus denen die Vergütung der Dienst- oder Werkleistungen hervorgeht, die natürliche oder juristische Personen oder Personenvereinigungen in Auftrag gegeben haben.
- Unterlagen, aus denen die Vergütung von Leiharbeitsverhältnissen hervorgeht.

- Rechnungen, Zahlungsbelege oder andere Unterlagen über ausgeführte Werklieferungen oder sonstige Leistungen im Zusammenhang mit einem Grundstück, sofern der Auftraggeber nicht Unternehmer i. S. d. § 2 des UStG (i. d. F. von 1999) ist.

Speziell zur Prüfung der Einhaltung der Pflichten des MiLoG erstreckt § 15 Satz 1 MiLoG die prüfbaren Unterlagen auf Arbeitsverträge, Niederschriften nach § 2 NachwG und andere Geschäftsunterlagen, die mittelbar oder unmittelbar Auskunft über die Einhaltung des Mindestlohns geben. § 15 Satz 1 Nr. 2 MiLoG bestimmt sodann, dass die zur Mitwirkung Verpflichteten (vgl. zum Umfang der Mitwirkung Rn. 821 ff. und zum umfassten Personenkreis Rn. 794 f.) diese Unterlagen vorzulegen haben. **806**

Welche Unterlagen genau „andere“ Unterlagen i. S. d. § 4 SchwarzArbG sind, ist einzelfallabhängig und deswegen im Voraus nicht klar abgrenzbar. Die Grenze ist jedoch bei solchen Unterlagen überschritten, aus denen sich lediglich zufällig Erkenntnisse – hier insbesondere über die Einhaltung der Verpflichtungen nach dem MiLoG – gewinnen lassen könnten. Sie unterliegen nicht der Einsichtnahme durch den Zoll. **807**

Vgl. Erbs/Haas/*Ambs*, § 4 SchwarzArbG Rn. 3.

Diese Bewertung wird man auch auf die in § 15 Satz 1 Nr. 1 MiLoG genannten „anderen“ Unterlagen übertragen müssen. **808**

Ferner sind auch Unterlagen Dritter sowie Fremddateien nicht von dem Recht auf Einsichtnahme umfasst. Das gilt selbst dann, wenn sie sich im Zeitraum der Prüfung in den Geschäftsräumen eines zu prüfenden Arbeit- oder Auftraggebers befinden. **809**

Erbs/Haas/*Ambs*, § 4 SchwarzArbG Rn. 3; *Maschmann*, NZA 2014, 929, 935.

### e) Prüfung von Personen

Während der Arbeitszeit (nicht: Geschäftszeit!) sind die Behörden der Zollverwaltung sowie die sie unterstützenden Stellen gemäß § 15 Satz 1 MiLoG i. V. m. § 3 SchwarzArbG außerdem berechtigt, die bei Arbeit- und Auftraggebern sowie Entleihern tätigen Personen zu überprüfen. Durch § 3 Abs. 2 SchwarzArbG wird diese Befugnis über Arbeitnehmer hinaus auch auf selbstständig tätig Personen erstreckt, die zur Ausführung von Dienst- und Werkverträgen bei Dritten tätig sind. Personen, die offenkundig nicht bei den zu überprüfenden Arbeit- bzw. Auftraggebern oder Entleihern tätig sind, wie z. B. Kunden oder Besucher, dürfen nicht überprüft werden. **810**

Vgl. Erbs/Haas/*Ambs*, § 3 SchwarzArbG Rn. 11 f.; *Maschmann*, NZA 2014, 929, 934.

### aa) Befragungen

811 Von den oben genannten Personen können die Zollbediensteten zunächst Auskünfte hinsichtlich ihrer Beschäftigungsverhältnisse oder Tätigkeiten einholen (§ 3 Abs. 1 Nr. 1 SchwarzArbG).

812 Dies kann mündlich oder schriftlich geschehen. Die Befragten sind auf ein konkretes und ausdrückliches Auskunftsverlangen hin, das einen selbstständig anfechtbaren Verwaltungsakt darstellt, zur Auskunft verpflichtet. Eine unberechtigte Weigerung ist bußgeldbewehrt (§ 21 Abs. 1 Nr. 1 MiLoG), vgl. dazu Rn. 874 ff.

813 Dies gilt jedoch nicht, wenn es sich um eine schlichte Anfrage handelt, d. h. das Auskunftsverlangen nicht hinreichend klar ergeht. Die Behörden der Zollverwaltung dürfen den Betroffenen also nicht lediglich um Auskunft gebeten haben. Das Verlangen muss vielmehr erkennen lassen, dass es den Betroffenen zur Erteilung der Auskunft bindend verpflichten will.

Vgl. BSG v. 12.7.1989 – 7 RAr 46/88, NZA 1990, 157, 158.

814 Die Auskünfte müssen wahrheitsgemäß und vollständig sein. Werden sie schriftlich erteilt, muss dies kostenlos und in deutscher Sprache geschehen. Aus eigenem Antrieb heraus muss keine Auskunft gegeben werden.

Erbs/Haas/*Ambs*, § 3 SchwarzArbG Rn. 9.

815 Gemäß § 3 Abs. 3 SchwarzArbG sind die Behörden der Zollverwaltung und die sie unterstützenden Stellen zur Feststellung der Personalien der zu überprüfenden Personen berechtigt. Zu diesem Zweck dürfen diese Personen angehalten und nach Vor-, Familien- und Geburtsnamen, Ort und Tag der Geburt, Beruf, Wohnort, Wohnung und Staatsangehörigkeit befragt werden. Ausweispapiere, die diese Angaben belegen sollen, können zur Prüfung herausverlangt werden. In erster Linie kann und soll dazu der Sozialversicherungsausweis der Überprüften dienen.

816 „Anhalten" im Sinne der Vorschrift bedeutet nicht „festnehmen" oder „Verbringung an einen anderen Ort". Die Befugnis zu solchen Maßnahmen kann sich jedoch unter Umständen aus § 46 Abs. 1 OWiG und den Regelungen der StPO beim Verdacht einer Ordnungswidrigkeit oder Straftat ergeben (vgl. zu denkbaren Straftaten Rn. 891 ff.).

Erbs/Haas/*Ambs*, § 3 SchwarzArbG Rn. 12.

### bb) Einsichtnahme in Unterlagen

817 Gemäß § 3 Abs. 1 Nr. 2 SchwarzArbG können die Behörden der Zollverwaltung auch Einsicht in mitgeführte Unterlagen der zu überprüfenden Personen nehmen, von denen anzunehmen ist, dass aus ihnen Umfang, Art oder Dauer ihrer Beschäftigungsverhältnisse oder Tätigkeiten hervorgehen oder abgeleitet werden können.

An diese Annahme sind keine allzu hohen Anforderungen zu stellen, sie muss sich aber auf der Grundlage von Tatsachen hinreichend begründen lassen. 818

Die Befugnis beschränkt sich im Grundsatz auf die Einsicht in mitgeführte Unterlagen. Es besteht keine Pflicht der überprüften Personen, diese erst zu beschaffen. 819

Erbs/Haas/*Ambs*, § 3 SchwarzArbG Rn. 10.

Etwas anderes ist ausnahmsweise bei Personen anzunehmen, die Werk- und Dienstleistungen in Wirtschaftszweigen bzw. -bereichen des § 2a SchwarzArbG erbringen. Diese sind verpflichtet, ihren Personalausweis, Pass, Passersatz oder Ausweisersatz mitzuführen und den Behörden der Zollverwaltung auf Verlangen vorzulegen. „Mitzuführen" heißt nicht „am Körper tragen", eine Vorlagemöglichkeit am Prüfungsort reicht aus. 820

Vgl. KAEW/*Asshoff*, AEntG, § 17 Rn. 30.

**Praxistipp:**

Die in § 2a SchwarzArbG genannten Wirtschaftszweige bzw. -bereiche sind das Baugewerbe, das Gaststätten- und Beherbergungsgewerbe, das Personenbeförderungsgewerbe, das Speditions-, Transport- und damit verbundenes Logistikgewerbe, das Schaustellergewerbe, Unternehmen der Forstwirtschaft, das Gebäudereinigungsgewerbe, Unternehmen, die sich am Auf- und Abbau von Messen und Ausstellungen beteiligen und die Fleischwirtschaft.

### f) Duldungs- und Mitwirkungspflichten

Mit den vorstehend dargelegten Befugnissen der Behörden der Zollverwaltung korrespondieren Duldungs- und Mitwirkungspflichten der von einer Überprüfung Betroffenen nach Maßgabe des § 15 Satz 1 MiLoG i. V. m. § 5 SchwarzArbG. 821

Gemäß § 5 Abs. 1 Satz 1 und 2, Abs. 2 SchwarzArbG haben Arbeitgeber, Arbeitnehmer, Auftraggeber sowie Dritte und Entleiher, die bei einer Prüfung der Einhaltung des gesetzlichen Mindestlohns angetroffen werden, die Prüfung zu dulden und dabei mitzuwirken. Sie haben insbesondere für die Prüfung erhebliche Auskünfte zu erteilen und die in den §§ 3 und 4 SchwarzArbG genannten Unterlagen (vgl. hierzu Rn. 805 ff., 817 ff.) vorzulegen sowie das Betreten der Grundstücke und der Geschäftsräume (nicht: Wohnräume) zu dulden. 822

Die Mitwirkung umfasst auch die Pflicht, den Prüfungsbeamten im Rahmen der nach den §§ 3 und 4 SchwarzArbG zulässigen Ermittlungshandlungen, Betriebsräume zu zeigen, in Betracht kommende Unterlagen zu bezeichnen oder vorzulegen. 823

Erbs/Haas/*Ambs*, § 5 SchwarzArbG Rn. 1.

§ 5 Abs. 3 SchwarzArbG enthält spezielle Regelungen zur Aussonderung und Übermittlung elektronisch gespeicherter Daten. Arbeit- und Auftraggeber sowie Entleiher haben in Datenverarbeitungsanlagen gespeicherte Daten im 824

Rahmen einer Prüfung auszusondern und den Behörden der Zollverwaltung auf deren Verlangen auf automatisiert verarbeitbaren Datenträgern oder in Listen zu übermitteln. Sie dürfen automatisiert verarbeitbare Datenträger oder Datenlisten, die die erforderlichen Daten enthalten, aber ungesondert zur Verfügung stellen, wenn die Aussonderung mit einem unverhältnismäßigen Aufwand verbunden wäre und überwiegende schutzwürdige Interessen des Betroffenen nicht entgegenstehen. In diesem Fall haben die Behörden der Zollverwaltung die Daten zu trennen und die für eine „Mindestlohnprüfung" nach § 5 Abs. 3 Satz 1 SchwarzArbG zu übermittelnden Daten zu löschen. Soweit die übermittelten Daten für Zwecke der Ermittlung von Straftaten oder Ordnungswidrigkeiten, der Ermittlung von steuerlich erheblichen Sachverhalten oder der Festsetzung von Sozialversicherungsbeiträgen oder Sozialleistungen nicht benötigt werden, sind die Datenträger oder Listen nach Abschluss der Prüfungen auf Verlangen zurückzugeben oder die Daten unverzüglich zu löschen.

825 § 5 Abs. 1 Satz 3 SchwarzArbG enthält ein Auskunftsverweigerungsrecht für die Befragten. Diese können mündliche und schriftliche Auskünfte (unter Letztere fällt auch die Vorlage von Geschäftsunterlagen), nicht aber Mitwirkung und Duldung, auch bei zulässigen Überprüfungen verweigern, wenn sie sich oder eine ihr nahe stehende Person (§ 383 Abs. 1 Nr. 1 bis 3 ZPO) der Gefahr aussetzen, wegen einer Straftat oder Ordnungswidrigkeit verfolgt zu werden.

826 Nahe stehende Personen in diesem Sinne sind Verlobte, Ehe- und Lebenspartner (auch wenn die Ehe nicht mehr besteht), aktuelle oder vormalige Verwandte und Verschwägerte in gerader Linie sowie Verwandte in der Seitenlinie bis zum dritten Grad und Verschwägerte bis zum zweiten Grad.

827 Die Berufung auf das Auskunftsverweigerungsrecht muss ausdrücklich geschehen. Zwar wird in der Literatur bisweilen vertreten, dass die Prüfbeamten diesbezüglich eine Belehrungspflicht trifft oder treffen kann, das Gesetz sieht dies jedoch nicht vor. Auch die Rechtsprechung scheint jedenfalls tendenziell nicht von einer solchen auszugehen.

Vgl. zu beidem OLG Bamberg v. 15.1.2013 – 2 Ss OWi 897/12, wistra 2013, 288 m. w. N.

## 2. Melde- und Versicherungspflichten

828 Für Arbeitgeber und Verleiher mit Sitz im Ausland enthält § 16 MiLoG spezielle Meldepflichten sowie die Pflicht, eine Versicherung darüber abzugeben, dass sie die Verpflichtung nach § 20 MiLoG einhalten, d. h. den Mindestlohn pünktlich zahlen. Die an § 18 AEntG orientierte Vorschrift wird durch die „Verordnung über Meldepflichten nach dem Mindestlohngesetz, dem Arbeitnehmer-Entsendegesetz und dem Arbeitnehmerüberlassungsgesetz (Mindestlohnmeldeverordnung – MiLoMeldV)" vom 26.11.2014, die „Verordnung zu den Dokumentationspflichten nach den §§ 16 und 17 des Min-

destlohngesetzes in Bezug auf bestimmte Arbeitnehmergruppen“ (Mindestlohndokumentationspflichten-Verordnung – MiLoDokV) vom 18.12.2014 und die „Verordnung zur Bestimmung der zuständigen Behörde nach § 16 Absatz 6 des Mindestlohngesetzes (MiLoGMeldStellV)“ vom 24.11.2014 ergänzt (vgl. hierzu ausführlich Rn. 620 ff.).

> MiLoMeldV v. 26.11.2014, BGBl. I 2014, 1825 f.
> MiLoDokV v. 18.12.2014, BAnz. AT 29.12.2014 V1.
> MiLoGMeldStellV v. 24.11.2014, BGBl. I 2014, 1823.

Für die öffentlich-rechtliche Kontrolle und ggf. Durchsetzung des MiLoG sind **829** die Melde- und Versicherungspflichten des § 16 MiLoG von großer Bedeutung: Die Normadressaten sind Arbeitgeber mit Sitz im Ausland und Entleiher, die Arbeitnehmer von Verleihern mit Sitz im Ausland überlassen bekommen, sofern die Arbeitnehmer in den Wirtschaftsbereichen oder -zweigen des § 2a SchwarzArbG tätig werden. Eine effektive Prüfung und Ahnung von Mindestlohnverstößen dürfte durch die gemeldeten Daten überhaupt erst möglich werden. Vor diesem Hintergrund verwundert es auch nicht, dass Verstöße gegen die Meldepflichten des § 16 MiLoG – Erst- wie Änderungsmeldung – ebenfalls bußgeldbewehrt sind (vgl. § 21 Abs. 1 Nr. 4–6 MiLoG); vgl. hierzu Rn. 879 ff.

Der in § 16 Abs. 2 und 4 MiLoG geregelten Versicherungspflicht der Arbeit- **830** geber bzw. Entleiher kommt im Kontrollregime des MiLoG verschiedene Funktionen zu: Zum einen wird den Normadressaten ihre Verpflichtung nach § 20 MiLoG – die rechtzeitige Zahlung des Mindestlohns – noch einmal vor Augen geführt. Die Versicherungspflicht erfüllt also zunächst einen Informationszweck.

> So für die entsprechende Pflicht aus § 18 Abs. 2 AEntG
> ErfK/*Schlachter*, § 18 AEntG Rn. 4; KAEW/*Asshof*, AEntG, § 18 Rn. 28.

Durch sie dürfte jedoch gleichzeitig sichergestellt sein, dass die verpflichteten **831** Arbeitgeber bzw. Entleiher „bösgläubig“ gestellt sind und sich für den Fall, dass sie sich infolge eines Mindestlohnverstoßes der Verfolgung durch die Zollbehörden ausgesetzt sehen, nicht mehr darauf berufen können, ihre Verpflichtungen nicht gekannt und damit schuldlos gehandelt zu haben.

> Vgl. *Henkel* u. a., MiLoG, S. 72.

Die Verfolgungsbehörden und ggf. die Staatsanwaltschaft werden somit in **832** jedem Fall von fahrlässigem Handeln ausgehen, ggf. sogar (jedenfalls) bedingt vorsätzliches Handeln nachweisen können. Damit kann die Verfolgungsbehörde bzw. das Gericht gemäß § 17 Abs. 2 OWiG den vollen Bußgeldrahmen ausschöpfen und nicht lediglich – aufgrund der „nur“ fahrlässigen Begehung – dessen Hälfte. Angesichts dieser Bedeutung erschließt sich, wieso auch die unterlassene, unrichtige oder verspätete Versicherung nach § 16 Abs. 2 und 4 MiLoG bußgeldbewehrt ist (vgl. § 21 Abs. 1 Nr. 6 MiLoG).

833 Ergeben sich nach der ersten Meldung Änderungen in Bezug auf diese Angaben, so hat der Arbeitgeber bzw. Entleiher diese der Bundesfinanzdirektion West unverzüglich zu melden (§ 16 Abs. 1 S. 3, Abs. 3 Satz 2 MiLoG). Unverzüglich bedeutet im gesetzlichen Kontext grundsätzlich nicht „sofort“, sondern „ohne schuldhaftes Zögern“ i. S. d. § 121 BGB. Die konkrete Dauer dessen ist in gewissen Grenzen vom jeweiligen Einzelfall abhängig. Im Allgemeinen wird ein Zuwarten von mehr als 14 Tagen nicht mehr „unverzüglich“ sein, sofern keine besonderen Umstände vorliegen.

Vgl. z. B. MüKo-BGB/*Armbrüster*, § 121 Rn. 7.

834 Insbesondere vor dem Hintergrund, dass die Formulare für die Meldungen nach § 16 MiLoG online verfügbar und die Meldungen damit sehr zeitnah möglich sind, werden diese innerhalb weniger Tage durchzuführen sein. Da ein vorsätzliches und fahrlässiges Zuwiderhandeln eine Ordnungswidrigkeit gemäß § 21 Abs. 1 Nr. 5 MiLoG darstellt, sollte die Änderungsmeldung so schnell wie möglich erfolgen.

835 Die gemäß § 16 Abs. 2 MiLoG notwendige Versicherung des Arbeitgebers, dass er die Verpflichtung des § 20 MiLoG einhält, d. h. den gesetzlichen Mindestlohn rechtzeitig zahlt, ist auf dem Vordruck der Zollverwaltung für eine Meldung durch den Arbeitgeber nach § 16 Abs. 1 MiLoG bereits enthalten. Entleiher müssen bei grenzüberschreitender Arbeitnehmerüberlassung der Anmeldung eine Versicherung des Verleihers beifügen, dass dieser die Verpflichtungen nach § 20 einhält (§ 16 Abs. 4 MiLoG). Einen offiziellen Vordruck scheint es hierfür aber nicht zu geben.

**Praxistipp:**

Mangels eines offiziellen Vordruckes der Zollverwaltung, kann auf den Wortlaut der Versicherung des Arbeitnehmers nach § 16 Abs. 2 MiLoG, wie er sich im vorgenannten Formular findet, zurückgegriffen werden:

*„Versicherung*

*Ich versichere, die nach dem Mindestlohngesetz und/oder dem Arbeitnehmer-Entsendegesetz vorgeschriebenen Arbeitsbedingungen (Zahlung des Mindestlohns, ggf. die Dauer des Erholungsurlaubs, das Urlaubsentgelt und ein zusätzliches Urlaubsentgelt) einzuhalten.*

*[Unterschrift]“*

836 Um eine eidesstattliche Versicherung handelt es sich hierbei nicht.

Vgl. *Schubert/Jerchel/Düwell*, Rn. 272.

837 Eine Strafbarkeit gemäß § 156 StGB dürfte damit ausgeschlossen sein.

### 3. Dokumentationspflichten

838 Ergänzend zu den Melde- und Versicherungspflichten nach § 16 MiLoG erlegen § 17 Abs. 1 und 2 MiLoG bestimmten Arbeitgebern und Entleihern die

Pflicht zur Herstellung und Bereithaltung bestimmter Dokumente auf. Im Fokus steht die Erfassung der tatsächlich geleisteten Arbeitszeit. Hintergrund der Regelung ist der Umstand, dass die Effektivität des Anspruches auf den gesetzlichen Mindestlohn nicht dadurch geschwächt werden soll, dass dieser durch Manipulationen bei der Arbeitszeit unterlaufen werden kann.

> Vgl. *Maschmann*, NZA 2014, 929, 936 sowie die Überlegung des Verordnungsgebers in der Begründung der MiLoDokV v. 17.12.2014, S. 3 ff., abzurufen unter http://www.portal-sozialpolitik.de/uploads/sopo/pdf/2014/2014-12-17_BMAS_MiLoDokV.pdf (zuletzt abgerufen am 20.1.2015).

Diese Dokumentationspflichten werden durch die „Verordnung zur Abwandlung der Pflicht zur Arbeitszeitaufzeichnung nach dem Mindestlohngesetz und dem Arbeitnehmer-Entsendegesetz (Mindestlohnaufzeichnungsverordnung – MiLoAufzV)“ vom 26.11.2014 und die „Verordnung zu den Dokumentationspflichten nach den §§ 16 und 17 des Mindestlohngesetzes in Bezug auf bestimmte Arbeitnehmergruppen“ (Mindestlohndokumentationspflichten-Verordnung – MiLoDokV) vom 18.12.2014 modifiziert (vgl. zu den Dokumentationspflichten ausführlich Rn. 669 ff.). 839

> MiLoAufzV v. 26.11.2014, BGBl. I 2014, 1824.
> MiLoDokV v. 18.12.2014 BAnz. AT 29.12.2014 V1.

Die Dokumentationspflichten sind notwendig, „um die Zahlungsverpflichtung [...] prüfbar zu machen“. 840

> BT-Drucks. 18/1558, S. 41.

Es wundert daher nicht, dass auch ordnungswidrig handelt, wer die Aufzeichnungen nach § 17 Abs. 1 MiLoG nicht, nicht richtig, nicht vollständig oder nicht rechtzeitig erstellt oder nicht mindestens zwei Jahre aufbewahrt (§ 21 Abs. 1 Nr. 7 MiLoG). Entsprechendes gilt für den, der entgegen § 17 Abs. 2 MiLoG eine Unterlage nicht, nicht richtig, nicht vollständig oder nicht in der vorgeschriebenen Weise bereithält (§ 21 Abs. 1 Nr. 8 MiLoG). 841

Für die normverpflichteten Arbeitgeber und Entleiher liegt hier ein „Fallstrick“ verborgen. § 17 Abs. 1 Satz 1 MiLoG bestimmt, dass die Aufzeichnungen für mindestens zwei Jahre, beginnend ab dem für die Aufzeichnung maßgeblichen Zeitpunkt, aufbewahrt werden müssen. Die Zwei-Jahres-Frist beginnt damit spätestens mit Ablauf des siebten auf den Tag der Arbeitsleistung folgenden Kalendertag. Diese Frist ist jedoch zu kurz bemessen. Zwar wird nach Ablauf der zwei Jahre mit Blick auf § 21 Abs. 1 Nr. 7 MiLoG kein Bußgeld mehr drohen, wenn die Dokumente vernichtet werden. Es ist jedoch aus anderen Gründen dringend geboten, die Dokumente deutlich länger vorzuhalten: 842

Der Anspruch auf den gesetzlichen Mindestlohn ist unabdingbar nach Maßgabe des § 3 Satz 1 MiLoG und kann, einmal entstanden, nach inzwischen und einstweilen wohl herrschender Ansicht weder durch tarifvertragliche noch durch arbeitsvertragliche Ausschlussfristen beseitigt werden (vgl. ausführlich Rn. 102 f., 427 ff.). 843

844 Er ist deswegen bis zum Eintritt der Verjährung durchsetzbar. Maßgeblich hierfür sind hier die §§ 195, 199 Abs. 1 BGB, nach denen die Verjährung nach drei Jahren eintritt, beginnend mit dem Schluss des Jahres, in dem der Anspruch entstanden ist und der Gläubiger von den Anspruch begründenden Umständen und der Person des Schuldners Kenntnis erlangt oder ohne grobe Fahrlässigkeit erlangen müsste. Die Verjährung tritt deswegen de facto erst nach mehr als drei Jahren ein. Arbeitnehmer, die den gesetzlichen Mindestlohn nicht oder nicht vollständig erhalten haben, können diesen deswegen auch für einen länger als zwei Jahre in der Vergangenheit liegenden Zeitraum (gerichtlich) geltend machen. Schon angesichts dessen sollten die Aufzeichnungen über die Arbeitszeit – genau wie alle anderen insofern aussagekräftigen Dokumente – aus Beweiszwecken bis zum Eintritt der Verjährung aufbewahrt werden.

Vgl. *Schubert, Jerchel, Düwell*, Rn. 106; *Viethen*, NZA-Beilage 4/2014, 143, 146.

845 Der Umstand, dass die Ordnungswidrigkeiten nach § 21 Abs. 1 und 2 MiLoG ebenfalls erst in (frühestens) drei Jahren nach Beendigung verjähren (§ 36 Abs. 2 Nr. 1, Abs. 3 OWiG) bekräftigt diese Notwendigkeit.

846 Diese Überlegungen gelten entsprechend für die Dauer der Pflicht zum Bereithalten der Dokumente nach § 17 Abs. 2 MiLoG.

**Praxistipp:**

Die Unterlagen nach § 17 Abs. 1 und 2 MiLoG sollten – genau wie alle anderen Dokumente, die die Zahlung des gesetzlichen Mindestlohns direkt oder indirekt belegen können – aus Beweisgründen bis zum Eintritt der Verjährung aufbewahrt werden.

### III. Sanktionen bei Verstößen gegen das MiLoG

847 Der Gesetzgeber hat mit den §§ 19 und 21 MiLoG ein Sanktionsregime errichtet, dass den Anspruch auf gesetzlichen Mindestlohn auch losgelöst von der Geltendmachung durch die Berechtigten sichern soll.

So auch *Grau/Sittard*, ArbRB 2014, 375, 376.

848 Grundsätzlich unterscheidet das MiLoG zwischen zwei Sanktionsmöglichkeiten: dem Ausschluss von der Vergabe öffentlicher Aufträge (§ 19 MiLoG) und der Verhängung von Geldbußen für den Verstoß gegen die Ordnungswidrigkeiten des § 21 MiLoG. Beide werden im Folgenden näher betrachtet. Ohne, dass dies im MiLoG Ausdruck gefunden hätte oder hätte finden müssen, kann ein Mindestlohnverstoß auch strafrechtliche Relevanz besitzen. Besonderes Augenmerk ist jedoch neben diesen unmittelbaren Sanktionen auf deren teils weitereichende Auswirkungen insbesondere in bestimmten Situationen zu legen.

### 1. Der Ordnungswidrigkeitenkatalog des § 21 MiLoG

§ 21 Abs. 1 und 2 MiLoG bewehren die vorstehend ausführlich dargelegten Kontroll- und Durchsetzungsmechanismen des Anspruches auf vollständige und rechtzeitige Zahlung des gesetzlichen Mindestlohns mit Bußgeldern. Sie treten neben die bereits bestehenden Ordnungswidrigkeitentatbestände in anderen Gesetzen (z. B. § 8 SchwarzArbG, § 23 AEntG etc.). **849**

Vgl. *Schubert/Jerchel/Düwell*, Rn. 279.

Sind mehrere Ordnungswidrigkeiten verwirklicht, so wird die Geldbuße nach dem Gesetz bestimmt, das die höchste Geldbuße androht (§ 19 Abs. 2 Satz 1 OWiG). **850**

#### a) Grundsätze des Ordnungswidrigkeitenrechts

Soweit sich aus § 21 MiLoG nichts anderes ergibt, gelten hinsichtlich der Ordnungswidrigkeitentatbestände des MiLoG die Regelungen des OWiG. Dieses enthält sowohl materielles Recht als auch Verfahrensvorschriften. Die Regelungen des OWiG können hier nicht erschöpfend behandelt werden. Die folgenden Grundsätze beschränken sich auf die Darstellung der für die betriebliche Praxis und für die Einordnung der Bedeutung der Tatbestände wesentlichen Aspekte. **851**

Die Zuständigkeit für die Verfolgung von Ordnungswidrigkeiten liegt bei der gesetzlich hierfür bestimmten Verwaltungsbehörde (§ 36 Abs. 1 Nr. 1 OWiG). § 21 Abs. 3 MiLoG verweist diesbezüglich auf die in § 14 MiLoG genannten Behörden der Zollverwaltung, jeweils für ihren Geschäftsbereich. Dies ist hier die FKS (vgl. hierzu Rn. 775 ff.). **852**

Die Verfolgungsbehörde ist jedoch nicht zur Verfolgung verpflichtet. Im Gegensatz zur Staatsanwaltschaft, die grundsätzlich jede Straftat zu verfolgen hat („Legalitätsprinzip"; vgl. § 152 Abs. 2 StPO), entscheidet die Verfolgungsbehörde nach pflichtgemäßem Ermessen, ob sie eine Ordnungswidrigkeit verfolgt („Opportunitätsprinzip"; vgl. § 47 Abs. 1 S. 1 OWiG). Das MiLoG und die mit seiner Einführung verfolgten Zwecke werden jedoch – jedenfalls derzeit – öffentlich so stark wahrgenommen, dass die Verfolgung von Mindestlohnverstößen leicht mit dem öffentlichen Interesse daran begründet werden kann. Es erscheint deswegen nicht wahrscheinlich, dass die Behörden der Zollverwaltung von einer Verfolgung absehen oder nur eine Verwarnung (§§ 56 ff. OWiG) aussprechen werden. Das Verfahren vor der Verwaltungsbehörde wird in den §§ 53 bis 62 und 65 f. OWiG geregelt und ist an ein Ermittlungsverfahren nach der StPO angelehnt (vgl. § 46 Abs. 1 OWiG). Insbesondere kann der Betroffene einen Verteidiger hinzuziehen und muss vor Erlass eines Bußgeldbescheides Gelegenheit zur Äußerung erhalten (vgl. § 55, 60 OWiG). Ergeht ein Bußgeldbescheid (§ 65 f. OWiG), so ist hiergegen innerhalb von zwei Wochen nach Zustellung der Einspruch bei der Verfolgungsbehörde der statthafte Rechtsbehelf (§ 67 Abs. 1 Satz 1 OWiG). Hier- **853** an schließt sich ein Zwischenverfahren bei der Verfolgungsbehörde an (§ 69 OWiG) und – falls diese den Bußgeldbescheid bei dieser Gelegenheit nicht zurücknimmt – das gerichtliche Verfahren vor dem Amtsgericht (§§ 68, 71 ff. OWiG).

**854** Als Täter einer Ordnungswidrigkeit können neben allen natürlichen Personen über die §§ 9, 30 OWiG auch juristische Personen und deren Vertreter verfolgt werden. § 9 OWiG ermöglicht es z. B., vertretungsberechtigte Organe einer juristischen Person oder Mitglieder eines solchen Organs, aber auch vertretungsberechtigte Gesellschafter einer rechtsfähigen Personengesellschaft mit einem Bußgeld zu bestrafen, obwohl die verletzte Pflicht die juristische Person (z. B. als Arbeitgeber) trifft. Geldbußen gegen die juristische Person selbst ermöglicht § 30 OWiG.

Vgl. mit Bezug auf das MiLoG *Hilgenstock*, MiLoG, Rn. 277 ff.

**855** § 130 MiLoG erlaubt die Sanktionierung unterlassener Aufsichtsmaßnahmen von Betrieben und Unternehmen, die erforderlich sind, um bei diesen Zuwiderhandlungen gegen Pflichten zu verhindern, die den Inhaber treffen und deren Verletzung mit Strafe oder Geldbuße bedroht ist, wenn eine solche Zuwiderhandlung durch gehörige Aufsicht verhindert oder wesentlich erschwert worden wäre. Hierzu zählen auch die Verpflichtungen nach dem MiLoG. Zu den erforderlichen Aufsichtsmaßnahmen gehören insbesondere die Bestellung, sorgfältige Auswahl und Überwachung von Aufsichtspersonen.

**856** Die Höhe einer Geldbuße richtet sich nur dann nach § 17 Abs. 1 OWiG, wenn das Gesetz, das den Tatbestand enthält, selbst keine Höhe vorsieht. Das MiLoG enthält in § 21 Abs. 3 MiLoG jedoch entsprechende (Höchst-)Beträge. Dabei kann im Falle von fahrlässigem Handeln die Ordnungswidrigkeit maximal mit der Hälfte des angedrohten Höchstbetrages geahndet werden (§ 17 Abs. 2 OWiG). Die konkrete Höhe des Bußgeldes ist für jeden Einzelfall gesondert zu bestimmen. § 17 Abs. 3 und 4 OWiG enthalten hierfür Leitlinien: Grundlage für die Zumessung der Geldbuße sind die Bedeutung der Ordnungswidrigkeit und der Vorwurf, der den Täter trifft. Auch die wirtschaftlichen Verhältnisse des Täters kommen in Betracht; bei geringfügigen Ordnungswidrigkeiten bleiben sie jedoch in der Regel unberücksichtigt. Die Geldbuße soll den wirtschaftlichen Vorteil, den der Täter aus der Ordnungswidrigkeit gezogen hat, übersteigen. Reicht das gesetzliche Höchstmaß hierzu nicht aus, so kann es überschritten werden.

**857** Sind mehrere Geldbußen verwirkt, so wird – anders als im Strafrecht (§ 54 StGB) – keine Gesamtstrafe gebildet. Gemäß § 20 OWiG (sog. „Kumulationsprinzip“) wird jede gesondert festgesetzt. Es kann also zu einer Summierung der Geldbußen kommen, auch wenn nur eine Tat im prozessualen Sinne vorliegt.

Vgl. OLG Koblenz v. 3.2.1981 – 1 Ss 43/81, OLGSt zu § 79 OWiG; *Korte*, NStZ 2011, 23.

Die für den Regelfall maximale Höhe der angedrohten Geldbußen ist im Folgenden für die einzelnen Tatbestände des MiLoG gesondert ausgewiesen. 858

Die Verjährung von Ordnungswidrigkeiten richtet sich nach den §§ 31 ff. OWiG. Die Länge der Verjährungsfrist hängt vom Höchstmaß der angedrohten Geldbuße ab. Die Frist beträgt bei allen Ordnungswidrigkeiten des § 21 MiLoG drei Jahre nach Beendigung der Tat bzw. Eintritt des Erfolges, da diese im Höchstmaß mit einer Geldbuße von mehr als 15.000,– € bedroht sind (§ 31 Abs. 2 Nr. 1, Abs. 3 OWiG). 859

### b) Die Tatbestände des § 21 Abs. 1 und 2 MiLoG

#### aa) Verstoß gegen die Pflicht zur Zahlung des Mindestlohns

§ 21 Abs. 1 Nr. 9 MiLoG enthält den zentralen Ordnungswidrigkeitstatbestand des Gesetzes: Ordnungswidrig handelt, wer vorsätzlich oder fahrlässig den gesetzlichen Mindestlohn in seiner jeweiligen Höhe entgegen § 20 MiLoG nicht oder nicht rechtzeitig zahlt. 860

Rechtzeitig i. S. d. § 21 Abs. 1 Nr. 9 MiLoG wird der Mindestlohn im Zeitpunkt des § 2 Abs. 1 Nr. 2 MiLoG gezahlt: am letzten Bankarbeitstag (Frankfurt am Main) des Monats, der auf den Monat folgt, in dem die Arbeitsleistung erbracht wurde. Dieser Zeitpunkt ist auch für die Prüfpflichten des Zolls maßgeblich, 861

> Vgl. *Schubert/Jerchel/Düwell*, Rn. 92; *Lakies*, MiLoG, § 2 Rn. 3; zur Bedeutung dessen für Stundungsvereinbarungen als Bestandteil von Sanierungstarifverträgen vgl. die Praxishinweise bei Rn. 307, 455 ff.

Der Tatbestand ist seinem Wortlaut nach sehr weit gefasst. Jeder Arbeitgeber, der einen Arbeitnehmer beschäftigt, der einen Anspruch auf Zahlung des gesetzlichen Mindestlohns hat, ist tauglicher Tätiger der Ordnungswidrigkeit. Er wird (wohl) auch durch leicht fahrlässig hinter dem gesetzlichen Mindestlohn zurückbleibende Entgeltzahlungen erfüllt. In der Literatur wird deswegen zu Recht für eine einschränkende Auslegung der Vorschrift plädiert. 862

> Vgl. *Grau/Sittard*, ArbRB 2014, 375 ff.; vgl. zu möglichen Auswirkungen eines (zu) weiten Verständnisses der Fahrlässigkeit in diesem Zusammenhang auch Rn. 924 ff.

Ob die Gerichte ebenfalls eine einschränkende Auslegung vornehmen werden, kann derzeit noch nicht beurteilt werden und ist deswegen weiter zu verfolgen. Bis dahin besteht erhebliche Unsicherheit. 863

Die Ordnungswidrigkeit kann bei Vorsatz mit einer Geldbuße von bis zu 500.000,– €, bei Fahrlässigkeit bis zu 250.000,– € geahndet werden (§ 21 Abs. 3 Alt. 1 MiLoG i. V. m. § 17 Abs. 2 OWiG). 864

### bb) Beauftragung unzuverlässiger Subunternehmer

**865** § 21 Abs. 2 MiLoG bedroht die Beauftragung unzuverlässiger Subunternehmer mit einem Bußgeld und ist im Kontext der Generalunternehmerhaftung des § 13 MiLoG zu sehen (vgl. hierzu Rn. 707 ff.).

**866** Der Auftraggeber haftet insofern für ein „Auswahlverschulden". Die Norm unterscheidet zwei Konstellationen:

**867** Ordnungswidrig handelt, wer Werk- oder Dienstleistungen in erheblichem Umfang ausführen lässt, indem er als Unternehmer einen anderen Unternehmer beauftragt, von dem er weiß oder fahrlässig nicht weiß, dass dieser bei der Erfüllung dieses Auftrags

- den jeweiligen gesetzlichen Mindestlohn nicht oder nicht rechtzeitig zahlt oder
- seinerseits einen Nachunternehmer einsetzt oder zulässt, dass ein Nachunternehmer tätig wird, der den jeweiligen gesetzlichen Mindestlohn nicht oder nicht rechtzeitig zahlt.

**868** Auch dieser Tatbestand ist sehr weit gefasst. Erneut stellt sich die Frage, welche Anforderungen, vor allem in Subunternehmerketten, an die Fahrlässigkeit der einzelnen Beteiligten zu stellen sind. Abzuwarten bleibt auch, ob die von weiten Teilen der Literatur zu § 23 Abs. 2 AEntG benannte Grenze von 10.000,– €, ab der Werk- oder Dienstleistungen in „erheblichem Umfang" vorliegen sollen, auch von den Zollbehörden zugrunde gelegt werden wird.

> Vgl. nur BeckOK ArbR/*Gussen*, § 23 AEntG Rn. 8, ErfK/*Schlachter*, § 23 AEntG Rn. 5.

**869** Literaturstimmen gehen unter Bezugnahme auf den zum vergleichbaren Tatbestand des § 23 Abs. 2 AEntG vertretenen Maßstab davon aus, dass der beauftragende Unternehmer in aller Regel dann fahrlässig handelt, wenn er bei Vertragsschluss klare Anhaltspunkte hatte, dass der Auftragnehmer zu den angebotenen Konditionen den Auftrag nicht gesetzeskonform erbringen kann.

> Vgl. *Kühn/Reich*, BB 2014, 2938, 2941; KAEW/*Asshoff*, AEntG, § 23 Rn. 16.

**870** Hingegen wird man beim Fehlen derartiger Anhaltspunkte oder bei lediglich theoretischem Fürmöglichhalten eines Verstoßes nicht von Fahrlässigkeit ausgehen können. Zum Teil wird vertreten, der Sorgfaltspflicht werde in aller Regel Genüge getan, wenn sich der Auftraggeber schriftlich bestätigen lässt, dass die Vorgaben des MiLoG bei dem Auftragnehmer eingehalten werden.

> Vgl. KAEW/*Asshoff*, AEntG, § 23 Rn. 16.

**871** Dies mag genügen, wenn sich dem – sorgfältigen, nicht fahrlässig handelnden – Auftraggeber daneben keinerlei Anzeichen für die Ordnungswidrigkeit bieten, andernfalls jedoch nicht. Zur Absicherung, aber auch zur Informationserlangung über den Auftragnehmer, kann nur dazu geraten werden, neben der vorgenannten Bestätigung weitere, auf den Einzelfall zugeschnittene Vorsichtsmaßnahmen zu ergreifen. Dazu kommen insbesondere die Möglichkeiten zur privatautonomen Begrenzung der Haftung nach § 13 MiLoG in Betracht (vgl. zu diesen Rn. 739 ff.).

Entsprechend der vorstehend zur verfassungskonformen Einschränkung bei Insolvenz des Nachunternehmers entwickelten Grundsätze (vgl. Rn. 716 ff.) dürften auch die Ordnungswidrigkeitentatbestände des § 21 Abs. 2 MiLoG auf die Fälle zu begrenzen sein, in denen die Nachunternehmer den gesetzlichen Mindestlohn nicht leisten wollen. Dem Wortlaut der Norm ist die Einschränkung jedoch nicht zu entnehmen, sodass eine gerichtliche Klärung abzuwarten sein wird. 872

Die Ordnungswidrigkeiten können bei Vorsatz mit einer Geldbuße von bis zu 500.000,– €, bei Fahrlässigkeit bis zu 250.000,– € geahndet werden (§ 21 Abs. 3 Alt. 1 MiLoG i. V. m. § 17 Abs. 2 OWiG). 873

### cc) Verstöße gegen Mitwirkungs- und Duldungspflichten

§ 21 Abs. 1 MiLoG enthält mit seinen Nr. 1 bis 3 drei Tatbestände, die an die unterlassene bzw. nicht vollständige Mitwirkung bei und Duldung von Überprüfungshandlungen der Behörden der Zollverwaltung anknüpfen (§ 15 Satz 1 MiLoG i. V. m. Vorschriften des SchwarzArbG). Die Ordnungswidrigkeit kann demzufolge von einem jeden Arbeitgeber oder Entleiher, jedoch nur im Rahmen einer Prüfung durch die Zollbehörden verwirklicht werden. 874

Ordnungswidrig handelt, wer vorsätzlich oder fahrlässig 875

- eine Prüfung der Behörden der Zollverwaltung entgegen § 15 Satz 1 MiLoG i. V. m. § 5 Abs. 1 Satz 1 SchwarzArbG nicht duldet oder bei ihr nicht mitwirkt (vgl. hierzu oben Rn. 821 ff.),
- das Betreten eines Grundstücks oder Geschäftsraums durch die Behörden der Zollverwaltung entgegen § 15 Satz 1 MiLoG i. V. m. § 5 Abs. 1 Satz 2 SchwarzArbG nicht duldet (vgl. hierzu oben Rn. 796 ff.),
- digital gespeicherte Daten i. S. d. § 5 Abs. 3 SchwarzArbG entgegen § 15 Satz 1 MiLoG i. V. m. § 5 Abs. 3 Satz 1 SchwarzArbG nicht, nicht richtig, nicht vollständig, nicht in der vorgeschriebenen Weise oder nicht rechtzeitig übermittelt (vgl. hierzu Rn. 824).

Unklar bleibt, wann eine solche Übermittlung nicht mehr rechtzeitig ist. Weder § 21 Abs. 1 Nr. 3 MiLoG noch § 5 Abs. 3 SchwarzArbG enthalten hierzu eine konkrete Frist oder weitere Anhaltspunkte. Aus dem Umstand, dass die Herausgabe der Daten eine Mitwirkungshandlung im Rahmen einer behördlichen Prüfung darstellt, wird man hier wohl auf eine seitens der Behörden im Einzelfall gesetzte Frist abstellen müssen. 876

877 Die Ordnungswidrigkeiten können bei Vorsatz mit einer Geldbuße von bis zu 30.000,– €, bei Fahrlässigkeit bis zu 15.000,– € geahndet werden (§ 21 Abs. 3 Alt. 2 MiLoG i. V. m. § 17 Abs. 2 OWiG).

878 Die Tatbestände des § 21 Abs. 1 Nr. 1 und 2 MiLoG stehen in Konkurrenz zu denen des § 8 Abs. 2 Nr. 3a) SchwarzArbG; der Tatbestand § 21 Abs. 1 Nr. 3 MiLoG zu dem des § 8 Abs. 2 Nr. 5 SchwarzArbG. Die Höhe der angedrohten Bußgelder ist identisch (vgl. § 8 Abs. 3 SchwarzArbG).

**dd) Verstöße gegen Melde- und Versicherungspflichten**

879 Verstöße gegen die Meldepflichten und die Pflicht zur Abgabe einer Versicherung nach § 16 Abs. 1 bis 4 MiLoG können nach § 21 Abs. 1 Nr. 4 bis 6 MiLoG geahndet werden. Diese enthalten Tatbestände für ordnungswidriges Handeln, jeweils drei für Arbeitgeber mit Sitz im Ausland und Entleiher im Zusammenhang mit grenzüberschreitender Arbeitnehmerüberlassung, sofern sie von § 16 Abs. 1 bis 4 MiLoG erfasst werden.

880 Ordnungswidrig handelt als Arbeitgeber, wer vorsätzlich oder fahrlässig – ggf. unter Berücksichtigung der MiLoMeldV und MiLoDokV –

- die Anmeldung entgegen § 16 Abs. 1 Satz 1 MiLoG nicht, nicht richtig, nicht vollständig, nicht in der vorgeschriebenen Weise oder nicht rechtzeitig vorlegt oder zuleitet (vgl. hierzu Rn. 620 ff.),
- eine Änderungsmeldung entgegen § 16 Abs. 1 Satz 3 MiLoG nicht, nicht richtig, nicht vollständig, nicht in der vorgeschriebenen Weise oder nicht rechtzeitig macht (vgl. hierzu Rn. 665 ff.),
- einer Anmeldung nach § 16 Abs. 1 MiLoG entgegen § 16 Abs. 2 MiLoG eine Versicherung nicht, nicht richtig oder nicht rechtzeitig beifügt (vgl. hierzu Rn. 631, 660 ff.).

881 Ordnungswidrig handelt als Entleiher, wer vorsätzlich oder fahrlässig – ggf. unter Berücksichtigung der MiLoMeldV und MiLoDokV –

- die Anmeldung entgegen § 16 Abs. 3 Satz 1 MiLoG nicht, nicht richtig, nicht vollständig, nicht in der vorgeschriebenen Weise oder nicht rechtzeitig vorlegt oder zuleitet (vgl. hierzu Rn. 629 ff.),
- eine Änderungsmeldung entgegen § 16 Abs. 1 Satz 3, Abs. 3 Satz 2 MiLoG nicht, richtig, nicht vollständig, nicht in der vorgeschriebenen Weise oder nicht rechtzeitig macht (vgl. hierzu Rn. 665 ff.),
- einer Anmeldung nach § 16 Abs. 3 MiLoG entgegen § 16 Abs. 4 MiLoG eine Versicherung nicht, nicht richtig oder nicht rechtzeitig beifügt (vgl. hierzu Rn. 631, 660 ff.).

882 Wann die Meldungen bzw. die Versicherungen rechtzeitig sind, bestimmt sich nach den jeweils einschlägigen Bestimmungen des § 16 MiLoG (vgl. hierzu Rn. 620 ff.).

Die Ordnungswidrigkeiten können bei Vorsatz mit einer Geldbuße von bis zu 30.000,– €, bei Fahrlässigkeit bis zu 15.000,– € geahndet werden (§ 21 Abs. 3 Alt. 2 MiLoG i. V. m. § 17 Abs. 2 OWiG). **883**

### ee) Verstöße gegen Dokumentations- und Bereithaltungspflichten

Schließlich werden in den § 21 Abs. 1 Nr. 7 und 8 MiLoG auch Verstöße gegen die Dokumentations- und Bereithaltungspflichten des § 17 Abs. 1 und 2 MiLoG mit Bußgeldern bewehrt. Auch hier kann die Ordnungswidrigkeit nur durch solche Arbeitgeber und Entleiher verwirklicht werden, die vom Anwendungsbereich des § 17 Abs. 1 und 2 MiLoG erfasst werden. **884**

Ordnungswidrig handelt als Arbeitgeber, wer vorsätzlich oder fahrlässig – ggf. unter Berücksichtigung der MiLoAufzV und MiLoDokV – **885**

- Aufzeichnungen über Beginn, Ende und Dauer der täglichen Arbeitszeit entgegen § 17 Abs. 1 Satz 1 MiLoG nicht, nicht richtig, nicht vollständig oder nicht rechtzeitig erstellt oder nicht oder nicht mindestens zwei Jahre aufbewahrt (vgl. hierzu Rn. 669 ff., 838 ff.),
- erforderliche Unterlagen entgegen § 17 Abs. 2 MiLoG nicht, nicht richtig, nicht vollständig oder nicht in der vorgeschriebenen Weise bereithält (vgl. hierzu Rn. 669 ff., 838 ff.).

Ordnungswidrig handelt als Entleiher, wer vorsätzlich oder fahrlässig – ggf. unter Berücksichtigung der MiLoAufzV und MiLoDokV – **886**

- Aufzeichnungen über Beginn, Ende und Dauer der täglichen Arbeitszeit entgegen § 17 Abs. 1 Satz 1 und 2 MiLoG nicht, nicht richtig, nicht vollständig oder nicht rechtzeitig erstellt oder nicht oder nicht mindestens zwei Jahre aufbewahrt (vgl. hierzu Rn. 669 ff., 838 ff.).

Wann die Aufzeichnungen rechtzeitig erstellt sind, bestimmt sich nach § 17 Abs. 1 Satz 1 MiLoG: Sie sind spätestens bis zum Ablauf des siebten auf den Tag der Arbeitsleistung folgenden Kalendertages anzufertigen (vgl. hierzu Rn. 672, 842). **887**

Arbeitgeber und Entleiher, die aufgrund des § 1 Satz 1 MiLoDokV für Arbeitnehmer mit einem verstetigten Monatsentgelt von mehr als 2.958,– € (brutto) von den Pflichten des § 17 Abs. 1 und 2 MiLoG befreit werden möchten, müssen im Gegenzug der Aufzeichnungspflicht aus § 16 Abs. 2 ArbZG nachkommen (vgl. hierzu Rn. 634). **888**

Kommen sie den dort geregelten Aufzeichnungspflichten nicht nach, fallen sie nicht nur wieder auf die umfangreicheren Pflichten der § 17 Abs. 1 und 2 MiLoG zurück, sondern verhalten sich darüber hinaus schon deswegen ordnungswidrig. Die nicht ordnungsgemäße Aufzeichnung von Arbeitszeitinformationen i. S. d. § 16 Abs. 2 ArbZG ist bereits gemäß § 22 Abs. 1 Nr. 9, Abs. 2 ArbZG mit einem Bußgeld von bis zu 15.000,– € bei vorsätzlichem und bis zu 7.500,– € bei fahrlässigem Handeln bedroht. **889**

890 Die Ordnungswidrigkeiten gemäß § 21 Abs. 1 Nr. 7 und 8 MiLoG können hingegen bei Vorsatz mit einer Geldbuße von bis zu 30.000,– €, bei Fahrlässigkeit bis zu 15.000,– € geahndet werden (§ 21 Abs. 3 Alt. 2 MiLoG i. V. m. § 17 Abs. 2 OWiG).

### 2. Straftaten

891 Das MiLoG selbst enthält keine Strafvorschriften und verweist auch nicht auf solche in anderen Gesetzen, wie z. B. die Straftatbestände der §§ 9 bis 11 SchwarzArbG. Dennoch können im Zusammenhang mit einem Verstoß gegen die Pflichten aus dem MiLoG Straftaten begangen werden. Deren Darstellung kann hier nur in den gröbsten Zügen erfolgen.

#### a) Vorenthalten und Veruntreuen von Arbeitsentgelt (§ 266a StGB)

892 Zahlt ein Arbeitgeber einem Beschäftigten vorsätzlich nicht den geschuldeten Mindestlohn ändert dies nichts daran, dass dieser bei deutscher Sozialversicherungspflicht zu verbeitragen gewesen wäre (vgl. oben Rn. 107 f.). Werden infolge dessen nicht die (vollen) fälligen Gesamtsozialversicherungsbeiträge (§ 28d SGB IV) abgeführt, obwohl dem Arbeitgeber dies möglich und zumutbar war, verwirklicht er u. U. den Tatbestand des § 266a StGB.

> Vgl. *Ramming*, NZA Beilage 4/2014, 149; BGH v. 28.5.2002 – 5 StR 16/02, ZIP 2002, 2143 = ZVI 2002, 312 = NJW 2002, 2480, 2480 ff., dazu EWiR 2002, 1017 *(Schmidt)*; grundsätzlich zu § 266a StGB statt vieler *Lackner/Kühl*, StGB, § 266a Rn. 1 ff. m. w. N.; *Fischer*, StGB, § 266a Rn. 2 ff.

893 Dieser Verdacht wird also bei vorsätzlichen Verstößen gegen die Zahlungspflicht nach dem MiLoG in vielen Fällen naheliegen.

> Vgl. *Däubler*, NJW 2014, 1924, 1928; *Ramming*, NZA Beilage 4/2014, 149; *Viethen*, NZA Beilage 4/2014, 143, 147.

894 § 266a StGB benennt in seinen Abs. 1 bis 3 verschiedene tatbestandliche Handlungen. Die Vorschrift schützt in den Abs. 1 und 2 das Interesse der Versichertengemeinschaft (Solidargemeinschaft) an der Gewährleistung des Aufkommens der Mittel für die Sozialversicherung und in Abs. 3 das Vermögensinteresse des Arbeitnehmers.

> Vgl. statt vieler *Lackner/Kühl*, StGB, § 266a Rn. 1. m. w. N.; *Fischer*, StGB, § 266a Rn. 2.

895 Den Tatbestand des § 266a StGB erfüllt, wer als Arbeitgeber – jedenfalls bedingt – vorsätzlich

- der Einzugsstelle Sozialversicherungsbeiträge des **Arbeitnehmers** (einschließlich der Arbeitsförderung) unabhängig davon vorenthält, ob Arbeitsentgelt tatsächlich gezahlt wird (Abs. 1);

- der für den Einzug der Beiträge zuständigen Stelle über sozialversicherungsrechtlich erhebliche Tatsachen unrichtige oder unvollständige Angaben macht (Abs. 2 Nr. 1) oder die für den Einzug der Beiträge zuständige Stelle pflichtwidrig über sozialversicherungsrechtlich erhebliche Tatsachen in Unkenntnis lässt (Abs. 2 Nr. 2) und dadurch dieser Stelle vom **Arbeitgeber** zu tragende Sozialversicherungsbeiträge (einschließlich der Arbeitsförderung), unabhängig davon vorenthält, ob Arbeitsentgelt gezahlt wird;
- sonst Teile des Arbeitsentgelts, die er für den Arbeitnehmer an einen anderen zu zahlen hat, dem Arbeitnehmer einbehält, sie jedoch an den anderen nicht zahlt und es unterlässt, den Arbeitnehmer spätestens im Zeitpunkt der Fälligkeit oder unverzüglich danach über das Unterlassen der Zahlung an den anderen zu unterrichten (Abs. 3 S. 1). Das gilt nicht für Teile des Arbeitsentgelts, die als Lohnsteuer einbehalten werden.

Alle Varianten sind mit einer Freiheitstrafe von bis zu fünf Jahren oder mit **896** Geldstrafe bedroht. In besonders schweren Fällen des § 266a Abs. 1 und 2 StGB droht Freiheitsstrafe von im Mindestmaß sechs Monaten bis zu zehn Jahren. Ein besonders schwerer Fall liegt in der Regel vor, wenn der Täter

- aus grobem Eigennutz in großem Ausmaß Beiträge vorenthält,
- unter Verwendung nachgemachter oder verfälschter Belege fortgesetzt Beiträge vorenthält oder
- die Mithilfe eines Amtsträgers ausnutzt, der seine Befugnisse oder seine Stellung missbraucht.

### b) Andere Straftaten

Welche anderen Straftaten im Zusammenhang mit der Pflicht zur Zahlung **897** des Mindestlohns vorliegen können, hängt vom Einzelfall ab.

Die Behörden der Zollverwaltung haben gemäß § 14 Abs. 1 Satz 1 SchwarzArbG **898** nur in Bezug auf die Verfolgung von Straftaten (und Ordnungswidrigkeiten) dieselben Befugnisse wie die Polizeivollzugsbehörden nach StPO und OWiG, die „mit einem der in § 2 Abs. 1 SchwarzArbG genannten Prüfgegenstände unmittelbar zusammenhängen“. In diese Richtung dürfen sie zielgerichtet ermitteln. Solche Straftaten sind häufig:

- Verstöße gegen das AufenthG (§§ 95 ff.),
- Betrug zulasten eines Leistungsträgers (§ 263 StGB),
- Begünstigung (§ 257 StGB),
- Strafvereitelung (§ 258 StGB),
- Menschenhandel zum Zweck der Ausbeutung der Arbeitskraft (§ 233 StGB),

- Geldwäsche (§ 261 StGB),
- Urkundenfälschung (§ 267 StGB),
- Straftaten gegen die AO (§§ 370, 372 ff.), insbesondere Lohnsteuerhinterziehung (§ 370 AO, § 38 EStG),
- Straftaten gegen das AÜG (§§ 15 f.) und
- die Straftatbestände der §§ 9 bis 11 SchwarzArbG.

Vgl. Erbs/Kohlhaas-*Ambs*, § 14 SchwarzArbG, Rn. 3.

### 3. Ausschluss von der Vergabe öffentlicher Aufträge

899 Neben den vorstehend erläuterten Ordnungswidrigkeiten enthält das MiLoG in § 19 einen weiteren Sanktionsmechanismus, der für eine Vielzahl von Unternehmen – insbesondere z. B. aus der Baubranche – noch weiterreichende Folgen haben könnte: den Ausschluss von der Vergabe öffentlicher Aufträge.

#### a) Grundsatz

900 Wird ein Arbeitgeber wegen einer Ordnungswidrigkeit nach § 21 MiLoG mit einer Geldbuße von wenigstens 2.500,– € belegt, so soll er gemäß § 19 Abs. 1 MiLoG für eine angemessene Zeit bis zur nachgewiesenen Wiederherstellung seiner Zuverlässigkeit von der Teilnahme an einem Wettbewerb um Liefer-, Bau- oder Dienstleistungsaufträge öffentlicher Auftraggeber ausgeschlossen werden.

901 Wer öffentlicher Auftraggeber im Sinne der Norm ist, bestimmt sich nach dem in der Norm ausdrücklich in Bezug genommenen Katalog des § 98 GWB.

Vgl. dazu ausführlich Dreher/Motzke-*Dörr*, Beck'scher Vergaberechtskommentar, § 98 GWB Rn. 17 ff.

902 Die Vorschrift ist ausweislich der Gesetzesbegründung an § 21 AEntG angelehnt, der seinerseits wiederum § 21 SchwarzArbG zum Regelungsvorbild hat.

BT-Drucks. 18/1558, S. 41.
Vgl. nur ErfK/*Schlachter*, § 21 AEntG Rn. 1.

903 Vor diesem Hintergrund kann die zu diesen Regelungen gefundene Auslegung auch zur näheren Bestimmung des § 19 MiLoG sinngemäß herangezogen werden.

Vgl. *Grau/Sittard*, ArbRB 2014, 375, 378.

#### b) Dauer des Ausschlusses

904 Von besonderem Interesse ist, wie lange die in § 19 Abs. 1 MiLoG genannten Bewerber von den Wettbewerben ausgeschlossen sein sollen. Denn der Gesetzeswortlaut selbst gibt darüber nur unzureichend Auskunft. Sicher dürfte

lediglich sein, dass die Bieter nicht dauerhaft ausgeschlossen sein sollen. Ob sie aber ungeachtet einer „Mindestausschlussdauer“ bis zum gelungenen Nachweis der wieder hergestellten Zuverlässigkeit oder jedenfalls eine angemessene Zeit lang ausgeschlossen sein sollen, bleibt unklar. Weder zu § 21 AEntG noch zu § 19 Abs. 1 MiLoG liegt bisher aussagekräftige Judikatur vor. Der Blick auf § 21 SchwarzArbG hilft nur bedingt, da dort ausdrücklich eine Höchstdauer von drei Jahren angeordnet wurde. Vor diesem Hintergrund und der Genese der Vorschrift wäre im Zusammenhang mit § 19 MiLoG aber wohl ebenfalls eine Höchstausschlussdauer von drei Jahren zu begrüßen.

Dafür wohl auch *Jöris/v. Steinau-Steinrück*, BB 2014, 2101, 2105; tendenziell auch KAEW/*Koberski*, AEntG, § 21 Rn. 17 m. w. N.; BeckOK AEntG/*Gussen*, § 21 Rn. 2.

Denn andernfalls wird der Ausschluss in einer Vielzahl von Fällen aus rein praktischen Gründen wohl länger andauern. 905

Unklar bleibt schon der Fristbeginn. Sinnvoll erscheint hier das Datum des Eintritts der Rechtskraft der Bußgeldentscheidung, um einen Gleichlauf mit dem Eintritt der Tilgungsreife i. S. d. § 153 Abs. 1, 3 GewO zu ermöglichen (zu Letzterem sogleich). 906

Unbestimmt ist auch das Ende des Ausschlusses. Der Wortlaut von § 19 Abs. 1 MiLoG bzw. § 21 Abs. 1 Satz 1 AEntG schließt einen Nachweis der wieder hergestellten Zuverlässigkeit schon vor Ablauf von drei Jahren nicht aus. Beweisbelastet ist der Bieter. 907

Vgl. *Grau/Sittard*, ArbRB 2014, 375 (378); KAEW/*Koberski*, AEntG, § 21 Rn. 20.

Zwar ist nicht ersichtlich, dass der Bieter an bestimmte Beweisregeln oder Beweismittel gebunden sein sollte. Rein praktisch dürfte er diesen Nachweis jedoch nur schwer führen können, solange der Eintrag im Gewerbezentralregister fortbesteht. Denn als Nachweis böte sich insbesondere die gemäß § 150 GewO angeforderte Auskunft über den Registerinhalt an. 908

Vgl. KAEW/*Koberski*, AEntG, § 21 Rn. 21; *Lakies*, MiLoG, § 19 Rn. 8.

Die Entfernung und Tilgung der Einträge richten sich abschließend nach §§ 152, 153 GewO, wobei für die Entfernung von Eintragungen infolge rechtskräftiger Bußgeldentscheidungen § 153 GewO einschlägig ist. Gemäß § 153 Abs. 1, 3 GewO sind diese Eintragungen nach Ablauf einer Frist von drei Jahren, wenn die Höhe der Geldbuße nicht mehr als 300 € beträgt, bzw. – hier relevant – von fünf Jahren in den übrigen Fällen, zu tilgen („Tilgungsreife“). Die Frist beginnt mit Rechtskraft der Bußgeldentscheidung. Enthält das Register mehrere Einträge (über Geldbußen), so ist die Tilgung einer Eintragung nach § 153 Abs. 4 GewO erst zulässig, wenn bei allen die oben genannten Fristen abgelaufen sind. Mit Eintritt der Tilgungsreife wird der 909

Eintrag noch nicht endgültig entfernt. Dies geschieht nach § 153 Abs. 5 Satz 1 GewO erst nach Ablauf eines weiteren Jahres. Während dieser „Überliegefrist“ darf über die Eintragung keine Auskunft erteilt werden (§ 153 Abs. 5 Satz 2 GewO). Ferner dürfen die Ordnungswidrigkeit und die Bußgeldentscheidung – nach Maßgabe des § 153 Abs. 6 GewO – nicht mehr zum Nachteil des Betroffenen verwertet werden.

Vgl. hierzu Tettinger/Wank/Ennuschat-*Ennuschat*, GewO, § 152 Rn. 1 ff.; § 153 Rn. 1 ff.

**910** Die scheinbare Begrenzung des Ausschlusses auf eine „angemessene Zeit“ erweist sich somit als irreführend. Es steht nämlich zu erwarten, dass diese aus Beweisnot des Bieters *de facto* nicht „nur“ drei, sondern sogar fünf Jahre andauern und damit der fünfjährigen Tilgungsfrist des § 153 Abs. 1 Nr. 2 GewO entsprechen wird. Der Ausdruck „angemessene Zeit“ ist damit bei Licht betrachtet nicht nur entbehrlich,

in diesem Sinne *Lakies*, MiLoG, § 19 Rn. 8,

sondern unglücklich.

#### c) Entscheidungsspielraum der öffentlichen Auftraggeber?

**911** Die Formulierung des § 19 Abs. 1 MiLoG als „Soll-Vorschrift“ lässt darauf schließen, dass die öffentlichen Auftraggeber die betroffenen Bewerber nicht zwangsläufig von der Teilnahme an den Wettbewerben ausschließen müssen, sondern lediglich im Regelfall „sollen“ im Sinne eines intendierten Ermessens.

Vgl. *Grau/Sittard*, ArbRB 2014, 375, 378 m. w. N.

**912** Ob die öffentlichen Auftraggeber von dieser demnach zumindest theoretisch bestehenden Möglichkeit, vom Grundsatz des § 19 Abs. 1 MiLoG abzuweichen und im Gewerbezentralregister eingetragene Bieter an einem Wettbewerb teilnehmen zu lassen, Gebrauch machen werden, erscheint indes äußerst fraglich. Denn ungeachtet dieser Möglichkeit hat der Gesetzgeber zu einen in § 19 Abs. 1 MiLoG die Grundannahme aufgestellt, dass Arbeitgeber, die mit einer Geldbuße von 2.500,– € oder mehr belegt wurden, unzuverlässig im Sinne der Gewerbeordnung sind. Zum anderen würde sich ein Auftraggeber unter Umständen seinerseits der Gefahr aussetzen, selbst ordnungswidrig zu handeln. Denn gemäß § 21 Abs. 2 MiLoG handelt ordnungswidrig, wer Werk- oder Dienstleistungen in erheblichem Umfang ausführen lässt, indem er als Unternehmer einen anderen Unternehmer beauftragt, von dem er weiß oder fahrlässig nicht weiß, dass dieser oder ein seinerseits eingesetzter Nachunternehmer bei der Erfüllung dieses Auftrags den gesetzlichen Mindestlohn nicht oder nicht rechtzeitig zahlt. Verstößt der Bieter, der den Zuschlag erhalten hat, in der Folge tatsächlich gegen die Pflicht zur Zahlung des gesetzlichen Mindestlohns wäre zu klären, ob der Auftraggeber bereits deswegen die im Verkehr erforderliche Sorgfalt nicht beachtet hat, weil er aufgrund der Eintragung des Bieters im Gewerbezentralregister von dessen Unzuverlässigkeit ausgehen musste. Diese Ordnungswidrigkeit ist – im Falle von Fahrlässigkeit – mit einem Bußgeld von bis zu 250.000,– € bewehrt (§ 21 Abs. 3 Alt. 1 MiLoG). Um sich diesem Risiko außerhalb des eigenen unmittelbaren Einflussbereiches nicht auszusetzen, kann öffentlichen Auftraggebern nur dazu geraten werden, von dem Ausschluss nach § 19 Abs. 1 MiLoG Gebrauch zu machen.

Zusätzlich dazu werden sehr vorsichtige Auftraggeber wohl auch solchen Bewerbern keinerlei Aufträge erteilen, die infolge eines Bußgeldes zwischen 200,– € und 2500,– € in das Gewerbezentralregister eingetragen wurden. Denn auch diese haben Mindestlohnverstöße begangen, die im Falle ihrer Wiederholung dazu geeignet sind, den Auftraggeber selbst gemäß § 21 Abs. 2 MiLoG ordnungswidrig handeln zu lassen. Unter Umständen wird also bereits der Registereintrag wegen eines Bußgeldes unter 2.500,– € zu einem faktischen Ausschluss von der öffentlichen Auftragsvergabe führen. Entsprechende Überlegungen gelten für die private Vergabe von Aufträgen an Subunternehmer, denn auch dort ist es dem Auftraggeber unbenommen, eine Registerauskunft von dem Bewerber zu verlangen. Ob dies der Intention des Gesetzgebers entsprechen mag – wofür sich indes keine Anhaltspunkte ergeben – oder nicht, spielt keine Rolle. 913

Dass die Bieter gemäß § 19 Abs. 5 MiLoG vor der Entscheidung über Ausschluss zu hören sind, wird kaum eine andere Bewertung rechtfertigen. 914

Rechtsschutz gegen den Ausschluss kann der Bieter in dem Nachprüfungsverfahren nach den §§ 102 bis 124 GWB suchen. 915

Vgl. *Lakies*, MiLoG, § 19 Rn. 10.

### d) Informationsmöglichkeiten über Bieter

Bestimmte öffentliche Auftraggeber können im Rahmen ihrer Tätigkeit beim Gewerbezentralregister Auskünfte über rechtskräftige Bußgeldentscheidungen wegen einer Ordnungswidrigkeit nach § 21 Abs. 1 oder 2 MiLoG anfordern oder von Bewerbern eine Erklärung verlangen, dass die Voraussetzungen für einen Ausschluss nach § 19 Abs. 1 MiLoG nicht vorliegen. In letzterem Fall können die Auftraggeber jederzeit zusätzlich Auskünfte des Gewerbezentralregisters nach § 150a der GewO anfordern (vgl. § 19 Abs. 3 MiLoG). Bei Aufträgen ab einem Volumen von 30.000,– € sind die Auftraggeber gemäß § 19 Abs. 4 MiLoG vor der Zuschlagserteilung zur Einholung einer Auskunft nach § 150a GewO verpflichtet. 916

Zur Einholung von Auskünften berechtigt bzw. verpflichtet sind nur öffentliche Auftraggeber nach § 98 Nr. 1 bis 3 und 5 GWB. Im Umkehrschluss sind damit natürliche oder juristische Personen des Privatrechts, die – vereinfacht gesagt – auf dem Gebiet der Trinkwasser- oder Energieversorgung oder des Verkehrs tätig sind sowie solche, die mit der öffentlichen Hand einen Konzessionsvertrag zur Erbringung von Bauleistungen geschlossen haben, nicht auskunftsberechtigt. 917

918 § 19 Abs. 2 MiLoG erlaubt es den Behörden der Zollverwaltung (§ 14 MiLoG) jeweils für ihren Geschäftsbereich den vorgenannten öffentlichen Auftraggebern und solchen Stellen, die von öffentlichen Auftraggebern zugelassene Präqualifikationsverzeichnisse oder Unternehmer- und Lieferantenverzeichnisse führen, auf Verlangen die zur Durchsetzung des Ausschlusses nach § 19 Abs. 1 MiLoG erforderlichen Auskünfte zu geben.

919 Präqualifikationsverzeichnisse i. S. d. § 19 Abs. 2 MiLoG sind solche des § 97 Abs. 4a GWB.

Vgl. *Lakies*, MiLoG, § 19 Rn. 11.

920 In ihnen sind Unternehmen aufgelistet, die ihre Eignung zur Ausführung öffentlicher Aufträge periodisch aufgrund standardisierter Anforderungen für bestimmte Auftragsarten und/oder Auftragsklassen nachweisen, sodass der Auftraggeber bei der konkreten Auftragsvergabe weitgehend auf individuelle Eignungsprüfungen verzichten kann.

Vgl. ausführlich Dreher/Motzke-*Opitz*, Beck'scher Vergaberechtskommentar, § 97 Abs. 4a GWB Rn. 12 ff.

921 Problematisch erscheint mit Blick hierauf, dass selbst wenn eine Eintragung im Gewerbezentralregister die Tilgungsreife erlangt hat und damit der Nachweis der wiedererlangten Zuverlässigkeit möglich wäre, nicht sichergestellt ist, dass auch die Verwalter der Präqualifikationssysteme, z. B. der „Verein für die Präqualifikation von Bauunternehmen e. V.“, und anderer Verzeichnisse diese Information zeitgleich erhalten.

Vgl. https://www.pq-verein.de/.

**Praxistipp:**

Ein Bieter, dessen Eintrag im Gewerbezentralregister die Tilgungsreife erlangt hat, sollte die Verwalter derjenigen Präqualifikations-, Unternehmer- und Lieferantenverzeichnisse, in denen er gelistet ist, stets umgehend hierüber in Kenntnis setzen.

### e) Zwischenfazit

922 Angesichts dessen wird die mögliche Tragweite eines Vergabeausschlusses nach § 19 Abs. 1 MiLoG erkennbar. Zum einen wird man mit „Sperrzeiten“ von fünf Jahren rechnen müssen und zum anderen wird von der theoretischen Möglichkeit, vom Grundsatz des Ausschlusses abzuweichen kaum einmal Gebrauch gemacht werden.

## 4. Bedeutung des Sanktionsregimes

923 Die tatsächliche Bedeutung und Reichweite des Sanktionsregimes von §§ 19 und 21 MiLoG erschließen sich auch angesichts hoher Bußgeldandrohungen nur, wenn auch Situationen abseits des „Normalzustandes“ in den Blick genommen werden. Dies sind insbesondere Zeiten von Krise und (drohender)

Insolvenz. Doch auch im Zusammenhang mit Restrukturierungsvorhaben und Arbeitnehmerüberlassung bestehen – jedenfalls dem Wortlaut des § 21 MiLoG nach – erhebliche Unsicherheiten.

### a) Risiken bei Kündigungen und Massenentlassungen

Ein ganz erhebliches Risiko von Bußgeldern und dem Ausschluss von der 924
Vergabe öffentlicher Aufträge besteht im Fall einer fahrlässig unerkannt unwirksamen Kündigung oder sogar Massenentlassung (§ 17 KSchG).

> Vgl. *Mückl*, Arbeitsrecht in Krise und Insolvenz, 2. Aufl., A. I. 8. c) aa).

Spricht ein Arbeitgeber eine Kündigung aus und erhebt der Arbeitnehmer 925
daraufhin zulässigerweise Kündigungsschutzklage, wird sich der Prozess in aller Regel über die Dauer der Kündigungsfrist hinaus erstrecken. Vertraut der Arbeitgeber fahrlässig auf die Wirksamkeit seiner Kündigung und stellt mit Ablauf der Kündigungsfrist die Lohnzahlungen ein, so verwirklicht er, für den Fall, dass das Gericht die Unwirksamkeit der Kündigung feststellt, den Tatbestand des § 21 Abs. 1 Nr. 9 MiLoG. Denn er hat den gesetzlichen Mindestlohn fahrlässig nicht bzw. nicht rechtzeitig gezahlt.

> Vgl. *Grau/Sittard*, ArbRB 2014, 375, 376 ff.

**Praxistipp:**

Kündigungen, insbesondere Massenentlassungen, müssen daher – mehr denn je – sehr sorgfältig vorbereitet werden. Risiken, die in der Vergangenheit als eingehbar bewertet wurden, sind dies ggf. nicht mehr, weil nicht allein Annahmeverzugslohnansprüche, sondern Bußgelder und der Ausschluss von der Vergabe öffentlicher Aufträge drohen (vgl. *Mückl*, Arbeitsrecht in Krise und Insolvenz, 2. Aufl., A. I. 8. c) aa)).

Führt man sich vor Augen, dass 926

- gerade Unternehmen in der Krise häufig Kündigungen aussprechen oder Massenentlassungen vornehmen (müssen),
- die Kriterien dafür, wann die Unwirksamkeit einer Kündigung fahrlässig verkannt wird, keineswegs abschließend geklärt sind, und
- Kündigungsschutzprozesse aber zumeist mehrere Monate, wenn nicht Jahre dauern,

wird deutlich, wie unsicher die Rechtslage auf der einen und wie schwer die Folgen fahrlässiger Verstöße auf der anderen Seite sind. Angesichts der Zumessungsvorschriften des § 17 Abs. 3 und 4 OWiG (vgl. oben Rn. 856) ist sogar davon auszugehen, dass das Risiko für die Unternehmen mit längerer Dauer des Verfahrens steigt. Denn mit der Höhe der Annahmeverzugsansprüche steigt auch der nicht rechtzeitig gezahlte Mindestlohn. Die Verfolgungsbehörden könnten dies bußgeldsteigernd berücksichtigen.

927 Vor diesem Hintergrund tritt die Beratungspraxis bereits zu Recht für ein enges Verständnis des § 21 Abs. 1 Nr. 9 MiLoG bzw. der Kriterien für den entsprechenden Fahrlässigkeitsvorwurf ein.

Vgl. *Grau/Sittard*, ArbRB 2014, 375, 376 ff.

928 Es wird sich jedoch erst noch zeigen müssen, ob die Verfolgungsbehörden der Zollverwaltung und/oder die Gerichte diese Einschätzung teilen werden.

**Praxistipp:**

Bis auf Weiteres muss Arbeitgebern vor diesem Hintergrund wohl dazu geraten werden, die Vergütung des oder der gekündigten Arbeitnehmer in Höhe des gesetzlichen Mindestlohns und unter Vorbehalt weiter zu gewähren bis Klarheit über die Wirksamkeit der Kündigung herrscht und anschließend ggf. zurückzufordern. Das gilt jedenfalls dann, wenn auch nur geringe Zweifel an der Wirksamkeit der Kündigung bestehen. Ob und wenn ja, in welcher Weise die Rechtsprechung die Notwendigkeit dessen – auch mit Blick darauf, dass der Arbeitgeber hier das Insolvenzrisiko seines ggf. ehemaligen Arbeitnehmers trägt – einschränken wird, bleibt abzuwarten.

929 Im Falle fahrlässig unwirksamer Massenentlassungen oder einer Mehrzahl von Kündigungen, unterhalb der Schwellenwerte des § 17 Abs. 1 KSchG, spricht jedoch viel dafür, nicht eine diesen entsprechende Anzahl eigenständiger Ordnungswidrigkeiten anzunehmen. Werden die Kündigungen zur gleichen Zeit ausgesprochen und liegt ihnen ein einheitlicher Kündigungssachverhalt mit einem einheitlichen Kündigungsentschluss zugrunde, dürfte darin für den Fall ihrer später festgestellten fahrlässig verkannten Unwirksamkeit mit Blick auf den Tatbestand des § 21 Abs. 1 Nr. 9 MiLoG nur eine Handlung i. S. d. § 19 Abs. 1 OWiG (rechtliche Handlungseinheit) zu sehen sein. Die einzelnen Kündigungen stehen damit in Tateinheit zueinander und werden mit nur einer Geldbuße bestraft.

So für mehrere Verstöße gegen Unfallverhütungsvorschriften: BayObLG v. 31.7.1981 – 3 Ob OWi 117/81, wistra 1982, 38; für mehrere fahrlässige Verstöße gegen das Verbot der Beschäftigung von ausländischen Arbeitnehmern OLG Hamm v. 17.2.2000 – 4 Ss OWi 1170/99, NStZ 2000, 487 f.; OLG Bamberg v. 28.1.2014 – 3 Ss OWi 2488/13, wistra 2014, 199 f.; für den illegalen Einsatz mehrerer Leiharbeitnehmer an einem Tag: BayObLG v. 29.6.1999 – 3 Ob OWi 50/99, wistra 1999, 476 f. Vgl. grundsätzlich zu den Voraussetzungen der Tateinheit KK-OWiG/*Mitsch*, § 19 Rn. 8 m. w. N. aus Rechtsprechung und Literatur.

930 Denn die Kündigungserklärungen wurden auf der Grundlage einer einheitlichen unternehmerischen Entscheidung in unmittelbarem räumlich und zeitlichen Zusammenhang mit der Betriebsführung ausgesprochen und stellen sich als Verletzung derselben betriebsbezogenen Pflicht – der Zahlung des gesetzlichen Mindestlohns – aufgrund einer einheitlichen Motivationslage des Arbeitgebers dar.

Vgl. OLG Bamberg v. 28.1.2014 – 3 Ss OWi 2488/13, wistra 2014, 199 f.

Freilich wird bei der Bemessung des Bußgeldes trotz der Verwirklichung nur einer Ordnungswidrigkeit im Rechtssinne, die Anzahl der unwirksamen Kündigungen neben den übrigen Zumessungserwägungen (§ 17 Abs. 3 und 4 OWiG) berücksichtigt werden. 931

### b) Risiken bei Betriebs- oder Betriebsteilübergang

Auch im Zusammenhang mit Restrukturierungen und Unternehmenstrans- 932
aktionen bestehen, jedenfalls dem Wortlaut des § 21 MiLoG nach, erhebliche Risiken für Arbeitgeber. Hinweise darauf, dass dies im Gesetzgebungsverfahren Berücksichtigung gefunden hat, ergeben sich – soweit ersichtlich – nicht.

In Betracht kommen vor allem zwei Konstellationen: Veräußerer und Erwer- 933
ber verkennen, dass ein Betriebsübergang vorgelegen hat, oder ein Arbeitnehmer übt nach dem bereits erfolgten Betriebsübergang sein infolge nicht ordnungsgemäßer Unterrichtung nach § 613a Abs. 5 BGB weiterhin bestehendes Widerspruchsrecht aus.

#### aa) Verkannter Betriebs- oder Betriebsteilübergang

Verkennen ein Betriebsveräußerer und/oder ein Betriebserwerber fahrlässig, 934
dass es zu einem Betriebs- oder Betriebsteilübergang gekommen ist, läuft insbesondere der Erwerber Gefahr, sich ordnungswidrig zu verhalten. Denn er ist infolge von § 613a Abs. 1 BGB in dem Zeitpunkt, in dem er die rechtlich begründete Leitungsmacht tatsächlich erlangt, kraft Gesetzes Arbeitgeber im Rechtssinne geworden.

> Vgl. nur BAG v. 31.1.2008 – 8 AZR 2/07, ZIP 2008, 2376, AP Nr. 339 zu § 613a BGB m. w. N.; WHSS/*Willemsen*, G. Rn. 124.

Die Pflicht zur Zahlung des gesetzlichen Mindestlohns nach § 20 MiLoG 935
knüpft genau daran an.

Ebenso unerheblich ist dem Wortlaut der §§ 20, 21 Abs. 1 Nr. 9 MiLoG 936
nach, dass der – den Betriebsübergang ggf. ebenfalls fahrlässig verkennende – Betriebsveräußerer (jedenfalls) den Mindestlohn gezahlt hat. Die Pflicht nach § 20 MiLoG trifft den Arbeitgeber, mit dem das Arbeitsverhältnis besteht.

> Vgl. *Mückl*, Arbeitsrecht in Krise und Insolvenz, 2. Aufl., A. I. 8. c) bb).

#### bb) Teleologische Konkretisierung des § 21 Abs. 1 Nr. 9 MiLoG

In der Situation eines fahrlässig verkannten Betriebsüberganges erscheint es 937
jedoch im Regelfall angemessen, den objektiven Tatbestand des § 21 Abs. 1 Nr. 9 MiLoG teleologisch zu konkretisieren. Denn Zweck des Ordnungswidrigkeitstatbestands ist es, sicherzustellen, dass der Arbeitnehmer jedenfalls ein Arbeitsentgelt in Höhe des gesetzlichen Mindestlohns erhält, und

Zuwiderhandlungen mit erheblichen Nachteilen zu bedrohen. Arbeitnehmer in der Fallgruppe des fahrlässig verkannten Betriebsübergangs bedürfen dieses Schutzes aber regelmäßig nicht. Ist der Arbeitnehmer, ohne dass es zu einem Betriebsübergang gekommen ist, für den Betriebserwerber tätig geworden, richten sich die Rechtsbeziehungen zwischen dem Arbeitnehmer und dem Betriebserwerber nach den Grundsätzen des fehlerhaften bzw. faktischen Arbeitsverhältnisses.

LAG Berlin-Brandenburg v. 20.11.2013 – 21 Sa 866/13, 21 Sa 960/13, 21 Sa 866/13, 21 Sa 960/13, juris Rn. 91 m. w. N. aus Rechtsprechung und Literatur.

938 Der Arbeitnehmer in dieser Fallkonstellation muss bzw. müsste deswegen vom Veräußerer den Mindestlohn erhalten. Wenn und solange der Arbeitnehmer aber den Mindestlohn erhält, ist der Sinn und Zweck des Gesetzes erfüllt. Die Notwendigkeit eines Bußgeldes besteht nicht. Denn weder erleidet der Arbeitgeber einen Nachteil noch ergeben sich aus einem der gesetzgeberischen Motive, die zum Erlass des MiLoG geführt haben, Bedenken.

Vgl. zu den gesetzgeberischen Motiven *Preis/Ulber*, Ausschlussfristen und Mindestlohngesetz, S. 34 f.; *Viethen*, NZA Beilage 4/2015, 143, 144.

939 Daneben entspräche ein solches Verständnis auch dem Grundgedanken des § 615 Satz 2 BGB, sofern man diesen nicht ohnehin direkt zur Anwendung bringen wollte. Denn der Arbeitnehmer muss sich den Wert desjenigen anrechnen lassen, was er [...] durch anderweitige Verwendung seiner Dienste erwirbt (vgl. zu diesem Gedanken schon Rn. 512 ff.).

940 Im Rahmen des § 21 Abs. 1 Nr. 9 MiLoG wird man den Begriff des Arbeitgebers i. S. d. § 20 MiLoG, auf den dort verwiesen wird, so verstehen müssen, dass auch der „Arbeitgeber" in einem bloß faktischen oder fehlerhaften Arbeitsverhältnis, ein solcher im Sinne des MiLoG ist. Dies hätte zur Folge, dass der Tatbestand des § 21 Abs. 1 Nr. 9 MiLoG nicht erfüllt ist, solange *ein* Arbeitgeber i. S. d. § 20 MiLoG seinen dort geregelten Pflichten nachkommt.

**Praxistipp:**

Ob die Gerichte und Behörden der Zollverwaltung ein solches Verständnis teilen werden, ist jedoch offen und muss abgewartet werden.

### cc) Keine Haftung bei Zurückfallen des Arbeitsverhältnisses infolge Widerspruchs

941 In Fällen, in denen Arbeitnehmer nach abgeschlossener Restrukturierung ihr Widerspruchsrecht gemäß § 613a Abs. 6 BGB ausüben und der Betriebsveräußerer deswegen Arbeitgeber im Rechtssinne bleibt, wird man ebenfalls keinen Fall des § 21 Abs. 1 Nr. 9 MiLoG annehmen können. Dies ergibt sich jedoch zusätzlich noch aus weiteren Gründen.

Denn unterrichtet der Betriebsveräußerer seine Beschäftigten ordnungsgemäß nach § 613a Abs. 5 BGB und übt ein Arbeitnehmer innerhalb der Monatsfrist des § 613a Abs. 6 BGB sein Widerspruchsrecht aus, bleibt der Veräußerer zwar Arbeitgeber im Rechtssinne und deswegen – dem Wortlaut des § 21 Abs. 1 Nr. 9, 20 MiLoG nach – zur rechtzeitigen Zahlung des gesetzlichen Mindestlohns verpflichtet. Zu diesem Zeitpunkt ist jedoch der Fälligkeitszeitpunkt des § 2 Abs. 1 Nr. 2 MiLoG, also der letzte Bankarbeitstag (Frankfurt am Main) des Monats, der auf den Monat folgt, in dem die Arbeitsleistung erbracht wurde, noch nicht erreicht. Infolgedessen wird die rechtzeitige Zahlung des Mindestlohns noch möglich sein. Ungeachtet dessen träfe den Veräußerer jedoch selbst für den Fall kein Fahrlässigkeitsvorwurf, dass er eine ggf. zwischenzeitlich fällig gewordene Mindestlohnzahlung nicht leistet. Denn das Arbeitsverhältnis besteht nicht infolge Handlung des Veräußerers fort, sondern infolge einer Handlung des Arbeitnehmers, zu der er kraft Gesetzes berechtigt ist. 942

Im Einzelnen *Gaul/Krause*, RdA 2013, 39 ff. m. w. N.

Unterrichtet der Veräußerer die betroffenen Arbeitnehmer nicht ordnungsgemäß und ist deswegen deren Widerspruch auch nach Ablauf der Monatsfrist des § 613a Abs. 6 BGB noch möglich, gilt nichts anderes. Zwar bleibt dem Arbeitnehmer sein Widerspruchsrecht nur infolge eines Versäumnisses des Veräußerers, nämlich der nicht ordnungsgemäßen Unterrichtung (§ 613a Abs. 5 BGB), erhalten. Diese kann jedoch nicht zur Begründung einer fahrlässigen Nichtleistung des Mindestlohns herangezogen werden. Soweit lässt sich der Fahrlässigkeitsvorwurf nicht erstrecken. Die Grenzen der im Verkehr erforderlichen Sorgfalt würden damit überspannt. Denn fahrlässiges Handeln i. S. v. § 10 OWiG liegt u. a. vor, wenn der Täter die Sorgfalt außer Acht lässt, zu der er nach den Umständen und seinen persönlichen Fähigkeiten verpflichtet und imstande ist und deshalb die rechtswidrige Tatbestandsverwirklichung nicht erkennt oder voraussieht („unbewusste Fahrlässigkeit“). 943

Vgl. nur OLG Bremen v. 18.6.2014 – 1 SsBs 51/13, 1 Ss Bs 51/13, juris, Rn. 23 m. w. N.

Den Widerspruch des Arbeitnehmers kann der Veräußerer aber kaum einmal mit hinreichender Sicherheit voraussehen. Insbesondere nicht nach Ablauf der gesetzlich vorgesehenen Monatsfrist und umso weniger, je weiter der Betriebsübergang zurücklegt. 944

Vgl. LAG Berlin-Brandenburg v. 20.11.2013 – 21 Sa 866/13, 21 Sa 960/13, 21 Sa 866/13, 21 Sa 960/13, BB 2014, 1139 (LS) m. w. N.; dort lagen zwischen dem Betriebsübergang und der Ausübung des Widerspruchsrechts 4,5 Jahre.

Losgelöst davon würde das Arbeitsverhältnis zum Veräußerer zudem unmittelbar in Folge der Ausübung des Widerspruchs durch den Arbeitnehmer fortbestehen. Eine nicht ordnungsgemäße Unterrichtung ermöglicht diese Handlung lediglich mittelbar. 945

946 Doch selbst für den Fall, dass man dies anders sehen wollte, würden die vorstehend entwickelten Grundsätze zum teleologisch konkretisierten Verständnis des § 21 Abs. 1 Nr. 9, 20 MiLoG auch hier greifen. Die Verwirklichung des Tatbestandes wäre schon deswegen abzulehnen.

### c) Risiken bei Arbeitnehmerüberlassung

947 Das hier vertretene teleologisch konkretisierte Verständnis des § 21 Abs. 1 Nr. 9 MiLoG ist auch für die Beurteilung – fahrlässig verkannt – unwirksamer Arbeitnehmerüberlassung von Bedeutung (vgl. Rn. 937).

> Vgl. *Mückl*, Arbeitsrecht in Krise und Insolvenz, 2. Aufl., A. I. 8. c) cc).

948 Denn auch in Fällen, in denen nach § 10 Abs. 1 Satz 1 AÜG ein Arbeitsverhältnis zum Entleiher fingiert wird, entsteht die Situation, dass nicht der vermeintliche Entleiher als Arbeitgeber im Rechtssinne den Mindestlohn zahlt, sondern der Verleiher. Dem Wortlaut des § 21 Abs. 1 Satz 9 MiLoG nach handelt der Entleiher, der diese Rechtslage fahrlässig verkennt, ordnungswidrig. Der Arbeitnehmer hat jedoch von dem Verleiher den gesetzlichen Mindestlohn erhalten bzw. muss ihn erhalten und ist deswegen nicht schutzbedürftig. Der (vormalige) Verleiher dürfte in dieser Konstellation ebenfalls noch als Arbeitgeber i. S. d. § 21 Abs. 1 Nr. 9, 20 MiLoG zu sehen sein. Da *ein* Arbeitgeber den Mindestlohn rechtzeitig zahlt, würde der seine Arbeitgeberstellung fahrlässig verkennende Entleiher nach hier vertretender Ansicht nicht ordnungswidrig i. S. d. MiLoG handeln. Dafür spricht ungeachtet der Frage, ob hier auch zu dem Verleiher ein faktisches bzw. fehlerhaftes Arbeitsverhältnis besteht, die Regelung des § 10 Abs. 3 AÜG.

> Vgl. zum Meinungsstand Schüren/Hamann/*Schüren*, AÜG, § 10 Rn. 144, 150 ff.

**Praxistipp:**

Ver- und Entleiher, die gegen die Regelungen des AÜG verstoßen, können losgelöst hiervon selbstverständlich wegen der Ordnungswidrigkeiten aus dem Katalog des § 16 AÜG belangt werden.

# H. Rechtsschutz gegen das MiLoG

Abschließend soll ein Überblick gegeben werden, ob und wenn ja, auf welche Weise Rechtsschutz gegen das MiLoG zu erlangen ist bzw. mit welcher Art von Rechtsstreitigkeiten in diesem Zusammenhang realistischerweise gerechnet werden kann. Grundsätzlich ist dabei zwischen „inzidentem“ und „prinzipalem“ Rechtsschutz zu unterscheiden. In der absoluten Mehrzahl der Streitigkeiten um Regelungen des MiLoG, werden diese lediglich inzident im Rahmen arbeits- und strafgerichtlicher Verfahren überprüft werden. Da die Möglichkeiten des prinzipalen Rechtsschutzes gegen das MiLoG, also einer unmittelbaren Überprüfung des Gesetzes selbst, im betrieblichen Kontext in aller Regel keine größere Bedeutung erlangen dürften, erfolgt ihre Darstellung hier in der gebotenen Kürze. Lediglich der Rechtsschutz gegen eine den Mindestlohn erhöhende Rechtsverordnung wird ausführlicher dargestellt. 949

## I. Inzidenter Rechtsschutz

### 1. Verfahren vor den Arbeitsgerichten

#### a) Die Arbeitnehmerperspektive

Sobald Arbeitnehmer in den Anwendungsbereich des MiLoG fallen (vgl. Rn. 127 ff.) können sie ihren Anspruch auf Zahlung des gesetzlichen Mindestlohns erforderlichenfalls gemäß § 2 Abs. 1 Nr. 3a) ArbGG vor den Arbeitsgerichten geltend machen. Der Weg zu den Arbeitsgerichten ist für Rechtsstreitigkeiten aus dem Arbeitsverhältnis, d. h. für „alle nur denkbaren Ansprüche der Arbeitnehmer gegen den Arbeitgeber“, eröffnet. 950

Germelmann/Matthes/Prütting/*Schlewing*, ArbGG, § 2 Rn. 60.

Dass der Anspruch auf Zahlung des Mindestlohns seinen Ursprung in einem Gesetz hat, ist unerheblich. Es handelt sich um eine „gewöhnliche“ Zahlungsklage. Besonderheiten ergeben sich insofern nicht. 951

Im Zuge dieser Rechtsstreitigkeiten wird ggf. auch die Frage zu entscheiden sein, ob ein Arbeitnehmer in den Anwendungsbereich des MiLoG fällt. Es ist vor dem Hintergrund der verfassungsrechtlichen Bedenken (vgl. Rn. 19 ff.) zu erwarten, dass auch Arbeitnehmer, die nicht bereits zum 1.1.2015, sondern aufgrund der differenzierenden Übergangsregelungen des § 22, 24 Abs. 2 MiLoG erst zu einem späteren Zeitpunkt in den Anwendungsbereich des MiLoG fallen, gleichwohl Ansprüche auf den gesetzlichen Mindestlohn geltend machen werden. Entsprechendes gilt für die Erwerbstätigen, für die der persönliche Anwendungsbereich des MiLoG nicht eröffnet ist (vgl. § 22 MiLoG). Die Arbeitsgerichte werden sich dann – einen entsprechenden Vortrag vorausgesetzt – mit der Frage zu beschäftigen haben, ob § 24 Abs. 2 MiLoG mit dem Grundgesetz, insbesondere mit dem Gleichbehandlungsgebot aus Art. 3 Abs. 1 GG, vereinbar ist. 952

Vgl. *Löwisch*, NZA 2014, 948, 949.

### b) Die Arbeitgeberperspektive

953 Sofern ein Arbeitgeber selbst aktiv werden und nicht die Beklagtenposition in einem der vorgenannten Verfahren einnehmen möchte, kann er – unter Beachtung der nachfolgend dargestellten Voraussetzungen – bei den Arbeitsgerichten die Feststellung beantragen, dass er nicht dazu verpflichtet ist, einem bestimmten Arbeitnehmer den gesetzlichen Mindestlohn zu zahlen („negative" Feststellungsklage).

954 Der hierauf gerichtete Feststellungsantrag ist nach § 256 Abs. 1 ZPO auch dann zulässig, wenn er erst im Wege der Klageerweiterung oder im Zuge einer Widerklage gestellt wird.

Vgl. BAG v. 3.12.2008 – 5 AZR 74/08, ZIP 2009, 579 = NZA 2009, 367, 368, dazu EWiR 2009, 335 *(Bezani/Wilke)*.

955 Die Höhe des Stundenlohns im Arbeitsverhältnis der Parteien stellt als Teil der gegenseitigen Pflichtenbindung ein feststellungsfähiges bestehendes Rechtsverhältnis i. S. v. § 256 ZPO dar.

Vgl. BAG v. 3.12.2008 – 5 AZR 74/08, ZIP 2009, 579 = NZA 2009, 367, 368; MüKo-ZPO/*Becker-Eberhard*, § 256 Rn. 16.

956 An dessen alsbaldiger Feststellung muss spätestens zum Zeitpunkt der mündlichen Verhandlung ein besonderes Interesse bestehen. Dieses wird regelmäßig dann zu bejahen sein, wenn dem Recht oder der Rechtslage des Klägers – hier des Arbeitgebers – eine gegenwärtige Gefahr der Unsicherheit droht und das Feststellungsurteil geeignet ist, diese Gefahr zu beseitigen.

St. Rspr., vgl. prägnant statt vieler BAG v. 21.7.2009 – 9 AZR 279/08, AP Nr. 98 zu § 256 ZPO; MüKo-ZPO/*Becker-Eberhard*, § 256 Rn. 37 mit zahlreichen weiteren Nachweisen aus der Rechtsprechung des BGH.

957 Das ist auch dann der Fall, wenn der Rechtsstreit nicht das Bestehen eines Rechtsverhältnisses als Ganzes, sondern eines daraus resultierenden Anspruchs und damit den Inhalt des Rechtsverhältnisses zum Gegenstand hat.

Vgl. BAG v. 14.11.2006 – 1 ABR 5/06, NZA 2007, 458, 461.

958 Es ist Sache des Klägers, die Tatsachen vorzutragen und ggf. zu beweisen, aus denen das Feststellungsinteresse folgt.

Vgl. BAG v. 23.4.1997 – 5 AZR 727/95, NZA 1997, 1246, 1246 f.

959 Insbesondere vor dem Hintergrund des Ordnungswidrigkeitenregimes, das durch das MiLoG eingeführt worden ist (vgl. Rn. 849 ff.), ist von einem hinreichenden Feststellungsinteresse jedenfalls dann auszugehen, wenn sich ein Arbeitnehmer (auch außerprozessual) eines Anspruches auf den gesetzlichen Mindestlohn berühmt, d. h. diesen ernsthaft einfordert, der Arbeitgeber aber der Ansicht ist, dieser bestehe nicht.

Vgl. MüKo-ZPO/*Becker-Eberhard*, § 256 Rn. 39; so z. B. in BAG v. 14.11.2006 – 1 ABR 5/06, NZA 2007, 458.

Vgl. *Löwisch*, NZA 2014, 948, 949.

Macht ein Arbeitnehmer gegenüber seinem Arbeitgeber ernstlich geltend, dass er ab einem bestimmten zukünftigen Zeitpunkt den gesetzlichen Mindestlohn beanspruchen könne, und bestreitet der Arbeitgeber dies, dürfte hierin bereits ein „sich berühmen" zu sehen sein. Beauftragt der Arbeitnehmer einen Rechtsanwalt – auch außerprozessual – mit dieser Geltendmachung, dürfte daran kaum noch zu zweifeln sein. 960

Insbesondere kann auch der Arbeitgeber nicht darauf verwiesen werden, die Zahlung des gesetzlichen Mindestlohns bei seiner Abforderung zu verweigern und die rechtliche Klärung des Umfangs seiner Verpflichtungen aus dem MiLoG einem durch den Arbeitnehmer eingeleiteten Verfahren zu überlassen. Es ist ihm nicht zuzumuten, sich den damit verbundenen Risiken auszusetzen. Denn bereits bei verspäteter Zahlung verhält sich der Arbeitgeber ordnungswidrig. 961

> Vgl. zu diesem Gedanken BAG v. 3.6.2003 – 1 AZR 349/02, NZA 2003, 1155, 1157, dazu EWiR 2004, 631 *(Haußmann)*.

> **Praxistipp:**
>
> Diese Streitigkeiten werden sich aller Voraussicht nach insbesondere im zeitlichen Umfeld der jeweiligen Stichtage in den Übergangsregelungen des § 24 MiLoG, typischerweise also zu jedem Jahreswechsel bis zum 31.12.2017, ergeben.

Macht der Arbeitnehmer jedoch schon vor einem der Stichtage geltend, er habe in Zukunft einen Anspruch auf Zahlung des gesetzlichen Mindestlohns, so kommen zwei Vorgehensweisen in Betracht: Der Arbeitnehmer könnte entweder Klage auf zukünftige Leistung (§§ 257–259 ZPO) oder auf eine entsprechende Feststellung (§ 256 ZPO) erheben. 962

Die Klage auf zukünftige Zahlung des gesetzlichen Mindestlohns dürfte jedoch nur möglich sein, wenn sich der Arbeitnehmer auf eine ernstliche „Besorgnis nicht rechtzeitiger Leistung" (§ 259 ZPO) stützen kann. Denn die §§ 257, 258 ZPO, nach denen eine solche Klage ebenfalls denkbar wäre, greifen nicht, da der Lohnanspruch von einer Gegenleistung, nämlich der Erbringung der Arbeitsleistung, abhängig ist. 963

> Vgl. BGH v. 20.11.2002 – VIII ZB 66/02, NJW 2003, 1395, 1395.

Eine Besorgnis i. S. d. § 259 ZPO wird im Wesentlichen dann vorliegen, wenn der Arbeitgeber ausdrücklich und mit Bestimmtheit erklärt, er werde den gesetzlichen Mindestlohn in keinem Fall zahlen. 964

> Vgl. *Löwisch*, NZA 2014, 948, 949.

Angesichts dessen dürften derartige Klagen aus Arbeitgebersicht vermeidbar sein. 965

> **Praxistipp:**
>
> Macht ein Arbeitnehmer im Vorfeld eines der kommenden Stichtage geltend, er habe nach diesem einen Anspruch auf Zahlung des gesetzlichen Mindestlohns, sollte dies nicht pauschal bestritten werden. Vielmehr sollte der Arbeitgeber diese Forderung zur Kenntnis nehmen und sodann – schriftlich dokumentiert – darauf verweisen, dass der Anspruch geprüft und bei positivem Ergebnis rechtzeitig gezahlt werden wird.

966 In ähnlicher Weise setzt auch eine (positive) Feststellungsklage bezogen auf einen zukünftigen Anspruch auf Zahlung des gesetzlichen Mindestlohns grundsätzlich ein Interesse an der „alsbaldigen" Feststellung des Rechtsverhältnisses bzw. eines daraus resultierenden Anspruchs voraus. Davon ist auszugehen, wenn eine aktuelle Gefährdung eines Rechts zu besorgen ist und daher zum Klagezeitpunkt ein Rechtsschutzbedürfnis für die Klärung der Rechtslage besteht.

Vgl. BAG v. 13.11.2012 – 3 AZR 444/10, NZA 2013, 1279, 1281; BAG v. 7.3.1996 – 3 AZR 499/94, juris, Rn. 29 f.

967 Eine aktuelle Gefährdung wird man jedoch ebenfalls nur in den Fällen annehmen können, in denen der Arbeitgeber dem klagenden Arbeitnehmer Grund zu der berechtigten Annahme gegeben hat, er werde ab einem bestimmten Zeitpunkt in der Zukunft den gesetzlichen Mindestlohn nicht zahlen.

So auch in BAG v. 13.11.2012 – 3 AZR 444/10, NZA 2013, 1279, 1281; BAG v. 7.3.1996 – 3 AZR 499/94, juris, Rn. 29 f.

968 Im Regelfall werden die Voraussetzungen für eine Klage auf zukünftige Leistung bzw. Feststellung eines Anspruchs auf Zahlung des gesetzlichen Mindestlohns deswegen nicht vorliegen. Dies dürfte jedenfalls dann gelten, wenn der Arbeitgeber keinen berechtigten Anlass zur Besorgnis einer nicht rechtzeitigen Leistung gegeben hat bzw. dem Arbeitnehmer keinen Anlass gegeben hat, eine aktuelle Gefährdung seiner Rechtspositionen anzunehmen.

### 2. Verfahren vor den Gerichten der ordentlichen Gerichtsbarkeit

969 Ab dem 1.1.2015 bzw. nach Maßgabe der Übergangsregelungen in § 24 MiLoG kommt eine Inzidentkontrolle der Regelungen des MiLoG darüber hinaus auch im Ordnungswidrigkeitsverfahren in Betracht.

970 Kommt es nach einem ordnungsgemäßen Einspruch (§ 67 OWiG) gegen einen Bußgeldbescheid (§§ 65 f. OWiG) zu einem gerichtlichen Verfahren vor dem Amtsgericht (§§ 68 ff. OWiG), so müsste in dessen Rahmen die Regelung, aus der sich die Ordnungswidrigkeit ergibt, auf ihre Wirksamkeit hin überprüft werden. Diese wäre wohl jedenfalls zu verneinen, wenn die Regelung, deren Verletzung die Ordnungswidrigkeit sanktionieren soll, ihrerseits unwirksam wäre.

Vgl. *Löwisch*, NZA 2014, 948, 949.

971 Allerdings wird sich diese Überprüfung durch die Amtsgerichte in der Praxis darauf beschränken (müssen), dass diese, für den Fall, dass sie von der Verfassungswidrigkeit der jeweils entscheidungserheblichen Vorschriften überzeugt sind, das Verfahren aussetzen und es dem Bundesverfassungsgericht gemäß Art. 100 Abs. 1 GG zu einer konkreten Normenkontrolle vorlegen. Denn auch die Gerichte für Strafsachen dürfen Gesetze im formellen Sinn nicht für verfassungswidrig erklären. Eine solches „Normverwerfungsrecht" steht nur dem Bundesverfassungsgericht zu. Lediglich die Entscheidung, ob

eine Norm mit dem Grundgesetz vereinbar ist, steht auch den Fachgerichten zu.

Vgl. hierzu *Meyer-Goßner*, StPO, Einleitung Rn. 217 ff.; jüngst noch BVerfG v. 27.1.2015 – 1 BvR 2142/11, Pressemitteilung Nr. 5/2015; sowie grundlegend bereits BVerfG v. 20.3.1952 – 1 BvL 12/51 u. a., BVerfGE 1, 184 ff.

### 3. Verfahren vor den Finanzgerichten

Gegen Verwaltungsakte, die im Rahmen von Prüfungen der Behörden der Zollverwaltung erlassen werden, ist aufgrund der Verweisung in § 15 Satz 1 MiLoG auf § 22 SchwarzArbG und damit auf die Vorschriften der Abgabenordnung der Rechtsbehelf des Einspruchs gegeben (§§ 347 ff. AO). Der gemäß § 347 Abs. 1 Nr. 4 AO statthafte Einspruch ist schriftlich oder zur Niederschrift bei dem Hauptzollamt, das den Verwaltungsakt erlassen hat, einzulegen (§ 357 Abs. 1 Satz 1, Abs. 2 Satz 1 AO). Der Einspruch hat grundsätzlich keine aufschiebende Wirkung (§ 361 Abs. 1 Satz 1 AO). Über den Einspruch entscheidet das Hauptzollamt (§ 367 Abs. 1 Satz 1 AO). Bleibt er erfolglos, so ist durch § 15 Abs. 1 MiLoG i. V. m § 23 SchwarzArbG der Rechtsweg zu den Finanzgerichten eröffnet. 972

## II. Prinzipaler Rechtsschutz

### 1. Verfahren vor den Verwaltungsgerichten

Der Ansatzpunkt einer Normenkontrolle durch die Verwaltungsgerichte sind die auf der Grundlage des MiLoG erlassenen Rechtsverordnungen. Für Rechtsverordnungen auf der Grundlage des AEntG hat das Bundesverwaltungsgericht in seinem Urteil vom 28.1.2010 entschieden, dass deren Wirksamkeit im Wege einer gegen den Normgeber gerichteten Feststellungsklage (§ 43 Abs. 1 VwGO) ausnahmsweise dann überprüft werden könne, wenn die Norm unmittelbar Rechte und Pflichten der Betroffenen begründet, ohne dass eine Konkretisierung oder Individualisierung dieser rechtlichen Beziehung durch Verwaltungsvollzug vorgesehen oder möglich ist. 973

BVerwG v. 28.1.2010 – 8 C 19/09, NZA 2010, 718, 720.

Dies begründe jedenfalls ein hinreichend konkretes, feststellungsfähiges Rechtsverhältnis. Denn diese Rechtsverordnungen wirken unmittelbar und zwingend („self executing"), da durch sie die Verpflichtung zur Zahlung von Mindestlöhnen begründet werden. Ferner sehe das AEntG diesbezüglich keine Umsetzungs- bzw. Vollzugsakte vor, sondern beschränke sich darauf, Verstöße mit Sanktionen zu bewehren. Außerdem hätten Arbeitgeber auch ein berechtigtes wirtschaftliches und ideelles Interesse an einer baldigen Feststellung der Wirksamkeit dieser Rechtsverordnungen. Losgelöst von den drohenden Sanktionen ergebe sich dieses schon daraus, dass wegen der mit den Mindestlöhnen einhergehenden wirtschaftlichen Belastungen möglichst frühzeitig Klarheit über die finanzielle Belastung herrschen müsse. Schließ- 974 lich sei eine Verletzung der Arbeitgeber in ihren subjektiven öffentlichen Rechten jedenfalls möglich. Zwar sei die Feststellungsklage grundsätzlich gegenüber anderen Rechtsbehelfen subsidiär (§ 43 Abs. 2 VwGO), jedoch seien solche mit Blick auf die streitgegenständlichen Verordnungen nicht ersichtlich, da die Feststellungsklage hier effektiveren Rechtsschutz biete. Dies gelte insbesondere für eine Verteidigung im Ordnungswidrigkeitsverfahren und die Möglichkeit sich im arbeitsgerichtlichen Verfahren gegen Lohnklagen der Arbeitnehmer zu wehren und so eine inzidente Überprüfung herbeizuführen.

> Vgl. BVerwG v. 28.1.2010 – 8 C 19/09, NZA 2010, 718, 721 f. auch für weitere denkbare Rechtsbehelfe. Hieran hat auch die der neue § 2a Abs. 1 Nr. 5 ArbGG nichts geändert. Dieser weist den Arbeitsgerichten die Zuständigkeit für die Entscheidung über die Wirksamkeit einer Allgemeinverbindlicherklärung nach § 5 TVG, einer Rechtsverordnung nach § 7 oder § 7a AEntG und einer Rechtsverordnung nach § 3a des AÜG – nicht aber nach den Ermächtigungsnormen des MiLoG – zu. Vor dem Hintergrund dass § 2a Abs. 1 Nr. 5 ArbGG genau wie das MiLoG durch das „Tarifautonomiestärkungsgesetz" (BGBl. I 2014, 1348 ff.; vgl. dort Art. 2 b)) eingeführt wurde, muss davon ausgegangen werden, dass die Rechtsverordnungen des MiLoG dort mit Absicht nicht erwähnt wurden. Die Verwaltungsgerichte bleiben damit zuständig.

975 Die Interessenlage mit Blick auf die auf der Grundlage des MiLoG erlassenen Rechtsverordnungen entspricht jedoch nicht immer der, die dem Urteil des BVerwG,

> BVerwG, Urt. v. 28.1.20108 C 19/09, NZA 2010, 718 ff.,

zugrunde gelegen hat. Insofern muss hier differenziert werden: Werden die Regelungen des MiLoG durch eine Rechtsverordnung lediglich konkretisiert oder sogar eingeschränkt, ergibt sich aus ihr schon keine eigene unmittelbare Gestaltungswirkung. Die Gestaltungswirkung ergibt sich bereits aus dem Gesetz selbst bzw. beschränkt sich darauf, von den Regelungen des MiLoG in die Normverpflichteten begünstigender Art und Weise abzuweichen. Durch Letzteres entfällt jedenfalls das notwendige Feststellungsinteresse mit der Folge, dass eine Feststellungsklage unzulässig ist. Enthält eine Rechtsverordnung jedoch Regelungen, die eigene unmittelbare Gestaltungswirkung entfalten und deswegen mit denen auf der Grundlage des AEntG vergleichbar sind, dürfte dieselbe Interessenlage – auch hinsichtlich des Feststellungsinteresses – gegeben sein. Dann kommt auch gegen eine Rechtsverordnung auf der Grundlage des MiLoG eine Feststellungsklage in Betracht.

976 Dies dürfte nach gegenwärtigem Stand lediglich mit Blick auf eine den Mindestlohn erhöhende Rechtsverordnung auf der Grundlage des § 11 Abs. 1 Satz 1 i. V. m. § 2 Abs. 2 Satz 2 MiLoG zu bejahen sein. Denn die dort vorgenommene Anpassung des Mindestlohns durch Rechtsverordnung wäre für alle Arbeitgeber und Arbeitnehmer im Anwendungsbereich des MiLoG verbindlich (vgl. hierzu Rn. 756 ff.) und würde auf den Inhalt der Arbeitsver-

hältnisse unmittelbar gestaltend einwirken. Zwar schafft eine solche Rechtsverordnung keine ihrer Art nach neue Pflicht der Arbeitgeber. Sie sind ja bereits kraft Gesetzes zur Zahlung eines (niedrigeren) Mindestlohns verpflichtet. Jedoch verändert sich mit der Höhe des gesetzlichen Mindestlohns auch die Qualität der Zahlungspflicht. Neben dieser unmittelbar gestalterischen Wirkung begründet eine den Mindestlohn erhöhende Verordnung auch das für eine Feststellungsklage notwendige Feststellungsinteresse. Mit dem BVerwG ist davon auszugehen, dass sich dieses bereits aus dem wirtschaftlichen Interesse an einer möglichst frühzeitigen Klarheit über die bevorstehenden finanziellen Belastungen ergibt. Vorbehaltlich der übrigen Zulässigkeitsvoraussetzungen kommt deswegen eine Klage auf Feststellung der Wirksamkeit bzw. Unwirksamkeit der Mindestlohnverordnungen in Betracht.

BVerwG v. 28.1.2010 – 8 C 19/09, NZA 2010, 718, 721.
Vgl. *Löwisch*, NZA 2014, 948, 950.

## 2. Verfahren vor dem Bundesverfassungsgericht

### a) Konkrete und abstrakte Normenkontrolle

Sollte ein Gericht im Rahmen eines Rechtsstreites (z. B. einem Ordnungswidrigkeitsverfahren oder einem arbeitsgerichtlichen Verfahren) zu der Überzeugung gelangen, dass eine für den vorliegenden Fall entscheidungserhebliche Regelung des MiLoG gegen das Grundgesetz verstößt, darf es diese nicht einfach unangewendet lassen oder für verfassungswidrig erklären. Ein Normverwerfungsrecht steht nur dem Bundesverfassungsgericht zu. 977

Vgl. hierzu jüngst BVerfG v. 27.1.2015 – 1 BvR 2142/11, Pressemitteilung Nr. 5/2015; sowie grundlegend bereits BVerfG v. 20.3.1952 – 1 BvL 12/51 u. a., BVerfGE 1, 184 ff.

Vielmehr ist das Gericht verpflichtet, das Verfahren auszusetzen und die Regelung zum Gegenstand einer „konkreten Normenkontrolle" beim Bundesverfassungsgericht zu machen (vgl. Art. 100 Abs. 1 GG i. V. m. §§ 13 Nr. 11, 80 ff. BVerfGG). Dieser Mechanismus dient der Wahrung der Autorität des parlamentarischen Gesetzgebers. 978

Vgl. BVerfG v. 21.12.1997 – 2 BvL 6/95, NJW 1998, 1699, 1699.

Die Einleitung dieses Zwischenverfahrens obliegt jedoch ausschließlich dem erkennenden Gericht, weder Arbeitgeber noch Arbeitnehmer sind antragsberechtigt. Für die betriebliche Praxis würden daher lediglich die Folgen eines solchen Verfahrens Bedeutung erlangen. 979

Entsprechendes gilt für ein möglicherweise einzuleitendes Verfahren der sog. „abstrakten Normenkontrolle" gemäß Art. 93 Abs. 1 Nr. 2 GG i. V. m. §§ 13 Nr. 6, 76 ff. BVerfGG. Auch hier würde die Vereinbarkeit des MiLoG mit dem GG geprüft. Dieses Verfahren vor dem Bundesverfassungsgericht setzt keinen vorangehenden Rechtsstreit oder eine entsprechende Überzeugung eines Gerichts voraus. Antragsberechtigt hierzu sind jedoch (ausschließlich) 980 die Bundesregierung, eine (jede) Landesregierung oder ein Viertel der Mitglieder des Bundestages (vgl. § 76 Abs. 1 BVerfGG). Jedenfalls nach den derzeitigen Erkenntnissen ist ein solcher Antrag unwahrscheinlich.

### b) Verfassungsbeschwerde

981 Mit Blick auf die Möglichkeit einer Verfassungsbeschwerde zum Bundesverfassungsgericht sind zwei Konstellationen zu unterscheiden. Zum einen die Verfassungsbeschwerde gegen ein letztinstanzliches fachgerichtliches Urteil und zum anderen gegen das MiLoG selbst.

982 Obwohl das Bundesverfassungsgericht in ständiger Rechtsprechung betont, keine „Superrevisionsinstanz" für die Entscheidungen der Fachgerichte zu sein,

> vgl. zuletzt BVerfG v. 13.6.2013 – 1 BvR 1942/12, juris,

besteht – das Vorliegen aller übrigen (strengen) Voraussetzungen unterstellt – grundsätzlich die Möglichkeit, Verfassungsbeschwerde (Art. 93 Abs. 1 Nr. 4a GG i. V. m. §§ 13 Nr. 8a, 76 ff. BVerfGG) gegen letztinstanzliche Urteile einzulegen. Die Überprüfung durch das Bundesverfassungsgericht ist jedoch auf die Verletzung „spezifischen Verfassungsrechts" beschränkt.

> Vgl. Maunz/Dürig-*Bethge*, GG, § 90 Rn. 316a m. w. N.

983 Die angegriffene Entscheidung müsste Fehler beinhalten, die auf einer grundsätzlich unrichtigen Auffassung von der Bedeutung eines Grundrechts, insbesondere vom Umfang seines Schutzbereichs, beruhen und auch in ihrer materiellen Bedeutung für den Rechtsfall von einigem Gewicht sind (vgl. zu den verfassungsrechtlichen Bedenken gegen das MiLoG Rn. 19 ff.).

> Vgl. BVerfG v. 6.2.2001 – 1 BvR 12/92, NJW 2001, 957, 958 m. w. N.

984 Aufgrund der hohen formalen Anforderungen – insbesondere der vollständigen Erschöpfung des Rechtsweges zu den Fachgerichten (§ 90 Abs. 2 Satz 1 BVerfGG) – ist mit einer (zumindest zulässigen) Verfassungsbeschwerde aktuell nicht zu rechnen.

985 Anders würde sich die Situation nur dann darstellen, wenn man mit *Löwisch* eine Rechtssatzverfassungsbeschwerde unmittelbar gegen das MiLoG und nicht erst „mittelbar" als Reaktion auf ein letztinstanzliches Urteil für zulässig hält. Diese wäre gemäß § 93 Abs. 3 BVerfGG binnen Jahresfrist nach Inkrafttreten des angegriffenen Gesetzes, also bis zum Ablauf des 31.12.2015, zu erheben.

> Vgl. *Löwisch*, NZA 2014, 948, 950. Zu beobachten wird in diesem Zusammenhang, die offenbar Anfang März 2015 erhobene Verfassungsbeschwerde einer Reihe von Speditions- und Transportunternehmen sein (vgl. http://www.juve.de/nachrichten/verfahren/2015/03/bundesverfassungsgericht-spediteure-wollen-mit-dd-legal-mindestlohn-stoppen (zuletzt abgerufen am 13.3.2015).

# Stichwortverzeichnis